ネイティブ感覚で
毎日話すための

韓国語
日常フレーズ1420
＋生活密着単語4200

辛昭静 著

HANA

はじめに

このたび、ネイティブ感覚で話せるフレーズや生活密着単語をまとめたテキストを刊行する運びとなりました。

どの言語であれ、学習の過程で学習者が言語のどの部分で楽しみを見出すかは人によって異なります。フレーズを覚えるのが得意な人や、文法の仕組みを理解するのが楽しい人、たくさんの語彙を覚えることで満足感が得られる人など、私たちが“コトバ”を覚える目的や重点を置いて学習するところは、人によって千差万別とも言えます。

本書では一冊の本の中でこのような学習者のさまざまなニーズに応えられる内容の構成となっています。つまり、単語集・フレーズ集・会話本の一冊3役の役割を果たしています。

以下に、本書の特徴について簡単に紹介します。

一. 日常生活と関係が深い46のカテゴリーを取り上げ、それぞれの場面でよく使われるフレーズや会話、関連語彙をまとめています。特に、ネイティブ声優が全てのフレーズと単語を収録した音声付きですので、実際の発音を確認しながら表現をマスターできます。テキストは、必ず最初からスタートする必要はないため、ご自分の興味のあるテーマから先に勉強しても構いません。

二.学習者の皆さんが実際の会話で使えそうな最新のトレンドの新造語や辞書には載っていない俗語もふんだんに取り上げているので、より楽しく学習ができ、すぐにでも自然な形で会話に生かせる表現がたくさん含まれています。

三.学習者が自分のレベルに合わせて本を活用することができるのもこの本の特徴の一つです。初級レベルの学習者はまず、単語を覚えることから始めて、中級レベルの学習者はフレーズや解説に出てくる関連表現を、上級レベルの学習者は会話文を含む本全体を自分のスピードで学習できます。

どうかこの一冊がぜひナチュラルなネイティブの表現をマスターしたいと強く望まれている方々の手助けや学習のモチベーションアップにつながれば幸いです。

辛昭静

この本の ここがすごい！

1. 中・上級者にうれしい フレーズ学習教材の決定版!!

初級レベルの韓国語フレーズ集は数あれど、中・上級者のためのこなれた表現をこれほど多く集めたフレーズ集は他にありません。日本語ネイティブではとうてい思いつかないであろう、韓国ならではの言い回しをふんだんに使った日常生活密着型のフレーズ集です。

2. 収録フレーズ数、語彙数がすごい!!

紹介するフレーズは46のカテゴリーに分類・整理され、その数1400以上。関連単語も4200語以上を紹介します。また、フレーズに使われている語彙・表現の解説も充実しており、芋づる式に知識を増やしていける工夫が盛りだくさんです。

3. 全てのフレーズ&語彙の音声を収録！ネイティブの音声相手に会話の練習も！

ネイティブの声優による生き生きとした声で全てのフレーズと単語を収録しました。一見分かりづらい発音変化が起こる部分には、フレーズの下に実際の発音を提示してあるので、スピーキングの練習にも最適です。さらに対話文では、音声相手に会話練習もできます！

この本の構成

この本は、全46のカテゴリーで構成されています。巻末には学習に役立つ付録もあります。1カテゴリー内の構成は次のとおりです。

❶日常生活 I

聞いてみよう！

TR_001

① 聞いてみよう！

まずは気軽にカテゴリーの最初のページに記された音声のトラックを再生してみましょう。そのカテゴリーにまつわるネイティブの生き生きとした会話を楽しむことができます。

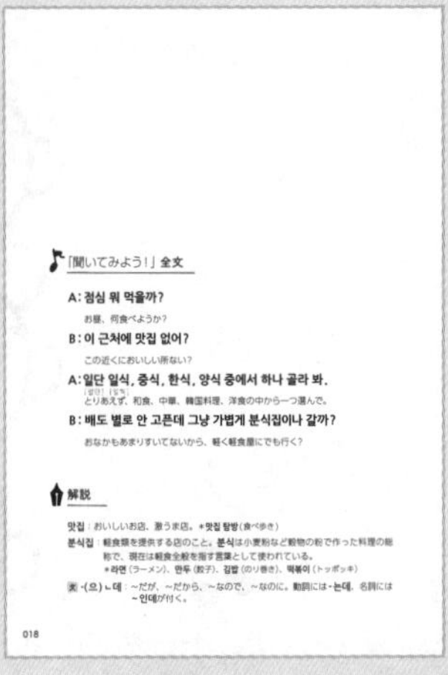

「聞いてみよう！」全文

A：점심 뭐 먹을까?

お昼、何食べようか？

B：이 근처에 맛집 없어?

この近くにおいしい所ない？

A：일단 일식, 중식, 한식, 양식 중에서 하나 골라 봐.

とりあえず、和食、中華、韓国料理、洋食の中から一つ選んで。

B：배도 별로 안 고픈데 그냥 가볍게 분식집이나 갈까?

おなかもあまりすいてないから、軽く軽食屋にでも行く？

解説

맛집：おいしいお店、激うま店。＊맛집 탐방（食べ歩き）

분식집：軽食類を提供する店のこと。분식は小麦粉など穀物の粉で作った料理の総称で、現在は軽食全般を指す言葉として使われている。
＊라면（ラーメン）、만두（餃子）、김밥（のり巻き）、떡볶이（トッポッキ）

文 -(으)ㄴ데：～だが、～だから、～なので、～なのに。動詞には-는데、名詞には~인데が付く。

018

ページをめくると、その会話のテキストと日本語訳、語彙や文法の解説が掲載されています。

音声は通しの音声の他にトラックナンバー「TR_000_A」「TR_000_B」のように、A役の音声のみ入っているものと、B役の音声のみが入っているものを準備しました。A役、B役それぞれになりきって会話を楽しみましょう。

② ひとことフレーズ

ひとことフレーズ

♪ TR_002

❶ 고양이 세수하듯 하지 말고 깨끗이 씻어!

洗うふりだけしないで、ちゃんと洗って！

고양이 세수하듯(이)：猫が顔を洗うように。洗うふりをすること。
文 -지 말고：～しないで。

❷ 아침 거르지 마세요.

朝ご飯を抜かないでください。

식사를 거르다：食事を抜く。밥(을) 굶다、끼니를 거르다とも言う。
*끼니를 때우다（簡単な食べ物で食事を済ます）

❸ 남들은 휴가를 다 해외에서 보낸다던데. 호캉스라도 가자.

人は皆、休暇を海外で過ごすって言ってたけど。バカンスしにホテルにでも行こうよ。

호캉스：호텔（ホテル）＋바캉스（バカンス）の合成語。ホテルでバカンスを楽しむこと。*몰캉스（ショッピングモール＋バカンス）
文 -ㄴ/는다던데：～するって言ってたけど。-ㄴ/는다고 하던데の縮約形。

019

カテゴリーにまつわるさまざまなひとことを15個準備しました。
韓国語で、発音変化が起こる部分は、フレーズの下に実際の発音を[　]で提示しました。

また、各フレーズの下には、語彙や文法の解説が掲載されています。また、関連する語彙や、類義語·対義語などを芋づる式に覚えられるように、たくさん掲載しました。

音声はフレーズ3個につき、1トラック準備しました。指定のトラックを再生してご利用ください。

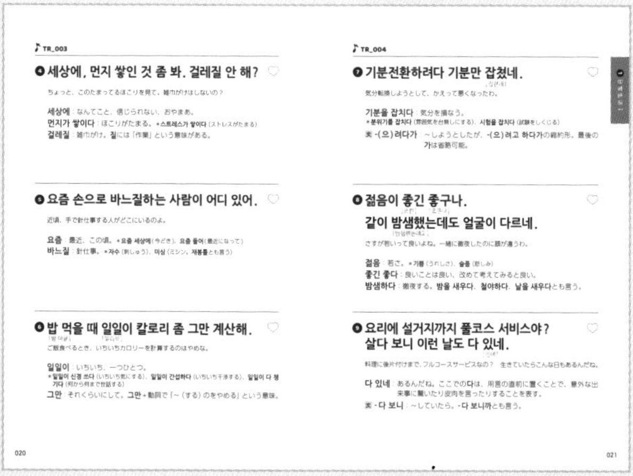
♪ TR_003

❹ 세상에, 먼지 쌓인 것 좀 봐. 걸레질 안 해?

ちょっと、このたまってるほこりを見て。雑巾がけはしないの？

세상에：なんてこと、信じられない、おやまあ。
먼지가 쌓이다：ほこりがたまる。*스트레스가 쌓이다（ストレスがたまる）
걸레질：雑巾がけ。질には「作業」という意味がある。

❺ 요즘 손으로 바느질하는 사람이 어디 있어.

近頃、手で針仕事する人がどこにいるのよ。

요즘：最近、この頃。*요즘 세상에（今どき）、요즘 들어（最近になって）
바느질：針仕事。*자수（刺しゅう）、미싱（ミシン、재봉틀とも言う）

❻ 밥 먹을 때 일일이 칼로리 좀 그만 계산해.

ご飯食べるとき、いちいちカロリーを計算するのはやめな。

일일이：いちいち、一つひとつ。
*일일이 신경 쓰다（いちいち気にする）、일일이 간섭하다（いちいち干渉する）、일일이 다 챙기다（何から何まで世話する）
그만：それくらいにして。그만＋動詞で「～（する）のをやめる」という意味。

020

♪ TR_004

❼ 기분전환하려다 기분만 잡쳤네.

気分転換しようとして、かえって悪くなったわ。

기분을 잡치다：気分を損なう。
*분위기를 잡치다（雰囲気を台無しにする）、시험을 잡치다（試験をしくじる）
文 -(으)려다가：～しようとしたが、-(으)려고 하다가の縮約形。最後の가は省略可能。

❽ 젊음이 좋긴 좋구나. 같이 밤샘했는데도 얼굴이 다르네.

さすが若いって良いよね。一緒に徹夜したのに顔が違うわ。

젊음：若さ。*기쁨（うれしさ）、슬픔（悲しみ）
좋긴 좋다：良いことは良い、改めて考えてみると良い。
밤샘하다：徹夜する。밤을 새우다、철야하다、날을 새우다とも言う。

❾ 요리에 설거지까지 풀코스 서비스야? 살다 보니 이런 날도 다 있네.

料理に後片付けまで、フルコースサービスなの？　生きていたらこんな日もあるんだね。

다 있네：あるんだね。ここでの다は、用言の直前に置くことで、意外な出来事に驚いたり皮肉を言ったりすることを表す。
文 -다 보니：～していたら。-다 보니까とも言う。

021

＊発音変化は、基本的にハングル能力検定の４級レベル以上のものを示しました。ただ発音変化には個人差も大きいため（ㅎの弱音化や単語をまたがったㄴ挿入、流音化などに出やすい）、実際の音声を優先して表記しました。

＊用言語幹が付く語尾は「-」で、名詞が直接付く語尾や助詞は「~」で示しました。

③ 会話フレーズ

会話フレーズを6個、紹介します。語彙や文法の解説は、②ひとことフレーズと同様です。

会話フレーズも、A役、B役になり切って会話の練習ができる音声を準備しました。

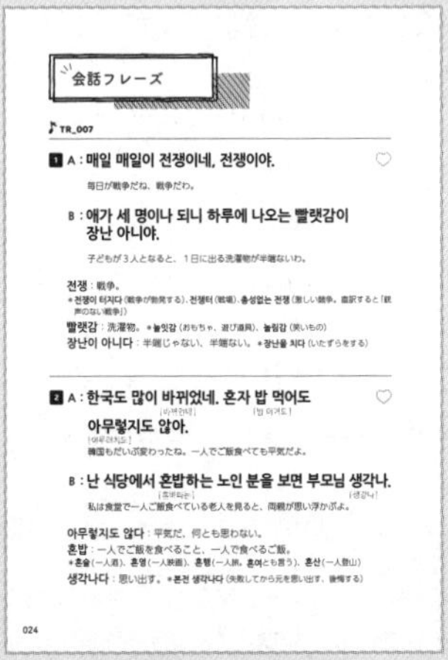
会話フレーズ

♪ TR_007

1 A：매일 매일이 전쟁이네, 전쟁이야.

毎日が戦争だね、戦争だわ。

B：애가 세 명이나 되니 하루에 나오는 빨랫감이 장난 아니야.

子どもが３人となると、１日に出る洗濯物が半端ないわ。

전쟁：戦争。
＊전쟁이 터지다（戦争が勃発する）、전쟁터（戦場）、총성없는 전쟁（激しい競争。直訳すると「銃声のない戦争」）
빨랫감：洗濯物。＊놀잇감（おもちゃ、遊び道具）、놀림감（笑いもの）
장난이 아니다：半端じゃない、半端ない。＊장난을 치다（いたずらをする）

2 A：한국도 많이 바뀌었네. 혼자 밥 먹어도 아무렇지도 않아.

韓国もだいぶ変わったね。一人でご飯食べても平気だよ。

B：난 식당에서 혼밥하는 노인 분을 보면 부모님 생각나.

私は食堂で一人ご飯食べている老人を見ると、両親が思い浮かぶよ。

아무렇지도 않다：平気だ、何とも思わない。
혼밥：一人でご飯を食べること、一人で食べるご飯。
＊혼술（一人酒）、혼영（一人映画）、혼행（一人旅。혼여とも言う）、혼산（一人登山）
생각나다：思い出す。＊본전 생각나다（失敗してから元を思い出す、後悔する）

024

④ 単語集

カテゴリーにまつわる単語をたくさん紹介しています。単語の横のチェック欄は覚えた時にチェックを入れたり、気になる単語にチェックを入れたりするなど、自由に活用してください。

指定のトラックに、全ての単語の音声が収録されています。

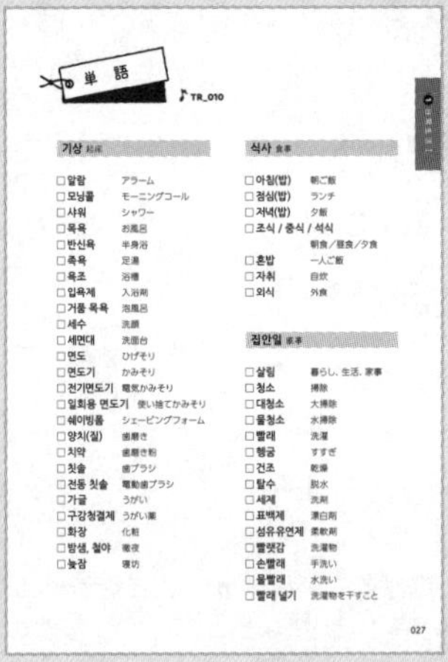
単語

♪ TR_010

기상 起床

□알람　アラーム
□모닝콜　モーニングコール
□샤워　シャワー
□목욕　お風呂
□반신욕　半身浴
□족욕　足湯
□욕조　浴槽
□입욕제　入浴剤
□거품 목욕　泡風呂
□세수　洗顔
□세면대　洗面台
□면도　ひげそり
□면도기　かみそり
□전기면도기　電気かみそり
□일회용 면도기　使い捨てかみそり
□쉐이빙폼　シェービングフォーム
□양치(질)　歯磨き
□치약　歯磨き粉
□칫솔　歯ブラシ
□전동 칫솔　電動歯ブラシ
□가글　うがい
□구강청결제　うがい薬
□화장　化粧
□밤샘, 철야　徹夜
□늦잠　寝坊

식사 食事

□아침(밥)　朝ご飯
□점심(밥)　ランチ
□저녁(밥)　夕飯
□조식 / 중식 / 석식　朝食／昼食／夕食
□혼밥　一人ご飯
□자취　自炊
□외식　外食

집안일 家事

□살림　暮らし、生活、家事
□청소　掃除
□대청소　大掃除
□물청소　水掃除
□빨래　洗濯
□헹굼　すすぎ
□건조　乾燥
□탈수　脱水
□세제　洗剤
□표백제　漂白剤
□섬유유연제　柔軟剤
□빨랫감　洗濯物
□손빨래　手洗い
□물빨래　水洗い
□빨래 널기　洗濯物を干すこと

027

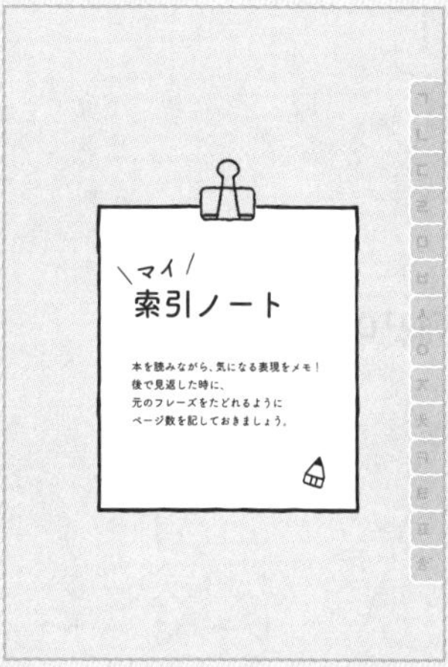

⑤ 巻末付録：マイ索引ノート

本書には索引がありません。その代わり、気になった単語や文法項目、気になった表現、今後も使いたい表現などを「ㄱ, ㄴ, ㄷ, ㄹ ...」ごとに分けられたメモページに記すことで、自分だけの索引を作ることができます。

詳しい書き込み方はP.010を見てください。

音声のダウンロードについて

この本の中の音声マーク TR_000があるところで、学習に必要な音声をスマートフォンなどのmp3が再生できる機器にダウンロードして聞くことができます。下記よりダウンロードしてください。

音声ダウンロードページ
https://www.hanapress.com/archives/16245

こうやって活用しよう！

♪ TR_002

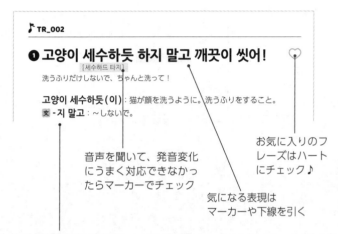

❶ 고양이 세수하듯 하지 말고 깨끗이 씻어! ♡

[세수하드 타지]

洗うふりだけしないで、ちゃんと洗って！

고양이 세수하듯(이)：猫が顔を洗うように。洗うふりをすること。
文 -지 말고：～しないで。

音声を聞いて、発音変化にうまく対応できなかったらマーカーでチェック

気になる表現はマーカーや下線を引く

お気に入りのフレーズはハートにチェック♪

【巻末付録】マイ索引ノート

ㅈ

-지 말고 :～しないで。 P.019
㊎하지 말고、먹지 말고
みたいに使う

제맛 : 持ち味、本来の味。
P.359、P.417
! 제맛이지 (～こそだよね)の形でよく使う
※ 제맛을 내다 (本来の味を引き出す)

578 579

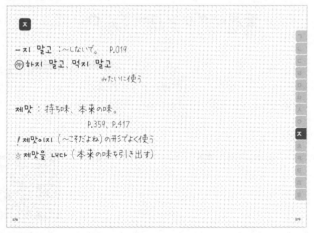

著者プロフィル

辛昭静（シン・ソジョン）

韓国・釜山生まれ。
お茶の水女子大学大学院人間文化研究科博士課程修了（人文博士）。
東京大学大学院客員研究員。新大久保語学院講師。

著書

『できる韓国語 初級Ⅰ ワークブック』（DEKIRU出版、共著）
『できる韓国語 初級 文型トレーニング』（DEKIRU 出版）
『表現マップで覚える！　韓国語日常フレーズ初級』（HANA）
『絵でわかる韓国語のオノマトペ：表現が広がる擬声語・擬態語』（白水社）
『入門韓国語完全マスターブック』（HANA）
『絵でわかる韓国語の体の慣用表現』（白水社）

もくじ

本編

巻末付録

❶ 日常生活 Ⅰ

聞いてみよう！

♪ TR_001

「聞いてみよう！」全文

A : 점심 뭐 먹을까?

お昼、何食べようか？

B : 이 근처에 맛집 없어?

この近くにおいしい所ない？

A : 일단 일식, 중식, 한식, 양식 중에서 하나 골라 봐.

[일딴] [일씩]

とりあえず、和食、中華、韓国料理、洋食の中から一つ選んで。

B : 배도 별로 안 고픈데 그냥 가볍게 분식집이나 갈까?

おなかもあまりすいてないから、軽く軽食屋にでも行く？

解説

맛집：おいしいお店、激うま店。＊**맛집 탐방**（食べ歩き）

분식집：軽食類を提供する店のこと。**분식**は小麦粉など穀物の粉で作った料理の総称で、現在は軽食全般を指す言葉として使われている。
＊**라면**（ラーメン）、**만두**（餃子）、**김밥**（のり巻き）、**떡볶이**（トッポッキ）

文 **-(으)ㄴ데**：～だが、～だから、～なので、～なのに。動詞には**-는데**、名詞には**~인데**が付く。

ひとことフレーズ

TR_002

❶ 고양이 세수하듯 하지 말고 깨끗이 씻어!

[세수하드 타지]

洗うふりだけしないで、ちゃんと洗って！

고양이 세수하듯(이)：猫が顔を洗うように。洗うふりをすること。
文 **-지 말고**：～しないで。

❷ 아침 거르지 마세요.

朝ご飯を抜かないでください。

식사를 거르다：食事を抜く。**밥(을) 굶다**、**끼니를 거르다**とも言う。
***끼니를 때우다**（簡単な食べ物で食事を済ます）

❸ 남들은 휴가를 다 해외에서 보낸다던데. 호캉스라도 가자.

人は皆、休暇を海外で過ごすって言ってたけど。バカンスしにホテルにでも行こうよ。

호캉스：**호텔**（ホテル）＋**바캉스**（バカンス）の合成語。ホテルでバカンスを楽しむこと。***몰캉스**（ショッピングモール+バカンス）
文 **-ㄴ/는다던데**：～するって言ってたけど。**-ㄴ/는다고 하던데**の縮約形。

❹ 세상에, 먼지 쌓인 것 좀 봐. 걸레질 안 해? ♡

ちょっと、このたまってるほこりを見て。雑巾がけはしないの？

세상에：なんてこと、信じられない、おやまあ。
먼지가 쌓이다：ほこりがたまる。＊**스트레스가 쌓이다**（ストレスがたまる）
걸레질：雑巾がけ。**질**には「作業」という意味がある。

❺ 요즘 손으로 바느질하는 사람이 어디 있어. ♡

近頃、手で針仕事する人がどこにいるのよ。

요즘：最近、この頃。＊**요즘 세상에**（今どき）、**요즘 들어**（最近になって）
바느질：針仕事。＊**자수**（刺しゅう）、**미싱**（ミシン。**재봉틀**とも言う）

❻ 밥 먹을 때 일일이 칼로리 좀 그만 계산해. ♡

[밤 머글]　[일리리]

ご飯食べるとき、いちいちカロリーを計算するのはやめな。

일일이：いちいち、一つひとつ。
＊**일일이 신경 쓰다**（いちいち気にする）、**일일이 간섭하다**（いちいち干渉する）、**일일이 다 챙기다**（何から何まで世話する）
그만：それくらいにして。**그만**＋動詞で「～（する）のをやめる」という意味。

❼ 기분전환하려다 기분만 잡쳤네.

[잡천네]

気分転換しようとして、かえって悪くなったわ。

기분을 잡치다：気分を損なう。
＊**분위기를 잡치다**（雰囲気を台無しにする）、**시험을 잡치다**（試験をしくじる）

文 **-(으)려다가**：～しようとしたが、**-(으)려고 하다가**の縮約形。最後の**가**は省略可能。

❽ 젊음이 좋긴 좋구나. 같이 밤샘했는데도 얼굴이 다르네.

[조킨] [조쿠나] [밤샘핸는데도]

さすが若いって良いよね。一緒に徹夜したのに顔が違うわ。

젊음：若さ。＊**기쁨**（うれしさ）、**슬픔**（悲しみ）
좋긴 좋다：良いことは良い、改めて考えてみると良い。
밤샘하다：徹夜する。**밤을 새우다**、**철야하다**、**날을 새우다**とも言う。

❾ 요리에 설거지까지 풀코스 서비스야? 살다 보니 이런 날도 다 있네.

[인네]

料理に後片付けまで、フルコースサービスなの？　生きていたらこんな日もあるんだね。

다 있네：あるんだね。ここでの**다**は、用言の直前に置くことで、意外な出来事に驚いたり皮肉を言ったりすることを表す。

文 **-다 보니**：～していたら。**-다 보니까**とも言う。

♪ TR_005

⑩ 옷장 정리하는 김에 안 입는 옷 좀 정리해서 버리려고요.

[정니하는] [아 닙느 놛 쫌]

衣替えのついでに、着ない服を整理して捨てようと思って。

옷장：クローゼット。＊**책장**（本棚）、**신발장**（靴箱）、**장식장**（飾り棚）

文 **-는 김에**：～するついでに。

⑪ 아무리 바캉스 철이라지만 방값이 해도 해도 너무한다.

いくらバカンスシーズンとはいえ、宿泊費が高すぎる。

철：シーズン、季節、最も盛んな時。＊**제철**（旬、食べ頃）

방값：部屋代。＊**밥값**（食事代）、**껌값**（はした金）、**똥값**（捨て値）

해도 해도 너무하다：本当にひどい様を表す表現。

文 **～(이)라지만**：～というけれど、～とはいうが。**～(이)라고 하지만**の縮約形。

⑫ 배가 더부룩해서 산책을 겸해서 한 바퀴 돌고 올게.

[더부루캐서] [올께]

胃もたれするから、散歩がてら１周してくるね。

배가 더부룩하다：胃もたれする。

한 바퀴 돌다：１周する。

＊**돌다**（回る、巡る）、**입맛이 돌다**（食欲が出る）、**생기가 돌다**（活気がみなぎる）

文 **～을/를 겸해서**：～を兼ねて。

TR_006

⓭ 너도 참 대단하다. 알람이 저렇게 울리는데도 잘도 자네.

あなたってマジですごい。アラームがあんなに鳴っているのによく寝られるね。

알람이 울리다：アラームが鳴る。
＊**심금을 울리다**（感動させる、心の琴線に触れる）、**변죽을 울리다**（遠回しに言う、ほのめかす。直訳すると「器の縁を鳴らす」）

잘도：よくも、非常にうまく。

文 **-는데도**：～するのに、～するのにもかかわらず。

⓮ 외식이 편하지만 가끔은 엄마가 만들어 주는 집밥이 그리워.

外食は楽だけど、たまには母さんが作ってくれる家庭料理が食べたいよ。

집밥：おうちご飯、家庭料理。＊**손맛**（手作りの味）、**엄마의 손맛**（お袋の味）

그립다：恋しい。＊**사무치게 그립다**（胸が痛むほど恋しい）

⓯ 분식을 좋아하는 것도 정도가 있지. 어떻게 하루 세 끼를 다 밀가루 음식으로 때우니?

［밀까루］

いくら粉物が好きでも、程度っていうものがあるだろ。
どうやって1日3食全部を粉物で済ますんだ？

밀가루 음식：粉物、小麦粉で作られた料理。

때우다：済ます、当てる。
＊**시간을 때우다**（時間をつぶす）、**몸으로 때우다**（〈借りを〉力仕事で返す）

会話フレーズ

TR_007

1 A：**매일 매일이 전쟁이네, 전쟁이야.**

毎日が戦争だね、戦争だわ。

B：**애가 세 명이나 되니 하루에 나오는 빨랫감이 장난 아니야.**

子どもが３人となると、１日に出る洗濯物が半端ないわ。

전쟁：戦争。
＊**전쟁이 터지다**（戦争が勃発する）、**전쟁터**（戦場）、**총성없는 전쟁**（激しい競争。直訳すると「銃声のない戦争」）

빨랫감：洗濯物。＊**놀잇감**（おもちゃ、遊び道具）、**놀림감**（笑いもの）

장난이 아니다：半端じゃない、半端ない。＊**장난을 치다**（いたずらをする）

---

2 A：**한국도 많이 바뀌었네. 혼자 밥 먹어도 아무렇지도 않아.**

［바뀌언네］［밤 머거도］［아무러치도］

韓国もだいぶ変わったね。一人でご飯食べても平気だよ。

B：**난 식당에서 혼밥하는 노인분을 보면 부모님 생각나.**

［혼바파는］［생강나］

私は食堂で一人ご飯食べている老人を見ると、両親が思い浮かぶよ。

아무렇지도 않다：平気だ、何とも思わない。

혼밥：一人でご飯を食べること、一人で食べるご飯。
＊**혼술**（一人酒）、**혼영**（一人映画）、**혼행**（一人旅。**혼여**とも言う）、**혼산**（一人登山）

생각나다：思い出す。＊**본전 생각나다**（失敗してから元を思い出す、後悔する）

TR_008

3 A：**요즘은 장보기도 인터넷으로 다 하니까 너무 편해.**

最近は買い物もインターネットで全部やるからとても便利だね。

B：**그래도 난 고기랑 과일은 직접 보고 사고 싶어.**

でも私はお肉や果物は、直接見て買いたいわ。

장보기：食料品の買い物。
＊**쇼핑하다**（ショッピングする）、**인터넷쇼핑**（インターネットショッピング）、**홈쇼핑**（テレビショッピング）

직접：直接。＊**간접**（間接）、**대행**（代行）、**대리**（代理）

4 A：**음식물 쓰레기 모아서 버리는 거 정말 싫어.**
[음싱물]
生ごみをためて捨てるのは本当に嫌。

B：**나도. 그렇다고 안 먹고 살 수도 없고 말이야.**
[그러타고]　[살 쑤]
僕もだよ。だからといって食べずに暮らすこともできないしね。

음식물 쓰레기：生ごみ。
＊**타는 쓰레기**（燃えるごみ）、**안 타는 쓰레기**（燃えないごみ）、**재활용**（リサイクル。**리사이클**とも言う）

모으다：集める、ためる。
＊**끌어모으다**（かき集める）、**힘을 모으다**（力を合わせる）、**돈을 모으다**（お金をためる）、**눈길을 모으다**（人目を集める）

文 **-고 말이야**：～するんだしね、～なんだしね。

TR_009

5 A : **양치질을 너무 세게 했나? 잇몸에서 피가 나네.**

[핸나] [인모메서]

歯磨きの時、力入れ過ぎたのかな。歯茎から血が出てる。

B : **치주염 아냐? 병원을 가든지 치약을 바꾸어 봐.**

歯周病じゃない？　病院に行くか、歯磨き粉を変えてみなよ。

잇몸 : 歯茎。

치주염 : 歯周炎。

＊**잇몸 염증**（歯茎の炎症。**풍치**とも言う）、**혓바늘이 돋다**（口内炎ができる。**입병이 나다**、**입안이 헐다**とも言う）

---

6 A : **뭐? 영양 부족?**
맨날 과자 같은 것만 먹을 때 알아봤어.

[건만]

何？　栄養不足？　毎日お菓子ばかり食べるのを見て予想がついてたよ。

B : **넌 몸에 좋은 거 많이 먹고 오래오래 사세요.**
난 먹고 싶은 거 먹으면서 짧게 살다 갈 테니까.

[짤께]

あなたは体に良い物をたくさん食べて長生きしてね。私は食べたい物を食べて短く生きて死んでいくわ。

영양 부족 : 栄養不足。＊**영양실조**（栄養失調）

알아보다 : 気付く、認める、調べる、探す。

＊**못 알아보다**（〈見ても〉気付かない）、**집을 알아보다**（住む家を探す）

単語

TR_010

기상 起床

□ 알람	アラーム
□ 모닝콜	モーニングコール
□ 샤워	シャワー
□ 목욕	お風呂
□ 반신욕	半身浴
□ 족욕	足湯
□ 욕조	浴槽
□ 입욕제	入浴剤
□ 거품 목욕	泡風呂
□ 세수	洗顔
□ 세면대	洗面台
□ 면도	ひげそり
□ 면도기	かみそり
□ 전기면도기	電気かみそり
□ 일회용 면도기	使い捨てかみそり
□ 쉐이빙폼	シェービングフォーム
□ 양치(질)	歯磨き
□ 치약	歯磨き粉
□ 칫솔	歯ブラシ
□ 전동 칫솔	電動歯ブラシ
□ 가글	うがい
□ 구강청결제	うがい薬
□ 화장	化粧
□ 밤샘, 철야	徹夜
□ 늦잠	寝坊

식사 食事

□ 아침(밥)	朝ご飯
□ 점심(밥)	ランチ
□ 저녁(밥)	夕飯
□ 조식 / 중식 / 석식	朝食／昼食／夕食
□ 혼밥	一人ご飯
□ 자취	自炊
□ 외식	外食

집안일 家事

□ 살림	暮らし、生活、家事
□ 청소	掃除
□ 대청소	大掃除
□ 물청소	水掃除
□ 빨래	洗濯
□ 헹굼	すすぎ
□ 건조	乾燥
□ 탈수	脱水
□ 세제	洗剤
□ 표백제	漂白剤
□ 섬유유연제	柔軟剤
□ 빨랫감	洗濯物
□ 손빨래	手洗い
□ 물빨래	水洗い
□ 빨래 널기	洗濯物を干すこと

□ **실내 건조** 部屋干し
□ **빨래 건조대** 物干し台
□ **빨래 개기** 洗濯物を畳むこと
□ **빨래 바구니, 빨래 통** 洗濯かご
□ **빨래 망** 洗濯ネット
□ **빨랫줄** 物干しロープ
□ **빨래집게** 洗濯ばさみ
□ **빨래방** コインランドリー
□ **요리** 料理
□ **식사 준비** 食事の支度
□ **설거지** 皿洗い
□ **수세미** たわし
□ **걸레질** 雑巾がけ
□ **다림질** アイロンがけ
□ **다리미판** アイロン台
□ **바느질 / 재봉** 針仕事／裁縫
□ **실** 糸
□ **바늘** 針
□ **쓰레기 분리수거** ごみの分別収集
□ **쓰레기봉투** ごみ袋
□ **드라이(클리닝)** クリーニング
□ **옷장 정리** 衣替え
□ **방충제** 防虫剤
□ **습기 제거제, 제습제, 방습제** 湿気取り
□ **장보기** 食材などの買い物
□ **가사 도우미** 家政婦

여가 생활 余暇生活

□ **취미** 趣味
□ **휴가** 休暇
□ **피서** 避暑
□ **바캉스** バカンス
□ **호캉스** ホテルでバカンスを楽しむこと
□ **스트레칭** ストレッチ
□ **기분전환** 気分転換
□ **마사지, 안마** マッサージ
□ **산책** 散歩
□ **낮잠** 昼寝
□ **강습** 講習
□ **운동** 運動
□ **해외여행** 海外旅行
□ **온천 여행** 温泉旅行
□ **봉사 활동** ボランティア活動
□ **피로 회복** 疲労回復
□ **스트레스 해소** ストレス解消

❷日常生活Ⅱ

聞いてみよう！

♪ TR_011

「聞いてみよう！」全文

A: 남편이 아니라 웬수다, 웬수

夫じゃなくて敵だわ、敵！

B: 그렇게 싫으면 졸혼을 해.

そんなに嫌なら、卒婚しなよ。

A: 졸혼? 이혼하라는 말이야?

卒婚？　離婚しろってこと？

B: 아니, 졸혼은 결혼한 상태로 각자 간섭 안 하고 자유롭게 사는 거야.

いや、卒婚は結婚した状態でお互い干渉せず自由に生きることなの。

解説

웬수：**원수**（敵）の方言。強調するときは**웬수 덩어리**とも言う。

졸혼：結婚生活を卒業するという意味。**졸업**（卒業）＋**결혼**（結婚）の合成語。戸籍上は夫婦関係を継続しながらも、別居し各自の人生を自由に生きること。

文 **-(으)라는 말이야?**：～しろってことなの？

ひとことフレーズ

TR_012

❶ 말다툼하는 것도 지겹다.

口げんかするのもうんざりだよ。

말다툼하다：口げんかする、口論する。**말다툼 벌이다**とも言う。
＊**언쟁하다**(言い争う)、**티격태격하다**（ああだこうだ言い争う）、**실랑이하다**(せめぎ合う)、**입씨름하다**(言い争う、口でやり合う)

❷ 다 헛소문일 뿐이야. 오빠 믿지?

全部ただのデマだよ。オッパのことを信じるよね？

헛소문：デマ、根も葉もないうわさ。＊**유언비어**（流言飛語）
믿다：信じる。＊**믿는 구석이 있다**（当てにするものがある）
文 **~일 뿐이다**：～にすぎない。

❸ 귀에 딱지 앉겠다. 잔소리 좀 그만해.

［안겐따］

耳にたこができそう。小言を言うのはよしてよ。

귀에 딱지 앉다：耳にたこができる。直訳すると「耳にかさぶたができる」。同様の意味で**귀에 못이 박히다**（耳にくぎが刺さる）がある。
잔소리：小言、お説教。
＊**잔소리가 많다**（口やかましい）、**잔소리를 늘어놓다**（小言を並べる）

♪ TR_013

❹ 퇴직금 받은 것도 사기로 다 날렸대. ♡

退職金もらったのも、詐欺で全部失ったって。

사기：詐欺。＊**사기를 치다**（詐欺を働く）、**사기를 당하다**（詐欺に遭う）
돈을 날리다：お金をなくす、お金を失う。
文 **-았/었대**：～したって、～だったって（伝聞）。**-았/었다고 해**の縮約形。

❺ 질투하는 게 빤히 보인다. ♡

嫉妬しているのが見え見えだよ。

질투하다：嫉妬する、ねたむ。**시샘하다**、**샘내다**、**시기하다**とも言う。
＊**질투심**（嫉妬心）、**질투의 화신**（嫉妬の化身、嫉妬深い人）
빤히 보이다：はっきり見える、見え見えだ。
＊**빤히 알고도**（みすみす分かっていながら）、**빤히 쳐다보다**（じろじろと見る）

❻ 야근을 밥 먹듯이 해도 월급이 쥐꼬리만 해요. ♡

[밤 먹뜨시]

日常的に残業しても、給料がすずめの涙ほどです。

밥 먹듯이 하다：（主に否定的な意味で）日常的に行う。直訳すると「ご飯を食べるようにやる」。＊**밥 먹듯이 거짓말하다**（日常的にうそをつく）
쥐꼬리만 하다：ほんの少しだ、とてもわずかだ、すずめの涙だ。直訳すると「ネズミのしっぽほどだ」。

7 카드 대금 내고 나면 완전 빈털터리야.

カード代金を払ったら完全に無一文だよ。

카드 대금：カード代金。**카드값**とも言う。
＊**돌려 막기**（カードローン返済のために他のカードでお金を借り返済に充てること。**돌리다**〈回す〉＋**막다**〈防ぐ〉）

빈털터리：一文無し、すっからかん。**무일푼**、**맨몸**とも言う。

8 밤에 야금야금 군것질하는 습관이 붙어서 큰일이야.

[야금냐금]

夜にちょびちょび間食する習慣がついちゃって、大変だわ。

야금야금：少しずつ、もぐもぐ、ちょびちょび。
군것질하다：間食する、つまみ食いする、買い食いする。
습관이 붙다：習慣がつく、癖がつく。＊**생활습관병**（生活習慣病）

9 돈을 어디다 쓰길래 맨날 생활비가 부족하다는 거야？

[부조카다는]

お金を何に使っているからって、いつも生活費が足りないって言うんだ？

생활비：生活費。
＊**생활비에 보태다**（生活費に充てる）、**생활비를 보내다**（仕送りをする、生活費を送る）

文 **-길래**：～するから、～だから。

⑩ 뒤에서 남 험담이나 하는 사람하고는 상종하고 싶지 않아.

人に隠れて陰口なんかたたく人は相手にしたくないわ。

험담하다：陰口をたたく、悪口を言う。**뒷담화하다**、**흉보다**とも言う。
상종하다：付き合う、相手にする。＊**유유상종하다**（類は友を呼ぶ）

⑪ 출산 후에 아무리 다이어트를 해도 뱃살이 안 빠져요.

[출싼]

出産後にいくらダイエットをしてもおなかの肉が取れません。

뱃살：おなかの肉。＊**허리가 줄다**（おなか周りが痩せる、ウエストが痩せる）
빠지다：落ちる、陥る、ハマる、溺れる。
＊**곤경에 빠지다**（窮地に陥る）、**단잠에 빠지다**（熟睡にふける）、**드라마에 빠지다**（ドラマにハマる）、**딜레마에 빠지다**（ジレンマに陥る）、**이가 빠지다**（歯が抜ける）

⑫ 요즘은 맞벌이가 많아서 가사 분담은 기본 아니야?

近頃は共働きが多いから、家事分担は基本じゃないの？

맞벌이：共働き。
＊**듀크족**（デュークス、子どものいる共働きの夫婦）、**딩크족**（ディンクス、共働きで子どもを意識的に持たない夫婦）
가사 분담：家事分担。＊**독박 육아**（ワンオペ育児）

⓭ 혼자 양심적인 척은 다 하면서 뒤에서는 그렇게 큰돈을 탈세를 하다니, 뻔뻔하다, 뻔뻔해.

[탈쎄]

一人ちゃっかり良心的なふりをしておいて、裏ではあんな大金を脱税するなんて、本当にずうずうしい。

다 하다：全部する、しっかりする。これが含まれる例文を直訳すると「良心的なふりはしっかりやっておきながら」となる。

뻔뻔하다：厚かましい、ずうずうしい。＊**낯짝이 두껍다**（面の皮が厚い）

文 **~인 척하다**：~なふりをする。

⓮ 얼굴이 밥 먹여 주냐고, 인성을 보라고 내가 몇 번을 말했니?

[밤 머겨]　[마랜니]

顔が食わせてくれるわけじゃないって、人間性を見なさいって、私が何度も言ったじゃない？

인성：人間性。**인간성**とも言う。＊**인격**（人格）、**이중인격**（二重人格）

文 **-냐고**：~するかと、~するのかって。名詞には**~(이)냐고**が付く。

⓯ 애 한 명당 교육비가 이렇게 비싸니까 다들 애를 안 낳지.

[나치]

子ども一人当たりの教育費がこんなに高いから、みんな子どもを産まないんだろ。

애를 낳다：子どもを産む。

＊**출산하다**（出産する）、**난산**（難産）、**순산**（安産）、**저출산**（少子化）、**고령화**（高齢化）

会話フレーズ

♪ TR_017

---

1 A：연금도 불안한데 이 월급으로는 저축도 힘들어. ♡

年金も不安なのに、この給料では貯金も無理だよ。

B：진짜 투잡이라도 해야지 안 되겠어.

本当、ダブルワークでもしないとダメだね。

연금：年金。＊**국민연금**（国民年金）、**연금 생활자**（年金暮らしの人）
저축：貯蓄、貯金。＊**적금**（積立金）、**만기**（満期）、**대출**（貸し付け、ローン。**대부**とも言う）
투잡：副業、サイドビジネス、ダブルワーク。英語の「two-job」。
＊**부업**（副業）、**겸업**（兼業）

---

2 A：왜 꼭 결혼을 해야 하는지 잘 모르겠어. ♡

何で絶対結婚をしないといけないのかよく分からない。

B：능력만 있으면 혼자 자유롭게 사는 것도 괜찮지.
[능녕만] [괜찬치]

能力さえあれば一人で自由に暮らすのも良いだろうね。

능력：能力。
＊**골드미스**（ゴールドミス。30～50代の未婚の女性で、高学歴で経済的・社会的な能力も高い女性のこと）、**알파걸**（アルファガール。学業、運動、リーダーシップなど全ての面で優れているエリート女性のこと）

TR_018

3 A：**이 상속세를 낼 바에야 상속을 포기하는 게 낫겠어.**
[낼 빠에야]

この相続税を払うくらいなら、相続を諦めた方がましだわ。

B：**진짜. 배보다 배꼽이 더 크네.**

本当に。本末転倒だね。

상속을 포기하다：相続を放棄する。
＊**유언장**（遺言書）、**상속인**（相続人）、**단념하다**（断念する、諦める。**체념하다**とも言う）

배보다 배꼽이 더 크다：本末転倒だ。直訳すると「おなかよりへその方が大きい」。

---

4 A：**재테크의 귀재라고 소개받은 사람이 사기꾼일 줄이야.**
[사기꾸닐 쭈리야]

財テクの達人と紹介された人が詐欺師だったなんて。

B：**내가 정말 너한테는 입이 열 개라도 할 말이 없다.**
[열 깨]

私ったら本当にあなたには弁明の余地もない。

입이 열 개라도 할 말이 없다：弁明の余地がない。直訳すると「口が10個あっても言う言葉がない」。
＊**면목(이) 없다**（面目がない、合わす顔がない、顔向けできない）

文 **～일 줄이야**：～だとは。動詞·形容詞·存在詞には **-(으)ㄹ 줄이야**が付く。

♪ TR_019

5 A : **보험에 들자마자 암에 걸리다니.**

保険に入ってすぐがんになるなんて。

B : **불행 중 다행이라고 해야 할까?**

不幸中の幸いって言うべきかな？

보험：保険。＊**실비보험**（実費保障型の保険。**실손보험**とも言う）
암에 걸리다：がんになる。＊**걸리다**（引っ掛かる、掛かる、捕まる）

6 A : **쟤 지금 나랑 뭐 하자는 거야?**

あいつ、今、私と何をしようっていうの？

B : **밀당도 사람 봐 가면서 해야지. 참 답이 없다.**
[밀땅]
널 몰라도 너무 모르네.

恋の駆け引きも人を見ながらやらなくちゃ。困ったもんだね。君について知らないにもほどがあるよ。

밀당：**밀고 당기기**（押して引く）の略。恋の駆け引き。
＊**어장 관리**（複数の異性に対して気を持たせる態度を取りながらキープすること。直訳すると「漁場管理」）
답이 없다：どうしようもない、救いようがない、困ったものだ。

単語

TR_020

가정생활 家庭生活

- □ 외출 外出
- □ 외박 外泊
- □ 통금 시간 門限
- □ 잔소리 小言
- □ 가정교육 しつけ
- □ 월급 月給、給料
- □ 용돈 小遣い
- □ 수입 収入
- □ 지출 支出
- □ 가계부 家計簿
- □ 일기 日記
- □ 가사 분담 家事分担
- □ 간병 介護
- □ 심부름 お使い
- □ 맞벌이 共働き
- □ 생활비 生活費
- □ 교육비 教育費
- □ 카드 대금, 카드값 カード代金
- □ 금연 禁煙
- □ 흡연 喫煙
- □ 내집 마련 マイホーム購入
- □ 관혼상제 冠婚葬祭
- □ 제사 法事

세금 税金

- □ 세율 税率
- □ 과세 課税
- □ 소비세 消費税
- □ 주민세 住民税
- □ 소득세 所得税
- □ 상속세 相続税
- □ 증여세 贈与税
- □ 납세 納税
- □ 납부 納付
- □ 미납 未納
- □ 체납 滞納
- □ 탈세 脱税
- □ 절세 節税
- □ 징수 徴収
- □ 연말정산 年末調整
- □ 확정신고 確定申告
- □ 환급금 還付金

교제 付き合い

- □ 수다 おしゃべり
- □ 잡담 雑談
- □ 옆집 隣の家
- □ 말다툼 口げんか
- □ 화해 和解、仲直り
- □ 이별 別れ

- □ 재회　再会
- □ 사과　謝罪
- □ 질투　嫉妬
- □ 시샘　ねたみ
- □ 험담　陰口
- □ 욕　悪口
- □ 고자질　告げ口
- □ 이간질　人の仲を裂くこと
- □ 소개　紹介
- □ 인사　あいさつ
- □ 예의　礼儀
- □ 매너　マナー
- □ 상식　常識
- □ 인성　人間性
- □ 고민　悩み
- □ 상담　相談
- □ 도움　助け
- □ 원조　援助
- □ 진심　真心
- □ (민)폐　迷惑
- □ 절친　親友
- □ 베스트프렌드, 베프　ベストフレンド
- □ 은둔형외톨이, 히키코모리　引きこもり

노후 대책 老後対策

- □ 예금　預金
- □ 연금　年金
- □ 유산　遺産
- □ 저축　貯蓄
- □ 저금　貯金
- □ 적금　積立金
- □ 이자　利子
- □ 금리　金利
- □ 인출　引き出し
- □ 보험　保険
- □ 의료보험　医療保険
- □ 계약　契約
- □ 해약　解約
- □ 재테크　財テク
- □ 투자　投資
- □ 주식　株
- □ 대출　ローン
- □ 융자　融資
- □ 담보　担保
- □ 투기　投機
- □ 퇴직금　退職金

❸ 家族

聞いてみよう！

♪ TR_021

「聞いてみよう！」全文

A：이제 결혼도 했고，앞으로 내가 니 남편을 뭐라고 불러야 되지？

もう結婚もしたことだし、これから私はあなたの旦那を何と呼べばいい？

B：그냥 '김서방' 이면 되지．

普通に「キム書房（ソバン）」でいいでしょ。

A：아니，그거 말고 여자 형제 남편을 부르는 말이 있었잖아．

いや、それじゃなくて、女きょうだいの夫を呼ぶ言葉があったじゃん。

B：뭐더라？ 한국은 호칭이 너무 복잡해．엄마한테 물어 보자．

[복짜패]

何だったっけ？　韓国は呼称が複雑すぎるよ。お母さんに聞いてみよう。

解説

서방：女性側の親など目上の人が、義理の息子を呼ぶときに使う呼称。名字に**서방**を付けて使う。

호칭：呼称。

＊**호칭을 붙이다**（呼び名を付ける）、**속칭**（俗称）、**애칭**（愛称）、**호칭 인플레이션**（呼称インフレーション。韓国企業では対外的な体裁を整えるため、会社の職員たちを必要以上に役職に就けることが多い。これを経済用語のインフレーションに例えた表現）

ひとことフレーズ

TR_022

1 우리 집 김치랑 밑반찬은 시어머니가 다 만들어 주셔.

わが家のキムチや常備菜はおしゅうとめさんが全部作ってくださるの。

밑반찬：常備菜、保存食、保存の効くおかず。
시어머니：しゅうとめ。＊**시아버지**（しゅうと）

2 친자매인데도 사이가 그렇게 나쁘단 말이야?

本当の姉妹なのに仲がそこまで悪いってこと？

친자매：実の姉妹。**친**は家族の呼称の前に付いて「実の」を表す。
사이가 나쁘다：仲が悪い。
＊**사이가 좋다**（仲が良い）、**사이가 틀어지다**（仲がこじれる）、**사이가 멀어지다**（疎遠になる）

3 우리 처제 한번 만나 볼래? 성격은［성껴근］우리 집사람 안 닮았으니까 걱정 안 해도 돼.

うちの義理の妹に一度会ってみる？　性格はうちの家内に似てないから心配しなくてもいいよ。

처제：義理の妹（妻の妹）。

❹ 가정교육도 제대로 못 받은 사람처럼 어디서 어른한테 꼬박꼬박 말대꾸야?

家のしつけもちゃんとされてない人みたいに、目上の人にいちいち口答えをするのか？

꼬박꼬박：きちんと、もれなく、欠かさず。＊**드문드문**（たまに、まれに）
말대꾸：口答え。＊**말대꾸하다**（口答えする。**말대답하다**とも言う）

❺ 형님, 어른 대접 받으시려면 행동을 똑바로 하셔야죠.

兄さん、目上の人として尊敬されたければ、まともに行動してください。

어른 대접 받다：目上の人として待遇される、大人として尊敬される。
＊**푸대접**（冷遇、冷たい処遇）

행동을 똑바로 하다：しっかり振る舞う、まともに行動する。
＊**똑바로 해**（しっかりしろ）、**똑바로 앉다**（ちゃんと座る）

❻ 사촌인데 서로 간에 얼굴도 몰랐단 말이야?

いとこの間柄で、お互いに顔も知らなかったってことなの？

사촌：いとこ。＊**이웃사촌**（親しい近所の人）
간：（一部の名詞の後ろに付いて）関係、間柄。
얼굴을 모르다：顔を知らない。＊**그 얼굴이 그 얼굴이다**（顔触れが変わらない）

❼ 아들은 소중히 키워 봤자 소용없어. 결혼하면 남이야.

息子は大事に育てても無駄だよ。結婚したら他人だわ。

소중히 키우다：大事に育てる。＊**소중히 간직하다**（大切に保管する）
소용없다：無駄だ、役に立たない、使い道がない。
＊**말려 봤자 소용없다**（止めても無駄だ）、**후회해 봤자 소용없다**（後悔しても無駄だ）

文 **-아/어 봤자**：～してみても、～したところで。

❽ 저 집은 큰아들 때문에 그렇게 속 썩더니, 에휴.

あの家は長男のことであんなに苦しんでたのに、はぁ。

속 썩다：心がひどく痛む、苦しむ。
＊**속이 썩어 문드러지다**（非常につらくて耐え難い）、**이가 썩다**（虫歯になる）
에휴：ため息をつくときの擬声語。**에효**とも言う。

❾ 외모만 보면 엄마와 아들이 아니라 부부라고 해도 믿겠네.

[믿껜네]

ルックスだけ見れば、母と息子じゃなくて夫婦だと言っても信じちゃうね。

외모：外見、ルックス、見た目、見掛け。
＊**외모 지상주의**（外見至上主義）、**외모 컴플렉스**（外見コンプレックス）、**사람을 외모로만 판단하다**（外見だけで人を判断する）、**외모로 사람을 차별하다**（外見で人を差別する）

TR_025

⑩ 이렇게 시댁 가까이에 사는 사람은 나밖에 없을 거야.

[업쓸 꺼]

こんなに夫の実家の近くに住んでいる人は私くらいでしょうね。

시댁：（妻の立場から）婚家、義理の両親の家。

가까이：近く、近所。

＊**가까이 지내다**（親しくしている）、**가까이하다**（親しくする、仲良くする）、**가까이서**（近くで、間近で）

⑪ 친구로서는 백 점, 남편으로서는 빵점인 사람이야.

[빵쩌민]

友達としては100点、夫としては0点の人だわ。

백 점：100点。＊**만점**（満点）、**백 점 만점**（100点満点）、**백 점을 맞다**（100点を取る）

빵점：0点。**영점**とも言う。

文 **~(으)로서는**：~としては。

⑫ 자기 애들 자랑을 하면서 사람 속을 빡빡 긁잖아요.

自分の子どもの自慢をしてきて、人を不快にさせるんですよ。

속을 빡빡 긁다：人を不快にさせる。直訳すると「中をがりがり引っかく」。

＊**머리를 긁다**（頭をかく）、**가려운 데를 긁어 주다**（かゆい所に手が届く）、**바가지를 긁다**（夫にうるさく小言を言う。直訳すると「ひょうたんの器を引っかく」）

⑬ 시아버지 생신 한 번 잊은 걸로 무슨 죄인 취급이야?

しゅうとの誕生日を一度忘れただけで、何で罪人扱いなの？

생신：誕生日の尊敬語。

죄인 취급：罪人扱い。

＊**취급**（扱い、取り扱い）、**바보 취급**（バカ扱い）、**늙은이 취급**（老人扱い）、**병자 취급**（病人扱い）、**애 취급**（子ども扱い）

⑭ 요즘 세상에 데릴사위로 들어가려는 사람이 누가 있어?

[데릴싸위]

この世の中、婿養子になろうとする人なんているの？

데릴사위로 들어가다：婿養子になる。

＊**데릴사위를 들이다**（婿養子を迎える）、**데릴사위로 삼다**（婿養子にする）

⑮ 시동생 결혼 비용을 너희가 다 낸단 말이야? 말도 안 돼.

ご主人の弟さんの結婚費用をあなたたちが全部出すってこと？　あり得ない。

시동생：義理の弟、夫の弟。

비용을 내다：費用を出す。＊**비용이 들다**（費用がかかる）、**경비**（経費）

말도 안 되다：あり得ない、話にならない。

＊**말도 안 나오다**（あきれて言葉が出ない）、**말도 많고 탈도 많다**（いろいろ問題が多い）

会話フレーズ

TR_027

1 A：**아니, 시부모님이 예고도 없이 불쑥불쑥 찾아온다고?**

ねえ、向こうのご両親が連絡もなしに突然訪ねてくるってこと？

B：**그러니까 내가 미치지. 언제 들이닥칠지 모르니까.**
[드리닥칠찌]

だから、気が狂いそうなのよ。いつ急に現れるか分からないから。

불쑥불쑥 찾아오다：突然訪ねてくる、ふいに訪れる。
미치다：気が狂う、熱中する、夢中になる。
＊**도박에 미치다**（ギャンブルに溺れる）、**미친듯이**（熱心に）
들이닥치다：ひょっこり現れる、ひょっこり押し掛ける。

---

2 A：**니 동서 하는 짓이 정말 얄밉다.**

あなたの義弟の奥さん、やってることが本当に憎たらしいね。

B：**근데 우리 시어머니는 동서가 예뻐 죽는다니까.**
[중는다니까]

なのにうちのしゅうとめったら、義弟の奥さんがかわいくてたまらないみたいよ。

동서：姉妹の夫同士、兄弟の妻同士の呼称。
짓：行動、振る舞い、しぐさ、まね。
＊**예쁜 짓**（かわいい行い）、**여우짓**（男心を振り回す行動。直訳すると「キツネの振る舞い」）、**얄미운 짓**（憎たらしい行動）、**미친 짓**（狂ったまね）、**몹쓸 짓**（悪事、悪行）
예뻐 죽다：かわいくてたまらない。＊**미워 죽다**（憎くてたまらない）

TR_028

3 A : **장인어른 칠순이신데 어디 여행이라도 보내 드릴까?**
[칠쑤니신데]

君のお父さん、古希なんだからどこか旅行にでも行かせてあげようか？

B : **여보, 내가 사랑하는 거 알죠?**

あなた、私が愛してるの分かってるよね？

장인어른：妻のお父さん、義理の父。
칠순：70歳、古希。
＊**칠순 잔치**（古希のお祝い）、**환갑**（還暦）、**환갑잔치**（還暦祝い）

---

4 A : **동생이 결혼 상대라고 소개한 여자가 알고 보니 형 전여친이었단 말이지?**
[전녀치니얻딴]

弟が結婚相手だと紹介した人が、実は兄さんの元カノだったってこと？

B : **그렇지. 드라마에서나 보던 막장이 현실에서 실현된 거지.**
[그러치]

そうなの。ドラマでしか見られなかったドロドロの愛憎劇が現実で実現したわけ。

전여친：元カノ。＊**전남편**（元夫）、**전부인**（元妻）、**전남친**（元カレ）
막장：現実ではあり得ないひどい状況。
＊**막장 드라마**（非現実的で無理が多い展開のドラマ、ドロドロの愛憎劇）

♪ TR_029

5 A：**설날인데 아들이랑 며느리는 안 왔어?**

[설라린데]

お正月なのに息子や嫁は来なかったの？

B：**며느리 친정 식구들하고 여행 갔잖아.
세상 많이 변했지?**

嫁の実家の家族と旅行に行ったのよ。世の中、だいぶ変わったでしょ？

친정：（嫁に行った女の）実家、里。＊**친정 부모**（実家の両親）、**친정 나들이**（里帰り）

식구：家族、仲間。血縁関係がなくても、苦楽を共にする会社のメンバー、グループのメンバーなどに使える。

---

6 A：**큰아버지 입원하셨다는데 한번 가 봐야 하지 않을까?**

伯父さん、入院なさったらしいんだけど、一度行ってみるべきだよね？

B：**말 나온 김에 오늘 당신 회사 끝나고 같이 가 봐요.**

[말 라온]　[끈나고]

話が出たついでに、今日あなたの会社の後に一緒に行ってみましょう。

말 나온 김에：話が出たついでに。

文 **-(으)셨다는데**：～なさったらしいけど。**-(으)셨다고 하는데**の縮約形。

-아/어야 하지 않을까?：～しなければならないのではないか？、～しなくちゃいけないのではないか？

単語

TR_030

가족 家族

□ 할아버지　おじいさん
□ 할머니　おばあさん
□ 조부　祖父
□ 조모　祖母
□ 아버지　お父さん
□ 어머니　お母さん
□ 아빠　パパ
□ 엄마　ママ
□ 형　〈弟から〉兄
□ 오빠　〈妹から〉兄
□ 올케언니, 새언니　〈妹から〉兄の妻
□ 누나　〈弟から〉姉
□ 매형, 자형　〈弟から〉姉の夫
□ 매부　〈男性から〉女きょうだいの夫
□ 언니　〈妹から〉姉
□ 형부　〈妹から〉姉の夫
□ 남동생　弟
□ 제수(씨)　〈兄から〉弟の妻
□ 올케　〈姉から〉弟の妻
□ 여동생　妹
□ 매제　〈兄から〉妹の夫
□ 제부　〈姉から〉妹の夫
□ 아들　息子
□ 딸　娘
□ 장남, 큰아들　長男
□ 큰며느리, 맏며느리　長男の嫁
□ 장녀, 큰딸　長女
□ 큰사위, 맏사위　長女の夫
□ 차남, 작은아들　次男
□ 차녀, 작은딸　次女
□ 막내　末っ子
□ 형제　兄弟
□ 자매　姉妹
□ 사위　婿
□ 며느리　嫁
□ 조카　めい、おい
□ 남편　主人、夫
□ 집사람　家内
□ 아내　妻
□ 손자, 손녀　孫
□ 데릴사위　婿養子
□ 증조할아버지, 증조부　曽祖父
□ 증조할머니, 증조모　曽祖母
□ 고조할아버지, 고조부　高祖父
□ 고조할머니, 고조모　高祖母

친가 父方

- □ **큰아버지** 父の長兄
- □ **큰어머니** 父の長兄の妻
- □ **작은아버지** 父の弟
- □ **작은어머니** 父の弟の妻
- □ **백부** 伯父
- □ **백모** 伯父の妻
- □ **숙부** 叔父
- □ **숙모** 叔父の妻
- □ **고모** 父の姉妹
- □ **고모부** 父の姉妹の夫
- □ **사촌** いとこ
- □ **고종사촌** 父の姉妹の子
- □ **당숙** 父のいとこ
- □ **당숙모** 父のいとこの妻
- □ **고모할머니** 祖父の女きょうだい
- □ **큰할아버지** 祖父の兄
- □ **작은할아버지** 祖父の弟

외가 母方

- □ **외할아버지** 母方の祖父
- □ **외할머니** 母方の祖母
- □ **외삼촌** 母方のおじ
- □ **외숙모** 母方のおじの妻
- □ **외(종)사촌** 母方のおじの子
- □ **이모** 母の姉妹
- □ **이모부** 母の姉妹の夫
- □ **이종사촌** 母の姉妹の子
- □ **외당숙** 母のいとこ
- □ **외당숙모** 母のいとこの妻

처가 妻家

- □ **처갓집** 妻の実家
- □ **장인(어른)** 妻の父
- □ **장모(님)** 妻の母
- □ **처형** 妻の姉
- □ **처제** 妻の妹
- □ **처남** 妻の弟
- □ **동서** 姉妹の夫同士、兄弟の妻同士の呼称

시가 夫家

- □ **시집, 시댁** 夫の実家　＊**친정**(結婚した女性の実家)
- □ **시아버지** しゅうと
- □ **시어머니** しゅうとめ
- □ **시아주버니** 夫の兄
- □ **아주버님** 夫の兄を呼ぶときの呼称
- □ **형님** 弟の妻が兄の妻を呼ぶときの呼称、夫の姉を呼ぶときの呼称
- □ **시동생** 夫の弟
- □ **도련님** 夫の未婚の弟を呼ぶときの呼称
- □ **서방님** 夫の既婚の弟を呼ぶときの呼称
- □ **시누이** 夫の女きょうだい

❹ 結婚・恋愛

聞いてみよう！

♪ **TR_031**

「聞いてみよう！」全文

A：진주에 사파이어에 루비에 다이아몬드 세트까지 이걸 다 혼수로 받았단 말이야？

真珠にサファイアにルビーにダイヤモンドのセットまで、これを全部結納でもらったってこと？

B：보통 이 정도는 다 받지 않아？

普通これくらいは、みんなもらってるんじゃないの？

A：난 금반지 하나 받고 결혼했는데［겨론핸는데］. 뭔가 억울하네. 나 결혼 한 번 더 할까？

私は金の指輪一つもらって結婚したのに。何だか悔しいわね。結婚やり直そうかな。

B：너 그 착한［차칸］ 남편을 두고 그런 소리 하면 벌 받는다［반는다］.

あなたね、あの優しいご主人がいるのに、そんなこと言ったら罰が当たるわよ。

解説

억울하다：無念だ、悔しい。＊**억울한 죽음**（無念の死）、**억울함**（悔しさ、無念さ）

착하다：心優しい、善良だ。

＊**착해 빠지다**（人が良すぎる）、**착한 사람**（優しい人、善良な人）、**마음이 착하다**（心が優しい、根が優しい）、**착한 가격**（良心的な価格）

ひとことフレーズ

TR_032

❶ 주례가 말이 너무 길어서 도중에 졸았어.

媒酌人の話が長すぎて、途中でうとうとしちゃった。

말이 길다：話が長い。＊**말이 필요없다**（言うまでもない）
졸다：居眠りする、うとうとする。＊**졸음운전**（居眠り運転）

❷ 산후조리원이 뭐 이렇게 비싸? 돈 없는 [엄는] 사람 서러워서 살겠어?

産後ケアセンターが何でこんなに高いの？　お金のない人は悲しい思いをするね。

서럽다：悔しくて悲しい、恨めしい。＊**비참하다**（悲惨だ、惨めだ）
文 **-아/어서 살겠어?**：とても～だ。直訳すると「～で生きられるのか？」。

❸ 누가 널 유부녀로 보겠어? 요즘은 정말 나이는 숫자에 불과해.

誰が君を人妻だと思う？　最近は、本当に年齢は数字にすぎないんだね。

유부녀：人妻、既婚女性。漢字で「有夫女」。
文 **~에 불과하다**：～に過ぎない。

❹ 육아 스트레스라고? 난 결혼은 하기 싫지만 [실치만] 애는 갖고 싶어.

育児ストレスだって？　私は結婚はしたくないけど、子どもは欲しいよ。

스트레스：ストレス。
＊**스트레스를 풀다**（ストレスを解消する）、**스트레스가 쌓이다**（ストレスがたまる）、**스트레스에 시달리다**（ストレスに苦しむ）

애를 갖다：子どもを持つ。＊**갖다**（持つ、所有する）

❺ 불임 치료까지 받아서 겨우 낳은 애인데 얼마나 소중할까?

不妊治療の末、やっと生まれた子どもだから、すごく大事でしょうね。

겨우：やっと、ようやく、たった、かろうじて。
＊**겨우 끝나다**（やっと終わる）、**아슬아슬하게 겨우 도착하다**（ぎりぎりやっと到着する）

소중하다：大事だ、大切だ。＊**소중히**（大事に、大切に）

❻ 신혼여행으로 [신혼녀행] 리조트 예약하려다 [예야카려다] 가격 보고 입이 딱 벌어졌어요.

新婚旅行でリゾートを予約しようと価格を見て、開いた口がふさがりませんでした。

입이 딱 벌어지다：びっくり仰天する、開いた口がふさがらない。
＊**벌어지다**（開く、空く、広がる）、**소동이 벌어지다**（騒ぎが起こる）、**점수 차가 벌어지다**（点差が開く）

文 **-(으)려다**：～しようとして（むしろ）、～しようとしたら（逆に）。**-(으)려다가**とも言う。

7 좀 괜찮다 싶으면 죄다 유부남이야.

[괜찬타]

ちょっと良いなと思ったら、みんな既婚男性だ。

괜찮다：大丈夫だ、構わない、良い。
죄다：みんな、残らず、一切合切。＊**모조리**（全部、何もかも、一人残らず）
유부남：既婚男性。漢字で「有婦男」。
＊**유부녀**（人妻、既婚女性）、**불륜**（不倫）、**솔로**（独身、結婚相手や恋人のいない状態）

文 **-다 싶으면**：～だと思ったら。

---

8 결혼기념일에 외박을 해? 죽었어.

結婚記念日に外泊をする？　許せない。

죽었어：覚悟しろ、許せない、思い知らせてやる。直訳すると「死んだ」。
＊**죽고 못 살다**（片方が死んでは生きていけないほど熱烈に愛し合う）、**죽었다 깨어나도**（いくら頑張っても、何があっても、絶対に。直訳すると「死んで起きても」）

---

9 양가 부모님이 상견례 날 크게 싸우는 바람에 하마터면 결혼 깨질 뻔했대.

[상견녜]

両家のご両親が顔合わせの日に大げんかしたせいで、危うく結婚が破談になるところだったって。

상견례：格式に重きを置いた初対面の席。漢字で「相見礼」。
결혼이 깨지다：結婚が破談になる。

文 **하마터면 -(으)ㄹ 뻔했다**：危うく～するところだった。

⑩ 결혼 생각 없다면서 선은 또 거절을 안 해요. ♡

結婚願望はないと言いつつ、お見合い話はまた断らないんですね。

생각：考え、つもり、思い。
＊**생각 없이**（何気なく、何も考えずに）、**생각이 짧다**（分別がない）、**딴생각**（別の考え、他の考え）、**잡생각**（雑念）

선：お見合い。**맞선**とも言う。＊**선(을) 보다**（お見合いする）

-다면서：～と言いつつ、～と言いながら。**-다고 하면서**の縮約形。動詞には**-ㄴ/는다면서**、名詞には**~(이)라면서**が付く。

⑪ 이 결혼식, 분위기가 좀 이상하지 않아? 신랑도 전혀 웃지도 않고. ♡

[실랑] [안코]

この結婚式の雰囲気、ちょっとおかしくない？　花婿もちっとも笑わないし。

분위기：雰囲気。
＊**분위기가 무르익다**（雰囲気が盛り上がる）、**험악한 분위기**（険悪な雰囲気）、**차분한 분위기**（落ち着いた雰囲気）

⑫ 신혼이라 깨가 쏟아지겠네, 깨가 쏟아져. 안 봐도 알조지. ♡

[쏘다지겐네] [알쪼]

新婚だから超ラブラブだろうね。見なくても分かるよ。

깨가 쏟아지다：超ラブラブだ、むつまじい。直訳すると「ゴマが降り注ぐ」。
알조：納得のいくこと、十分予想できること。**알 만한 일**とも言う。

⑬ 마음 떠난 남자한테 미련 두지 말고 깨끗이 이혼해.

気持ちが離れた男に未練なんか持たないで、きれいさっぱり離婚しなよ。

미련(을) 두다：未練を残す、未練を持つ。
＊**미련을 버리다**（未練を捨てる）、**미련을 떨다**（未練たらしい）、**미련이 남다**（未練が残る）
깨끗이：きれいに、あっさり、潔く。＊**깨끗이 사과하다**（潔く謝る）

---

⑭ 저 다이아, 도대체 몇 캐럿이야? 한번만 껴 봤으면 소원이 없겠네.

[업겐네]

あのダイヤ、一体何カラットなの？　一度でもはめられたらもう望むことはないね。

끼다：はめる、挟む。
＊**렌즈를 끼다**（コンタクトをする）、**안경을 끼다**（眼鏡を掛ける）、**팔짱을 끼다**（腕を組む）
소원이 없다：願うことはない、何も望まない。＊**소원 성취**（念願成就）

---

⑮ 연애결혼이든 중매결혼이든 상관없으니 제발 결혼만 해 다오.

恋愛結婚でも見合い結婚でも構わないから、お願い、結婚だけはしてくれ。

상관없다：関係ない、気にしない。
文 **~(이)든 …(이)든**：～でも…でも、～だろうが…だろうが。
-아/어 다오：～してくれ、～してちょうだい（親しい人や、目下の人への依頼）。

会話フレーズ

♪ TR_037

1 A：**혼수 보니까 아주 돈 자랑을 제대로 했더구만.** ♡

嫁入り道具を見たら、すごくお金の自慢を思いっ切りしてたんだよね。

B：**야, 남들 듣겠다. 부러우면 지는 거야.**

おいおい、周りに聞こえるぞ。うらやましいと思ったら負けなんだよ。

제대로 하다：まともにやる、ちゃんとやる。
부럽다：うらやましい。
＊**남부럽다**（〈他人が〉うらやましい）、**남부럽잖다**（満ち足りていて少しも他人がうらやましくない）、**부러워하다**（うらやむ）

文 **-았/었더구만**：～だったなあ、～だったねえ（感嘆）。

---

2 A：**얼레, 신부 얼굴이 내가 알던 사람하고 다른데?** ♡

あれ、花嫁の顔が私が知ってる人と違うんだけど？

B：**잰 옛날부터 연애랑 결혼은 별개라고 외치던 애잖아.**
[옌날]

あいつは、昔から恋愛と結婚は別と言い張ってたやつじゃん。

별개：別物。＊**별개의 문제**（別問題）
외치다：叫ぶ、声を張り上げる。
＊**목청껏 외치다**（声を限りに叫ぶ）、**구호를 외치다**（スローガンを叫ぶ。**슬로건을 외치다**とも言う）

♪ TR_038

3 A：**저 커플, 오해로 헤어졌던 첫사랑이랑 십 년만에 재회해서 맺어진 케이스래.** ♡

[심년마네]

あのカップル、誤解のせいで別れた初恋の人と10年ぶりに再会して結ばれたケースなんだって。

B：**그러게 운명은 따로 있다니까. 아니, 그럼 첫사랑을 도대체 몇 살 때 했다는 말이야?**

だから運命には訳があるんだってば。おやっ、ってことは一体何歳の時に初恋をしたってことなの？

文 **~은/는 따로 있다**：~は別にある、~には理由がある。

4 A：**랜선 연애? 어떻게 사람을 만나 보지도 않고.** ♡

[안코]

ネット恋愛？　その人と会ってもないのにどうやって。

B：**고리타분한 소리하지 마. 재택근무하면서 연애도 하고. 이런 게 바로 님도 보고 뽕도 따고지.**

古臭いこと言わないで。在宅勤務しながら恋愛もできて。まさにこういうのを一挙両得っていうのよ。

랜선 연애：**랜선**（LAN線）＋**연애**（恋愛）の合成語。ネット空間でする恋愛。
고리타분하다：古臭い、考えが古い、つまらない、陳腐だ。
님도 보고 뽕도 따다：一挙両得、一石二鳥。直訳すると「恋人にも会えて桑も摘む」。
＊**누이 좋고 매부 좋다**（双方にとって得になる、ウィンウィンだ）

TR_039

5 A：**어떻게 재한테 축가를 부탁할 생각을 했어?**

[부타칼]

どうやってあの人に祝歌を頼もうだなんて思ったの？

B：**웃겨 죽겠다. 내 기억에 평생 남을 결혼식이야.**

笑い死にしそう。僕の記憶に一生残る結婚式だよ。

축가：祝歌、祝いの席で歌う歌。＊**애국가**（愛国歌、韓国の国歌）

부탁하다：頼む、お願いする。

＊**무리한 부탁**（無理な頼み事）、**청탁**（請託、内々の頼み）、**은밀한 청탁**（内密な請託）

6 A：**유명한 웨딩 플래너라더니 이름값을 못 하네.**

[이름깝쓸]　[모 타네]

有名なウエディングプランナーと聞いたんだけど、大したことないね。

B：**그러게. 다른 결혼식이랑 차이가 하나도 없잖아.**

だよね。他の結婚式と全然変わらないじゃん。

이름값을 못 하다：評判に似合わない仕事をする、大したことない、名前ほどの価値がない。

＊**얼굴값을 하다**（顔に似合った行動をする）、**이름값을 하다**（名実相伴う行動をする）、**꼴값하다**（何というざまだ）

文 **～(이)라더니**：～だって聞いたけど。**～(이)라고 하더니**の縮約形。動詞には**-ㄴ/는다더니**、形容詞・存在詞には**-다더니**が付く。

単語

TR_040

연애 恋愛

□ **사내 연애** 社内恋愛、職場恋愛
□ **랜선 연애** ネット恋愛
□ **비밀 연애** 秘密の恋愛
□ **원거리 연애, 장거리 연애** 遠距離恋愛
□ **양다리** 二股
□ **환승 이별** 別れてすぐ別の人と付き合うこと
□ **원나잇** ワンナイトラブ
□ **속도 위반** できちゃった結婚
□ **나이차 커플** 年の差カップル
＊**띠동갑**（えとが同じ、主に12才差）
□ **동갑 커플** 同い年カップル
□ **연하남 / 연상녀** 年下の男／年上の女
□ **케미** 相性、お似合い
＊男女の間に起こる愛の化学反応。
□ **집착** 執着
□ **오해** 誤解
□ **재회** 再会
□ **동거** 同居
□ **데이트** デート
□ **밀당** 恋の駆け引き

결혼 結婚

□ **연애결혼** 恋愛結婚
□ **중매결혼** お見合い結婚
□ **정략결혼** 政略結婚
□ **약탈혼** 略奪婚
□ **(맞)선** お見合い
□ **중매쟁이** 仲人
□ **궁합** 男女の相性
□ **청혼, 프로포즈** プロポーズ
□ **상견례** （両家の）顔合わせ
□ **청첩장** 招待状
□ **혼수** 結納
□ **한복** 韓服
□ **결혼 날짜** 結婚の日
□ **결혼 예물** 結婚の礼物
□ **야외촬영** 野外撮影
□ **웨딩 플래너** ウエディングプランナー
□ **신혼집** 新居
□ **혼인 신고** 婚姻届
□ **결혼기념일** 結婚記念日
□ **유부남** 既婚男性
□ **유부녀** 人妻、既婚女性
□ **부부 싸움** 夫婦げんか
□ **의처증 / 의부증** 妻／夫の行動を異常に疑う性癖
□ **외도** 浮気
□ **불륜** 不倫

□ 이혼　離婚
□ 재혼　再婚
□ 비혼주의　非婚主義
□ 독신주의　独身主義
□ 졸혼　卒婚　＊戸籍上の婚姻関係は残したまま夫婦それぞれが自由に生きること。

□ 신혼여행　新婚旅行
□ 페어룩　ペアルック
□ 리조트　リゾート
□ 캐리어　キャリーバッグ
□ 슈트 케이스　スーツケース

결혼식 結婚式

□ 예식장　式場
□ 야외 결혼식　野外結婚式
□ 신랑　新郎、花婿
□ 신부　新婦、花嫁
□ 웨딩드레스　ウエディングドレス
□ 예복　礼服
□ 결혼반지, 웨딩 밴드　結婚指輪
□ 결혼 서약　結婚の誓い
□ 웨딩 촬영　ウエディング撮影
□ 부케　ブーケ
□ 하객　祝い客
□ 주례　媒酌
□ 축가　祝いの席で歌う歌
□ 사회　司会
□ 피로연　披露宴
□ 폐백　ペベク
＊結婚式の後に、韓服に着替えて新婦が新郎の家族にあいさつする韓国伝統儀式。
□ 부조(금), 축의금　祝儀
□ 식권　食券

임신 妊娠

□ 인공수정　人工授精
□ 불임 치료　不妊治療
□ 정자　精子
□ 난자　卵子
□ 생리, 월경　生理
□ 임산부　妊婦
□ 태교　胎教
□ 출산　出産
□ 순산　安産
□ 난산　難産
□ 자연분만　自然分娩(ぶんべん)
□ 제왕절개　帝王切開
□ 산후조리원　産後ケアセンター
□ 낙태　堕胎
□ 유산　流産
□ 조산　早産
□ 기저귀　おむつ
□ 젖병　哺乳瓶
□ 분유　粉ミルク
□ 모유　母乳
□ 수유　授乳
□ 육아　育児
□ 딩크족　子どもを産まず共働きする夫婦

❺ 住居

聞いてみよう！

♪ TR_041

「聞いてみよう！」全文

A : 누군 금수저 물고 태어나서 집 걱정 한번 안 하고 살고.

ある人は生まれ持ってのお金持ちで、家の心配なんか一度もせずに生きるのに。

B : 팔자타령 그만하고 다음은 저기 가 보자.

[팔짜타령]

自分の不幸を嘆くのはやめて、次はあっちに行ってみよう。

A : 가 보면 뭐해? 이 돈으로는 힘들어.

行ってどうするの？　どうせこのお金じゃ厳しいよ。

B : 그렇다고 포기할 거야? 잔말 말고 따라와.

[그러타고]　[포기할 꺼]

だからって諦めるの？　無駄口たたかないで、付いてきて。

解説

금수저：裕福な家に生まれた子、お金持ち。直訳すると「金のスプーン」。
＊**수저계급론**（スプーン階級論。自身の努力と関係なく両親の経済水準によって将来が決まるという考え方）

물다：かむ、食いつく、くわえる、かみつく。

팔자타령하다：自分の不幸を全て運命のせいにして嘆く。

포기하다：諦める、放棄する、ギブアップする。＊**자포자기**（自暴自棄）

잔말 말고：つべこべ言わず。＊**잔말이 많다**（文句が多い、文句ばかりだ）

ひとことフレーズ

TR_042

❶ 복비를 달라는 대로 다 줬단 말이야?

仲介料を言われた通りに全部払ったってこと？

복비：〈俗語〉不動産仲介手数料。漢字で「福費」。

文 **-는 대로**：～するままに、～する通りに。

-았/었단 말이야?：～したってことなの？、～だったってことなの？

❷ 셰어하우스가 싸긴 하지만 사생활이 없어.

シェアハウスは安いけど、私生活がない。

셰어하우스：シェアハウス。

＊**룸 셰어**（ルームシェア）、**하우스메이트**（ハウスメイト。略して**하메**とも言う）、**룸메이트**（ルームメイト。略して**룸메**とも言う）、**더부살이**（居候）

文 **-긴 하지만**：確かに～だけど。**-기는 하지만**の縮約形。

❸ 한때 주상복합이 인기였는데 지금은 시들해졌어.

［주상보카비］［인끼연는데］

一時期、複合型マンションが人気だったんだけど、今は人気がなくなった。

한때：一時、ひととき、しばらくの間。

주상복합 (아파트)：住居と商業施設が一緒になっている複合型マンション。

시들해지다：興味がなくなる。＊**시들하다**（しおれる、乗り気がしない）

❹ 옥상에서 분위기 잡다가 모기한테 다 뜯겼어. ♡

屋上で良いムードを作ろうとして、全身を蚊に刺されたよ。

분위기 잡다：ムードを作る、雰囲気を引き出す。
＊**분위기를 잡치다**（雰囲気を台無しにする。**분위기를 망치다**とも言う）
뜯기다：刺される、ゆすられる。
＊**삥 뜯기**（喝上げ）、**삥 뜯기다**（金を巻き上げられる）、**쥐어뜯기다**（むしり取られる）

❺ 이 동네는 무슨 골목이 미로처럼 복잡해. ♡

[복짜패]

この町はまるで路地が迷路みたいに複雑だわ。

동네：町、町内。
＊**동네방네**（村じゅう、あの村この村。**온 동네**とも言う）、**달동네**（貧民街）、**동네북**（複数の人から腹いせの対象になる人。直訳すると「村の太鼓」）
미로：迷路。＊**미로에 갇히다**（迷路に閉じ込められる）

❻ 월세를 또 올린다고? 그 돈 내고 여기 왜 살아? ♡

[월쎄]

家賃をまた上げるって？　その金額を払って何でここに住むわけ？

월세를 올리다：家賃を上げる。
＊**월세를 내리다**（家賃を下げる）、**월세가 밀리다**（家賃を滞納している）

❼ 집들이 와서 집 구경하고 싶다고 주인한테 묻지도 않고 침실 문을 벌컥 열다니, 진짜 몰상식이다.

[안코] [벌컹 녈다니] [몰쌍시기다]

引っ越し祝いに来て、家の見物したいって、家主に断りもなく寝室のドアをいきなり開けるなんて、マジで非常識だわ。

벌컥 열다：いきなり開ける。＊**벌컥 화내다**（カッとなって怒る）
몰상식：非常識、常識外れ。**몰**は「無」を意味する接頭辞。

---

❽ 단독주택이 마당도 있어서 좋긴 한데 겨울에 너무 추워서.

[조킨]

一戸建てが庭もあって良いけど、冬は寒すぎてね。

마당：庭。
＊**마당발**（顔が広い人、人脈がある人。直訳すると「庭の足」。「扁平足（へんぺい）」という意味もある）
文 **-긴 한데**：確かに～だけど。**-기는 한데**の縮約形。

---

❾ 지금 해약하면 계약금만 날리는 거잖아. 내가 못 살아.

[해야카면]

今解約したら手付け金は損するわけじゃん。やりきれないよ。

계약금을 날리다：手付け金・契約金を失う。
내가 못 살아：やりきれないよ、やってられない、まったくもう。直訳すると「私が生きていけない」。

⑩ 요즘은 집주인들이 전세보다 월세를 더 선호해.

[월쎄]

最近は大家さんたちがチョンセより家賃の方を好むよ。

전세：チョンセ。まとまった保証金を預けることで家賃を払わずに不動産を借りる韓国の賃貸システム。

＊**전셋집**（チョンセで借りる家）、**전세금**（家の保証金）

선호하다：好む、えり好みする、～の方を好む。

---

⑪ 지붕에서 비가 새는 집이라니, 소설에나 나올 법한 얘기네.

[나올 뻐판]

屋根から雨漏りする家だなんて、今どき、小説に出てきそうな話だね。

비가 새다：雨漏りする。

文 **～에나**：～にしか。＊**～에나 볼 케이스**（～でしか見られないケース）

-(으)ㄹ 법하다：～しそうだ、～らしい。

---

⑫ 회사에서 잘리면 사택에서도 나가야 하는데. 아, 내 신세가 처량하네.

会社をクビになったら社宅からも出ていかないといけないんだけど。あー、わが身が哀れだよ。

잘리다：クビになる。＊**해고당하다**（解雇される）

내 신세가 처량하다：わが身が哀れだ。

＊**신세를 지다**（お世話になる）、**찬밥 신세**（冷遇される人、無視される存在、厄介者扱い。直訳すると「冷や飯の境遇」）

⑬ 이삿짐센터 아르바이트를 구했다고? 가방도 무겁다고 안 드는 니가?

引っ越しセンターのアルバイトが決まったって？　かばんも重いと持たないあなたが？

이삿짐센터：引っ越しセンター。**이삿짐**は「引っ越しの荷物」という意味。
＊**짐을 싸다**（荷造りする）、**짐을 싣다**（荷物を積む）、**짐을 풀다**（荷物を解く）、**짐을 옮기다**（荷物を運ぶ。**짐을 나르다**とも言う）

구하다：求める、探す。＊**양해를 구하다**（了解を得る）

⑭ 취직을 해도 이 월급으로는 원룸 신세를 못 면하네.

[원눔] [몬 며나네]

就職をしてもこの給料じゃワンルーム生活は免れないね。

신세를 못 면하다：境遇から逃れられない。
＊**면하다**（免れる、逃れる）、**신세**（身の上、境遇）、**신세타령**（自分の不幸な境遇を語ること）、**신세가 처량하다**（境遇が哀れだ）

⑮ 자취 생활이 길다 보니, 이 정도는 눈 감고도 만들어요.

[감꼬도]

自炊の生活が長かったので、これくらいは目をつぶってでも作れます。

자취 생활：自炊生活、一人暮らし。
＊**자취방**（一人暮らしの部屋、一般に1Kのアパート）

눈 감고도 만들다：目をつぶってでも作れる。

文 **-다 보니**：～なもので。**-다 보니까**とも言う。

会話フレーズ

TR_047

1 A：**너 이사한 지 삼 개월이 지났는데 전입신고도 안 했어?**
[지난는데]

引っ越して３カ月がたつのに、転入届も出してないの？

B：**까마귀 고기를 먹었나, 요즘 진짜 왜 이러지?**
[머건나]

忘れっぽいのよ、最近何でこうなんだろう？

지나다：過ぎる、たつ。
＊**지난 일**（終わったこと、過去のこと）、**지나가다**（過ぎる、通り去る、通り過ぎる）

까마귀 고기를 먹다：忘れっぽい、忘れる。直訳すると「カラスが肉を食べる」。

文 **-(으)ㄴ 지**：～してから、～して以来。

2 A：**집수리할 동안 어디 가 있을 거야? 설마, 너?**
[집쑤리할 똥안] [이쓸 꺼]

家を修理してる間、どこに泊まるつもり？　あなた、まさか？

B：**내가 밥하고 청소하고 다 할게. 한 달은 금방 갈 거야.**
[바파고] [할께] [갈 꺼]

私がご飯と掃除全部やるよ。１カ月なんてあっという間だよ。

집수리：家の修理、リフォーム。
＊**내부 수리**（内部修理）、**수리를 맡기다**（修理に出す）

동안：間、期間。
＊**한동안**（しばらくの間）、**잠시 동안**（少しの間）、**오랫동안**（長い間。**한참 동안**とも言う）

TR_048

3 A：**월급만 오르면 원룸에서 오피스텔로 이사갈 텐데.**♡
[월금만] [원누메서]
給料さえ上がれば、ワンルームからオフィステルに引っ越すのに。

B：**술값만 아끼면 지금이라도 갈 수 있어.**
[술깜만] [갈 쑤]
飲み代さえ節約すれば、今でも可能よ。

오피스텔：オフィステル、「**오피스**（オフィス）＋**호텔**（ホテル）」の造語。オフィスと住居兼用の部屋のこと。

술값：飲み代、お酒代。

아끼다：節約する、大事にする、重宝する。＊**아끼는 후배**（大切にしている後輩）

文 **-(으) ㄹ 텐데**：～するはずなのに、～するはずなので、～なはずなのに。

---

4 A：**올수리한 집이라고 해서 계약했는데 속은 것 같아.**♡
[올쑤리한] [게야캔는데]
全面リフォームした家と聞いて契約したのに、だまされたみたい。

B：**딱 봐도 날림공사네. 널 호구로 봤나 보네.**
[봔나]
いかにも手抜き工事だね。あなたをいいかもだと思ったようね。

올수리：全面リフォーム、オール修理。

속다：だまされる、欺かれる。＊**속은 놈이 바보다**（だまされた方が悪い）

날림공사：手抜き工事。**날리다**（飛ばす）＋**공사**（工事）。

호구：他人によくだまされる人、利用されやすい人。

TR_049

5 A : **너도 참 사서 고생이다. 포장 이사하면 편할 거를.** ♡

[펴날 꺼]

あなたも無駄な苦労をするね。お任せコースにすれば楽なものを。

B : **젊었을 때 한 푼이라도 아껴야지.**

若い時に、一銭でも節約しなきゃ。

사서 고생이다 : 無駄な苦労をする。直訳すると「買って苦労だ」。
포장 이사 : 引っ越しのお任せコース。
한 푼이라도 아끼다 : 一銭でも節約する。
＊**말을 아끼다** (慎重に話す、言葉を慎む)、**수고를 아끼지 않다** (苦労を惜しまない)

---

6 A : **뽁뽁이 좀 아껴 써. 뭘 그렇게 둘둘 말아?** ♡

ぷちぷち、大事に使ってよ。何でそこまでぐるぐる巻くわけ？

B : **뽁뽁이 아끼려다가 물건 망가지는 게 더 아깝지.**

ぷちぷちを節約して物が壊れる方がもったいないでしょ。

뽁뽁이 : ぷちぷちの緩衝材。
둘둘 말다 : ぐるぐる巻く。
물건이 망가지다 : 物が壊れる。＊**망가뜨리다** (壊す、破損する)
文 **-(으)려다가** : ～しようとしてむしろ、～しようとしたら逆に。最後の**가**は省略可能。

単語

TR_050

집 구성 家の構成

□ 안방	奥の間、夫婦の寝室
□ 침실	寝室
□ 거실	居間
□ 서재	書斎
□ 부엌	台所
□ 욕실	浴室
□ 목욕탕	浴室、お風呂
□ 공부방	勉強部屋
□ 화장실	トイレ
□ 드레스 룸	ドレスルーム
□ 다락(방)	屋根裏部屋
□ 다용도실	多目的室
□ 복층	ロフト
□ 창고	倉庫
□ 베란다	ベランダ
□ 마당, 뜰	庭
□ 정원	庭園
□ 울타리	垣根
□ 담	塀
□ 지붕	屋根
□ 옥상	屋上
□ 현관	玄関
□ 차고	車庫
□ 대문	正門

주변 周辺

□ 동네	町、町内
□ 골목	路地
□ 오락실	ゲームセンター
□ 만화방	漫画喫茶
□ 문방구, 문구점	文房具屋
□ 빵집, 제과점	パン屋
□ 꽃집	花屋
□ 화장품 가게	化粧品の店
□ 도시락 가게	お弁当屋
□ 놀이터	遊び場
□ 공원	公園
□ 공터	空地
□ 파출소	交番
□ 행정복지센터	住民センター
□ 병원	病院
□ 주유소	ガソリンスタンド
□ 카페	カフェ
□ 레스토랑	レストラン
□ 음식점	飲食店

양식 様式

□ 자택	自宅

□ 자가　持ち家
□ 전세　チョンセ
*賃貸契約時にまとまった保証金を払うことで、月々の家賃を支払う必要がないという韓国独特の賃貸システム。
□ 월세, 달세　家賃
□ 하숙　下宿
□ 자취　自炊
□ 룸 셰어　ルームシェア
□ 홈스테이　ホームステイ
□ 더부살이　居候

주택 종류 住宅の種類

□ 단독주택　一戸建て
□ 연립주택　共同住宅
□ 다세대주택　多世帯住宅
□ 단층집　平家
□ 이층집　2階建て
□ 아파트　マンション
□ 주상복합　住居と商業施設の複合
□ 오피스텔　オフィステル
*オフィス+ホテルの合成語。
□ 원룸　ワンルーム
□ 고시원　コシウォン
*本来は受験生が集中して勉強するために作られた宿泊施設。今は留学生に大人気。
□ 전셋집　チョンセの家、借家
□ 사택　社宅
□ 빌라　ビラ
□ 한옥　韓屋
□ 별장　別荘
□ 셰어하우스　シェアハウス

이사 引っ越し

□ 부동산(중개업소), 복덕방　不動産屋
□ 복비, 중개료　仲介料
□ 계약서　契約書
□ 계약금　手付け金
□ 중도금　手付け金と残金の中間に支払われる内金
□ 잔금　残金
□ 집주인　大家さん
□ 집수리　家の修理
□ 리모델링　リモデリング、リノベーション
□ 올수리　全面リフォーム
□ 이삿짐　引っ越しの荷物
□ 에어 캡, 뽁뽁이　緩衝材、ぷちぷち
□ (종이) 박스　段ボール
□ 이삿짐센터　引っ越しセンター
□ 포장 이사　引っ越しのお任せコース
□ 이삿날　引っ越しの日
□ 집들이　引っ越し祝い
□ 신축　新築
□ 전입신고　転入届
*韓国では転入届を出せば自動的に転出手続きが完了する。
□ 집문서　家の権利書

❻ 交通

聞いてみよう！

♪ TR_051

「聞いてみよう！」全文

A：뭐야, 저 사람, 진짜 뻔뻔하네.

何よ、あの人、本当にずうずうしいわね。

B：아, 왜 또 아침부터 열받고 그래?

もう、何でまた朝から怒ってるの？

A：아니, 걸어 가는 척하다가 슬쩍 줄에 끼어들잖아.

[처카다가]

それが、歩いていくふりをして、こっそり列に割り込んだのよ。

B：새치기는 안 되지. 자, 정의의 사도 출동!

[출똥]

割り込みはダメだよね。さあ、正義の味方、出動！

解説

뻔뻔하다：ずうずうしい、虫がいい。

＊**철면피**（恥知らずで厚かましい人）、**파렴치하다**（破廉恥だ）

열받다：頭にくる、腹が立つ。＊**뚜껑 열리다**（腹が立つ、むかつく。直訳すると「ふたが開く」）

끼어들다：割り込む、口を挟む。

새치기：割り込み。＊**새치기하다**（割り込む）

文 **-고 그래?**：～するの？、～しているの？

-는 척하다：～するふりをする。

-다가：～している途中で、～していて。最後の**가**は省略可能。

ひとことフレーズ

TR_052

❶ 음주 운전하다 걸려서 면허취소되면 어쩌려고 그래?

飲酒運転してばれて免許取り消しになったらどうするつもりなのよ？

걸리다：掛かる、引っ掛かる、ばれる。
＊**덫에 걸리다**（罠に掛かる、はめられる）、**법망에 걸리다**（法網に掛かる）

❷ 너 은근히 과속하는 경향 있는 거 알아?

［과소카는］［인는］

あなたそれとなくスピードを出し過ぎる傾向があるって知ってる？

은근히：何となく、ひそかに、それとなく。
＊**은근슬쩍**（ばれないようにそっと、ひそかに、それとなく）、**은근슬쩍 떠보다**（それとなく探る）

과속하다：スピードを出し過ぎる。
＊**과속 운전**（スピード違反の運転）、**과속 차량**（スピード出し過ぎの車）

❸ 아니, 여기서 우회전이 아니라 좌회전이라니까!

いや、ここで右折じゃなく左折だってば！

우회전・좌회전：右折・左折。＊**우향우・좌향좌**（右向け右・左向け左）

文 **～(이)라니까**：～だってば。

❹ 오늘은 대리 불렀으니까 마음껏 마시자!

[마음껀 마시자]

今日は代行を呼んだから、思う存分飲もう！

대리：運転代行、代理運転。**대리 운전**とも言う。
＊**대리모**（代理母）、**대리인**（代理人）

마음껏：思う存分、思いっ切り。＊**마음껏 즐기다**（思いっ切り楽しむ）

❺ 환승하는 데 시간이 이렇게 걸려서야.

乗り換えするのにこんなに時間が掛かるなんて。

환승하다：乗り換える。**갈아타다**とも言う。＊**환승역**（乗り換え駅）

文 **-아/어서야**：～しては、～では（不満・非難）。

❻ 케이티엑스 역방향 좌석밖에 안 남았대.

KTXの逆向きの座席しか残ってないって。

역방향：逆方向、逆向き。＊KTXの座席には進行方向と逆向きに座る座席がある。
＊**역효과**（逆効果）、**역광**（逆光）、**역발상**（逆転の発想）、**역전승**（逆転勝ち）、**역전패**（逆転負け）

文 **-았/었대**：～したって、～だったって。

❼ 차선 변경을 못 해서 계속 가다 보니까 결국 고속도로까지 탔대. 황당해서 원.

[모 태서]

車線変更ができなくてずっとそのまま走ってたら、結局は高速に乗っちゃったって。あきれちゃって、もう。

황당하다：あきれる。**어처구니없다**、**기가 막히다**とも言う。
원：あら、まあ、なんて。意外なことで驚いたり、不満に思ったりしたときに発する感嘆詞。

❽ 서로 조수석에 앉겠다고 싸우잖아. 난 뒷좌석이 더 좋은데.

[안껜따고]

二人とも助手席に座るってけんかしてるのよ。私は後部座席の方が良いのに。

싸우다：けんかする、戦う。
＊**대판 싸우다**（大げんかする）、**피 터지게 싸우다**（激しくけんかする、泥仕合をする）、**치고 박고 싸우다**（殴り合う）、**다투다**（口論する、争う）、**말다툼하다**（口げんかする、言い争う）

❾ 참 얼굴 두껍다. 노약자석에 앉아서도 당당하네.

本当に厚かましいね。優先席に座っても堂々としているよ。

얼굴(이) 두껍다：ずうずうしい、厚かましい。直訳すると「顔が厚い」。
＊**낯짝이 두껍다**（ずうずうしい）、**두껍게 썰다**（厚切りにする）、**두껍게 입다**（厚着をする）
당당하다：堂々とする。＊**위풍당당하다**（威風堂々とする）

⑩ 너 또 깜빡이 반대로 켰잖아. 진짜 목숨 걸고 니 차 타 주는 건 나밖에 없을 거야. ♡

[업쓸 꺼]

お前、またウインカーを反対に出してるぞ。まったく、命懸けでお前の運転する車に乗ってあげるのは僕くらいだろうね。

깜빡이(를) 켜다：ウインカーを出す。

목숨(을) 걸다：命を懸ける。

＊**목숨을 건지다**（命が助かる）、**목숨을 바치다**（命をささげる）

⑪ 너 이 딱지들은 다 뭐야? 도대체 무슨 교통위반을 이렇게 많이 했어? ♡

あなた、この違反切符は全部何なのよ。一体何の交通違反をこんなにたくさんしたわけ？

딱지：切符、違反切符、レッテル。

＊**딱지를 떼이다**（切符を切られる）

교통위반：交通違反。

＊**속도위반**（スピード違反。俗語で「できちゃった婚」）、**주차위반**（駐車違反）、**계약위반**（契約違反）、**선거법위반**（選挙法違反）

⑫ 내 평생 헬리콥터 탈 일이 있을까? ♡

[탈 리리]

一生のうち、ヘリコプターに乗ることがあるのかな？

헬리콥터：ヘリコプター。**헬기**とも言う。

＊**헬기를 타다**（ヘリに乗る）、**헬기를 조정하다**（ヘリを操縦する）

⑬ 다른 차가 추월만 하면 흥분하는 버릇 좀 버려.

他の車に追い越されるたびに興奮する癖は捨てなよ。

추월하다：追い越す、追い抜く。**앞지르다**とも言う。

흥분하다：興奮する。

＊**흥분의 도가니**（興奮のるつぼ）、**흥분이 가라앉다**（興奮が静まる）、**흥분이 가시지 않다**（興奮が冷めない）

⑭ 차 좀 갓길에 잠깐만 세워 봐. 올릴 것 같아.

[올릴 껃 까타]

車を路肩にちょっと止めてちょうだい。吐きそうなの。

갓길：路肩。

＊**귀갓길**（帰り道）、**눈길**（雪道）、**빗길**（雨にぬれている道）、**밤길**（夜道）

올리다：本来「上がる」という意味だが、「吐く、嘔吐(おうと)する」という意味でも使われる。**토하다**とも言う。＊**토 나오다**（へどが出る）

⑮ 너 초보 운전이라는 거 거짓말 아냐? 완전 카레이서 저리 가라네.

[거진말]

君、運転初心者ってのはうそだろ？　カーレーサーに勝る腕前だね。

저리 가라다：比べられないほど勝っている。直訳すると「あっちに行けだ」。

＊**저리 가라 할 정도로**（太刀打ちできるほど、～が不要なほど）、**뺨치다**（そっちのけだ、凌駕(りょうが)する、勝る）、**프로 뺨치는 솜씨**（プロ顔負けの腕前）

会話フレーズ

TR_057

1 A：**차가 달리는 거야? 기어가는 거야?**

車が走ってるのか？　それともはっていってるのか？

B：**누가 뭐라고 해도 난 꿋꿋하게 안전 운전할 거야.**
[꾿꾸타게]　[운전할 꺼]

誰が何と言おうと、私はくじけずに安全運転をするよ。

기어가다：車などがはうように非常にゆっくり進む。
꿋꿋하다：芯が強い、意志が強い、屈しない。＊**굳세다**（強固だ）
안전 운전：安全運転。＊**난폭 운전**（危険運転）、**보복 운전**（迷惑な運転をしてきた〈と思いこんだ場合も含む〉相手に、報復として故意に危険な運転をする行為、あおり運転）

---

2 A：**깜빡이 켜라니까 와이퍼를 왜 켜?**

ウインカーを出せって言ったのに、何でワイパーをつけるんだよ？

B：**우와, 착각했어. 난 이 두 개가 맨날 헷갈려.**
[착까캐써]

うわ、間違えた。私ったらこの二つがいつもこんがらがっちゃうの。

착각하다：勘違いする、錯覚する。＊**날짜를 착각하다**（日にちを間違える）
헷갈리다：（頭が）こんがらがる、混乱する、見分けがつかない。
＊**길이 헷갈리다**（道に迷う）、**이름이 헷갈리다**（名前が紛らわしい）
文 **-(으)라니까**：～しろって言ったのに（強調した命令、再度の命令）。

TR_058

3 A : **저 아저씨가 나한테 왜 저렇게 빵빵대는 거야?**

あのおじさん、何で私にクラクションを鳴らすわけ？

B : **클랙슨 소리 진짜 크네. 너 또 무슨 짓을 한 거야?**

クラクションの音がマジでかいね。あなたまた何をしでかしたの？

빵빵대다 : クラクションを鳴らす。
＊**빵빵** (クラクションの音、銃声などのパンパンという音)

소리가 크다 : 音がでかい。
＊**목소리가 크다** (主張が強い、声が大きい)、**큰소리치다** (大口をたたく)、**잡소리** (雑音、無駄話、くだらない話)、**볼멘소리** (つっけんどんな口振り)、**코맹맹이 소리** (鼻声)

4 A : **타이어 펑크 나서 교체하느라 늦었어.**

タイヤがパンクして、交換してたら遅れたんだ。

B : **중고 자동차 사는 바람에 수리비가 더 드네.**

中古自動車を買ったせいで、修理費の方が高くつくね。

펑크 나다 : パンクする。
＊**약속이 펑크 나다** (約束がドタキャンになる)、**약속을 펑크 내다** (約束をドタキャンする)

교체하다 : 交替する。＊**교환하다** (交換する)、**교대하다** (交代する)

중고 : 中古。＊**중고품** (中古品)、**중고차** (中古車)、**새것** (新品)

文 **-는 바람에** : ～したせいで、～したので。

♪ TR_059

5 A : **너 또 사고 냈다며? 다치지 않는 걸 보면 신기해.** ♡

あなた、また事故ったって？　けががないのを見ると不思議だよ。

B : **응, 이번엔 좀 크게 나서 범퍼가 다 찌그러졌어.**

うん、今度はちょっと大きく事故って、バンパーが完全につぶれちゃった。

사고(를) 내다：事故を起こす。
찌그러지다：つぶれてゆがむ、ぺちゃんこになる。
＊**구부러지다**（曲がる）

文 **-다며？**：～するんだって？、～なんだって？（伝聞）。

---

6 A : **학교 안을 스쿠터로 이동한단 말이야?** ♡

学校の中をスクーターで移動するってこと？

B : **학교가 너무 넓다 보니까 강의실 이동하다가 쓰러질 것 같아.**
[널따]
[쓰러질 껀 까타]

学校が広すぎるものだから、講義室を移動する途中で倒れちゃいそう。

쓰러지다：倒れる。
＊**넘어지다**（転ぶ）、**기절하다**（気を失う、気絶する）、**자빠지다**（倒れる、転ぶ、転倒する）、**놀라 자빠지다**（びっくり仰天する）

文 **-ㄴ/는단 말이야？**：～するってことなの？。形容詞には**-단 말이야？**、名詞には**~(이)란 말이야？**が付く。

単語

TR_060

교통수단 交通手段

- □ 버스　バス
- □ 마을버스　マイクロバス
- □ 고속버스　高速バス
- □ 리무진 버스　リムジンバス
- □ 택시　タクシー
- □ 모범택시　模範タクシー
  *一般的なタクシーより高いが安全性が高く、サービスも良い黒色のタクシー。
- □ 지하철　地下鉄
- □ 전철　電車
- □ 공항철도　空港鉄道
- □ 모노레일　モノレール
- □ 기차　汽車
- □ 열차　列車
- □ 케이티엑스　KTX
- □ 배　船
- □ 유람선　遊覧船
- □ 비행기　飛行機
- □ 헬리콥터　ヘリコプター
- □ 자전거　自転車
- □ 스쿠터　スクーター
- □ 오토바이　オートバイ
- □ 자가용　自家用車
- □ 트럭　トラック
- □ 도보　徒歩

승강장 乗り場

- □ 역　駅
- □ 공항　空港
- □ 정류장　停留所
- □ 주차장　駐車場
- □ 선착장　船着き場
- □ 택시 타는 곳　タクシー乗り場
- □ 버스터미널　バスターミナル

도로 道路

- □ 차선　車線
- □ 일차선　一車線
- □ 중앙선　中央線
- □ 갓길　路肩
- □ 네거리, 사거리　四つ角､十字路
- □ 지하도　地下道
- □ 육교　歩道橋
- □ 인도 / 보도　人道／歩道
- □ 차도　車道

대중교통 大衆交通

- □ 교통비, 차비 交通費
- □ 교통카드 交通ICカード
- □ 티머니 T-Money
  *韓国の交通ICカード、プリペイド型の電子マネーの名称。
- □ 충전 チャージ
- □ 환승 乗り換え
- □ 합승 相乗り
- □ 편도 片道
- □ 왕복 往復
- □ 노약자석 優先席
- □ 새치기 割り込み
- □ 무임승차 無賃乗車

운전 運転

- □ 면허증 免許証
- □ 초보 운전 運転初心者
- □ 장롱면허 ペーパードライバー
- □ 내비게이션 ナビゲーション
- □ 운전석 運転席
- □ 조수석 助手席
- □ 뒷좌석 後部座席
- □ 교통위반 交通違反
- □ 딱지 違反切符
- □ 안전 운전 安全運転
- □ 음주 운전 飲酒運転
- □ 대리운전 代理運転
- □ 뺑소니 ひき逃げ
- □ 추월 追い越し
- □ 일방통행 一方通行
- □ 우회전 右折
- □ 좌회전 左折
- □ 유턴 Uターン
- □ 전방 前方
- □ 후방 後方
- □ 과속 超過速度
- □ 서행 徐行
- □ 후진 バック、後進
- □ 신호 信号
- □ 신호등 信号機
- □ 빨간불 赤信号
- □ 노란불 黄色信号
- □ 파란불 青信号
- □ 액셀 アクセル
- □ 브레이크 ブレーキ
- □ 깜빡이 ウインカー
- □ 와이퍼 ワイパー
- □ 사이드미러 サイドミラー
- □ 백미러 バックミラー
- □ 비상등 非常灯
- □ 경적, 클랙슨 クラクション
- □ 범퍼 バンパー
- □ 타이어 タイヤ
- □ 세차 洗車

❼ 家具

聞いてみよう！

♪ TR_061

「聞いてみよう！」全文

A：아, 왜 자꾸 뒤척여? 남까지 잠도 못 자게.

あ、何でずっと寝返りを打ってるんだよ。こっちが寝られないじゃん。

B：미안, 잠자리가 바뀌니까 잠이 안 오네.

[잠짜리]

ごめん、寝床が変わったから寝られないのよ。

A：평소에는 어디서든 머리만 대면 바로 자는 사람이 왜?

いつもはどこでも頭さえ付ければすぐ寝る人が何だよ？

B：침대는 너무 딱딱하고 베개는 반대로 너무 푹신하고, 이불에선 이상한 냄새가 나.

[딱따카고]

ベッドは硬すぎるし、反対に枕は柔らかすぎるし、布団からは変な臭いがする。

解説

뒤척이다：寝返りを打つ。＊**뒤척거리다**（しきりに寝返りを打つ）

남까지 잠도 못 자게：直訳すると「他人まで眠れないように」。

잠자리：寝床。＊**잠자리에 들다**（床に就く、布団に入る）、**잠자리가 불편하다**（寝心地が悪い）

잠이 오다：眠い、眠くなる、眠気がさす。
＊**잠이 깨다**（目が覚める）、**잠이 달아나다**（眠気が覚める）、**잠이 부족하다**（寝不足だ）

머리를 대다：頭を付ける。
＊**수화기에 귀를 대다**（受話器に耳を付ける）、**컵에 입을 대다**（グラスに口を付ける）

ひとことフレーズ

TR_062

❶ 카페트에 뭘 흘렸길래 이렇게 얼룩이 진 거야?

カーペットに何をこぼしたらこんな染みができるの？

얼룩(이) 지다：染みがつく。＊**얼룩덜룩하다**（まだらになる）

文 **-았/었길래**：～したからって。

❷ 음식물 쓰레기통에 벌레가 엄청 꼬이네.

[음싱물]

生ごみのごみ箱に虫がめっちゃ湧いてるね。

벌레가 꼬이다：虫が湧く。

＊**꼬이다**（たかる、湧く、付く）、**사람이 꼬이다**（人が集まる）、**벌레가 불빛에 꼬이다**（虫が光にたかる）

❸ 커튼 좀 치고 살아. 밖에서 다 보이잖아.

カーテン閉めて生活しなよ。外から丸見えじゃないか。

커튼을 치다：カーテンを閉める。

＊**치다**（〈幕や網などを広げて〉掛ける、張る）、**커튼을 열다**（カーテンを開ける、**커튼을 걷다**とも言う）

❹ 매일 쓸고 닦는데도 책장에 먼지가 왜 이렇게 많아?

[당는데도]

毎日掃除してるのに、何でこんなに本棚にほこりが多いの？

쓸고 닦다：拭いて掃く、掃除する。
＊**빗자루로 쓸다**（ほうきで掃く）、**갈고닦다**（磨き上げる）

❺ 붙박이장이 있으니까 장롱은 필요 없지 않아?

[장농]

作り付けのたんすがあるから、大型たんすはいらないんじゃない？

붙박이장：作り付けのたんす、備え付けのクローゼット。
＊**붙박이 가구**（作り付けの家具）、**옷장**（クローゼット）、**옷장 정리**（衣替え）、**조립식**（組み立て式）

❻ 이불 펴고 개기 귀찮아서 침대 사야겠어.

布団を敷いたり畳んだりするのが面倒だから、ベッドを買わなくちゃ。

이불(을) 펴고 개다：布団を敷いたり畳んだりする、布団の上げ下ろしをする。
＊**기지개를 펴다**（背筋を伸ばす、伸びをする）、**주름을 펴다**（しわを伸ばす）、**기를 펴다**（羽を伸ばす、〈苦境から脱して〉気が楽になる）

文 **-기 귀찮다**：～するのが面倒だ。

❼ 사람이 수면이 얼마나 중요한데. 그런 의미에서 매트리스를 잘 골라야 돼.

人に睡眠がどれほど大事かって。そういう意味でマットレスを上手に選ばなくちゃ。

수면：睡眠。

＊**수면제**（睡眠剤）、**수면 부족**（睡眠不足、寝不足）、**수면장애**（睡眠障害）、**수면을 취하다**（睡眠を取る）、**수면을 방해하다**（睡眠を妨げる）

❽ 화장대 거울이 저렇게 큰데 전신 거울을 또 사?

ドレッサーの鏡があんなに大きいのに、全身鏡をまた買うの？

화장대：ドレッサー、化粧台。

거울：鏡。＊**손거울**（手鏡）、**거울삼다**（手本にする、鑑みる）

❾ 가진 건 쥐뿔도 없으면서 도대체 방 안에 이 금고는 왜 있는 거야？

［인는］

金目のものは何にもないくせに、一体部屋の中に何でこの金庫があるんだ？

가진 거：持っている物、所有している物。ここでは「金目の物」とした。

쥐뿔도 없다：全然何もない、裸一貫である。**쥐뿔**は「ネズミの角(つの)」。

＊**쥐뿔도 모르다**（何も知らない）

금고：金庫。＊**대여금고**（貸金庫）

⑩ 또 쇼핑했어? 벽장 안에 숨겨 두면 내가 모를 줄 알아?

[모를 쭐]

また買い物したの？　押し入れに隠しておけばばれないとでも思うの？

숨기다：隠す。
＊**사실을 숨기다**（事実を隠す）、**숨겨지다**（隠される）、**숨겨진 진실**（隠された真実）

⑪ 옷 구겨지니까 의자에 걸치지 말고 옷걸이에다 걸어.

服にしわが寄るから、椅子に掛けないでハンガーに掛けてよ。

구겨지다：しわくちゃになる、しわが寄る。
＊**자존심이 구겨지다**（プライドが傷つく）、**체면이 구겨지다**（メンツがつぶれる）

걸치다：掛ける。＊**한잔 걸치다**（一杯引っ掛ける）

文 **~에다**：「～に（場所）、～に（追加）」の意味で使われる助詞。**~에다가**の縮約形。

⑫ 소파 천갈이하니까 완전 새거 같아.

ソファの布を貼り替えたら、すっかり新品みたい。

천갈이하다：布を張り替える。
＊**갈다**（替える、取り替える、切り替える）、**부품을 갈다**（部品を取り替える）

⓭ 이불을 니가 둘둘 말고 자는 바람에 난 감기 걸렸잖아.

布団をあなたがぐるぐるに巻いて寝たせいで、私は風邪をひいたじゃない。

둘둘 말다：ぐるぐる巻く。**둘둘 감다**とも言う。
＊**붕대를 감다**（包帯を巻く）、**시디를 앞으로 감다・뒤로 감다**（CDを早送りする・巻き戻す）

⓮ 왜 멀쩡한 책상 놔 두고 맨날 상에서 공부를 해?

何でまともな机があるのに使わないで、いつもちゃぶ台で勉強をするの？

멀쩡하다：欠けたところがない、無傷だ、健康だ、どこにも異常がない。
＊**사지육신 멀쩡하다**（体のどこも欠けているところがなく健康だ）、**허우대는 멀쩡하다**（体格や恰幅（かっぷく）は良い）

⓯ 그냥 내버려 둬. 남자 친구랑 헤어진 뒤에 옷장 정리하다가 선물 받았던 옷 보고는 또 질질 짜고 있는 거야.

［정니하다가］ ［인는］

もう放っておけよ。彼氏と別れた後にクローゼットの整理をしてて、プレゼントされた服を見ては、またためそめそ泣いてるんだよ。

내버려 두다：放っておく。**놔 두다**とも言う。
질질 짜다：めそめそ泣く。

会話フレーズ

TR_067

1 A：**싱크대 새로 바꾸었다면서 왜 이렇게 후져 보여?** ♡

シンクを新しくしたって言ってたのに、何でこんなに古く見えるの？

B：**최신 모델은 돈이 얼만데. 난 이것도 감지덕지야.**

最新モデルはいくらすると思ってるのよ。私はこれでも十分感謝だわ。

후지다：（デザインなどが）古くさい、ダサい、（品質や性能が）劣っている。
감지덕지：非常にありがたがる様子。漢字で「感之徳之」。
＊**감지덕지하다**（非常にありがたいと思う）

---

2 A：**커튼은 가끔 빨기도 해야 되고 블라인드가 낫지 않을까?** ♡

カーテンはたまに洗わないといけないし、ブラインドの方がよくない？

B：**블라인드는 사무실 분위기가 나서 싫어.**

ブラインドは事務所の雰囲気がするから嫌なの。

분위기：雰囲気。
＊**분위기 메이커**（ムードメーカー）、**분위기를 파악하다**（空気を読む、雰囲気を把握する）、**분위기 파악을 못 하다**（空気が読めない）

싫다：嫌だ。＊**죽기보다 싫다**（死んだ方がましだ、すごく嫌だ）

TR_068

3 A : **이 장식장 너무 예쁘다. 이런 걸 어디서 찾았어?** ♡

この飾りケースとてもきれい。こんなのどこで見つけたの？

B : **내가 그거 찾는다고 사이트를 얼마나 뒤진 줄 알아?**
[찬는다고]

僕がこれを見つけるために、サイトをどれほどくまなく探したと思ってるんだ？

사이트를 뒤지다 : サイトを探す、検索する。
＊**샅샅이 뒤지다** (くまなく物色する、くまなく探す)

文 **-ㄴ/는다고** : ～するため。形容詞・存在詞には **-다고**、名詞には **~(이)라고**が付く。

4 A : **정신 사나우니까 가만 좀 있어.** ♡

落ち着かないからちょっとじっとしててよ。

B : **내가 흔드는 거 아냐. 흔들의자라서 저절로 흔들리는 거야.**

私が揺らしてるんじゃないよ。ロッキングチェアだからひとりでに揺れてるだけだよ。

정신 사납다 : 気が散る、落ち着かない、集中が切れる。
＊**정신 빠지다**(間が抜ける、無我夢中だ)、**정신 팔리다**(気を取られる)、**정신 나가다**(気が抜ける、放心状態だ、気が狂う)、**제정신이 아니다** (正気じゃない、気が気でない)、**제정신이 들다** (正気に返る)

저절로 : おのずと、ひとりでに。

TR_069

5 A : **옷장이 작아서 옷이 다 안 들어가.** ♡

クローゼットが小さいから、服が全部入り切らないよ。

B : **보면 몰라? 옷장이 작은 게 아니라 옷이 너무 많은 거야.**

見て分からない？　クローゼットが小さいんじゃなくて服が多すぎるんだよ。

들어가다 : 入る、入学する、帰る。
＊**배가 들어가다** (おなかが引っ込む)、**귀에 들어가다** (耳に入る)、**눈이 움푹 들어가다** (目がくぼむ)、**본론으로 들어가다** (本題に入る)、**눈에 흙이 들어가다** (死ぬ。直訳すると「目に土が入る」)

---

6 A : **아니, 너 여행 오면서 베개까지 챙겨 온 거야?** ♡

何、あんた旅行に来るのに、枕まで持ってきたの？

B : **난 이 베개 없으면 잠을 못 자는데 그럼 어떡해.**
[어떠캐]

私はこの枕がないと眠れないんだから仕方がないじゃん。

베개 : 枕。
＊**베개 커버** (枕カバー)、**팔베개** (腕枕)、**베개를 베다** (枕をする)

챙겨 오다 : 持ってくる、用意してくる。
＊**챙겨 먹다** (ちゃんと食べる、しっかり食べる)、**실속을 챙기다** (実益を取る)

単語

TR_070

침실 가구 寝室家具

- □ 침대　ベッド
- □ 싱글 침대　シングルベッド
- □ 더블 침대　ダブルベッド
- □ 퀸사이즈　クイーンサイズベッド
- □ 킹사이즈　キングサイズベッド
- □ 이층 침대　二段ベッド
- □ 소파 베드　ソファベッド
- □ 접이식 침대　折り畳みベッド
- □ 서랍형 침대, 수납형 침대　収納付きベッド
- □ 물침대　ウオーターベッド
- □ 전동 침대　電動ベッド
- □ 아기 침대　ベビーベッド
- □ 침대 프레임　ベッドフレーム
- □ 매트리스　マットレス
- □ 장롱　大型たんす
- □ 옷장　クローゼット
- □ 서랍장　たんす
- □ 벽장　押し入れ
- □ 붙박이장　押し入れ、作り付けのたんす
- □ 사이드 테이블, 협탁　サイドテーブル
- □ 화장대　化粧台
- □ 전신 거울　全身鏡
- □ 옷걸이　ハンガー
- □ 카페트　カーペット

침구 寝具

- □ 이부자리　布団、寝具
- □ 이불　布団
- □ 홑이불　一重の薄い掛け布団
- □ 솜이불　綿布団
- □ 차렵이불　中に薄く綿が入った布団
- □ 퀼팅 이불　キルティング布団
- □ 깃털 이불, 오리털 이불　羽毛布団
- □ 양모 이불　羊毛布団
- □ 삼베 이불　麻布団
- □ 극세사 이불　極細糸布団、マイクロファイバー布団
- □ 덮는 이불　掛け布団
- □ 까는 이불　敷き布団
- □ 요　敷き布団
- □ 패드　敷きパッド
- □ 쿨 매트　クールマット
- □ 삼단 접이식 매트리스　三つ折りマットレス
- □ 토퍼 매트리스　マットレストッパー
- □ 베개　枕
- □ 베개 커버　枕カバー
- □ 시트　シーツ
- □ 매트리스 커버　マットレスカバー
- □ 담요　ブランケット
- □ 무릎 덮개　膝掛け
- □ 침낭 / 슬리핑 백　寝袋／スリーピングバッグ

서재 가구 書斎家具

- □ 책상　机
- □ 의자　椅子
- □ 책장　本棚
- □ 책꽂이　本立て、本棚
- □ 독서대　ブックスタンド
- □ 서랍　引き出し

거실 가구 リビング家具

- □ 소파　ソファ
- □ 테이블　テーブル
- □ 수납장　収納ケース
- □ 장식장　飾りケース
- □ 큐브 박스, 공간 박스　キューブボックス
- □ 콘솔테이블　コンソールテーブル
- □ 티비 선반　テレビ台
- □ 커튼　カーテン
- □ 블라인드　ブラインド
- □ 안락의자　安楽椅子、イージーチェア
- □ 흔들의자　ロッキングチェア
- □ 발 받침대　足スツール
- □ 스툴　スツール
- □ 벤치　ベンチ
- □ 좌식의자　座敷椅子
- □ 암체어　アームチェア
- □ 리클라이너 소파　リクライニングソファ
- □ 쿠션　クッション
- □ 러그　ラグ
- □ 방석　座布団

부엌 가구 キッチン家具

- □ 식탁　食卓
- □ 상　お膳
- □ 싱크대　流し台、シンク
- □ 싱크 볼　シンクボール
- □ 수전, 수도꼭지　蛇口
- □ 찬장　食器棚
- □ 후드장　フード棚
- □ 선반　ラック
- □ 음식물 쓰레기통　生ごみのごみ箱

사무 가구 オフィス家具

- □ 파티션, 칸막이　パーティション
- □ 로커, 락커　ロッカー
- □ 회의용 테이블　会議用テーブル
- □ 캐비닛　キャビネット
- □ 금고　金庫

❽ 家電

聞いてみよう！

♪ TR_071

「聞いてみよう！」全文

A：넌 이 좁은 방에 이 커다란 안마 의자는 도대체 뭐야？

この狭い部屋にこのでかいマッサージチェアは一体何なの？

B：이제 난 얘 없으면 못 살 것 같아.

[몯 쌀 껃 까타]

私はもうこの子なしでは生きていけない。

A：너 얼마 전에는 무선 청소기에게도 똑같은 말을 하지 않았던가?

あんた少し前にはコードレス掃除機にも同じことを言ってなかったっけ？

B：그냥 혼자 사는 여자의 변덕이라고 생각해.

[생가캐]

ただの一人暮らしの女の心変わりだと思って。

解説

커다랗다：非常に大きい。＊**커다란 차이**（大きな違い）

변덕：気まぐれ、気移り。

＊**변덕스럽다**（気まぐれだ）、**변덕쟁이**（気まぐれ、気が変わりやすい人）、**변덕 부리다**（気まぐれを起こす）

文 **-지 않았던가？**：～しなかったっけ？、～じゃなかったっけ？

ひとことフレーズ

TR_072

❶ 그 사람한테 선물 받은 와인 한 병 보관하려고 와인셀러를 산다고? 평생 안 마실 거야?
[마실 꺼]

あの人からプレゼントでもらったワイン1本を保管するために、ワインセラーを買うって？　一生飲まないつもりなの？

평생：一生、生涯。＊**반평생**（半生）、**한편생**（一生、一生涯）

❷ 정수기가 있는데도 매번 물을 사서 마신단 말이야?
[인는데도]

浄水器があるのに毎回水を買って飲むわけ？

정수기：浄水器。＊**온수**（温水）、**냉수**（冷水）

❸ 여행 오면서 충전기를 잊어 버리고 오다니, 난 왜 이 모양이야.

旅行に来といて充電器を忘れてくるなんて、僕って何でこうなんだよ。

모양：もよう、様子、形、ありさま 。
＊**모양내다**（おしゃれする、おめかしする）、**요 모양 요 꼴**（このありさま、こんなぶざま）、**모양새를 갖추다**（形を整える）

TR_073

❹ 이 로봇 청소기 진짜 머리 좋다. 너보다 더 좋은 거 아니야?
[조타]

このロボット掃除機、本当に頭良いね。あなたより良いんじゃない？

로봇 청소기：ロボット掃除機。
＊**흡입력**（吸引力）、**먼지 청소**（ほこり掃除）、**물걸레질**（水拭き）、**추락 방지 센서**（墜落防止センサー）、**충돌 방지 센서**（衝突防止センサー）、**장애물**（障害物）

❺ 데스크톱만 쓰다가 노트북으로 바꾸니까 영 적응이 안 되네.
[데스크톰만]

デスクトップばかり使ってたから、ノートブックに替えたら全然慣れないな。

영：全く、全然。
＊**영 다르다**（全く違う）、**영 마음에 안 들다**（全然気に入らない）、**영 안 내키다**（全く気が乗らない）
적응이 안 되다：慣れない。＊**적응**（適応）、**부적응**（不適応）

❻ 가습기가 있는데도 왜 안 써? 물만 넣으면 되는데.
[인는데도]

加湿器があるのに何で使わないの？　水を入れるだけなのに。

가습기：加湿器。＊**가습기를 틀다**（加湿器をつける）、**제습기**（除湿器）

❼ 드럼 세탁기 없어도 빨래하는 데 전혀 문제 없거든요.

[업꺼드뇨]

ドラム洗濯機がなくても、洗濯するのに全く問題ありませんよ。

문제：問題。
＊**문제 삼다**（問題にする）、**문제를 일으키다**（トラブルを起こす）

文 **-거든요**：～するんですよ、～なんですよ（説明）。名詞には～**(이)거든요**が付く。

❽ 전동 칫솔을 쓰니까 잇몸에서 피도 안 나고 좋은 것 같아.

[인모메서]

電動歯ブラシを使ったら、歯茎から血も出ないし良い感じなの。

전동칫솔：電動歯ブラシ。
＊**칫솔모**（歯ブラシの毛）、**초음파 전동 칫솔**（超音波電動歯ブラシ）

❾ 프린터 잉크는 미리미리 좀 사 놓으라고 했잖아.

プリンターのインクはあらかじめ買っておくように言ったじゃん。

미리미리：あらかじめ、前もって。**미리**だけでも同様の意味で使う。
＊**사전에**（事前に）

文 **-아/어 놓다**：～しておく。

♪ TR_075

⑩ 드라이기에서 뭔가 타는 냄새가 나는 것 같아. ♡

ドライヤーから何か焦げ臭いにおいがするような。

타는 냄새：焦げる臭い。＊**불타다**（燃える）、**불타오르다**（燃え上がる）

⑪ 그냥 먹어도 맛있지만 전자레인지에 살짝 데워 먹으면 더 맛있어. ♡

そのまま食べてもおいしいけど、電子レンジで軽くチンするともっとおいしいよ。

살짝：軽く、少し、ちょっと、こっそり、そっと。
데워 먹다：温めて食べる、（レンジで）チンして食べる。
＊**비벼 먹다**（混ぜて食べる）、**구워 먹다**（焼いて食べる）

⑫ 스팀 기능을 안 쓸［쓸 빠］바에야 굳이［구지］스팀다리미를 왜 사? ♡

どうせスチーム機能を使わないのに、何であえてスチームアイロンを買うの？

기능을 쓰다：機能を使う。
굳이：強いて、無理に、あえて。
文 **-(으) ㄹ 바에야**：（どうせ）～するからには、～するくらいなら。

⑬ 너 컴퓨터 또 바꾸었니? 어떻게 쓰길래 매번 일 년을 못 가?

[바꾸언니] [일 려늘]

パソコンまた替えたの？　どう使ったら毎回１年も持たないの？

못 가다：持たない、維持できない。
＊**근처에도 못 가다**（足元にも及ばない。直訳すると「近所にも行けない」）

⑭ 전기 히터가 없었으면 어떻게 살았을까? 아, 따뜻해.

[따뜨태]

電気ヒーターがなかったらどうやって生きてたんだろう。あー、温かい。

전기 히터：電気ヒーター。
＊**전기요**（電気敷布団）、**전기담요**（電気毛布）、**전기자동차**（電気自動車）、**전기면도기**（シェーバー）、**전기스탠드**（電気スタンド）、**전기충격기**（スタンガン）、**전기가 나가다**（停電する。**정전되다**とも言う）、**전기를 끊다**（電気を止める）

⑮ 여보, 무선 청소기 사면 자기 청소할 때 편하지 않을까?

あなた、コードレス掃除機を買えば、あなたが掃除するときに楽じゃないかしら？

자기：若い夫婦や恋人や友達の間で相手を指す語、あなた。
편하다：楽だ、気楽だ。
＊**편히 쉬다**（くつろぐ、気楽に休む）、**불편하다**（不便だ）、**심기가 불편하다**（ご機嫌斜めだ）、**마음이 불편하다**（気まずい、居心地悪い）

会話フレーズ

♪ TR_077

1 A：**김치를 얼마나 먹길래 이렇게 큰 냉장고가 필요해?**

キムチをどんだけ食べるからって、こんなにでかい冷蔵庫が必要なの？

B：**이왕 사는 거 큰 게 좋지.**
[조치]

どうせ買うなら、でかい方がいいでしょ。

이왕：どうせ。**이왕이면**とも言う。
＊**이왕이면 다홍치마**（どうせ選ぶなら気に入った物を選ぶ、同じ物ならより良い物を選ぶ。直訳すると「どうせなら赤いチマ」）

---

2 A：**텔레비전이 커서 영화 볼 때 좋겠다.**
[조켇따]

テレビが大きいから、映画見るときによさそう。

B：**그래도 영화관에서 보는 거랑은 다르지.**

でも映画館で見るのとは違うでしょ。

다르다：違う、異なる。
＊**배다른 형제**（腹違いの兄弟）、**하루가 다르게**（日増しに）、**색다른 맛**（変わった味）、**겉과 속이 다르다**（表裏が一致しない）

文 **-는 거랑은 다르다**：～するのとは違う。

TR_078

3 A : **넌 지금이 몇 월인데 아직도 전기요를 쓰는 거야?** ♡
[며 둬린데]
あなた、今が何月だと思って、まだ電気敷布団を使ってるのよ？

B : **난 바닥이 차면 잠을 못 잔단 말이야.**

私って、床が冷たいと寝られないんだもの。

바닥이 차다 : 床が冷たい。

---

4 A : **가습기를 켰는데도 왜 이렇게 건조하지?** ♡
[켠는데도]
加湿器をつけたのに、何でこんなに乾燥してるんだろ？

B : **가습기 안에 물이 없잖아. 뭘 시키면 제대로 하려나.**

加湿器の中に水がないじゃん。何を頼んだら、まともにできるんだろうね。

제대로 하다 : まともにやる。＊**제대로** (きちんと、満足に、思い通りに)
文 **-(으)려나** : ～するかな、～するだろうか、～なのかな、～だろうか。

TR_079

5 A : **넌 어떻게 이 좋은 오븐을 한 번도 안 쓸 수가 있어?**
[쓸 쑤]

あなたはどうしたらこんな良いオーブンを一度も使わずにいられるの？

B : **괜찮아. 난 보기만 해도 배불러.**

大丈夫。私は見てるだけでおなかいっぱいなの。

보기만 해도 배부르다 : 見るだけでおなかいっぱいだ。
＊**배부른 소리를 하다**（ぜいたくを言う。直訳すると「おなかがいっぱいになることを言う」）

---

6 A : **전기밥솥 취사 안 눌렀어?**

炊飯器の炊飯ボタン、押してないの？

B : **취사를 누른다는 게 보온을 눌렀나 봐. 늦었는데 그냥 피자나 먹자. 어디다 시킬까? 배민? 요기요?**
[눌런나] [느전는데]

炊飯を押すつもりが保温を押しちゃったみたい。時間も遅いしもうピザでも頼もう。どこに頼む？　ペミン？　ヨギヨ？

배민 : デリバリーアプリ「**배달의 민족**（配達の民族）」の略。
요기요 : デリバリーアプリ「ヨギヨ」。

単語

TR_080

계절 가전 季節家電

- □ 선풍기　扇風機
- □ 온풍기　温風機
- □ 에어컨　エアコン
- □ 써큘레이터　サーキュレーター
- □ 전기난로　電気ストーブ
- □ 전기 히터　電気ヒーター
- □ 오일 히터　オイルヒーター
- □ 팬히터　ファンヒーター
- □ 전기요　電気敷布団
- □ 전기장판　電気マット
- □ 온수 매트　温水マット
- □ 전기방석　電気座布団
- □ 보일러　ボイラー

주방 가전 キッチン家電

- □ 전기밥솥　電気炊飯器
- □ 아이에이치 압력 밥솥　IH電気圧力炊飯器
- □ 냉장고　冷蔵庫
- □ 김치냉장고　キムチ冷蔵庫
- □ 믹서(기)　ミキサー
- □ 거품기　泡立て機
- □ 반죽기　パンこね機
- □ 전자레인지　電子レンジ
- □ 가스레인지　ガスこんろ
- □ 전기 레인지　電気レンジ
- □ 전기 그릴　電気グリル
- □ 오븐　オーブン
- □ 제빵기　ホームベーカリー
- □ 제빙기　製氷機
- □ 토스터　トースター
- □ 튀김기　フライヤー
- □ 에어프라이어　エアフライヤー
- □ 계란찜기, 달걀 삶는 기계　ゆで卵メーカー
- □ 식기세척기　食器洗い機
- □ 식기 건조기　食器乾燥機
- □ 음식물처리기　生ごみ処理機
- □ 정수기　浄水器
- □ 환기팬　換気扇、ファン
- □ 전기주전자　電気ケトル
- □ 커피포트　コーヒーポット
- □ 커피머신　コーヒーマシン
- □ 커피 메이커　コーヒーメーカー
- □ 와인셀러　ワインセラー

생활 가전 生活家電

□ 백색 가전 白物家電
□ 텔레비전 テレビ
□ 벽걸이형 텔레비전 壁掛けテレビ
□ 라디오 ラジオ
□ 세탁기 洗濯機
□ 드럼 세탁기 ドラム洗濯機
□ 의류 건조기 衣類乾燥機
□ 청소기 掃除機
□ 로봇 청소기 ロボット掃除機
□ 무선 청소기 無線掃除機
□ 컴퓨터 コンピューター
□ 노트북 ノートブック
□ 데스크탑 デスクトップ
□ 태블릿피시 タブレットPC
□ 아이패드 iPad
□ 프린터 プリンター
□ 스캐너 スキャナー
□ 연장 케이블, 연장 코드 延長コード
□ 멀티탭 電源タップ
□ 라우터 ルーター
□ 충전기 充電器
□ 가습기 加湿器
□ 제습기 除湿器
□ 공기청정기 空気清浄機
□ 홈시어터 ホームシアター
□ 시디플레이어 CDプレーヤー
□ 디브이디플레이어 DVDプレーヤー
□ 블루레이디스크플레이어 ブルーレイディスクプレーヤー
□ 스피커 スピーカー
□ 마이크 マイク
□ 블루투스 이어폰 / 무선 이어폰 Bluetoothイヤホン/ワイヤレスイヤホン
□ 헤드셋 ヘッドセット
□ 칫솔살균기 歯ブラシ殺菌機
□ 전동 칫솔 電動歯ブラシ
□ 드라이기 ドライヤー
□ 고데기 こて、ヘアアイロン
□ 안마 의자, 마사지 체어 マッサージチェア
□ 족욕기 足湯機
□ 조명스탠드 照明スタンド
□ 보풀 제거기 毛玉取り機
□ 스타일러 スタイラー
□ 스팀다리미 スチームアイロン
□ 미싱, 재봉틀 ミシン
□ 비데 温水洗浄便座
□ 만보계, 만보기 万歩計
□ 체온계, 체온기 体温計

❾学校生活Ⅰ

聞いてみよう！

♪ **TR_081**

「聞いてみよう！」全文

A：야, 야, 3번 답이 뭐야?

おい、おい、3番の答えは何なの？

B：조용히 해. 들키겠다.

静かにして。ばれちゃうよ。

C：거기, 시험 중에 커닝하다 들키면 빵점 처리한다고 했지?

そこ、試験中にカンニングしてばれたら、0点[빵점]にするって言ったわよね？

B：에이, 샘. 커닝한 거 아니에요. 지우개 빌려 달라고 한 것 뿐이에요.

いや、先生。カンニングしたんじゃありません。消しゴム貸してって言っただけです。

解説

커닝하다：カンニングする。＊**부정행위**（不正行為）

들키다：ばれる、見破られる、見つかる。
＊**걸리다**（ばれる、捕まる）、**들통나다**（ばれる、見つかる）、**탄로나다**（露見する）

빵점 처리하다：0点にする。直訳すると「0点処理する」。

빌리다：借りる。
＊**돈을 꾸다**（お金を借りる）、**자금을 마련하다**（資金を工面する）

文 **-아/어 달라고**：～してほしいと。

ひとことフレーズ

TR_082

❶ 망했다. 갑자기 쪽지 시험 보는 게 어딨어!

やばい。急に小テストやるなんてあり得ない！

망했다：やばい、しまった。**망하다**は「滅びる、ダメになる」の意味。
쪽지 시험：小テスト。**쪽지**は「紙切れ、メモ」の意味。
文 **-는 게 어딨어**：～するなんてあり得ない。**어딨어**は**어디 있어**が縮約した形で、直訳すると「(～することが) どこにある」。

❷ 학점 펑크 나서 비상 걸렸어.

単位落としちゃって、大ピンチだよ。

학점：大学の授業の単位、学校評価の点数。
펑크 나다：パンクする、穴が開く。
비상 걸리다：非常事態だ、大ピンチだ。

❸ 수능이 코앞인데 어딜 놀러 간다는 거야.

修能試験が目の前だっていうのに、どこへ遊びに行くっていうの。

수능：**대학수학능력시험** (大学修学能力試験) の略語。日本の大学入試共通テストのようなもの。
코앞이다：(時間的に) 迫っている、目と鼻の先だ。
＊**눈앞이다** (目の前だ)、**눈앞에 있다** (〈物理的に〉目の前にある)

❹ 또 무슨 사고를 쳐서 상담실에 불려 간 거야? ♡

また何をしでかして相談室に呼ばれて行ったの？

사고(를) 치다：しでかす、事故を起こす。

＊**말썽을 부리다**（もめ事や問題を起こす）、**트러블 메이커**（トラブルメーカー）、**문제아**（問題児）、**퇴학**（退学）、**정학 처분**（停学処分）、**무기정학**（無期停学）、**처벌**（処罰）

❺ 빵점 맞은 시험지, 가보로 하지 그래? ♡

[빵쩜]

０点の試験用紙、家宝にしたら？

빵점(을) 맞다：０点を取る。

가보：家宝。＊**보물**（宝、宝物）、**가훈**（家訓、家憲）

文 **-지 그래?**：～したら？

❻ 고등학생인지 대학생인지 구별이 안 가네. ♡

高校生なのか大学生なのか区別がつかないね。

구별이 안 가다：区別がつかない。

＊**구분이 되다**（見分けられる）、**헷갈리다**（紛らわしい、こんがらがる）、**혼동하다**（混同する）、**알쏭달쏭하다**（もやもやだ、記憶や考えがこんがらがってはっきりしない）

文 **~인지**：～なのか。

❼ 커닝하다 들키면 끝장이야.

カンニングしてばれたら、終わりだわ。

끝장이다：おしまいだ、終わりだ。
＊**끝장나다**（おしまいだ、終わりだ、運のつきだ）

❽ 잘 쓰지도 않는 부교재까지 사게 하는 건 좀 심하지 않아?

あまり使うこともない副教材まで買わせるのは、ちょっとやり過ぎじゃない？

부교재：副教材。＊**주교재**（主教材）、**참고서**（参考書）
文 **-게 하다**：〜させる。

❾ 맨날 이상한 책만 보지 말고 교과서도 좀 봐.

［챙만］

毎日変な本ばかり読まないで、教科書も見なさい。

맨날：いつも、常に。**만날**とも言う。
＊**만날천날**（毎日、**매일매일**の方言）、**천날만날**（いつも、**언제나**の方言）

⑩ 내신성적이 얼마나 중요한지 내가 누누이 강조했잖아.

内申点がどれほど重要か、私が何度も強調したじゃない。

내신 성적：内申点、内申書。
누누이：何度も、繰り返し。＊**몇 번이나**（何度も。**여러 번**とも言う）
文 **얼마나 -(으) ㄴ지**：どれほど～なのか。動詞には**얼마나 -는지**が付く。

⑪ 이번 학기에 새로 온 교환학생 봤어? 꺄, 완전 엄친아래.

今学期に新しく来た交換留学生見た？　キャー、完璧な男子だってよ。

학기：学期。＊**학기말**（学期末）、**신학기**（新学期）
엄친아：**엄마 친구 아들**（母さんの友人の息子）の略。能力やルックス、性格、家柄など、全ての面で完璧な男性を指す言葉。女性は**엄친딸**と言う。
文 **~(이)래**：～だって。**~(이)라고 해**の縮約形。

⑫ 아니 어떻게 수학은 천재 소리를 들으면서 국어는 평균 이하야?

いや、どうして数学は天才と言われてるのに、国語は平均以下なの？

천재：天才。
＊**영재**（英才）、**수재**（秀才）、**둔재**（鈍才）、**범재**（凡才）、**바보**（バカ）、**모지리**（アホ、バカ）
소리 듣다：～と言われている。

⓭ 이거 채점이 잘못된 것 같은데.
[채쩌미]
맞는데 왜 틀렸다고 되어 있지?
[만는데]

これ、採点が間違ってるみたいだけど。合ってるのに何で間違ってることになっているのかしら？

채점：採点 。＊**가산점**（加算点）、**감점**（減点）
틀리다：間違う、違う、合わない。＊**정답**（正解）、**오답**（不正解）

⓮ 부모님한테 전공서 산다고 돈 받아서는 술값으로 다 날렸대요.
[술깝쓰로]

両親に専門書を買うといってお金をもらっては、酒代に全部使っちゃったんですって。

술값：酒代。＊**값**（～料、～代）、**물값**（水道料金）、**방값**（部屋代）、**몸값**（身代金）
文 **-았/었대요**：～したんですって、～だったんですって（伝聞）。

⓯ 애가 학교 가기 싫어하면 그냥 홈스쿨링 시키지 그래.

子どもが学校に行くのを嫌がるのなら、いっそホームスクーリングにしたらいいじゃん。

홈스쿨링：ホームスクーリング。
＊**통신교육**（通信教育）、**사이버대학**（サイバー大学、通信制大学）、**검정고시**（高卒認定試験）

会話フレーズ

TR_087

1 A：**남편하고는 고등학생 때 소개팅으로 처음 만났어요.**

主人とは高校生の時に、紹介されて初めて会いました。

B：**설마 첫사랑하고 결혼한 거예요?**

まさか初恋の相手と結婚したんですか？

소개팅：男女が友人の紹介で会うこと。
＊**미팅**（合コン）、**선**（お見合い）、**중매쟁이**（結婚が実現するように、男女の間で仲立ちをする人。**뚜쟁이**とも言う）

---

2 A：**시험 기간이라 도서관에 빈자리가 없네.**
[엄네]

テスト期間中だから図書館に空席がないね。

B：**내가 벌써 맡아 놨지. 넌 정말 친구 잘 둔 줄 알아.**

私がもう席取っといたわ。あなた本当に良い友達を持ったと思ってよね。

빈자리：空席。＊**빈속**（空腹）、**빈손**（手ぶら）
맡다：取る、引き受ける、担う、預かる。
＊**역할을 맡다**（役割を担う）、**중책을 맡다**（重責を担う）
친구를 잘 두다：良い友達を持つ、友達に恵まれている。

TR_088

3 A : **일등도 그렇지만 꼴찌도 아무나 하는 게 아냐.**
[일뜽] [그러치만]
1等もそうだけど、ビリも簡単に取れるもんじゃないよ。

B : **너 그걸 말이라고 해?**

おまえ、それどういうつもりで言ってるんだよ？

꼴찌：ビリ。**꼴등**とも言う。＊**최하위**（最下位）、**최상위**（最上位）
아무나 하는 게 아냐：直訳すると「誰でもするものじゃない」。
그걸 말이라고 해?：話にならない、何言ってるの？、あり得ない。直訳すると「それを言葉だと言うの？」。

4 A : **유급하고도 장학금을 받다니.**
[유그파고도]
留年しても奨学金がもらえるなんて。

B : **그게 다 부모 잘 둔 덕이지 뭐야.**

それ全部、親の七光りでしょう。

부모를 잘 두다：親に恵まれる、親の七光りだ。
덕：おかげ。**덕분**とも言う。＊**탓**（せい、悪いことが起こった原因や理由）
文 **~(이)지 뭐야**：～なのよ、～なんだよ（驚き、嘆き）。

TR_089

5 A：**오늘 가사 실습 시간에 만든 건데 맛이 어때?** ♡

[실씁 씨가네]

今日の調理実習時間に作ったんだけど、味はどう？

B：**내가 진지하게 말하는데 너 앞으로 요리는 하지 마.**

私が真面目に言うんだけど、あなた今後、料理はしないで。

가사：家事。**집안일**、**가사 노동**とも言う。
*__가사를 분담하다__（家事を分担する）、**가사를 돌보다**（家事をする）、**가사에 쫓기다**（家事に追われる）

진지하다：真剣だ、真面目だ。*__심각하다__（深刻だ）

---

6 A：**이번 복학생들은 왜 저렇게 다 가볍고 느끼하지?** ♡

[보칵쌩]

今度の復学生は、どうしてあんなにみんな軽々しくて、なれなれしいのかな？

B：**너 또 시작이니? 너한테 말만 걸어도 관심 있다고 생각하는 병 좀 고쳐.**

[생가카는]

また始まったの？　あなたに話し掛けただけで、自分に興味があると思う病気を治しなさいよ。

느끼하다：べたべたした感じで気持ち悪い、(食べ物が) 脂っこい、(男性の) 顔が濃い。

병：病気、病。
*__공주병__（ぶりっ子、お姫様病。男性は**왕자병**〈王子様病〉）

単語

TR_090

학교 学校

- □ 유치원　幼稚園
- □ 초등학교　小学校
- □ 중학교　中学校
- □ 고등학교　高等学校
- □ 대학교　大学
- □ 대학원　大学院
- □ 자매학교, 자매교　姉妹校
- □ 홈스쿨링　ホームスクーリング

시험 試験

- □ 중간시험, 중간고사　中間テスト
- □ 기말시험, 기말고사　期末テスト
- □ 쪽지 시험　小テスト
- □ 시험지　試験用紙
- □ 채점　採点
- □ 만점　満点
- □ 영점, 빵점　0点
- □ 성적　成績
- □ 성적 통지표, 성적표　成績表、通知表
- □ 내신성적, 내신등급　内申点
- □ 일등　1等
- □ 꼴찌　ビリ
- □ 커닝, 컨닝　カンニング
- □ 학점　単位
- □ 유급　留年
- □ 수학능력시험, 수능　修学能力試験
- □ 입시　入試

학생 学生

- □ 유치원생　幼稚園児
- □ 초등학생　小学生
- □ 중학생　中学生
- □ 고등학생　高校生
- □ 대학생　大学生
- □ 대학원생　大学院生
- □ 휴학생　休学生
- □ 복학생　復学生
- □ 유학생　留学生
- □ 교환학생　交換留学生

책 本

- □ 교과서　教科書
- □ 참고서　参考書
- □ 전공서　専攻書
- □ 교재　教材
- □ 부교재　副教材
- □ 프린트　プリント

방학 休み

- ☐ 봄방학 春休み
- ☐ 여름방학 夏休み
- ☐ 겨울방학 冬休み

과목 科目

- ☐ 국어 国語
- ☐ 산수 算数
- ☐ 수학 数学
- ☐ 과학 科学
- ☐ 화학 化学
- ☐ 물리 物理
- ☐ 사회 社会
- ☐ 역사 歴史
- ☐ 세계사 世界史
- ☐ 지리 地理
- ☐ 도덕 道徳
- ☐ 미술 美術
- ☐ 음악 音楽
- ☐ 체육 体育
- ☐ 보건 保健
- ☐ 제이외국어 第二外国語
- ☐ 교양과목 教養科目
- ☐ 필수과목 必修科目
- ☐ 선택과목 選択科目

시설 施設

- ☐ 교실 教室
- ☐ 강의실 講義室
- ☐ 도서관 図書館
- ☐ 매점 売店
- ☐ 운동장 運動場
- ☐ 체육관 体育館
- ☐ 강당 講堂
- ☐ 식당 食堂
- ☐ 휴게실 休憩室
- ☐ 상담실 相談室
- ☐ 교무실 教務室
- ☐ 연구실 研究室
- ☐ 음악실 音楽室
- ☐ 방송실 放送室
- ☐ 수위실 守衛室
- ☐ 화장실 化粧室、トイレ
- ☐ 보건실 保健室
- ☐ 가사실 家庭科室
- ☐ 과학실 理科室
- ☐ 시청각실 視聴覚室
- ☐ 주차장 駐車場
- ☐ 교문 校門
- ☐ 정문 正門
- ☐ 후문 裏門
- ☐ 캠퍼스 キャンパス
- ☐ 기숙사 寮

⑩学校生活Ⅱ

聞いてみよう！

♪ TR_091

「聞いてみよう！」全文

A：내가 부탁한 대로 대출했지？

[부타칸]

私がお願いした通り、代理出席してくれたんだよね？

B：미안，못 했어．

[모 태써]

ごめん、できなかったの。

A：아니，왜？

え、何で？

B：교수가 내 얼굴을 빤히 보면서 출석을 부르는데 어떻게 해．

[출써글]

先生が私の顔をじっと見ながら出席取ってるのに、どうしろって言うのよ。

解説

대출：**대리출석**（代理出席）の略。出欠確認時、授業に出席していない人の代わりに返事をすること。いわゆる「代返」。

교수：教授。

＊**조교수**（助教授）、**명예교수**（名誉教授）、**객원교수**（客員教授）、**전임강사**（専任講師）、**시간강사**（非常勤講師）

빤히：じろじろ、じっと、はっきりと。＊**은근슬쩍**（さりげなく、それとなく）

출석을 부르다：出席を取る。＊**출결**（出欠）

文 **-(으) ㄴ 대로**：～した通り。

ひとことフレーズ

TR_092

❶ 나 이번에 또 에프 받으면 졸업 못 한단 말이야.

[모 탄단]

私、今度またF判定受けたら、卒業できないんだってば。

에프를 받다：F判定を受ける、単位を落とす。＊**재수강하다**（再受講する）

文 **-ㄴ/는단 말이야**：～するんだってば。

❷ 담배 피우다 걸려서 정학 먹었어.

[정항 머거써]

たばこ吸うところを見つかって、停学食らっちゃった。

걸리다：（悪い行いが）見つかる、ばれる。

＊**들키다**（見つかる、ばれる。悪い行い以外にも使える言葉）

정학 먹다：停学を食らう。＊**쿠사리 먹다**（嫌味を言われる。**핀잔 먹다**とも言う）

❸ 만세! 공부하기 싫었는데 휴강이랜다!

[시런는데]

万歳！　勉強したくなかったんだけど、休講だって！

만세：万歳。＊**만만세**（万々歳）、**만세 삼창**（万歳三唱）

文 **-기 싫다**：～するのが嫌だ。

~(이)랜다：**~(이)란다**（～だって）の口語。**~(이)란다**は**~(이)라고 한다**の縮約形。

❹ 동아리 활동도 좋지만 취직하려면 학점 관리도 중요해.

[활똥] [조치만] [취지카려면] [괄리]

サークル活動もいいけど、就職のためには単位の管理も大事だよ。

동아리：部活、サークル。＊**동호회**（同好会）、**서클**（サークル）
文 **-(으)려면**：～するには、～するためには。

❺ 난 단체 여행은 딱 질색인데 수학여행을 꼭 가야 돼?

[질쌔긴데] [수항녀행]

私は団体旅行は大嫌いなんだけど、修学旅行に絶対行かないといけないの？

단체 여행：団体旅行。＊**배낭여행**（バックパック旅行）、**패키지여행**（パッケージツアー）
딱：否定的な語の前に付いて「決して、絶対に、断じて」の意味を表す。
질색이다：大嫌いだ、ごめんだ、うんざりだ。
＊**질색하다**（すごく嫌がる）、**학을 떼다**（うんざりだ。**치를 떨다**、**징글징글하다**とも言う）

❻ 취직도 못 했는데 무슨 얼굴로 졸업식에 가.

[모 탠는데]

就職もできなかったのに、どの面下げて卒業式に行くんだよ。

무슨 얼굴로：どの面を下げて、どんな顔で。
＊**얼굴을 들 수가 없다**（〈恥ずかしくて〉顔を上げることができない）、**쪽팔리다**（恥ずかしい、赤面する）

❼ 이거 전공해서 앞으로 밥 먹고 살 수 있을까?

[밤 먹꼬] [살 쑤]

これを専攻して、今後食べていけるかな？

밥 먹고 살다：食べていく。

＊**입에 풀칠하다**（口にのりする、かろうじて生計を立てる、やっと暮らしていく。**목구멍에 풀칠하다**〈喉の穴にのりを塗る〉とも言う）

❽ 다른 동창생들은 다들 저렇게 잘나가는데.

[잘라가는데]

他の同期はみんな、あんな順風満帆なのに。

동창(생)：同期、同窓生。**동기**とも言う。

＊**선배**（先輩）、**후배**（後輩）、**동창회**（同窓会）

잘나가다：順調だ、イケてる、人気がある、うまく行く。

❾ 재주도 좋지. 매년 축제 때마다 파트너가 바뀌어.

[조치]

さすがだよ。毎年、学園祭のたびにパートナーが変わるんだ。

재주가 좋다：才能・素質が優れている。**재주**は「才能、手腕、手際、技」という意味。

＊**뛰어나다**（ずば抜けている）、**잔재주를 부리다**（小細工をする）、**손재주가 없다**（不器用だ）

文 **-지**：～んだね、～なんだよね、～するんだね。

⑩ 이번 축제 게스트가 누군데 다들 흥분해서 난리야?

[날리]

今度の学園祭のゲストが誰だからって、みんな興奮して騒いでるわけ？

난리：騒動、騒ぎ。

＊**난리법석**（大騒ぎ、**생난리**とも言う）、**난리가 나다**（大騒ぎになる）、**난리를 부리다**（騒ぎを起こす）、**난리를 떨다**（騒ぎ立てる）、**난리법석을 피우다**（どんちゃん騒ぎをする）

---

⑪ 엠티 가서 술 마시고 뻗는 바람에 기억이 없어.

[뻔는]

合宿に行って、お酒を飲んでつぶれたせいで記憶がない。

엠티：メンバーシップトレーニング（MT）、団体が仲間との親交を深めるために行う宿泊行事。特に大学生が**학과**（学科）や**동아리**（サークル）で行う。

술 마시고 뻗다：お酒を飲んでつぶれる。

---

⑫ 친구야, 사랑한다. 이 몸은 데이트가 있으니까 평소처럼 대출 잘 부탁해.

[부타캐]

友よ、愛してる。この身はデートがあるから、いつもみたいに代返よろしくね。

평소：普段、日頃、平素。＊**평상시**（普段、平常時）

⑬ 방학 내내 보충수업이라니 말도 안 돼!

[방항 내내]

休みの間いっぱい補講だなんて、あり得ない！

말도 안 되다：話にならない、あり得ない。
＊**말이 되다**（理屈に合う、あり得る）、**말이 쉽지**（言うのは簡単だが）、**말이 씨가 된다**（言葉が種になる。「話す内容には気を付けろ」という意味のことわざ）

文 **～(이)라니**：～だなんて。

⑭ 수강 신청이 완전 전쟁이야. 특히 인기 있는 강의는 금방 다 차.

[트키]　[인끼]　[인는]

履修申請が完全に戦争だわ。特に人気の講義はすぐに全部いっぱいになっちゃう。

수강：履修、受講。
차다：いっぱいになる、達する、満ちる。

⑮ 누구는 금수저 물고 태어나서 평생 돈 걱정없이 사는데, 누구는 학비가 없어서 휴학을 해야 하다니, 세상 참 살맛 난다.

[살만 난다]

ある人は良い家に生まれて一生お金の心配なく生きてるのに、ある人は学費が払えなくて休学せざるを得ないなんて、生きがいのある世の中だ。

금수저를 물고 태어나다：恵まれた環境に生まれる。直訳すると「金のスプーンをくわえて生まれる」。＊**흙수저**（貧しい家に生まれた人を例える言葉。「泥のスプーン」）
살맛 나다：生きがいがある。この例文では嫌みの意味で使われている。

会話フレーズ

♪ TR_097

---

1 A：**뭐야, 또 휴강이야?** ♡

何、また休講なの？

B：**이렇게 된 거 오후 수업 땡땡이치고 놀러나 갈까?**

こうなったら午後の授業をサボって遊びにでも行こうか？

휴강：休講。
＊**연강**（連続講義）、**공강**（講義と講義の間で講義のない空いている時間、空きコマ）、**종강**（学期の授業が終わること。その際に行う打ち上げを**종강 파티**と言う）

땡땡이치다：サボる。**빼먹다**とも言う。

文 **-(으)러나**：～しにでも（目的に対する最小限の許容）。

---

2 A：**넌 수업 시간에 몰래 도시락 먹는 재미로 학교 다녀?** ♡
[도시랑 멍는]

あなたは授業時間にこっそりお弁当を食べるのが楽しみで学校に来てるわけ？

B：**뭘 모르네. 이렇게 먹는 게 얼마나 짜릿하고 맛있는데.**
[짜리타고] [마신는데]

分かってないな。こうやって食べるのが、どれだけスリルがあっておいしいか。

몰래：ひそかに、こっそり。＊**남몰래**（人知れず、こっそりと）

뭘 모르다：何も知らない、何も分からない。当然知っておくべきことを知らないというあきれのニュアンスが含まれる。

짜릿하다：ビリッとする、しびれる、スカッとする、胸がキュンとする。
＊**짜릿짜릿하다**（ピリピリする）

TR_098

3 A：**복사하게 노트 필기한 거 좀 빌려 줘.**

コピーしたいから、ノートを取ったのをちょっと貸して。

B：**염치도 좋아. 나한테 노트 맡겨 놓았니? 맡겨 놓았어?**
[노안니]

虫がよすぎるよ。私にノートを任せたわけ？　そういうことなの？

복사하다：コピーする。**카피하다**とも言う。
＊**복사기**（コピー機）、**확대·축소**（拡大·縮小）、**스캔하다**（スキャンする）、**스캐너**（スキャナー）
필기하다：筆記する。
염치도 좋다：虫がよすぎる、ずうずうしい。
＊**염치가 없다**（恥知らずだ、虫がいい）、**염치 불구하고**（お言葉に甘えて）
文 **-게**：～するように。

---

4 A：**재 옛날에 학교 다닐 때 너 왕따시켰던 애 아냐?**
[옌나레]　[왕따시켠떤]

あの子、昔、学生時代にあなたのこと仲間外れにした子じゃない？

B：**가증스럽게 남자 앞이라고 생글생글 웃으면서 친한 척 하다니.**

憎たらしいわね、男の前だからってニコニコしながら仲良しのふりをするなんて。

왕따를 시키다：仲間外れにする。
＊**왕따를 당하다**（仲間外れにされる）、**따돌리다**（除け者にする）、**괴롭히다**（苦しめる）
가증스럽다：憎たらしい、卑劣だ。
생글생글：ニコニコ。**생긋생긋**、**방긋방긋**とも言う。
文 **-다니**：～するなんて、～だなんて。

TR_099

5 A : **졸업하고 첫 동창회인데 왜 하필이면 이 날이야?** ♡
[조러파고]
卒業して初めての同窓会なのに、何でよりによってこの日なの？

B : **뭐야, 너 설마 의리없이 딴 데로 샐 생각은 아니지?**

何、あなたまさか、薄情にもよそへ抜け出すつもりじゃないよね？

첫：初、最初。＊**첫인상**（第一印象）、**첫사랑**（初恋）
하필이면：よりによって、事もあろうに。**하필**とも言う。
의리없이：薄情にも。＊**의리가 깊다**（義理堅い）
새다：漏れる、抜け出す、それる、寄り道をする。
＊**이야기가 딴 데로 새다**（話が脇道へそれる）

6 A : **지도교수랑 안 맞아서 휴학한대.** ♡
[휴하칸대]
指導教官と合わなくて休学するんだって。

B : **지도교수를 바꾸면 되지, 휴학을 왜 해?**

指導教官を代えればいいのに、何で休学するの？

맞다：合う、当たる。
＊**죽이 맞다**（馬が合う、気が合う）、**궁합이 맞다**（相性がいい）
文 **-ㄴ/는대**：～するって、～するんだって。

単語

TR_100

공부 勉強

□ 예습	予習
□ 복습	復習
□ 숙제	宿題
□ 과제	課題
□ 레포트	レポート
□ 전공	専攻
□ 부전공	副専攻
□ 문과	文系
□ 이과	理系
□ 복수 전공	複数専攻
□ 장학금	奨学金
□ 공교육	公教育
□ 사교육	私教育
□ 과외수업, 과외	家庭教師の授業

사람 人

□ 선배	先輩
□ 후배	後輩
□ 동기	同期
□ 동창생	同窓生
□ 클래스메이트 / 동급생	クラスメート／同級生
□ 반장	班長、学級委員
□ 전교 회장	生徒会長
□ 교장	校長
□ 교감	教頭
□ 담임	担任
□ 교생, 교육 실습생	教育実習生
□ 지도교수	指導教官
□ 명예교수	名誉教授
□ 특임교수	特任教授
□ 객원교수	客員教授
□ 학장	学長
□ 총장	総長

활동 活動

□ 동아리, 서클	サークル
□ 인턴십	インターンシップ
□ 아르바이트, 알바	アルバイト

수업 授業

□ 강의	講義
□ 출석	出席
□ 결석	欠席
□ 출결	出欠
□ 출석 체크	出欠チェック
□ 대리 출석, 대출	代理出席、代返
□ 쉬는 시간	休み時間
□ 수강 신청	履修申請
□ 필기	筆記

□ 복사　コピー
□ 휴강　休講
□ 대강　代講
□ 개강　開講、始業
□ 종강　終業
＊学期の授業が終わること。
□ 발표　発表
□ 보충수업　補講
□ 준비물　(授業に必要で)準備する物
□ 학기　学期
□ 학년　～学年、～年生
□ 저학년　低学年
□ 고학년　高学年
□ 원격수업　遠隔授業
□ 대면수업　対面授業
□ 인터넷강의, 인강
インターネット講義

교칙 校則

□ 벌　罰
□ 상　賞
□ 정학　停学
□ 휴학　休学
□ 퇴학　退学
□ 제적　除籍
□ 반성문　反省文

학교생활 学校生活

□ 교복　学校の制服
□ 등교　登校
□ 하교　下校
□ 등하교　登下校
□ 방과후 활동　部活動
□ 당번　当番
□ 점심시간　お昼休み
□ 도시락　お弁当
□ 급식　給食
□ 학비　学費
□ 수업료　授業料
□ 왕따 / 이지메
仲間外れ／いじめ
□ 생활기록부, 생기부
学校生活記録簿、内申書

행사 行事

□ 입학식　入学式
□ 졸업식　卒業式
□ 소풍　遠足
□ 운동회　運動会
□ 엠티(MT)　合宿
□ 수학여행　修学旅行
□ 학교 축제　学園祭
□ 문화제　文化祭
□ 학예회　学芸会
□ 발표회　発表会
□ 동창회　同窓会
□ 사은회　謝恩会
□ 수련회 / 합숙　修練会／合宿
□ 조례　朝礼

⓫ 学習

聞いてみよう！

♪ **TR_101**

「聞いてみよう！」全文

A：리사코, 그 사투리는 또 어디서 배웠어?

リサコ、そのなまりはまたどこで習ったの？

B：텔레비전에서 듣고 따라 해 봤어.

テレビで聞いてまねしてみたの。

A：넌 역시 언어 센스가 남다른 것 같아.

やっぱりあなたは言語のセンス抜群だわ。

B：내가 또 한 센스 하잖아ㅋㅋ.

私って超センスがあるよね(笑)。

解説

따라 하다：まねる。

＊**흉내를 내다**（まねをする)、**따라 읽다**（付いて読む）、**따라잡다**（追い付く)、**따라다니다**（付きまとう)、**따라쟁이**（まねっ子）

남다르다：並外れている、人並み外れている、格別だ。

＊**색다르다**（風変りだ、目新しい、異色だ）

한 센스：すごいセンス。**한 센스 하다**で「超センスがある」というニュアンスの表現。

ひとことフレーズ

TR_102

❶ 다른 건 다 독학해도 되는데 역시 회화는 혼자 하기 힘드네.

[도카캐도]

他は全部独学で何とかなるんだけど、やはり会話は一人でするのは難しいね。

독학하다：独学する。＊**자습하다**（自習する）

文 **-기 힘들다**：～するのが大変だ、～しにくい。

❷ 일명 걸어다니는 백과사전이라고 불리지.

またの名を、歩く百科事典と呼ばれてるんだよ。

일명：またの名を、いわば。
＊**소위**（いわゆる）、**소위 말하는**（世に言う、俗に言う）、**이른바**（いわば）

걸어다니다：歩く、歩き回る。
＊**돌아다니다**（駆け回る、ぶらぶらする）、**뛰어다니다**（走り回る、飛び回る）

❸ 남들이 다 하는 외국어보다 안 하는 걸 해야 희소가치가 있지.

みんなが勉強する外国語より、誰もやらないのをしてこそ希少価値があるでしょう。

희소가치：希少価値。＊**희소병**（希少疾病）、**희소성**（希少性）

文 **-아/어야**：～してこそ。

♪ TR_103

❹ 속담은 누가 처음 말했을까?

ことわざは誰が最初に言ったんだろう？

속담：ことわざ。
＊**속담을 인용하다**（ことわざを引用する）、**격언**（格言）、**사자성어**（四字熟語）、**관용구**（慣用句）

❺ 항상 작문 때문에 떨어지는데 공부 방법이 잘못된 걸까?

[장문]

いつも作文のせいで落ちるんだけど、勉強方法が間違ってるのかな？

작문：作文。＊**글을 짓다**（文章を作る）、**글짓기**（文章を作ること、作文）
(시험에) 떨어지다：（試験に）落ちる。
방법이 잘못되다：方法が間違っている。＊**잘못짚다**（見当違いだ）

❻ 내 발음을 듣고 다들 웃는데 이유를 모르겠어.

[운는데]

僕の発音を聞いてみんな笑うんだけど、理由が分からないよ。

발음：発音。＊**정확한 발음**（正確な発音）、**억양**（抑揚）
웃다：笑う。
＊**비웃다**（あざ笑う）、**코웃음 치다**（鼻で笑う）、**미소 짓다**（ほほ笑む）、**웃프다**（笑えるが悲しい、面白いのに悲しい）

❼ 요즘 누가 사전을 사? 앱을 깔면 되는데.

今どき誰が辞書を買うの？　アプリをインストールすればいいのに。

앱을 깔다：アプリをインストールする。
＊**깔다**（敷く、下地にする）、**목소리를 깔다**（渋い声を出す、ドスを効かせる）、**복선을 깔다**（伏線を敷く）、**이불을 깔다**（布団を敷く）

❽ 숙제할 시간도 없는데 예습, 복습은 무슨.

[엄는데]

宿題する時間もないのに、予習復習なんて。

숙제：宿題。＊**과제**（課題）、**리포트**（レポート）

文 **~은/는 무슨**：～なんて（やるわけない）。

❾ 이 발음은 아무리 시디를 듣고 연습을 해도 잘 안 돼요.

この発音はいくらCDを聞いて練習してもうまくできません。

아무리：いくら、どんなに。
＊**아무리 그래도**（いくら何でも、たとえそうでも）、**아무리 해도**（どうしても）

듣다：聞く、耳にする。
＊**엿듣다**（立ち聞きする、盗み聞きする）、**얼핏 듣다**（小耳にはさむ）

⑩ 난 그룹 레슨은 안 맞는 것 같아. 다음부터 개인 레슨으로 바꾸어야겠어.

[만는]

私はグループレッスンは合わないみたい。次回から個人レッスンに変えようと思う。

바꾸다：変える、替える。
＊**맞바꾸다**（交換する）、**바꾸어 말하면**（言い換えれば）

文 **-아/어야겠다**：～しなきゃ、～しようと思う（話し手の強い意志）。

---

⑪ 수업 때 쓸 프린트가 어디 갔지? 당신, 또 책상 정리한다고 멋대로 버린 거 아니지?

[정니한다고]

授業で使うプリントどこに消えたんだ？　お前、また机の整理するって、勝手に捨てたんじゃないよな？

멋대로：勝手に、気ままに、やたらに。＊**제멋대로 굴다**（自分勝手に振る舞う）

文 **-(으)ㄴ 거 아니지?**：～したんじゃないよね？

---

⑫ 뭐? 이탈리아어 공부 시작했다고? 이번에는 얼마나 갈까?

[시자캗따고]

何？　イタリア語の勉強を始めたって？　今度はどれくらい続くかな？

시작하다：始める、スタートする。
＊**다시 시작하다**（やり直す）、**시작이 반이다**（思い立ったのが吉日。直訳すると「始めることが半分だ」）、**시작되다**（始まる）、**끝나다**（終わる）

⑬ 그 선생님은 기껏 작문해서 내도 첨삭도 안 해 줘.

[장무내서]

あの先生はせっかく作文を書いて出しても、添削もしてくれない。

기껏：せっかく、精いっぱい。＊**기껏해야**（せいぜい、たかだか）
첨삭하다：添削する。

⑭ 능력시험 보려면 지금처럼 공부해서는 붙을 가능성이 없어요.

[능녁씨험] [가능썽]

能力試験を受けるなら、今のような勉強では受かる可能性がありません。

(시험을) 보다：(試験を) 受ける。
(시험에) 붙다：(試験に) 受かる。
＊**붙다**（付く、くっつく）、**불붙다**（火が付く）、**맞붙다**（対戦する、勝負する）、**입에 붙다**（習慣になる、口癖になる）、**군살이 붙다**（ぜい肉が付く）

⑮ 외국어는 무작정 암기만 한다고 되는 게 아니에요.

外国語はただ単に暗記だけしたからってできるってもんじゃありません。

무작정：無鉄砲に、何も考えずに、後先考えず。
＊**무조건**（なりふり構わず、文句なしに、無条件）、**무조건 찬성**（無条件で賛成）
암기하다：暗記する。＊**외우다**（覚える）、**통암기**（丸暗記）

会話フレーズ

TR_107

1 A：**불어는 마치 음악 소리같지 않니?**

フランス語はまるで音楽の音みたいじゃない？

B：**너 이번엔 프랑스인하고 사귀는구나.**

君、今度はフランス人と付き合ってるんだね。

소리：音、声。
＊**우스갯소리**（笑い話、冗談、ジョーク）、**앓는 소리**（泣き言、弱音を吐くこと）、**찍소리도 못하다**（ぐうの音も出ない）

사귀다：付き合う。＊**교제하다**（交際する）、**연애하다**（恋愛する）

文 **-는구나**：～するんだなあ。形容詞・存在詞には**-구나**、名詞には**~(이)구나**が付く。

---

2 A：**저 선생님 설명은 문법 용어가 많아서 알아듣기 어려워.**
[문뻠 뇽어]

あの先生の説明は文法用語が多くて分かりにくい。

B：**그렇지? 충분히 쉽게 설명할 수 있을 텐데 말이야.**
[그러치] [설명할 쑤]

だよね。もっと簡単に説明できるはずなんだけどね。

알아듣다：聞き取る、聞いて分かる。
＊**말귀를 못 알아듣다**（飲み込みが遅い。**말귀가 어둡다**とも言う）

충분히：十分、十分に、ちゃんと、たっぷり。

文 **말이다**：前に来る語を強調する表現。

TR_108

3 A : **밑줄은 보통 중요한 데만 긋는 거 아니야?**
[근는]
下線って普通、重要な所だけに引くもんじゃないの？

B : **내가 보기엔 다 중요한 걸 어떡해.**
[어떠캐]
私が見るには、全部重要なんだもの、どうしろっていうのよ。

밑줄을 긋다：下線を引く。
＊**선을 긋다**（線を引く、距離を置く）、**획을 긋다**（一線を引く）
내가 보기엔：私が見るには、私の見解では。
＊**내가 알기로는**（私の知る限りでは）、**내가 알게 뭐야**（知るもんか）

---

4 A : **아랍어 공부해서 어디다 쓸 거야?**
[쓸 꺼]
アラビア語を勉強してどこに使うの？

B : **내가 재미있으면 그만이지, 꼭 어디다 써야 돼?**

僕が楽しければいいだろ。必ずどこかで使わなくちゃいけないのか？

어디다：どこに。**어디**（どこ）＋**～에다**（～に）。**여기**、**거기**、**저기**、**어디**のときだけ**～에**を省略することができる。
쓰다：使う。
＊**활용하다**（活用する）、**쪽도 못 쓰다**（手も足も出ない、なすすべがない）、**안간힘을 쓰다**（必死の努力をする）、**생떼를 쓰다**（無理押しをする）

文 **-(으)면 그만이지**：～ならいいでしょ、～すればそれでいいでしょ。

TR_109

5 A：**어떻게 십 년을 했는데 아직도 초급이야?**
[심 녀늘] [핸는데]
どうやったら10年間も勉強していまだに初級なんだ？

B：**기초가 중요하잖아, 기초가.**

基礎が大事でしょ、基礎が。

초급：初級。＊**입문**（入門）、**중급**（中級）、**고급**（上級、高級）

---

6 A：**서울에서 산 지가 언젠데 아직도 사투리를 못 고쳤어?**

ソウル生活が長いのに、いまだになまり直せないの？

B：**우리 남편이 내 사투리에 반해서 쫓아다녔는데 내가 왜 고쳐?**
[쪼차다녀는데]
主人が私のなまりにほれて追い掛けてきたのに、私が何で直すのよ？

사투리：なまり、方言。
쫓아다니다：追い掛ける、付け回す。
＊**졸졸 쫓아다니다**（ぞろぞろと付いて回る）
文 **-(으)ㄴ 지가 언젠데**：～してからずいぶん時間がたっているのに。

単語

TR_110

언어 학습 語学学習

- □ 문자 文字
- □ 문법 文法
- □ 문형 文型
- □ 발음 発音
- □ 단어 単語
- □ 어휘 語彙
- □ 읽기 リーディング
- □ 듣기 リスニング
- □ 쓰기 ライティング
- □ 말하기 スピーキング
- □ 받아쓰기 書き取り
- □ 회화 会話
- □ 표현 表現
- □ 수정 修正
- □ 교정 矯正
- □ 반복 反復
- □ 연습 練習
- □ 작문 作文
- □ 첨삭 添削
- □ 피드백 フィードバック
- □ 셰도우 스피킹 シャドーイング
- □ 예습 予習
- □ 복습 復習
- □ 초급 / 중급 / 고급 初級／中級／上級
- □ 능력시험 能力試験
- □ 의욕 意欲、やる気
- □ 글씨 手書きの字
- □ 암기 暗記
- □ 밑줄 下線
- □ 동기 動機
- □ 과제 課題
- □ 범위 範囲
- □ 독학 独学
- □ 그룹 레슨 グループ授業
- □ 개인 레슨 個人授業
- □ 프라이빗수업 プライベート授業
- □ 사투리 なまり
- □ 방언 方言
- □ 모티베이션, 동기 부여 モチベーション

외국어 外国語

- □ 한국어 韓国語
- □ 일본어 日本語
- □ 영어 英語
- □ 중국어 中国語
- □ 광둥어, 광동어 広東語
- □ 북경어 北京語
- □ 프랑스어, 불어 フランス語
- □ 이탈리아어, 이태리어 イタリア語
- □ 스페인어 スペイン語
- □ 독일어, 독어 ドイツ語
- □ 네덜란드어 オランダ語

- □ **태국어** タイ語
- □ **베트남어** ベトナム語
- □ **인도네시아어, 인니어** インドネシア語
- □ **아랍어 / 아라비아어** アラブ語／アラビア語
- □ **페르시아어** ペルシア語
- □ **포르투갈어** ポルトガル語
- □ **러시아어** ロシア語
- □ **우크라이나어** ウクライナ語
- □ **라틴어** ラテン語

표현 表現

- □ **속담** ことわざ
- □ **관용어** 慣用句
- □ **의성어** 擬声語
- □ **의태어** 擬態語
- □ **구어체** 口語体
- □ **문어체** 文語体

품사 品詞

- □ **명사** 名詞
- □ **동사** 動詞
- □ **형용사** 形容詞
- □ **부사** 副詞
- □ **조사** 助詞
- □ **수사** 数詞
- □ **접속사** 接続詞
- □ **감탄사** 感嘆詞

- □ **어간** 語幹
- □ **어미** 語尾
- □ **자음** 子音
- □ **모음** 母音
- □ **양모음** 陽母音
- □ **음모음** 陰母音
- □ **연체형** 連体形
- □ **의문형** 疑問形
- □ **명령형** 命令形
- □ **권유형** 勧誘形

사전 辞書

- □ **전자사전** 電子辞書
- □ **위키피디아, 위키백과** ウィキペディア
- □ **웹사전** ウェブ辞書
- □ **백과사전** 百科事典
- □ **어학사전** 語学辞書
- □ **한일사전** 韓日辞書
- □ **일한사전** 日韓辞書

⑫ 文具

聞いてみよう！

♪ TR_111

「聞いてみよう！」全文

A：아, 또 틀렸네. 서류 한 장만 더 주세요.
[틀련네]
あ、また間違えちゃった。書類をもう1枚いただけますか。

B：벌써 다섯 장째예요.

もう5枚目ですよ。

A：수정액 사용 금지라 한 번 틀리면 처음부터 다시 써야 되잖아요.

修正液が使用禁止なので、一度間違えたら最初から書き直さないといけないじゃないですか。

B：수정액으로 고쳐도 받아줄 테니까 그냥 쓰세요.

修正液で直しても受け付けますので、そのまま書いてください。

解説

고치다：直す、修理する、正す。
＊**버릇을 고치다**（癖を直す）、**얼굴을 고치다**（顔を整形する）
받아주다：受け付ける、受け入れる。
＊**받아치다**（言い返す。**맞받아치다**、**되받아치다**とも言う）、**받아들이다**（受け入れる）

ひとことフレーズ

TR_112

❶ 필통을 깜빡하고 안 가지고 왔네. 볼펜 하나만 빌려 줘.

[깜빠카고] [완네]

筆箱をうっかり忘れてきちゃった。ボールペン１本だけ貸して。

깜빡하다：うっかりする。＊**깜빡 잊다**（うっかり忘れる）
가지고 오다：持ってくる。

---

❷ 가위질이 왜 그렇게 서툴러?

はさみ使いが何でそんなに下手くそなの？

가위질：はさみで切ること
＊**질**（動作や行動の意を表す接尾辞）、**젓가락질**（箸を使うこと）、**도둑질**（盗み）
서투르다：下手だ、下手くそだ。縮約して**서툴다**とも言う。

---

❸ 아직도 수첩을 써? 스마트폰으로 스케줄 관리하면 편하잖아.

[괄리하면]

まだ手帳を使ってるの？　スマホでスケジュール管理すれば楽じゃん。

스케줄：スケジュール。
＊**스케줄이 빡빡하다**（スケジュールがタイトだ）、**스케줄을 맞추다**（スケジュールを合わせる）
관리：管理。＊**피부 관리**（スキンケア）、**건강 관리**（健康管理、ヘルスケア）

TR_113

❹ 포스터를 압정으로 고정했더니 벽이 온통 구멍투성이야.

ポスターを画びょうで固定したら、壁じゅう穴だらけだよ。

온통：全て、全部、すっかり。＊**온 벽**（壁じゅう）、**온 나라**（全国）

구멍투성이：穴だらけ。

＊**피투성이**（血だらけ）、**허점투성이**（隙だらけ）、**주름투성이**（しわだらけ）

❺ 양면테이프는 사실 쓸 데가 별로 없지 않아?

[쓸 떼]

正直、両面テープは使い所があまりないよね？

사실：事実、正直。

＊**사실무근**（事実無根）、**사실은**（実は）、**사실대로 말하면**（正直に言って）

쓸 데：使い所。

＊**데**（場所、所）、**갈 데**（行く所）、**머물 데**（泊る所）、**딴 데**（別の所）

❻ 책을 포스트잇으로 도배를 해 놓았네.

[노안네]

本にポストイットがめちゃくちゃ貼り付けてあるね。

도배를 하다：埋め尽くす、覆う、あっちこっちに貼る。

＊**도배지**（壁紙。**벽지**とも言う）

❼ 연습장 또 다 썼어? 정말 열심이네. 벌써 몇 권째야?

[열씨미네]

練習ノートをまた使い切ったの？　本当に熱心だね。もう何冊目？

열심이다：熱心だ。
＊**열심히 하세요**（頑張ってください）、**열공**（**열심히 공부하다**〈熱心に勉強する〉の略）、**열공중**（猛勉強中）

❽ 너도 참, 꽃병 깨진 게 시중에서 파는 순간접착제로 붙니?

[분니]

あなたもまったく、割れた花瓶が市販の瞬間接着剤でくっつくとでも？

깨지다：壊れる、破れる。
＊**글자가 깨지다**（文字化けする）、**계란이 깨지다**（卵が割れる）、**약속이 깨지다**（約束が破れる）、**꿈이 깨지다**（夢が破れる）、**멘탈이 깨지다**（心が折れる、メンタルがやられる）

시중：市中、街中。＊**시중 판매**（市販）

❾ 매직펜으로 상자 위에 취급 주의라고 좀 써 줘.

マジックペンで段ボール箱の上に取り扱い注意って書いてちょうだい。

취급：扱い、取り扱い。
＊**바보 취급하다**（バカにする）、**싸구려 취급을 받다**（安く見られる）、**찬밥 취급을 당하다**（冷たい扱いを受ける。直訳すると「冷や飯待遇を受ける」）

주의：注意。＊**요주의**（要注意）、**주의력이 산만하다**（注意力が散漫だ）

⑩ 넌 어떻게 새로 나온 볼펜만 보면 환장을 하니?

あなたはどうして新しく出たボールペンに目がないわけ？

새로 나오다：新しく発売される。＊**신상품**（新商品）、**신제품**（新製品）
환장을 하다：目がない、のめり込む、夢中になる。
＊**좋아서 환장하다**（とても喜んでいる、好きでたまらない）、**미치고 환장하다**（気が狂いそうだ）

---

⑪ 스케치북 한가득 그 사람 얼굴뿐이야.

スケッチブックいっぱいに、あの人の顔だらけだよ。

스케치북：スケッチブック。＊**캔버스**（キャンバス）
한가득：（あふれるほど）いっぱい。

---

⑫ 군데군데 형광펜 색깔이 다른데 무슨 의미가 있는 거야?

［인는］

所々蛍光ペンの色が違うんだけど、何か意味があるの？

군데군데：所々。＊**여기저기**（あっちこっち）
색깔：色。
＊**색깔이 잘 받다**（色がよく似合う。**색깔이 어울리다**とも言う）、**색깔이 어둡다・밝다**（色が暗い・明るい）、**색깔이 선명하다・칙칙하다**（色が鮮やかだ・くすんでる）

⑬ 색종이 접기, 우리 어릴 때 진짜 유행했었는데, 오랜만에 비행기나 한번 접어 볼까?

[유행해썬는데]

折り紙、私たちが小さい頃すごくはやってたけど、久々に飛行機でも折ってみようかな。

접다：折る、畳む。
＊**학을 접다**（鶴を折る）、**우산을 접다**（傘を畳む）、**생각을 접다**（諦める、断念する。**마음을 접다**とも言う）、**꿈을 접다**（夢を諦める）、**사업을 접다**（事業を畳む）

---

⑭ 일 잘한다는 게 이런 데서 표가 나는 것 같아. 서류에다가 알아보기 쉽게 인덱스 라벨로 구분해 놓은 거 봐.

仕事ができるって、こういうことから分かるんだよね。書類に見やすくインデックスで分けておいてあるのを見てよ。

표가 나다：周りの人が気付くような雰囲気や気配が出ている、表に出る、目立つ、ばればれだ。**티가 나다**とも言う。

---

⑮ 메모용지는 이면지를 잘라서 쓰라고 했잖아.

メモ用紙は裏紙を切って使ってって言ったじゃん。

이면지：裏紙。＊**재생지**（再生紙）
자르다：切る、断つ、解雇する。
＊**둘로 자르다**（二つに切る）、**잘라 말하다**（きっぱりと言い切る、断言する）

文 **-(으)라고 하다**：～しろと言う、～するように言う。

会話フレーズ

TR_117

1 A：**이 풀 말고 딱풀 없어?**

こののりじゃなくて、スティックのりはないの？

B：**오래 보관할 서류에는 딱풀 쓰지 말라고 했잖아.**

長く保管する書類にはスティックのり使うなって言ったじゃん。

딱풀：スティックのり。
文 **-지 말라고 하다**：～するなと言う、～しないように言う。

2 A：**선이 삐뚤삐뚤하잖아. 자 있는 거 왜 안 써?**
[인는]

線ががたがたじゃん。定規があるのに何で使わないの？

B：**아, 까다롭기는. 알았어, 내가 예쁘게 그을게.**
[그을께]

もー、口うるさいな。分かったよ。僕がきれいに引くよ。

삐뚤삐뚤：くねくね、がたがた。＊**지그재그**（ジグザグ）
까다롭다：ややこしい、気難しい。
＊**입맛이 까다롭다**（味にうるさい）、**까다로운 성격**（気難しい性格）
긋다：(線を) 引く、(マッチを) 擦る。＊**선을 잘못 긋다**（線を引き間違える）
文 **-기는**：～するなんて、～だなんて（軽い否定や非難）。

TR_118

3 A : **조카가 크레파스로 온 벽에 낙서를 해 놨어.**

めいがクレパスで壁じゅうに落書きをしたのよ。

B : **요즘은 지워지는 크레파스도 나온다며?**

最近は消えるクレパスもあるらしいじゃん？

낙서를 하다 : 落書きをする。＊**낙서 금지**（落書き禁止）
지워지다 : 消せる、消える。
＊**지워지는 볼펜**（消せるボールペン）、**화장이 지워지다**（化粧が落ちる）、**화장을 지우다**（化粧を落とす）

4 A : **어느 세월에 이걸 다 손으로 찢어서 버려?**

これを全部手で破ってたら捨てるのはいつになるやら？

B : **개인 정보를 그럼 그냥 버려? 싫으면 파쇄기를 사든가.**

じゃあ、個人情報をそのまま捨てるわけ？　嫌ならシュレッダーを買えば？

어느 세월에 : いつになったら、いつになることやら（皮肉）。
찢다 : 破る、裂く。
＊**만찢남**（**만화를 찢고 나온 듯한 남자**〈漫画から飛び出してきたようなイケメンの男〉の略）、**귀청을 찢다**（耳をつんざく）

文 **-든가** : ～とかすれば？、～でもすれば？

TR_119

5 A : **소포 부치려면 박스 테이프가 필요하지 않아?**

小包を送るなら、ガムテープが必要じゃない？

B : **그냥 스카치테이프로 싸 보지 뭐.**

まあ、セロハンテープで何とか包んでみるよ。

부치다：送る、出す。
＊**돈을 부치다**（送金する、仕送りをする）、**불문에 부치다**（不問に付す）

싸다：包む。＊**도시락을 싸다**（弁当を作る）

文 **-지 뭐**：妥協や諦めのニュアンスを表す表現。
＊**먹지 뭐**（食べるしかないね）、**가지 뭐**（行くしかないね）

---

6 A : **이 이면지 내가 좀 가져가도 돼?**

この裏紙、私がちょっともらっていい？

B : **응, 다 가져가도 돼. 너무 많아서 처치 곤란이야.**
[골라니야]

うん、全部持っていっていいよ。多すぎて処分に困ってたの。

가져가다：持っていく。＊**챙겨 가다**（用意していく）

처치 곤란이다：処分に困っている。

単語

TR_120

필기구 筆記具

- □ 연필　鉛筆
- □ 샤프(펜슬)　シャープペンシル
- □ 볼펜　ボールペン
- □ 만년필　万年筆
- □ 형광펜　蛍光ペン
- □ 사인펜　サインペン
- □ 매직펜　マジックペン
- □ 지워지는 (볼)펜　消せるペン

종이 紙

- □ 복사용지　コピー用紙
- □ 마분지　ボール紙
- □ 한지　韓紙
- □ 색종이　色紙
- □ 도화지　図画用紙
- □ 화선지　画仙紙
- □ 골판지　板紙、段ボール板
- □ 이면지　裏紙
- □ 메모지, 메모용지　メモ用紙
- □ 포스트잇　ポストイット、付せん
- □ 노트, 공책　ノート
- □ 연습장　練習帳
- □ 수첩　手帳

미술용품 美術用品

- □ 물감　絵の具
- □ 수채화 물감　水彩絵の具
- □ 유채 물감　油絵の具
- □ 붓　筆
- □ 색연필　色鉛筆
- □ 크레용　クレヨン
- □ 크레파스　クレパス
- □ 스케치북　スケッチブック

고정 도구 留め具

- □ 클립　クリップ
- □ 더블클립, 집게　ダブルクリップ
- □ 압정, 압핀　画びょう
- □ 호치키스, 스테이플러　ホチキス

접착용품 接着用品

- □ 풀　のり
- □ 딱풀　スティックのり
- □ 순간접착제　瞬間接着剤
- □ 스카치테이프, 셀로판테이프　セロハンテープ
- □ 양면테이프　両面テープ
- □ 마스킹테이프　マスキングテープ

□ **박스 테이프** ガムテープ
□ **청 테이프** 養生テープ
□ **축광테이프** 蓄光テープ

수정 도구 修正道具

□ **지우개** 消しゴム
□ **수정액** 修正液
□ **수정 테이프** 修正テープ

사무용품 事務用品

□ **가위** はさみ
□ **자** 定規
□ **줄자** メジャー
□ **잉크** インク
□ **책받침** 下敷き
□ **필통** 筆箱
□ **칼** カッター
□ **도장** はんこ
□ **연필꽂이** 鉛筆立て
□ **인덱스 라벨** インデックスラベル
□ **파일** ファイル
□ **클리어 파일** クリアファイル
□ **바인더** バインダー
□ **서류(정리)함** 書類箱、書類収納ケース
□ **수납 박스** 収納ボックス
□ **문서 세단기, 문서 파쇄기** シュレッダー

⑬ 仕事

聞いてみよう！

♪ TR_121

「聞いてみよう！」全文

A：입시 비리도 심하지만 입사 비리도 못지않네.

不正入試もひどいけど、不正入社も負けてないわね。

B：너도 그 소문 들었구나.

あなたもそのうわさ聞いたのね。

A：연줄 없는 사람 서러워서 살겠어？

[엄는]

コネのない人は悔しい思いをするしかないの？

B：난 연줄 있어도 당당하게 시험 봐서 내 실력으로 들어왔어.

私はコネがあったのに、堂々と試験受けて、自分の実力で入社したわ。

解説

비리：不正、汚職。

＊**비리를 규탄하다**（不正を糾弾する）、**비리를 적발하다**（不正を摘発する）、**부정**（不正）

못지않다：劣らない、ひけを取らない、見劣りしない。

＊**못지않게**（負けないくらい、負けず劣らず）、**전문가 못지않다**（専門家並みだ）

연줄：コネ、縁故。＊**빽**（コネ、後ろ盾）、**연줄을 대다**（コネを使う、コネを付ける）

서럽다：恨めしい、悲しい。**서러워서 살겠어？**を直訳すると「恨めしくて生きられるのか？」。

＊**둘째가라면 서럽다**（右に出るものがいない、直訳すると「2番目にされたら悲しい」）

ひとことフレーズ

TR_122

❶ 급여도 안 주고 자르다니, 정말 악질 기업이야.
[악찔]

給与も払わずクビにするなんて、本当にブラック企業だね。

급여：給与。
＊**월급**（月給、給与）、**급료**（給料）、**임금**（賃金）、**퇴직금**（退職金）、**급여 명세서**（給与明細書）、**원천징수**（源泉徴収）、**연말정산**（年末調整）

악질 기업：ブラック企業。＊**악질**（悪質）、**저질**（低質、下品、最低）

❷ 결재 서류가 이렇게 밀려 있는데 부장님은 어딜 가신 거야?
[결째] [인는데]

決裁の書類がこんなにたまっているのに、部長はどこへ行かれたの？

밀려 있다：たまっている。
＊**밀리다**（たまる、滞る、押される）、**순서가 밀리다**（順番が遅れる）、**차가 밀리다**（車が渋滞する）

❸ 우와, 이게 내 명함이란 말이지? 이걸 보니 실감 나네.

うわー、これが僕の名刺なんだね？　これを見たら実感が湧くよ。

실감 나다：実感が湧く。
＊**현실감**（現実感）、**우월감**（優越感）、**패배감**（敗北感）

♪ TR_123

❹ 니 연봉 듣고 깜짝 놀랐지 뭐야. 능력 있는 사람은 좋겠다.

[깜짱 놀랃찌] [능녁] [조켇따]

あなたの年俸を聞いてびっくりしたのよ。能力のある人はいいな。

연봉：年俸。
＊**연봉 협상**（年俸交渉）、**연봉이 깎이다**（年俸が下がる）、**떼돈 벌다**（大金を稼ぐ、荒稼ぎする）

文 **-지 뭐야**：～するんだ、～なんだよ（驚き、嘆き）。

❺ 동기가 또 승진했대. 다들 승승장구하는데. 아, 기죽어.

同期がまた昇進したって。みんな勢いに乗ってるのに。あー、落ち込む。

승승장구하다：快進撃を続ける、破竹の勢いを見せる、とんとん拍子だ。漢字で「乗勝長駆」。

기죽다：気が滅入る、気が沈む、気落ちする、落ち込む、気後れする。
＊**기가 살다**（意気揚々だ、気勢が上がる）、**기가 차다**（あぜんとする）

❻ 이번에 또 보너스 안 나오면 이 회사 정말로 때려치운다.

今度またボーナスが出なかったら、この会社本気で辞めてやる。

때려치우다：辞めてしまう、畳む、放り出す。
＊**때려치다**（投げ出す。**때려치우다**の間違った表現だが、会話でよく使われている）、**회사를 때려치다**（会社を辞める）、**때려잡다**（殴り倒す、打ちのめす）、**때려죽이다**（ぶっ殺す）、**때려 부수다**（ぶち壊す）

♪ TR_124

❼ 요즘 취업이 하늘의 별 따기라는데 너무 무리하지 마.

近頃、就職は夢のまた夢と聞いたけど、あまり無理しないで。

하늘의 별 따기：夢のまた夢、不可能に近いことの例え。直訳すると「空の星を取る」。

＊**하늘에 맡기다**（運命に従う、天に任せる）、**하늘처럼 믿다**（固く信じて頼る）

❽ 기껏 파워포인트 만들어 왔는데 재생이 안 돼서 말짱 도루묵이네.

[완는데]

せっかくパワーポイント作ってきたのに、再生できなくて台無しだわ。

재생：再生。＊**재생지**（再生紙）、**재생에너지**（再生エネルギー）

말짱 도루묵：水の泡、台無し。＊**허사**（無駄、骨折り損、無駄骨）

❾ 환영회도 안 해 주더니 송별회도 생략이야？

[생냐기야]

歓迎会もしてくれなかったのに、送別会までなしなのか？

생략：省略。＊**이하 생략**（以下省略）

⑩ 지방으로 발령 나면 당신 혼자 갈 수밖에 없어요.

[갈 쑤]

地方転勤が発令されたら、あなた一人で行くしかありません。

지방：地方。＊**수도**（首都）、**도시**（都市）、**시골**（田舎）
발령 나다：（転勤や辞令、人事異動が）発令される。

⑪ 낙하산이라고 무시했는데. 아, 다시 봤어.

[나카사니라고]　[무시핸는데]

天下りと無視してたんだけど。ああ、見直したよ。

낙하산：天下り、コネ入社。直訳すると「落下傘」。
무시하다：無視する、バカにする。＊**존중하다**（尊重する）
다시 보다：見直す、もう一度見る。＊**다시 생각하다**（考え直す）

⑫ 처음에는 해외 출장이 많아서 좋았는데 그것도 너무 자주다 보니 이젠 지친다.

[출짱]　[조안는데]

最初は海外出張が多くて良かったんだけど、それもあんまりしょっちゅうなものだから、もう疲れちゃった。

지치다：疲れる、へとへとになる、飽き飽きする。
＊**기다림에 지치다**（待ちくたびれる、待ち焦がれる）

文 **~(이)다 보니**：~だもので、~なもので。

⓭ 사원이 그런 큰 실수를 했는데도 감봉으로 끝내다니, 이직률이 낮은 이유가 있었네.

[실쑤] [핸는데도] [끈내다니] [이징뉴리] [이썬네]

社員があんな大失敗をしても減俸で済ますなんて、離職率が低い理由があったんだね。

감봉：減給、減俸。＊**감봉 일 개월**（減俸１カ月）、**감봉 처분**（減給処分）

끝내다：終える、済ます。
＊**끝내**（最後まで、とうとう）、**끝내기 홈런**（サヨナラホームラン）、**후딱 끝내다**（さっさと終わらせる）

이직률이 낮다：離職率が低い。＊**이직**（転職。**전직**とも言う）

⓮ 스펙은 대단한지 모르겠지만 성격은 개차반이네.

[성껴근]

スペックはすごいかもしれないけど、性格はろくでなしだね。

스펙：スペック、人の能力とつながるもの全て（学歴・成績・外国語能力・資格証・経歴など）。

개차반：ろくでなし、出来損ない。＊**망나니**（ならず者、荒くれ者）

⓯ 뭐가 문제라서 항상 면접에서 미끄러지는 걸까?

何が問題だからって、いつも面接で失敗するんだろう？

면접：面接。
＊**면접관**（面接官）、**최종 면접**（最終面接）、**필기시험**（筆記試験）、**실기시험**（実技試験）

미끄러지다：失敗する、落ちる、滑る。
＊**미끄럽다**（滑りやすい）、**미끄럼틀**（滑り台）

会話フレーズ

TR_127

1 A：**무슨 이직을 밥 먹듯이 해?**
[밤 먹뜨시]
どうして転職をいかにも簡単に繰り返すわけ？

B：**적성에 안 맞는 일을 참고 할 수는 없잖아.**
[참꼬] [할 쑤]
性に合わないことを我慢して続けるわけにはいかないじゃん。

밥 먹듯이 하다：いつものようにする、頻繁にする。直訳すると「ご飯を食べるようにする」。＊**밥벌이를 하다**（お金を稼ぐ、暮らしを立てる）

적성에 맞다：性に合っている。＊**적성을 살리다**（適性を生かす）

2 A：**당직 좀 바꾸어 주면 안 될까?**

当直、ちょっと変わってもらえないかな？

B：**또야? 내가 니 밥이니?**

また？　私はあなたのパシリなの？

당직：当直。
＊**야근**（夜勤、残業）、**야근수당**（残業手当）、**야근이 잦다**（残業が多い）

밥：〈俗語〉ちょろい存在、パシリ、いいように利用される人。直訳すると「ご飯」。

♪ TR_128

3 A : **이번에 정년퇴직하고 이쪽으로 낙하산으로 왔대.** ♡

[정년퇴지카고] [나카사느로]

このたび、定年退職して、こっちに天下りで来たんだって。

B : **항상 있는 일이잖아. 뭘 새삼스럽게 흥분하고 그래.**

いつものことじゃん。何を今さら興奮してるんだ。

새삼스럽게 : 今さら、事新しく。＊**새삼스럽게 깨닫다**（改めて気付く）

흥분하다 : 興奮する。＊**침착하다**（落ち着いている、冷静だ）

---

4 A : **이번에도 미역국 먹으면 큰일인데.** ♡

[미역꿍 머그면]

今度も就職に失敗したらヤバいんだけど。

B : **너 보니까 불안해서 안 되겠다.**
나랑 같이 면접 연습해.

[연스패]

あなたを見てると不安でたまらないよ。私と一緒に面接の練習をしよう。

미역국 먹다 : 失敗する、滑る。直訳すると「わかめスープを食べる」。ワカメがぬるぬるしていて滑ることに由来した慣用句。

큰일이다 : 大変だ。
＊**큰일 났다**（大変だ、しまった）、**큰일 날 소리를 하다**（大変なことを言う）

TR_129

5 A：**첨부파일을 여는 순간 바이러스에 감염됐어.** ♡

添付ファイルを開けた瞬間、ウイルスに感染したの。

B：**아니, 모르는 사람이 보낸 파일을 왜 열어 봐?**

いや、知らない人からのファイルを何で開けたの？

바이러스：ウイルス。＊**코로나바이러스**（コロナウイルス）
감염되다：感染する、（風潮などに）染まる。

6 A：**나 내일은 외근 나갔다가 바로 퇴근해도 되거든.** ♡

僕、明日は外回りに出て、そのまま上がってもいいんだよ。

B：**난 니가 그런 말 할 때가 제일 무서워. 혼자 놀아.**

私はあなたがそういうことを言うときが一番怖い。一人で遊びな。

외근：外回り。＊**내근**（内勤）
文 **-았/었다가**：～してから、～する途中で。

単語

TR_130

취직 就職

- □ 취업　就業
- □ 학력　学歴
- □ 스펙　スペック
- □ 경력　経歴
- □ 이력(서)　履歴（書）
- □ 추천(서)　推薦（書）
- □ 지원　志願
- □ 서류 전형　書類選考
- □ 면접　面接
- □ 입사 시험　入社試験
- □ 가산점　加算点
- □ 합격　合格
- □ 불합격　不合格
- □ 낙하산　天下り
- □ 연줄 / 빽　縁故／コネ
- □ 인맥　人脈
- □ 명함　名刺
- □ 상사　上司
- □ 부하 직원　部下
- □ 신입 사원　新入社員
- □ 사수　指導役、メンター、チューター
- □ 회식　会食
- □ 월급날　給料日

회계 会計

- □ 수당　手当
- □ 연봉　年俸
- □ 감봉　減俸
- □ 상여금　奨励金
- □ 보너스　ボーナス
- □ 급료　給料
- □ 월급루팡　月給泥棒
- □ 경비　経費
- □ 정산　精算

업무 業務

- □ 결재　決裁
- □ 회의　会議
- □ 보고　報告
- □ 미팅　打ち合わせ
- □ 약속　アポ
- □ 거래처　取引先
- □ 서류　書類
- □ 자료　資料
- □ 데이터　データ
- □ 프로젝트　プロジェクト
- □ 파워포인트　パワーポイント
- □ 프레젠테이션　プレゼンテーション
- □ 첨부파일　添付ファイル

직함 肩書

- □ 팀장　チーム長
- □ 주임　主任
- □ 대리　課長代理
- □ 계장　係長
- □ 과장　課長
- □ 차장　次長
- □ 부장　部長
- □ 실장　室長
- □ 임원　役員
- □ 상무　常務
- □ 전무　専務
- □ 부사장　副社長
- □ 사장　社長
- □ 부회장　副会長
- □ 회장　会長
- □ 의장　議長
- □ 이사장　理事長
- □ 조합장　組合長
- □ 점장　店長
- □ 편집장　編集長

이동 異動

- □ 발령　発令
- □ 부서 이동　部署異動
- □ 전근　転勤
- □ 승진　昇進
- □ 영전　栄転
- □ 부임　赴任
- □ 취임　就任
- □ 한직　閑職、窓際
- □ 좌천　左遷
- □ 해고　解雇
- □ 이직　転職
- □ 정년퇴직　定年退職
- □ 환영회　歓迎会
- □ 송별회　送別会

근무 勤務

- □ 출근　出勤、出社
- □ 퇴근　退勤、退社
- □ 내근　内勤
- □ 외근　外回り
- □ 야근　夜勤、残業
- □ 당직　当直
- □ 잔업　残業
- □ 출장　出張
- □ 부업　副業
- □ 파견　派遣
- □ 재택근무　在宅勤務

⓮ 職 業

聞いてみよう！

♪ TR_131

「聞いてみよう！」全文

A：아, 어렸을 땐 되고 싶은 것도 많았는데.
[마난는데]

あ、小さい頃はなりたいものがたくさんあったのに。

B：예를 들면 뭐?

例えば、何？

A：디자이너도 되고 싶었고 스튜어디스, 모델, 파티시에 등등 정말 많았어.

デザイナーにもなりたかったし、CA、モデル、パティシエとか、本当に多かったの。

B：근데, 너 학교 졸업하고 바로 결혼해서 직업 가진 적이 한 번도 없잖아?
[조러파고]

でも、君、学校卒業してすぐ結婚したから、職に就いたこと一度もないじゃない？

解説

직업을 가지다：職に就く。
＊**직업병**（職業病）、**직업에는 귀천이 없다**（職業に貴賤(きせん)なし）
한 번도 없다：一度もない。＊**쥐뿔도 없다**（全く何もない）

ひとことフレーズ

TR_132

❶ 공무원이 안정적이긴 한데 이상하게 끌리지가 않는단 말이야.

公務員が安定的ではあるけど、おかしなことに引かれないんだよね。

이상하다：おかしい、変だ、不思議だ。＊**괴짜**（変わり者、変人、物好き）

끌리다：引かれる、(裾などが) 引きずられる。

＊**정에 끌리다**（情に引かれる）、**치맛자락이 땅에 끌리다**（スカートの裾が地にすれる）

❷ 저 여배우 오늘도 패션이 이상하네. 코디네이터가 안티라는 소문이 정말인가 봐.

あの女優さん、今日もファッションが変だよね。スタイリストがアンチっていううわさは本当みたい。

안티：アンチ。芸能人のファッションセンスがないときに、**코디네이터가 안티**（スタイリストがアンチ）という表現をする。

❸ 멋지다! 통역도 없이 인터뷰에 답하다니.

[다파다니]

かっこいいね！　通訳もなしでインタビューに答えるなんて。

멋지다：すてきだ、かっこいい。**근사하다**、**멋있다**とも言う。

답하다：答える。**대답하다**とも言う。

＊**차례로 답하다**（順番に答える）、**또박또박 대답하다**（ハキハキ答える）、**응답하다**（応答する）、**말대답하다**（口答えする、**말대꾸하다**とも言う）

❹ 세상 많이 바뀌었다. 프로게이머란 직업은 우리 어렸을 때는 없었는데.

[업썬는데]

世の中もだいぶ変わったな。プロゲーマーなんて、私たちの小さい頃にはなかったのに。

바뀌다：変わる。＊**생각이 바뀌다**（気が変わる、考えが変わる）

직업：職業。

＊**백수**（無職。直訳すると「白い手」で、手を使っていない＝働いていない）

❺ 운동선수는 현역일 때는 좋은데 은퇴하고 나서가 문제야.

スポーツ選手は現役の時は良いけど、引退してからが問題だよ。

현역：現役。＊**현역 선수**（現役選手）

文 **-고 나서가**：～してからが。

❻ 그 프로듀서를 안다고? 제발 나 좀 소개시켜 줘.

あのプロデューサーを知ってるのか？　お願い、僕に紹介して。

소개시키다：紹介させる。**시키다**は名詞に付いて「～（を）させる」という意味。

文 **-ㄴ/는다고?**：～するって？（伝聞）。形容詞・存在詞には**-다고?**が、名詞には**~(이)라고?**が付く。

❼ 기자도 기자 나름이지. 그래, 어디 소속이라고?

記者と言ってもいろいろでしょ。それでどこの所属って？

나름：次第、なり。＊**나름대로**（それなりに）
소속：所属。
＊**소속사**（所属事務所）、**무소속**（無所属）、**소속감**（帰属意識、所属感）

❽ 항상 궁금했는데 미용사 머리는 누가 자르는 걸까?

[궁그맨는데]

いつも気になってたんだけど、美容師の髪は誰が切るんだろう？

궁금하다：知りたい、気になる。＊**안부가 궁금하다**（安否が気になる）
머리：頭、髪、髪の毛。
＊**머리끝이 상하다**（毛先が傷む）、**머리숱이 많다・적다**（髪の量が多い・少ない）
文 **-는 걸까?**：～するのだろうか？

❾ 소방관이 꿈이라는 사람이 불을 무서워한다고? 개그하니?

消防士が夢って言ってる人が火を怖がるって？　ギャグなの？

무서워하다：怖がる。＊**두려워하다**（恐れる、怖がる）
개그하다：ギャグだ、おかしい。
＊**개그맨**（お笑い）、**개그우먼**（女芸人）、**몸 개그**（体を張った芸）

TR_135

⑩ 운전기사 딸린 외제차를 타고 등장해서 사람 기죽이네.

運転手付きの外車に乗って登場して、人を落ち込ませるんだね。

딸리다：付く、付属する、属する。＊**애 딸린 사람**（子持ちの人）
기죽이다：落ち込ませる、気をくじく、がっかりさせる。
＊**기를 살리다**（元気づける）

⑪ 여보, 꼭 형사가 범인 취조하듯이 왜 그래, 무섭게.

[꼬 경사]

あなた、まるで刑事が犯人を取り調べるみたいに、どうして、怖いわ。

꼭：まるで。＊**마치**（まるで）
취조하다：取り調べる。
文 **-듯이**：～するように。

⑫ 이 화가의 작품 세계는 음, 심오하네, 심오해.

この画家の作品の世界は、うーん、とっても奥深いね。

작품：作品。
＊**걸작품**（傑作）、**합작품**（合作）、**창작품**（創作品）、**문학 작품**（文学作品）、**예술 작품**（芸術作品）、**표절**（盗作、パクリ）、**위조품**（贋作）

심오하다：奥深い。**오묘하다**とも言う。

⓭ 은행원이라 그런지 계산 하나는 진짜 빨라. ♡

銀行員だからか、計算だけはマジ早いね。

계산이 빠르다：計算が早い。
＊**눈치가 빠르다**（勘が鋭い）、**발 빠르게**（素早く）、**굼뜨다**（とろい、どんくさい）

文 **~(이)라 그런지**：～だからか、～だからそうなのか。

⓮ 요리사랑 결혼하면 맛있는[마신는] 것도 많이 먹을 수[머글 쑤] 있을 줄[이쓸 쭐] 알았는데 집에 오면 손도 까딱 안 해. ♡

料理人と結婚すればおいしいものもいっぱい食べられると思ったのに、家に帰ったら指一本動かさないの。

손도 까딱 안 하다：指一本動かさない。
＊**까딱**（こくり、ほんのちょっと動く様子）、**까딱하면**（あわや、一歩間違えれば）、**까딱없다**（影響ない、大丈夫だ）

文 **-(으)ㄹ 줄 알았는데**：～すると思ったんだけど、～だと思ったんだけど。

⓯ 회계사도 못 알아차릴[모 다라차릴] 만큼 교묘하게 장부를 위조했대. ♡

会計士も気付かないほど、巧妙に帳簿を偽造したって。

알아차리다：気付く、見抜く。
교묘하다：巧妙だ、巧みだ。＊**교묘한 장치**（巧妙な仕掛け）
장부：帳簿。＊**이중장부**（裏帳簿）
위조하다：偽造する。＊**모방하다**（模倣する、まねる）

会話フレーズ

TR_137

1 A：**군인이라고 해서 재미없을 줄 알았는데 의외네.** ♡

[재미업쓸 쭐] [아란는데]

軍人と聞いたから、つまらないと思ってたんだけど、意外だわ。

B：**개그맨 뺨치게 재미있지?**

芸人に負けないくらい面白いだろう？

의외：意外。＊**의외로**（意外と、思ったより）、**예외**（例外）
뺨치게：劣らないほど、顔負けに。直訳すると「頬をたたくように」。

---

2 A：**예술가들은 성격이 참 독특한 것 같아.** ♡

[성껴기] [독트칸]

芸術家は性格がとっても独特だと思う。

B：**편견 아냐? 넌 예술가도 아닌데 독특하잖아.**

偏見じゃない？　君は芸術家でもないのに変わってるじゃん。

독특하다：独特だ。
＊**특별하다**（特別だ）、**특이하다**（変わっている、独特だ）、**특기 사항**（特記事項）

편견：偏見。
＊**편견을 깨다**（偏見を破る）、**편견이 심하다**（偏見が過ぎる）、**편견에 사로잡히다**（偏見にとらわれる）、**선입견**（先入観）

TR_138

3 A：**난 뭔가 창조적인 일을 하고 싶어.**

私は何か創造的な仕事をしたい。

B：**하고 싶은 일과 할 수 있는 일이 일치하면 좋겠지.**
[할 쑤] [인는] [조켇찌]

やりたいこととできることが一致するならいいよね。

일치하다：一致する。
＊**만장일치**（満場一致）、**언행일치**（有言実行）、**일치단결하다**（一致団結する）、**불일치하다**（一致しない）、**견해가 일치하다**（見解が一致する）、**의견이 일치하다**（意見が一致する）

4 A：**넌 플로리스트란 애가 꽃가루 알레르기가 그렇게 심해서 일은 어떻게 해?**

あなた、フローリストって人が花粉症がそんなにひどくて仕事になるの？

B：**매번 버벅거리면서 원고 읽는 아나운서한테 들을 말은 아닌 것 같은데?**
[잉는]

毎回、かみかみで原稿を読むアナウンサーに言われることではないと思うんだけど？

버벅거리다：どもる、口ごもる、言いよどむ。**버벅대다**とも言う。
＊**횡설수설하다**（しどろもどろになって言う、まとまりなく話す、つじつまの合わないことを話す）

TR_139

5 A : **요즘은 문 닫는 변호사나 의사도 많다더라.**
[단는] [만타더라]
近頃は廃業する弁護士や医師も多いってよ。

B : **그래도 잘나가는 사람은 수준이 달라.**
[잘라가는]
でも順調な人はレベルが違うよ。

문(을) 닫다 : 閉店する、のれんを下ろす、店を畳む。
＊**폐업하다** (廃業する)、**폐점하다** (閉店する)

잘나가다 : 売れている、人気がある。
＊**뜨다** (ヒットする、人気を得て有名になる)

---

6 A : **소설가는 앉아서 소설만 쓰는 줄 알았는데.**
[아란는데]
小説家は座って小説を書くだけだと思ってたんだけどね。

B : **인생을 모르는 사람이 무슨 좋은 글을 쓰겠어.**
人生を知らない人がどうやって良い文章を書くんだよ。

앉다 : 座る。
＊**주저앉다** (座り込む、崩れる)、**걸터앉다** (腰掛ける)、**둘러앉다** (円座する、車座になる)

単語

TR_140

직업 職業

- □ 교사 教師
- □ 강사 講師
- □ 교수 教授
- □ 의사 医師
- □ 간호사 看護師
- □ 약사 薬剤師
- □ 검사 検事
- □ 판사 判事
- □ 변호사 弁護士
- □ 변리사 弁理士
- □ 세무사 税理士
- □ 회계사 会計士
- □ 공인중개사 不動産仲介業者
- □ 요리사 料理人
- □ 미용사 美容師
- □ 경찰관 警察官
- □ 형사 刑事
- □ 운전사, 운전기사 運転手
- □ 소방관 消防士
- □ 보좌관 補佐官
- □ 디렉터 ディレクター
- □ 리포터 リポーター
- □ 아나운서 アナウンサー
- □ 감독 監督
- □ 프로듀서 / 피디 プロデューサー／PD
- □ 탤런트 タレント
- □ 가수 歌手
- □ 영화배우 映画俳優
- □ 여배우 女優
- □ 모델 モデル
- □ 개그맨 お笑い
- □ 개그우먼 女芸人
- □ 스턴트맨 スタントマン
- □ 뮤지션 ミュージシャン
- □ 댄서 ダンサー
- □ 무용가 舞踊家
- □ 작곡가 作曲家
- □ 작사가 作詞家
- □ 연주가 演奏家
- □ 소설가 小説家
- □ 작가 作家
- □ 예술가 芸術家
- □ 번역가 翻訳家
- □ 만화가 漫画家
- □ 화가 画家
- □ 사업가 事業家
- □ 정치가 政治家
- □ 국회의원 国会議員
- □ 비서 秘書
- □ 디자이너 デザイナー
- □ 기자 記者
- □ 자영업자 自営業者
- □ 기술자 技術者
- □ 과학자 科学者
- □ 법의학자 法医学者

- □ 건축업자 建築業者
- □ 임대업자 賃貸業者
- □ 은행원 銀行員
- □ 공무원 公務員
- □ 회사원 会社員
- □ 경비원 警備員
- □ 연구원 研究員
- □ 경호원 ボディーガード、SP
- □ 관리인 管理人
- □ 파일럿 パイロット
- □ 스튜어디스 キャビンアテンダント
- □ 농부 農夫
- □ 어부 漁師
- □ 코디네이터 コーディネーター
- □ 네일리스트 ネイリスト
- □ 디스플레이어 ディスプレイデザイナー
- □ 메이크업아티스트 メーキャップアーティスト
- □ 세라피스트 セラピスト
- □ 플로리스트 フローリスト
- □ 퍼스널쇼퍼 パーソナルショッパー
- □ 쇼(핑)호스트 ショッピングナビゲーター
- □ 파티시에 パティシエ
- □ 프로게이머 プロゲーマー
- □ 크리에이터 クリエーター
- □ 프로그래머 プログラマー
- □ 운동선수 スポーツ選手
- □ 매니저 マネージャー
- □ 통역 通訳
- □ 카메라맨 カメラマン
- □ 군인 軍人
- □ 점원 店員
- □ 종업원 従業員
- □ 아르바이트 アルバイト
- □ 도우미 アシスタント

⓯ 洋服 I

聞いてみよう！

♪ **TR_141**

「聞いてみよう！」全文

A：이 청치마, 어때? 라인이 예쁘지 않아?

このデニムスカート、ラインがかわいくない？

B：예쁘긴 한데 요즘 누가 청치마를 입어?

かわいいけど、最近デニムスカートなんか誰がはくのよ？

A：뭘 모르네. 유행은 돌고 도는 거야.

分かってないね。流行は巡り巡るものよ。

B：그러니까 그 유행이 언제 올 줄 알고.

[올 쭐]

だから、そのはやりがいつ戻ると思ってるわけ。

解説

유행：流行、はやり。＊**유행어**（流行語）、**대유행**（大流行）

돌다：回る、曲がる、広まる。

＊**떠돌다**（さまよう、漂う）、**맴돌다**（ぐるぐる回る、うろつく、堂々巡りする）、**겉돌다**（空回りする、混ざらない、独りぼっちだ）、**소문이 돌다**（うわさが立つ）

ひとことフレーズ

TR_142

❶ 랩스커트는 아무나 소화 못 해.

[모태]

ラップスカートは誰もが着こなせるわけじゃない。

아무나：誰もが、誰でも。
소화하다：消化する、こなす。

❷ 일하러 오면서 정장까지는 안 바라도 이건 아닌 것 같아.

仕事しに来るのに、正装までは期待しないけど、これは違うんじゃない。

바라다：望む、期待する、願う。
*****원하다** (願う、望む、欲しい)、**요행을 바라다** (幸運を願う)、**잘 되기를 바라다** (うまくいくことを祈る)

❸ 속 보인다. 너 오늘 미팅 때문에 쇼트 팬츠 입고 온 거지?

ばればれだよ。君、今日の合コンを意識してショートパンツはいてきたんだろ。

속 보이다：魂胆が目に見える、ばればれだ。
*****속이 시커멓다** (腹が黒い)、**속이 좁다** (器が小さい、包容力がない)、**속이 깊다** (思慮深い)

❹ 빈티지를 입고 저렇게 폼 나다니, 역시 우리 자기야.

ビンテージを着てあんなにかっこいいなんて、さすが私のダーリン。

폼 나다：かっこいい、粋だ。
자기：ダーリン、ハニー。本来は一人称の「自分」という意味だったが転じて二人称としても使われる。

❺ 남자가 속옷 선물을 한다는 건 마음이 있다는 의미 아냐?

男性が下着をプレゼントするってことは、気があるって意味じゃない？

마음이 있다：気がある。
＊**마음 씀씀이**（心遣い）、**마음가짐**（心構え）、**마음씨**（気立て）

❻ 우연히 같은 블라우스를 입고 와서 서로 피해 다녀.

偶然同じブラウスを着てきたから、互いに避けて過ごしてるんだ。

우연히：偶然、たまたま。
＊**우연의 일치**（偶然の一致）、**우연이 겹치다**（偶然が重なる）、**우연의 산물**（偶然の産物）
피해 다니다：避けて過ごす、避けて通る。＊**도피하다**（逃避する）

7 롱스커트 입고 치마로 계단을 쓸면서 내려가는 사람들은 청소 자원봉사자들이야?

ロングスカートをはいて、そのスカートで階段を掃きながら降りる人たちは、清掃のボランティアなの？

계단을 쓸다：階段を掃く。＊**빗자루로 쓸다**（ほうきで掃く）
자원봉사자：ボランティア活動する人。漢字で「自願奉仕者」。

8 티팬티를 입고 있으니 눈을 어디다 둬야 할지 모르겠네.

［할찌］　［모르겐네］

Tバックをはいてるから、目のやり場に困る。

눈을 어디다 둬야 할지 모르겠다：目のやり場がない。
＊**눈을 돌리다**（目をやる、目線を転ずる、無視する）、**한눈팔다**（よそ見する）
文 **-아/어야 할지**：～すべきか。

9 원피스가 얇아서 안의 속옷이 다 비치는 줄 모르나 봐.

ワンピースが薄くて中の下着が全部透けてるのに気付いてないみたい。

얇다：薄い。＊**얇게 입다**（薄着をする）、**두껍게 입다**（厚着をする）
비치다：（中が）透ける、透けて見える。
文 **-는 줄 모르다**：～するのを知らない、～するのを分からない。
-나 보다：～するようだ、～しているようだ

TR_145

⑩ 파자마까지 챙겨 온 걸 보니 처음부터 자고 갈 생각이었구나.

パジャマまで持ってきたのを見ると、最初から泊まるつもりだったのね。

챙겨 오다：持ってくる、用意してくる。
文 **-(으)ㄹ 생각이다**：～するつもりだ。**-(으)ㄹ 작정이다**とも言う。

⑪ 청바지도 다려서 입는다고? [임는다고] 어머니가 고생이 참 많으시겠다.

ジーパンもアイロンがけをしてはくって？　お母さんもご苦労なさってるのね。

다리다：アイロンをかける。＊**다림질**（アイロンがけ）
고생(이) 많다：苦労が多い。
＊**죽을 고생을 하다**（死ぬほど苦労する）、**고생길이 열리다**（いばらの道が開かれる）

⑫ 치마가 짧으면 밑에 레깅스라도 좀 입지.

スカートが短ければ、下にレギンスでもはけばいいのに。

文 **~(이)라도 좀 -지**：～でも…すればいいのに。

⑬ 외국인 동료가 크리스마스 파티에 오라는데 뭘 입고 가면 되지? 파티복? 드레스?

[동뇨]

外国人の同僚がクリスマスパーティーに来てって言うんだけど、何を着ていけばいいの？　パーティー服？　ドレス？

동료：同僚、仲間。＊**상사**（上司）、**부하**（部下）

文 **-(으)라는데**：～しろと言ってるんだけど、～しろと言われたんだけど。**-(으)라고 하는데**の縮約形。

⑭ 날 얼마나 우습게 봤으면 첫 데이트에 트레이닝복 차림으로 나타날 수가 있어?

[나타날 쑤]

私のことをどれほど軽く見れば、初デートにジャージ姿で出てこれるわけ？

우습게 보다：軽く見る、見くびる。＊**깔보다**（見下す、バカにする、なめる）

나타나다：現れる。＊**혜성처럼 나타나다**（彗星（すいせい）のごとく現れる）

⑮ 유아복은 금방 못 입게 되니까 비싼 돈 주고 사는 게 아까워.

[모 딥께]

ベビー服はすぐ着られなくなるから、高いお金払って買うのがもったいない。

비싼 돈(을) 주다：高いお金を払う。

아깝다：もったいない、惜しい。

＊**혼자 먹기 아깝다**（とてもおいしい。直訳すると「一人で食べるにはもったいない」）

会話フレーズ

TR_147

1 A：**반바지 입고 있는 걸 보니 집에 들렀다 왔나 보네.**
[인는] [완나]
半ズボンをはいているのを見ると、家に寄ってきたみたいだね。

B：**아냐, 우리 회사 유일한 장점이 복장이 프리하다는 거잖아.**
[장쩌미]
違うよ、うちの会社の唯一の長所が服装が自由ってことじゃん。

들렀다 오다：寄ってくる。＊**종종 들르다**（たびたび立ち寄る）
유일하다：唯一だ。＊**유일무이**（唯一無二）
장점：長所、良いところ。**좋은 점**とも言う。＊**단점**（悪いところ。**나쁜 점**とも言う）
프리하다：フリーだ。＊**자유롭다**（自由だ）

---

2 A：**난 언제 밍크코트 한번 입어 보나.**
私はいつになったらミンクのコートが着られるかな。

B：**결혼해. 그럼 예물로 받을 수 있잖아.**
[바들 쑤]
結婚しなよ。そうすれば結納でもらえるじゃん。

예물：結納品。
＊**혼수**（婚姻に入り用の品や費用）、**함**（婚礼前夜に新郎の家から新婦の家に結納する品、婚礼の書状と贈り物を入れる木箱）

文 **-나**：～するのかな、～なのか、～か。

♪ TR_148

3 A：**우와, 니가 웬일이야? 바지를 다 입고?**
[웬니리야]
うわー、どうしたんだよ？　君がズボンをはくなんて？

B：**나도 패션 스타일을 좀 바꾸어 보려고.**

私もファッションスタイルをちょっと変えてみようと思って。

웬일이야?：どうしたの？
＊**해가 서쪽에서 뜨겠다**(絶対あり得ないことが起こるか起ころうとしているときに使う表現。直訳すると「日が西から昇りそう」)

文 **~을/를 다 -고**：珍しく～を…して。ここでの**다**は、軽い驚きや皮肉を表わす。

4 A：**허구한 날 트레이닝복만 입지 말고 멋도 좀 부려.**
[트레이닝봉만]
毎日ジャージばかり着ないで、おしゃれもしてよ。

B：**멋을 모르는 건 너지. 이게 얼마짜린데.**

おしゃれを知らないのは君だろ。これがいくらだと思ってるんだ？

허구한 날：毎回、毎日。＊**맨날**(いつも、毎日)
멋(을) 부리다：おしゃれをする。
＊**부리다**(振りまく、使う、操る)、**애교를 부리다**(愛嬌(あいきょう)を振りまく)、**투정을 부리다**(駄々をこねる)、**식탐을 부리다**(食い意地を張る)、**주책을 부리다**(軽薄に振る舞う)、**고집을 부리다**(意地を張る)

TR_149

5 A : **평소에 주로 뭐 입어? 삼각팬티? 사각팬티?**

普段主に何をはいてるの？　ブリーフ？　トランクス？

B : **그냥 엄마가 사 주는 대로 입는데, 왜?**
[임는데]

ただ母さんが買ってくれるのをはいてるんだけど、何で？

주로：主に、主として。
그냥：ただ、なんとなく。
＊**그냥 그렇다**（まあまあだ。**그저 그렇다**とも言う）、**그냥 넘어가다**（大目に見る、おとがめなし）、**그냥 해 본 소리**（ただ言ってみただけ）

6 A : **이거 그이가 생일 선물로 준 거다.**

これ、彼が誕生日プレゼントにくれた物なんだ。

B : **폭스 목도리도 아니고 토끼털 받고도 그렇게 좋냐?**
[존냐]
아직 콩깍지가 덜 벗겨졌구나.

フォックスファーでもなくラビットファーをもらって、そんなにうれしいの？
まだ冷めないんだね。

콩깍지가 벗겨지다：愛が冷める。相手への愛が冷めて、欠点などが見え始めること。直訳すると「豆殻がむける」で、**덜**(少なめに、限度に満たない）が付くと「豆殻が完全にむけてない」という意味になる。

単語

TR_150

바지 ズボン

- □ 청바지 ジーパン
- □ 데님 デニム
- □ 쇼트 팬츠 ショートパンツ
- □ 치마바지, 큐롯팬츠 キュロットパンツ
- □ 일자바지 ストレートパンツ
- □ 스키니(진) スキニーパンツ
- □ 나팔바지 ベルボトムパンツ
- □ 카고바지 カーゴパンツ
- □ 부츠컷 ブーツカット
- □ 긴바지 長ズボン
- □ 반바지 半ズボン
- □ 칠부바지 七分丈ズボン
- □ 정장 바지 正装ズボン
- □ 수면 바지 睡眠パンツ
  *寝る時に寒さ対策で着る分厚いパンツ
- □ 통바지 ガウチョパンツ

치마 , 스카트 スカート

- □ 롱스커트 ロングスカート
- □ 미니스커트 ミニスカート
- □ 플리츠스커트 プリーツスカート
- □ 에이라인스커트 Aラインスカート
- □ 에이치라인스커트 タイトスカート、Hラインスカート
- □ 레이스 스커트 レーススカート
- □ 프릴 스커트 フリルスカート
- □ 쉬폰 스커트 シフォンスカート
- □ 플레어스커트 フレアスカート
- □ 랩스커트 ラップスカート
- □ 청치마 デニムスカート
- □ 원피스 ワンピース
- □ 드레스 ドレス
- □ 웨딩드레스 ウエディングドレス

속옷 肌着

- □ 이너 웨어 インナーウェア
- □ 파운데이션 ファンデーション
- □ 란제리 ランジェリー
- □ 언더웨어 アンダーウェア
- □ 거들 ガードル
- □ 코르셋 コルセット
- □ 가터벨트 ガーターベルト
- □ 페티코트, 속치마 ペチコート
- □ 캐미솔 キャミソール
- □ 슬립 スリップ
- □ 브래지어 ブラジャー
- □ 탑브라 タンクトップブラ
- □ 스포츠브라 スポーツブラ

- □ **노 와이어브라** ノンワイヤーブラ
- □ **팬티** パンツ
- □ **티팬티** Tバック
- □ **브리프, 삼각팬티** ブリーフ
- □ **트렁크, 사각팬티** トランクス
- □ **드로어즈** ボクサーパンツ
- □ **(체형)보정속옷** 補正下着
- □ **보디 슈트** ボディースーツ

상의 トップス

- □ **티셔츠** Tシャツ
- □ **맨투맨 (티셔츠)** スウェット、トレーナー
- □ **블라우스** ブラウス
- □ **와이셔츠** ワイシャツ
- □ **폴로** ポロシャツ
- □ **니트** ニット
- □ **스웨터** セーター
- □ **목폴라** ハイネック
- □ **라운드넥** 丸首
- □ **후드티** フードが付いたTシャツ
- □ **조끼** ベスト
- □ **풀오버** プルオーバー
- □ **민소매, 나시** ノースリーブ
- □ **칠부 소매** 七分袖
- □ **반소매, 반팔** 半袖
- □ **긴소매, 긴팔** 長袖

외투 アウター

- □ **망토** ポンチョ
- □ **점퍼** ジャンパー
- □ **카디건** カーディガン
- □ **재킷** ジャケット
- □ **청 재킷** デニムジャケット
- □ **가죽 재킷** 皮ジャン
- □ **코트** コート
- □ **롱 코트** ロングコート
- □ **반코트, 하프 코트** ハーフコート
- □ **바바리(코트)** 主に春と秋に着るコート
- □ **트렌치코트** トレンチコート
- □ **핸드메이드 코트** ハンドメイドコート
- □ **리버시블코트** リバーシブルコート
- □ **레인코트, 비옷** レインコート
- □ **구스다운** グースダウン
- □ **(오리털)패딩** ダックダウン
- □ **무스탕** ムートンライダーズ
- □ **토스카나** ムートンコート
- □ **야상** ミリタリージャケット
- □ **밍크코트** ミンクコート
- □ **바람막이** ウインドブレーカー

⑯ 洋服 II

聞いてみよう！

♪ TR_151

「聞いてみよう!」全文

A: 너네 커플 문제 없는 거 맞아?

[엄는]

あんたたち二人、問題ないんだよね?

B: 갑자기 웬 시비야?

急に何の言い掛かりだよ?

A: 아니, 그렇잖아. 여친은 패셔니스타로 유명한데 그 남친은 패션 테러리스트로 악명을 떨치니까.

[그러차나]

[앙명]

いや、だってさ。彼女はファショニスタで有名なのに、その彼氏のあんたはファッションテロリストで悪名をはせてるから。

B: 그게 다 날 너무 사랑해서야. 이 얼굴에 이 피지컬에 패션까지 완벽하면 불안해서 안 된다잖아.

[완벼카면]

それは僕のことを愛し過ぎてるからだよ。この顔、このフィジカルに、ファッションまで完璧だと不安でたまらないって言うんだ。

解説

시비：文句、ケチ、言い掛かり。

＊**시비를 걸다**(けんかを売る、言いがかりをつける)、**시비가 붙다**(言い争いになる、口論になる)

악명을 떨치다：悪名をはせる。

＊**맹위를 떨치다**(猛威を振るう)、**명성을 떨치다**(名声を博する)、**이름을 떨치다**(名をとどろかす)

文 **-ㄴ/는다잖아**：～するって言うじゃん。**-ㄴ/는다고 하잖아**の縮約形。形容詞・存在詞には**-다잖아**、名詞には**~(이)라잖아**が付く。

ひとことフレーズ

TR_152

❶ 졸업 여행 갈 때 단체로 후드티 맞추어 입을까?

[조럼 녀행]

卒業旅行に行く時、おそろいのパーカーを着ようか？

맞추어 입다：ある目的のため服を新調して着る、同じ服に統一して着る。

❷ 이야, 맨날 클럽 패션만 보다가 정장 바지에 재킷 걸친 모습을 보니까 너무 신선하다.

おー、いつもクラブ系ファッションばかり見てたけど、正装のズボンにジャケットを羽織った姿を見たら、すごく新鮮だ。

클럽：クラブ。＊**클럽 죽순이・죽돌이**（クラブに入り浸っている女の子・男の子）
신선하다：新鮮だ、一味違う。＊**풋풋하다**（初々しい）、**싱싱하다**（みずみずしい）

❸ 요즘 세상에 교사가 민소매 입었다고 뭐라는 사람이 있어?

今どき教師がノースリーブ着たからって文句言う人がいる？

민소매：ノースリーブ。＊**반팔**（半袖シャツ）、**긴팔**（長袖シャツ）
뭐라는 사람이 있다：文句を言う人がいる、何かと言う人がいる。

TR_153

❹ 벌써 사월인데 아무리 추워도 패딩은 좀 그렇지 않아?

[그러치]

もう4月なのに、いくら寒いからってダウンはちょっとなんじゃない？

벌써：もう、すでに、思ったより早く。

＊**이미**（もう、すでに。後ろには「～した」が続く）、**이제**（もう、これから、今から）

文 **아무리 -아/어도**：いくら～くても、いくら～でも、いくら～しても。

❺ 저 비싼 코트를 입고도 태가 전혀 안 나.

あんな高いコートを着てるのに、すっごくダサい。

태가 나다：かっこいい、見栄えする。**태**は「見栄え」という意味。

＊**간지나다**（服がよく似合う、かっこよく粋だ）、**엣지있다**（個性的だ、スタイリッシュだ、センスがある）

文 **-고도**：～しても、～するのに、～してもなお。

❻ 현관에 전신 거울을 두고 나가기 전에 패션 체크를 한대.

玄関に全身鏡を置いて、出掛ける前にファッションチェックをするらしいよ。

패션 체크：ファッションチェック。

＊**패션쇼**（ファッションショー）、**패션모델**（ファッションモデル）、**패션 디자이너**（ファッションデザイナー）、**패션리더**（ファッションリーダー）、**패셔니스타**（ファッショニスタ）、**공항 패션**（主に芸能人たちの空港での服装）

❼ 용기가 대단해! 레깅스는 날씬한 사람만 입는 거라고 생각했는데.

[임는] [생가캔는데]

すごい勇気！　レギンスはスリムな人だけがはくものだと思ってたんだけど。

용기：勇気。＊**용기를 내다**（勇気を出す）、**용기가 생기다**（勇気が湧く）

날씬하다：すらっとしている、痩せている。

＊**개미허리**（細いウエスト。直訳すると「アリのウエスト」）、**호리호리하다**（細い、ひょろっとしている）、**뚱뚱하다**（太っている）

❽ 블라우스에 뭘 이렇게 많이 묻히고 다니는 거야?

[무치고]

ブラウスに何をこんなにたくさんこぼしてるのよ。

묻히다：（何かを）付ける。

＊**얼룩이 지다**（染みが付く）、**얼룩을 빼다**（染みを取る）、**얼룩이 빠지다**（染みが取れる）

❾ 카디건이라도 걸치지. 감기 들면 어쩌려고 그래.

カーディガンでも羽織りなよ。風邪ひいたらどうするの。

걸치다：羽織る、掛かる、掛ける、またがる。＊**양다리를 걸치다**（二股を掛ける）

어쩌려고：**어찌 하려고**の略。どうしようというのか。口語で**어쩔려구**。

TR_155

⑩ 이 보정속옷은 조금만 많이 먹어도 숨 쉬기가 힘들어.

この補正下着は少し食べ過ぎただけで、息苦しくなるの。

숨(을) 쉬다：息をする。
*숨(이) 막히다（息が詰まる）、한숨을 쉬다（ため息をつく。한숨짓다とも言う）、숨이 차다（息が切れる）、숨을 헐떡이다（息を切らせる）、숨통이 트이다（息をつく、息抜きができる、ほっとする）

⑪ 상사가 생일 선물로 티팬티를 준다는 건 성희롱 아니야?

上司が誕生日プレゼントでTバックをくれるっていうのはセクハラじゃないの？

성희롱：セクハラ。
*갑질（갑〈甲〉＋질〈行い〉の合成語。パワハラ）、갑질 방지（パワハラ防止）

⑫ 요즘은 무스탕이나 토스카나 디자인이 옛날과는 다르게 세련된 게 많아졌어.

［옌날］

最近はムートンライダースやムートンコートも、デザインが昔とは違っておしゃれなものが多くなったよ。

세련되다：洗練されている、シックだ、おしゃれだ。
文 **~과/와는 다르게**：～とは違って。

⑬ 다리가 짧아서 청바지가 안 어울려.

脚が短いから、ジーンズが似合わないんだ。

다리가 짧다：足が短い。
＊**다리가 길다**（足が長い）、**숏 다리**（短い脚、ショート脚）、**롱 다리**（長い脚、ロング脚）、**키다리 아저씨**（あしながおじさん）

어울리다：似合う、付き合う、ふさわしい。

⑭ 나 정말 니 여자 친구랑은 안 맞는 것 같아. 캠핑 가면서 보라색 캐플린 모자에 원피스, 그리고 저 킬힐은 뭐야？

［만는］

私、マジであなたの彼女とは合わないわ。キャンプ行くのに、紫の女優帽にワンピース、それからあのピンヒールは何よ？

캐플린 모자：女優帽、キャプリーヌ（capeline）、つばの大きい婦人用の帽子。
킬힐：ピンヒール。「Kill + Heel」に由来する言葉。

⑮ 나이가 들수록 빨강 같은 원색에 끌린다더니 내가 요즘 그걸 실감하잖아.

［들쑤록］

年を取るほど、赤みたいな原色に引かれるって聞いたけど、最近私がそれを実感してるのよ。

빨강：赤。＊**하양**（白）、**검정**（黒）、**회색**（グレー）、**노랑**（黄）、**파랑**（青）、**녹색**（緑）
끌리다：引かれる。＊**마음이 끌리다**（心が引かれる）
실감하다：実感する。＊**실감이 나다**（実感が湧く）

会話フレーズ

♪ TR_157

1 A：**하늘하늘한 쉬폰 스커트를 입으니까 봄이 온 게 느껴지지 않아?**

ゆらゆらするシフォンスカート着たら春が来たのを感じられない？

B：**다 좋은데 그 타이츠는 좀 벗고 봄을 맞이하면 안 될까?**

良いっちゃ良いけどさ、そのタイツは脱いで春を迎えたらどうなの？

하늘하늘하다：ゆらゆらする、ひらひらする。
타이츠：タイツ。＊**스타킹**（ストッキング）、**반스타킹**（膝下ストッキング）
맞이하다：迎える、迎え入れる。＊**봄맞이**（春を迎えること）

---

2 A：**넌 남의 결혼식 오면서 그렇게 튀고 싶니?** [심니]
온통 빨강 일색이네. [일쌔기네]

人の結婚式に来てそんなに目立ちたいの？　全身赤一色じゃん。

B：**웬 트집이야? 그럼 결혼식 오면서 초라하게 와야 돼?**

何の言い掛かりよ？　じゃあ結婚式にみすぼらしい格好で来いって言うの？

튀다：目立つ、飛び散る、跳ねる、弾む。
＊**불똥이 튀다**（とばっちりを食う）、**빗물이 튀다**（雨水が跳ねる）
트집：言い掛かり、ケチ、難癖。**생트집**とも言う。＊**트집을 잡다**（ケチをつける）
초라하다：みすぼらしい。＊**초라해지다**（みじめになる）

TR_158

3 A : **가죽인 줄 알았는데 합피였나 봐. 금방 벗겨지네.** ♡

[아란는데] [합피연나]

皮だと思ったら合皮だったみたい。すぐ剝がれるね。

B : **넌 그것도 확인 안 하고 산 거야?**

あなたはそんなことも確認せずに買ったの？

벗겨지다 : 剝がれる。

＊**머리가 벗겨지다** (頭がはげる)、**대머리** (はげ)、**누명이 벗겨지다** (ぬれぎぬが晴れる)、**껍질이 벗겨지다** (皮がむける)、**탈피** (脱皮)

文 **~인 줄 알았는데** : ~だと思ったんだけど、~だと思ったら。

4 A : **저 주황색 터번을 하신 분이 니 어머니시라고?** ♡

あのオレンジ色のターバンをしている人があなたのお母さんなの？

B : **음, 우리 엄마 패션 취향이 좀 독특하지?**

[독트카지]

うーん、うちの母さんのファッションの好みが少し変わってるでしょ？

취향이 독특하다 : 好みが独特だ。

＊**취향에 맞추다** (好みに合わせる)、**취향을 저격하다** (好みに的中する、好みにぴったりだ)、**취향에 딱 맞다** (好みにぴったり合う)

文 **~(이)시라고?** : ~でいらっしゃるって？

TR_159

5 A : **이야, 오늘 뭔 날이야? 시스루 블라우스에 타이트스커트에 힐까지, 아주 섹시한데.**

わー、今日って何かの日だっけ？　シースルーブラウスにタイトスカートとヒールまで、とってもセクシーだわ。

B : **두고 봐. 내가 오늘 소개팅은 반드시 성공해서 이번에야 말로 모솔을 탈출하고 말테니까.**

見てなさい。今日の合コンは絶対成功して今度こそ彼氏なしの人生から脱出してやるんだから。

모솔 : **모태**（母胎）＋**솔로**（シングル）の合成語。生まれてから一度も恋人がいたことのない人。彼氏（彼女）いない歴＝年齢の人。

---

6 A : **그 수면 바지, 어디서 많이 보던 건데. 너 설마 십 년 전 고등학생 때 입고 있던 그건 아니지?**

[심년]

そのパジャマのズボン、見覚えがあるんだけど。あんた、まさか10年前の高校生の時に履いてたあれじゃないよね？

B : **맞아. 색은 좀 바랬지만 얘만큼 편한 게 없어. 아직 멀쩡한데 오래됐다고 버려?**

[아징 멀쩡한데]

それだよ。少し色あせてるけど、これが一番着心地いいんだもん。まだぜんぜん履けるのに、古いって理由で捨てるのか？

색이 바래다 : あせる　＊**빛바래다**（あせる）

멀쩡하다 : 無事だ、大丈夫だ、ちゃんと動作する、無傷だ。

単語

TR_160

구분 区分

- □ 정장　正装
- □ 캐주얼　カジュアル
- □ 양복　スーツ
- □ 신사복　紳士服
- □ 여성복　女性服
- □ 아동복　子ども服
- □ 유아복　ベビー服
- □ 운동복　運動着
- □ 트레이닝복　ジャージ
- □ 외출복　お出掛け着
- □ 평상복　普段着
- □ 홈 웨어　部屋着
- □ 파티복　パーティー服
- □ 빈티지　ビンテージ
- □ 헌옷　古着
- □ 잠옷, 파자마　寝間着、パジャマ
- □ 유니폼　ユニホーム

색깔 色

- □ 하양 / 화이트　白／ホワイト
- □ 검정 / 블랙　黒／ブラック
- □ 회색 / 그레이　灰色／グレー
- □ 빨강 / 레드　赤／レッド
- □ 파랑 / 블루　青／ブルー
- □ 노랑 / 옐로　黄色／イエロー
- □ 보라 / 퍼플　紫／パープル
- □ 초록 / 그린　緑／グリーン
- □ 연두 / 옐로그린　黄緑／イエローグリーン
- □ 갈색 / 브라운　茶色／ブラウン
- □ 주황 / 오렌지　だいだい色／オレンジ
- □ 분홍 / 핑크　桃色／ピンク
- □ 남색　藍色
- □ 베이지　ベージュ
- □ 카키색　カーキ色
- □ 비비드 컬러　ビビッドカラー
- □ 파스텔색, 파스텔컬러　パステルカラー
- □ 흙색　アースカラー

무늬 柄

- □ 스트라이프 / 줄무늬　ストライプ／しま模様
- □ 세로줄무늬　縦じま
- □ 가로줄무늬　ボーダー、横じま
- □ 얼룩말 무늬　セブラ柄
- □ 물방울무늬, 도트무늬, 땡땡이　水玉、ドット
- □ 타탄체크　タータンチェック
- □ 깅엄체크　ギンガムチェック
- □ 하운드투스체크　千鳥格子
- □ 바둑판무늬　市松模様

- □ **아가일무늬** アーガイル柄
- □ **꽃무늬** 花柄
- □ **물결무늬** 波模様
- □ **별무늬** 星柄
- □ **보타니컬 무늬** ボタニカル柄
- □ **미채무늬, 카모플라쥬, 카모, 위장색** 迷彩柄
- □ **표범무늬, 호피무늬, 레오파드** ヒョウ柄
- □ **얼룩무늬** まだら模様
- □ **뱀 무늬** ヘビ柄
- □ **파이톤 무늬** パイソン柄

원단 生地

- □ **가죽** 革
- □ **레자, 인조 가죽** レザー
- □ **천** 布
- □ **면** 綿
- □ **광목** 幅の広い木綿の布
- □ **부직포** 不織布
- □ **왕골** ワンゴル
- □ **데님** デニム生地
- □ **캔버스** キャンバス
- □ **새틴** サテン
- □ **실크** シルク
- □ **삼베** 麻
- □ **패브릭** ファブリック
- □ **(양)모 / 울** 羊毛／ウール
- □ **무스탕** ムートン
- □ **레이온** レーヨン
- □ **나일론** ナイロン
- □ **퀼팅, 누비, 누빔** キルティング
- □ **망사** メッシュ、網
- □ **레이스** レース
- □ **린넨, 리넨** リネン
- □ **쉬폰** シフォン
- □ **폴리에스테르, 폴리에스터** ポリエステル
- □ **아크릴** アクリル
- □ **퍼, 털** ファー
- □ **모피** 毛皮
- □ **캐시미어** カシミヤ
- □ **앙고라** アンゴラ
- □ **모헤어** モヘア
- □ **오스트리치** オーストリッチ
- □ **악어가죽** ワニ皮
- □ **자카드** ジャカード
- □ **트위드** ツイード
- □ **방수** 防水
- □ **주름가공** しわ加工

⑰ 靴

聞いてみよう！

TR_161

「聞いてみよう！」全文

A：하이힐에 그 양말은 뭐야？

ハイヒールにその靴下は何なの？

B：역시 이상한가？

やっぱり変かな？

A：촌스러워. 빨리 벗어.

ダサいよ。早く脱ぎな。

B：이상하네. 잡지에서 봤을 때는 괜찮아 보였는데.

[보연는데]

おかしいなあ。雑誌で見た時は良さそうだったんだけどね。

解説

촌스럽다：ダサい。

＊**촌뜨기**（田舎者）、**촌놈・촌년**（田舎出身の男・女、外見や行動が田舎くさい男・女）

벗다：脱ぐ、外す。

＊**발가벗다**（裸になる。**벌거벗다**とも言う）、**촌티를 벗다**（あか抜ける）、**이미지를 벗다**（イメージから脱する）、**베일을 벗다**（ベールを脱ぐ）、**발 벗고 나서다**（一肌脱ぐ）

괜찮다：なかなか良い、大丈夫だ。

ひとことフレーズ

TR_162

❶ 올겨울에는 이상하게 롱부츠 신은 사람이 별로 없네.

[올겨우레는] [엄네]

今年の冬はおかしなことにロングブーツを履いてる人があまりいないね。

올겨울：今年の冬。
＊**올봄**（今年の春、この春）、**올여름**（今年の夏）、**올가을**（今年の秋）

---

❷ 일 년에 몇 번을 신는다고 등산화를 사.

[일 려네]

年に何回履くからって、登山靴を買うのよ。

일 년에：年に。＊**한 달에・한 주에**（月に・週に。**달에・주에**とも言う）、**하루에**（一日に）
신다：履く。
＊**고무신을 거꾸로 신다**（彼氏の入隊後に彼女が浮気すること。直訳すると「ゴム靴を逆に履く」。**고무신**を**군화**（軍靴）に言い換えると、彼氏が除隊後に彼女を振ることを表す）

---

❸ 볼링화를 빌린다고? 찝찝해서 난 싫어.

[찝찌패서]

ボウリングシューズをレンタルするって？　気持ち悪いから僕は嫌だ。

빌리다：借りる。＊**빌려주다**（貸す）、**손을 빌리다**（人の手を借りる）
찝찝하다：気持ち悪くてすっきりしない、何か気に掛かる。**찜찜하다**とも言う。
＊**후련하다**（すっきりする、せいせいする、気が済む）

❹ 레인부츠를 신었는데도 바지가 다 젖었어요.
[시넌는데도]

レインブーツを履いていたのに、ズボンがびっしょりぬれちゃいました。

젖다：ぬれる。＊**마르다**（乾く）

文 **-는데도**：～するのに、～するにもかかわらず。

❺ 아무리 제멋에 산다지만 겨울인데 샌들을 신는 사람들, 참 용기 있다, 그치?

いくら自由とはいえ、冬なのにサンダルを履く人、本当に勇気あるよね、でしょ？

제멋에 살다：自分が良いと思う通りに生きる。
＊**제멋대로**（勝手に、わがままに）、**제멋대로 굴다**（自分勝手に振る舞う）

文 **-ㄴ/는다지만**：～するとはいえ。**-ㄴ/는다고 하지만**の縮約形。形容詞・存在詞には**-다지만**、名詞には**~(이)라지만**が付く。

❻ 뭐야? 전용 슬리퍼까지 있는 걸 보면 얼마나 자주 온다는 소리야?
[인는]

何だよ？　専用のスリッパまであるってことは、どんだけ来てるっていう話だよ？

자주：よく、しょっちゅう。＊**뻔질나게**（足しげく）、**빈번하게**（頻繁に）

❼ 새 샌들을 신었더니 발등이 다 까졌어요.

[발뜽]

新しいサンダルを履いたら、足の甲の皮が全部むけました。

까지다：むける。＊**껍질이 까지다**（皮がむける）、**구두에 쓸리다**（靴擦れする）

❽ 오픈토는 신으면 예쁜데 오래 걸으면 발가락이 아파요.

[발까라기]

オープントウは履いてるとかわいいけど、長く歩くと指が痛くなります。

오픈토：オープントウ。
＊**오픈카**（オープンカー）、**오픈 북**（関連する教材を見ながら受けられる試験）

걷다：歩く。
＊**내리막을 걷다**（下り坂を歩く、落ち目になる）、**살얼음판을 걷다**（剣の刃を渡る）

❾ 여사원은 하이힐을 신고 근무해야 된다는 규칙은 명백한 성차별 아냐?

[신꼬]　[명배칸]

女子社員はハイヒールを履いて勤務しないといけないっていう規則は、明白な性差別じゃない？

명백하다：明白だ、明らかだ。＊**명명백백하다**（明々白々だ）
성차별：性差別。＊**페미니즘**（フェミニズム）、**미투 운동**（MeToo運動）

TR_165

⑩ 친구는 남자를 볼 때 제일 먼저 구두부터 본대.

友達は男を見るときに、真っ先に靴からチェックするんだって。

남자를 보다：男を見る。＊**평가하다**（評価する）、**판단하다**（判断する）

⑪ 남의 집에 맨발로 가는 건 실례 아냐? 난 양말 가지고 왔어.

人の家にはだしで上がるのは失礼じゃない？　私は靴下持ってきたよ。

맨발：素足、はだし。＊**맨손**（素手）

실례：失礼、失敬。

＊**실례되다**（失礼になる）、**실례가 되다**（失礼に当たる）、**실례인 줄 알면서도**（失礼と知りつつも）、**예의가 없다**（礼儀がない）

⑫ 뭘 모르네. 하이힐은 여자의 자존심이야.

何も分かってないわね。ハイヒールは女のプライドなのよ。

자존심：自尊心。

＊**프라이드**（プライド）、**자존심 상하다**（プライドが傷つく）、**자존심이 강하다**（プライドが高い）、**자존심을 건드리다**（プライドをくすぐる）

⑬ 나 완전 사기당해 결혼한 느낌이야. 키높이구두 신고 있는 걸 전혀 몰랐어.

[신꼬] [인는]

私、完全に詐欺に遭って結婚した感じだわ。シークレットシューズを履いていることに全く気付かなかった。

사기(를) 당하다：詐欺に遭う。
＊**사기를 치다**（詐欺を働く）、**사기꾼**（詐欺師）、**보이스 피싱**（オレオレ詐欺）

키높이구두：シークレットシューズ。＊**키높이 깔창**（背を高く見せる中敷き）

⑭ 창피하게 양말에 구멍이 나서 엄지발가락이 나왔어.

[엄지발까라기]

恥ずかしいことに靴下に穴が開いて、親指が出ちゃった。

구멍이 나다：穴が開く。**구멍이 뚫리다**とも言う。
＊**구멍을 내다**（穴を開ける）、**구멍을 파다**（穴を掘る）、**콧구멍**（鼻孔、鼻の穴）、**귓구멍**（耳の穴）、**똥구멍**（肛門、尻の穴）、**목구멍**（喉）、**땀구멍**（汗穴）

⑮ 나 젊었을 때는 마이 볼링화가 있을 정도로 좋아했었는데.

[이쓸 쩡도]

[조아해썬는데]

僕が若い頃はマイボウリングシューズを持つほど好きだったんだけど。

마이 볼링화：ボウリング用の自分の靴。
＊**마이 붐**（マイブーム、自分がはまっていること）

文 **-(으)ㄹ 정도로**：～するほど、～するくらい。

会話フレーズ

TR_167

1 A：**너 발가락 양말 신었니?**
[발까랑 냥말] [시넌니]
君、５本指ソックスなんて履いてるの？

B：**아, 왜 하필이면 신발 벗는 식당에 와 가지고는.**
[번는]
あー、よりによって靴を脱ぐ食堂に来たせいでばれちゃった。

文 **-아/어 가지고는**：～しちゃってまあ。**-아/어 갖고는**の形でもよく使う。この例文では自虐のニュアンスで使っている。

---

2 A：**애기가 엄마 구두 신고 뒤뚱뒤뚱 걷는 것 좀 봐. 너무 귀엽지 않아?**
[신꼬] [건는]
赤ちゃんがママの靴を履いて、よちよち歩いてるの見て。超かわいくない？

B：**음, 쪼그만 게 벌써부터 힐을 좋아하다니. 장래가 기대된다고 해야 될지, 걱정된다고 해야 될지.**
[장내] [될찌]
うーん、ちいちゃいのが今からヒール好きだなんて。将来が楽しみと言うべきか、心配と言うべきか。

뒤뚱뒤뚱：ぐらぐら、よろよろ、ふらふら。
＊**오리걸음**(よちよち歩き)、**아장아장**(よちよち)、**어기적어기적**(よたよた)

쪼그맣다：小さい、ちっちゃい。**조그맣다**を強調した形。

♪ TR_168

3 A：**너희 커플은 운동화까지 똑같은 걸 신어?** ♡

あんたたちカップルはスニーカーまで同じものを履くの？

B：**당연하지. 이렇게 내 거라는 걸 표를 내야지 이상한 날파리가 안 꼬이지.**
[내 꺼] [표를 래야지]

当たり前だろ。こうやって僕のものだって分かるようにしとかないと、変な虫が寄ってたかるんだよ。

표를 내다：表に出す。＊**표가 나다**（表に出る、バレバレだ。**티가 나다**とも言う）
날파리가 꼬이다：虫が寄ってたかる。＊**꼬이다**（たかる、湧く、1カ所に寄り集まる）

---

4 A：**블로퍼 주제에 이 가격은 도대체 뭐야? 어떤 멍청이가 이 돈 주고 이걸 사?** ♡

ブローファーごときでこの値段は一体何なの？　どのアホがこの値段を払ってこれを買うの？

B：**그 멍청이가 바로 니 눈 앞에 있잖아.**

そのアホがあんたの目の前にいるじゃん。

블로퍼：ブローファー、かかとのないローファー靴。
주제에：～のくせに、～の分際で。
멍청이：アホ、間抜け。＊**얼간이**（愚か者、間抜け）

TR_169

5 A：**너 무릎이 왜 그래? 다 까져서 피가 나잖아.**

その膝、どうしたの？　擦りむけて血が出てるじゃん。

B：**창피해 죽겠어. 새로 산 통굽이 아직 발에 안 익어서 엘리베이터 앞에서 뛰다가 꽈당 넘어졌지 뭐야.**

恥ずかしすぎるよ。新しく買ったウェッジヒールがまだ足になじんでないせいで、エレベーターの前で走っててばたんと転んじゃったのよ。

까지다：擦りむく、皮がむける。＊**뒤꿈치가 까지다**（靴擦れする）

익다：熟す、なじんでいる、慣れている、火が通る。
＊**눈에 익다**（見覚えがある、見慣れている）、**설익다**（未熟だ、半生だ）、**손에 익다**（手慣れる）

꽈당：すってんころり、ばたん。
＊**꽈당대다**（ばたんという音が鳴る。**꽈당거리다**とも言う）

---

6 A：**롱부츠 사고 싶다면서 왜 안 신어 봐?**

ロングブーツが買いたいって言いながら、なんで履いてみないの？

B：**종아리가 굵어서 지퍼가 안 올라가는 사람의 비애를 알아?**

ふくらはぎが太くてファスナーが上がらない人の悲しみが分かる？

굵다：太い。
＊**굵직하다**（太い、重要だ、**굵직굵직하다**とも言う）、**굵고 짧게 살다**（太く短く生きる）

비애：悲哀、悲しさ。
＊**인생의 비애**（人生の悲哀）、**샐러리맨의 비애**（サラリーマンの悲哀）

単語

TR_170

신발 履物

- □가죽 구두　革靴
- □부츠　ブーツ
- □롱부츠　ロングブーツ
- □하프부츠　ハーフブーツ
- □앵클부츠　アンクルブーツ
- □어그부츠　ムートンブーツ
- □부티　ブーティー
- □웨스턴 부츠　ウエスタンブーツ
- □사이드 고어 부츠　サイドゴアブーツ
- □엔지니어 부츠　エンジニアブーツ
- □로퍼　ローファー
- □플랫슈즈　フラットシューズ
- □펌프스　パンプス
- □뮬　ミュール
  ＊韓国では、ヒールの有無にかかわらず、かかとが露出した履物を指す。
- □운동화　運動靴
- □스니커즈　スニーカー
- □컴포트　コンフォート
- □샌들　サンダル
- □조리, 쪼리　ビーチサンダル
- □스트랩샌들　ストラップサンダル
- □슬립온　スリッポン
- □블로퍼　ブローファー
- □슬리퍼　スリッパ
- □고무신　ゴム製の靴

기능성 슈즈 機能性シューズ

- □장화　長靴
- □레인부츠　レインブーツ
- □등산화　登山靴
- □워킹화　ウオーキングシューズ
- □러닝화　ランニングシューズ
- □골프화　ゴルフシューズ
- □볼링화　ボウリングシューズ
- □스파이크　スパイク
- □키높이구두　シークレットシューズ
- □토슈즈　トウシューズ

레그 아이템 レッグアイテム

- □양말　靴下
- □발가락 양말　5本指ソックス
- □덧신 양말, 덧신, 페이크 삭스　フットカバー
- □스타킹　ストッキング
- □타이츠　タイツ
- □레깅스　レギンス
- □데니아　デニール
- □기모　起毛
- □망사 스타킹　網タイツ
- □버선　足袋
- □레그워머, 발 토시　レッグウオーマー

□ **깔창** 靴の中敷き、シークレット中敷き
□ **밑창** 靴底
□ **구둣주걱** 靴べら
□ **신발끈** 靴ひも
□ **구두약** 靴墨
□ **구둣솔** 靴ブラシ

발 트러블 足のトラブル

□ **말린 발톱** 巻き爪
□ **내향성 발톱, 내성발톱** 深爪
□ **무지외반증** 外反母趾（ぼし）
□ **굳은살** たこ
□ **티눈** うおのめ
□ **무좀** 水虫

피팅 フィッティング

□ **장심** 土踏まず
□ **평발** 扁平足
□ **사이즈** サイズ
□ **밀리** ミリ
＊韓国では靴のサイズをミリで言う。

구두 모양 靴の形

□ **하이힐** ハイヒール
□ **웨지힐, 통굽** ウェッジヒール
□ **킬힐** ピンヒール
□ **오픈토** オープントウ
□ **스퀘어토** スクエアトウ
□ **라운드토** ラウンドトウ
□ **포인티드토** ポインテッドトウ
□ **아몬드토** アーモンドトウ

⓲ファッション雑貨 I

聞いてみよう！

♪ TR_171

「聞いてみよう！」全文

A：너 머리 안 감았니？ 갑자기 웬 모자？

[가만니]

髪洗ってないの？　いきなり何で帽子？

B：생각하는 거하고는. 넌 패션을 몰라.

[생가카는]

考えてることがまったくもう。あなたはファッションを分かってない。

A：너 모자 쓰는 거 싫어했잖아. 안 감은 거 맞잖아.

あなた、帽子かぶるの嫌がってたじゃん。本当は洗ってないでしょ？

B：정말 너랑은 대화가 안 된다.

本当にあなたとは会話ができない。

解説

머리를 감다：髪を洗う。＊**머리를 빗다**（髪をとかす）

모자를 쓰다：帽子をかぶる。

＊**가발을 쓰다**（かつらをかぶる）、**독박을 쓰다**（一人で罪をかぶる）、**덤터기를 쓰다**（ぬれぎぬを着せられる）

文 **～하고는**：～は本当になってない、～が本当にダメだ。

＊**하는 짓하고는**（やっている行いといったら〈全くなってない〉）、**인간하고는...**（人間とは〈全くな生き物だ〉）

ひとことフレーズ

TR_172

❶ 그 애끼반지 아주 신박하다. 어디서 샀어?

[신바카다]

そのピンキーリングとても珍しいね。どこで買ったの？

신박하다：新しくて革新的で、驚きだ、斬新だ、珍しい。

＊**쌈박하다**（すっきりしてかっこいい）、**쌔끈하다**（女性がスタイルがよく、服の着こなしもいい、セクシーでかっこいい。そのような女性を**쌔끈녀**と言う）

❷ 실핀 없어? 앞머리가 자꾸 눈을 찔러서 불편해.

[암머리]

ヘアピンない？　前髪がずっと目に入って気になるの。

눈을 찌르다：目を刺す、目を刺激する。

＊**허를 찌르다**（不意を突く）、**정곡을 찌르다**（核心を突く）、**바늘로 찔러도 피 한 방울 안 난다**（とても冷酷だ、冷血漢だ。直訳すると「針で刺しても一滴の血も出ない」）

❸ 너 귀걸이 한쪽은 어디 갔어?

君、ピアスの片方はどこ行ったの？

귀걸이：イヤリング、ピアス。

＊**귀에 걸면 귀걸이 코에 걸면 코걸이**（物は言いよう、どちらにも取れる。直訳すると「耳に掛ければ耳輪、鼻に掛ければ鼻輪」）

❹ 발가락이 짧아서 토우링을 해도 안 예뻐.

[발까라기]

足の指が短くてトウリングをしてもかわいくない。

발가락이 짧다：足の指が短い。

＊**손가락** (指、手の指)、**손가락을 걸다** (指切りをする、約束する)、**손가락질하다** (指さす、後ろ指をさす)

❺ 이 헤어밴드는 하고 있으면 머리가 너무 아파서 못 쓰겠어.

このヘアバンドはしてると頭が痛くなるから使えない。

머리가 아프다：頭が痛い。

＊**찌르듯이 아프다** (きりきりと痛む)、**눈에 넣어도 아프지 않다** (目に入れても痛くない、とてもかわいい)

❻ 폼폼이가 사이즈에 따라 가격 차이가 심하네.

ポンポンってサイズによって値段の差が大きいんだね。

폼폼이：玉房状の飾り、ポンポン。

차이가 심하다：差が大きい。

＊**차이가 나다** (差が出る)、**큰 차이** (大きな差、大差)、**종이 한 장의 차이** (紙一重の差)、**차이점** (相違点、違う点)

文 **~에 따라**：～によって、～に従って。

❼ 앤티크 이어링은 아무나 소화 못 해.

[모 태]

アンティークピアスは誰でも似合うわけではない。

앤티크：アンティーク。＊**앤티크 가구**（アンティーク家具）

소화하다：消化する、物事を十分に理解して自分のものにする。

❽ 이어 커프는 예쁜 게 별로 없어. 귀를 뚫든가 해야지, 원.

[뚤튼가]

イヤーカフはかわいいのがあまりない。穴を開けるしかないのかな。

귀를 뚫다：耳に穴を開ける。

＊**구멍이 뚫리다**（穴が開く）、**뻥 뚫리다**（ぽっかり開く、すっきりする）、**뚫어지게 쳐다보다**（じっと見つめる）、**꿰뚫어 보다**（見抜く、見破る）

원：あら、まあ、なんて。意外なことで驚いたり、不満に思ったりしたときに発する感嘆詞。

❾ 아, 속상해. 내가 제일 아끼는 팔찐데 색이 변했지 뭐야.

あ、悔しい。私が一番大事にしてるブレスレットなのに、変色しちゃったのよ。

속상하다：悔しい、つらい、心が痛む、物事が思い通りにいかなくてもどかしい。

아끼다：大事にする、節約する、大切にする。

＊**아끼다 똥 된다**（もったいぶって台無しになる。直訳すると「惜しんだ挙げ句に糞（くそ）になる」）

⑩ 앞머리의 그 똑딱핀만은 제발 어떻게 좀 안 될까?

[암머리]

前髪のそのパッチン留めだけはどうにかならないの？

앞머리：前髪。
＊**뒷머리**（後ろ髪）、**머리꼭지**（頭のてっぺん、脳天。**정수리**、**머리 꼭대기**とも言う）、**머리끝**（毛先）、**머리맡**（枕元）、**가르마**（髪の分け目）、**가르마를 타다**（髪を分ける）、**구레나룻**（もみあげ）

똑딱핀：パッチン留め。＊**똑딱**（とん、こんっ、かちっ）

---

⑪ 예쁜 곱창 밴드도 많던데 어디서 골라도 이런 걸 골랐을까.

[만턴데]

かわいいシュシュもたくさんあったのに、どこでこういうのを選んだのかな。

곱창 밴드：シュシュ。**곱창**（ホルモン）に似ていることからこう呼ばれる。
＊**곱창전골**（ホルモン寄せ鍋）、**곱창구이**（ホルモン焼き）

文 **-던데**：～だったけど、～してたけど。

---

⑫ 브로치를 선물 받았는데 뭔가 내 센스랑은 안 맞단 말이야.

[바단는데]

ブローチをプレゼントでもらったんだけど、何だか私のセンスとは合わないんだよ。

브로치：ブローチ。＊**코사지**（コサージュ。**코르사주**とも言う）

센스：センス。
＊**센스가 있다**（センスがある、〈服などの〉趣味がいい）、**센스가 꽝이다**（センスがない）、**감각**（感覚）、**감각 있다**（センスがいい）

♪ TR_176

⑬ 드라마에서는 로켓 목걸이 속의 사진이 보통 비밀의 열쇠잖아? ♡

[로켄 목꺼리 쏘게] [열쐬]

ドラマではロケットペンダントの中の写真が普通、秘密を解く鍵じゃない？

사진：写真。
＊**컬러사진**（カラー写真）、**흑백사진**（白黒写真）、**사진관**（写真館）、**사진첩**（フォトアルバム。**앨범**とも言う）、**사진집**（写真集。**화보**とも言う）、**증명사진**（証明写真）、**독사진**（一人で写ってる写真）、**사진기**（カメラ。**카메라**とも言う）

⑭ 초커 좀 빼면 안 될까? 누가 보면 고문하는 줄 알겠다. ♡

ちょっとチョーカー外してくれない？　誰かが見たら拷問してるって思うよ。

빼다：外す。
＊**땀을 빼다**（汗を流す）、**점잔을 빼다**（上品ぶる）、**얼룩을 빼다**（染みを取る）、**내빼다**（逃げる）、**빼닮다**（そっくりだ）

고문하다：拷問する。＊**고문을 당하다**（拷問を受ける）

⑮ 단순하다, 단순해. 헤어지니 마니 난리를 떨더니 반지 선물 하나에 금방 풀렸네. ♡

[날리] [풀련네]

単純だよな。別れる別れないで大騒ぎしてたのに、指輪のプレゼント一つですぐ機嫌が直るなんてね。

난리를 떨다：大騒ぎする。
＊**청승을 떨다**（見苦しい振る舞いをする）、**내숭을 떨다**（猫を被る）

文 **-니 마니**：～するしないで、～するかしないかで。

会話フレーズ

♪ TR_177

1 A：**이게 정말 큐빅이란 말이야? 어머, 어머, 진짜 같아.** ♡

これが本当にキュービックジルコニアなの？　あらまあ、本物みたい。

B：**그렇지? 전문가도 구별하기 힘들 거야.**

[그러치]　[힘들 꺼]

でしょ？　専門家でも見分けるのは難しいと思うよ。

큐빅：キュービックジルコニア、人工ダイヤモンド。
전문가：専門家。＊**초짜**（初心者、素人）
구별하다：区別する、見分ける。＊**구분하다**（区分する）

---

2 A：**아무리 드롭 귀걸이가 유행이라지만 너무 긴 거 아냐?** ♡

いくらロングピアスがはやりとはいえ、長すぎじゃない？

B：**어차피 하는 거, 눈에 확 띄는 게 좋잖아.**

[조차나]

どうせなら、ぱっと目立った方がいいじゃん。

길다：長い。＊**길다랗다**（非常に長い、長ったらしい。**기다랗다**とも言う）
눈에 확 띄다：ぱっと目立つ。ぱっと目に入ってくる。

♪ TR_178

3 A : **스카프 하나만 둘러도 모델 필이네, 모델 필이야.** ♡

スカーフ一つ巻いても、まさにモデルって感じだね。

B : **아유, 싼 거예요. 창피하게 왜 그러세요.**

そんな、安物ですよ。恥ずかしいのでやめてください。

스카프를 두르다 : スカーフを巻く。**스카프를 감다**とも言う。
＊**스카프를 매다** (スカーフを結ぶ)、**머플러를 두르다** (マフラーを巻く)

필 : 感じ、雰囲気、フィール。
＊**필이 오다** (ぴんとくる)、**필이 꽂히다** (夢中になる、メロメロになる)

---

4 A : **밥 먹을 때만이라도 머리 좀 묶어라.** ♡

[밤 머글]
ご飯食べるときだけでも髪を縛りなよ。

B : **이상하게 머리 끈이 다 사라져서 하나도 없어.**

おかしなことに、ヘアゴムが全部なくなっちゃって一つもないのよ。

머리를 묶다 : 髪を縛る。
＊**머리를 풀다·땋다** (髪を下ろす・結う)、**머리를 손질하다** (髪を手入れする)、**올림머리를 하다** (アップヘアをする)

사라지다 : 消える、姿を消す、消滅する。
＊**행방불명** (行方不明)、**수소문하다** (うわさを頼りに探す)

♪ TR_179

5 A : **그 옷에 그 목걸이를 꼭 해야겠어?**

その服にそのネックレスを絶対しないといけないの？

B : **왜? 딱 내 스타일인데.**

何でよ？　私の好みにぴったりなんだけど。

목걸이를 하다：ネックレスをする。
＊**목걸이를 풀다**（ネックレスを外す）、**반지를 끼다·빼다**（指輪をはめる・外す）、**결혼반지**（結婚指輪）、**약혼반지**（婚約指輪）、**금반지**（金の指輪）

---

6 A : **태슬 귀걸이를 하나 사고 싶은데 괜찮은 게 없네.**
[엄네]

タッセルピアスを一つ買いたいんだけど、気に入るのがないわね。

B : **새로 오픈한 곳에 괜찮은 게 많다던데 가 볼까?**
[만타던데]

新しくオープンしたところに良いのが多いって聞いたんだけど行ってみる？

태슬 귀걸이：タッセルピアス。
＊**귀걸이를 하다・빼다**（ピアスをする・外す）

오픈하다：オープンする。
＊**가게를 개업하다・폐업하다**（店を開業する・廃業する）、**가게를 열다・닫다**（店を開ける・閉める）

単語

TR_180

액세서리 アクセサリー

- □ 귀걸이 ピアス
- □ 드롭 귀걸이 ロングピアス
- □ 원터치 귀걸이 ワンタッチピアス
- □ 엔틱 이어링 アンティークピアス
- □ 이어 커프 イヤーカフ
- □ 목걸이 ネックレス
- □ 펜던트 ペンダント
- □ 로켓 목걸이 ロケットネックレス
- □ 초커 チョーカー
- □ 반지 指輪
- □ 애끼반지, 핑키링 ピンキーリング
- □ 반지 시계 リングウオッチ
- □ 팔찌 ブレスレット
- □ 미산가 팔찌 ミサンガ
- □ 발찌 アンクレット
- □ 토우링 トウリング

보석 宝石

- □ 진주 真珠
- □ 토파즈 トパーズ
- □ 사파이어 サファイア
- □ 자수정 アメジスト
- □ 루비 ルビー
- □ 터키석 トルコ石
- □ 다이아몬드 ダイヤモンド
- □ 에메랄드 エメラルド
- □ 가넷 ガーネット
- □ 오팔 オパール
- □ 아쿠아마린 アクアマリン
- □ 큐빅(지르코늄) キュービックジルコニア、人工ダイヤモンド
- □ 원석 原石
- □ 주석 柱石

소재 素材

- □ 금, 골드 金、ゴールド
- □ 은, 실버 銀、シルバー
- □ 게르마늄 ゲルマニウム
- □ 신주 真ちゅう
- □ 써지컬스틸 サージカルスチール
- □ 청동 ブロンズ
- □ 도금 メッキ

모자 帽子

- □ 선 캡 サンバイザー
- □ 페도라 フェドラハット
- □ 베레모 ベレー帽
- □ 비니 ビーニー、ニット帽

- ☐ **마린캡** マリンキャップ、キャスケット
- ☐ **헌팅캡** ハンチングキャップ
- ☐ **캐플린** 女優帽、キャペリンハット
- ☐ **중절모** 中折れ帽
- ☐ **터번** ターバン
- ☐ **야구 모자** 野球帽
- ☐ **캡 모자** キャップ
- ☐ **수영 모자, 수모** 水泳帽
- ☐ **등산 모자** 登山帽子
- ☐ **골프 모자** ゴルフ帽子
- ☐ **밀짚모자** 麦わら帽子
- ☐ **벙거지 모자** バケットハット

헤어 ヘア

- ☐ **머리핀** ヘアピン
- ☐ **실핀** アメリカピン
- ☐ **똑딱핀** パッチン留め
- ☐ **바나나핀** バナナクリップ
- ☐ **집게 핀** バンスクリップ
- ☐ **머리띠** カチューシャ
- ☐ **헤어밴드** ヘアバンド
- ☐ **머리 끈** ヘアゴム
- ☐ **곱창(밴드)** シュシュ
- ☐ **세안 밴드** 洗顔ヘアバンド

장식 飾り

- ☐ **코사지** コサージュ
- ☐ **부로치** ブローチ
- ☐ **참장식, 폼폼이** ポンポン
- ☐ **태슬** タッセル

⑲ファッション雑貨Ⅱ

聞いてみよう！

♪ TR_181

「聞いてみよう！」全文

A：너 선글라스 또 샀어? 못 보던 건데?

サングラスをまた買ったの？　見たことないやつだけど。

B：그 날의 패션에 맞춰서 선글라스도 바꿔 줘야지.

その日のファッションに合わせてサングラスも替えないとね。

A：난 하나 있는 것도 일 년에 한 번 쓸까 말까 한데.

[인는]　[일 려네]

私は一つあるやつも、年に一度掛けるかどうかなのに。

B：내 패션의 완성은 선글라스야.
말 나온 김에 너도 요즘 힙한 스타일로 새로 하나 사.

[말 라온]　[히판]

僕のファッションを完成させるのはサングラスなんだよ。話のついでに君も最近のトレンドのスタイルのやつ、新しく一つ買いなよ。

解説

(선글라스를) 쓰다：（サングラスを）掛ける。**끼다**とも言う。

＊**선글라스를 벗다**（サングラスを外す）

힙하다：トレンドだ、おしゃれだ、熱い。英語のHip（最新情報に通じている、物知りの）に由来する言葉。

文 **-(으)ㄹ까 말까**：～しようかやめようか（ためらいの気持ち）、～するかしないかすれすれの（分量に達するか達しないかの状態）。

ひとことフレーズ

TR_182

❶ 정장에 배낭은 누가 보더라도 이상하지 않아?

スーツにリュックサックは誰が見てもおかしくない？

정장：スーツ、フォーマルウエア、正装。＊**정장 차림**（スーツ姿）
배낭：リュックサック。＊**배낭을 메다**（リュックサックを背負う）
文 **-더라도**：～したとしても、～だとしても。

❷ 난 비니가 잘 어울리는 사람이 좋더라.

[조터라]

私はビーニーが似合う人が好きなんだよ。

비니：ビーニー、ニット帽。
어울리다：似合う、交流する、付き合う。
＊**함께 어울리다**（共にする、付き合う）、**어울려 다니다**（共に行動する）
文 **-더라**：～したんだよ、～していたよ、～かったよ、～だったよ。

❸ 폼 잡고 싶은 건 알겠는데 실내에서 선글라스는 좀 벗어라.

[알겐는데] [실래]

かっこつけたい気持ちは分かるけど、室内でサングラスはちょっと取りなよ。

폼 잡다：かっこつける。
＊**개폼 잡다**（かっこつける。ちっともかっこよくないのに自分だけがかっこいいと勘違いしている様子）

TR_183

❹ 안경 쓰기 싫어서 레이저수술했는데, 노안 때문에 결국 돋보기 신세네. 웃프다, 정말.

[레이저수수랜는데]

眼鏡を掛けたくなくてレーザー手術をしたのに、老眼で結局ルーペを使う羽目に。マジで笑えるけど悲しい。

신세：境遇、羽目、面倒、厄介。＊**신세를 지다** (世話になる)
웃프다：表面上は笑ってるけど、内心は悲しんでるときに使う表現。

---

❺ 그 조그만 클러치 백에 뭘 넣어 가지고 다니길래 그렇게 빵빵해?

そのちっちゃなクラッチバッグに何を入れて持ち歩いてるからって、そんなにぱんぱんなの？

빵빵하다：いっぱいだ、ぱんぱんだ。＊**집이 빵빵하다** (家が金持ちだ)
文 **-아/어 가지고**：～して、～くて。
-길래：～なので、～だからといって。

---

❻ 캔버스 재질의 가방이 튼튼하고 가볍긴 하지.

確かにキャンバス素材のかばんが丈夫で軽いよね。

재질：材質、素材。＊**소질** (素質)、**자질** (資質)
튼튼하다：丈夫だ、頼もしい。＊**기초가 튼튼하다** (基礎がしっかりしている)
文 **-긴 하다**：確かに～だ。～なことはある。**-기는 하다**の縮約形。

❼ 에코백도 예쁜 건 다들 왜 이렇게 비싼 거야?♡

エコバッグもかわいいのはみんな何でこんなに高いわけ？

에코백：エコバッグ。
＊**시장 가방**（買い物した食材を入れるかばん）、**일회용 봉투**（使い捨てのビニール袋）

비싸다：（値段が）高い。
＊**비싸게 굴다**（お高くとまる）、**비싼 대가를 치르다**（高価な代償を払う）

❽ 목이 너무 추워 보인다. 이 머플러라도 둘러. ♡

首がすごく寒そう。このマフラーでも巻いて。

두르다：巻く、（円を描くように）回す、囲う。
＊**기름을 두르다**（油を引く）、**앞치마를 두르다**（エプロンを着ける）

❾ 스톨이나 숄을 멋지게 활용하는 법 좀 가르쳐 줘. ♡

ストールやショールのかっこいい活用方法を教えてよ。

멋지다：かっこいい、すてきだ、素晴らしい。**멋있다**とも言う。

활용하다：活用する。

文 **~(이)나 …**：～や…、～か…（選択）。
-는 법：～する方法、～のやり方。

⑩ 항상 오른쪽에 숄더백을 메니까 오른쪽 어깨만 아파.

いつも右にショルダーバッグを掛けるから、右肩だけが痛い。

백을 메다：バッグを掛ける。
＊**매다**（〈ひもなどを〉結ぶ）、**목을 매다**（首をつる、ぞっこんだ）、**묶다**（結ぶ、束ねる）、**리본을 묶다**（リボンを結ぶ）

⑪ 아무리 좋아해도 그렇지[그러치]. 온몸을 금으로 도배를 했네[핸네].

いくら好きでもやり過ぎじゃない？　全身、金で埋め尽くしてるなんてね。

온몸：体中、全身。＊**온몸이 쑤시다**（体中がずきずき痛む）
도배를 하다：覆う、埋める、ある空間を同じ種類のものや文章などで埋め尽くす。

⑫ 요즘 현금 쓸 일도[쓸 릴] 별로 없는데[엄는데] 동전 지갑을 따로 들고 다녀?

最近は現金を使うこともあまりないのに、小銭入れを別に持ってるの？

따로：別に、他に、別途。
＊**따로따로**（別々に）、**따로 살다**（離れて暮らす、別居する）、**따로 있다**（別にいる、他にある）、**따로따로 계산하다**（別々に会計する）、**손발이 따로 놀다**（それぞれが自分勝手だ、息が合わない。直訳すると「手足が別に遊ぶ」）

⑬ 학생 때는 렌즈 낀 애들이 그렇게 부러웠는데 지금은 제발 좀 안 꼈으면 좋겠다.

[부러원는데] [조켇따]

学生の時はコンタクトしてる子があれほどうらやましかったのに、今はもういいかげんしたくない。

부럽다：うらやましい。
＊**부러워하다**（うらやむ）、**남부럽잖다**（満たされている、満ち足りている、人並み以上だ）

文 **-았/었으면 좋겠다**：～したらいい、～ならいい。

⑭ 맨날 키홀더를 어디에 두었는지 기억을 못 해서 온 집안을 다 뒤져. 으이구.

[두언는지] [모 태서]

毎回キーホルダーをどこに置いたか思い出せなくて、家じゅうを探してるよ、全く。

뒤지다：探す、物色する。＊**샅샅이 뒤지다**（くまなく探す）

⑮ 요즘은 남자도 양산을 쓴다는데 뭐가 귀찮다고 안 들고 다녀.

[귀찬타고]

近頃は男性も日傘を使うっていうのに、何が面倒くさくて持ち歩かないんだよ。

양산：日傘。
＊**양산을 쓰다**（日傘を差す）、**양산을 접다**（日傘を畳む）、**양산을 펴다**（日傘を広げる、開く）、**우산**（傘）、**비닐우산**（ビニール傘）

들고 다니다：（手に持って）持ち歩く。所有して持ち歩くときは**가지고 다니다**、**갖고 다니다**と言う。

会話フレーズ

♪ TR_187

1 A：**장갑을 끼지. 손이 꽁꽁 얼었네.**
[어런네]

手袋をすればいいのに。手がカチカチに凍ってるね。

B：**불쌍하면 니가 하나 사 줘.**

かわいそうなら、あなたが一つ買ってちょうだい。

꽁꽁 얼다：カチカチに凍る。
＊**얼어붙다**（凍り付く、凍結する）、**수도꼭지가 얼어붙다**（蛇口が凍り付く）

불쌍하다：かわいそうだ、気の毒だ、哀れだ。**가련하다**とも言う。
＊**불쌍히 여기다**（気の毒に思う、ふびんに思う）、**동정하다**（同情する）

---

2 A：**안경알 좀 닦아라. 그래 가지고 보이긴 보이니?**

たまには眼鏡レンズ拭きなよ。それで見えるわけ？

B：**난 잘만 보이는데. 티슈 좀 줘.**

僕はよく見えてるんだけど。ティッシュちょうだい。

닦다：拭く、磨く。＊**갈고닦다**（磨き上げる、磨く）

그래 가지고：それでもって、それで。

잘만：（予想と反して）よく、うまく。

文 **-긴 -니?**：～することはする？、～くはあるの？

TR_188

3 A：**장지갑이 좋을까? 반지갑이 좋을까?**

長財布がいいかな？　二つ折り財布がいいかな？

B：**어느 쪽이든 지갑 안에 넣고 다닐 돈이나 많았으면 좋겠다.**

[너코] [조켇따]

どっちであれ、財布の中に入れるお金が多ければいいよね。

넣다：入れる。
＊**집어넣다**（放り込む、手でつまんで入れる）、**불어넣다**（吹き込む）、**몰아넣다**（追い込む）、**끌어넣다**（引き入れる、巻き込む、巻き添えにする）、**처넣다**（押し込める、詰め込む、ぶち込む）

---

4 A：**파우치 크기가 가방 크기랑 거의 똑같네.**

[똑깐네]

ポーチの大きさがかばんの大きさとほぼ同じだね。

B：**화장품이랑 비상약이랑 반짇고리, 손톱깎이 등등, 언제 뭐가 필요하게 될지 모르잖아.**

[비상냐기랑] [될찌]

化粧品や常備薬、裁縫セット、爪切りなどなど、いつ何が必要となるか分からないじゃん。

반짇고리：針箱、裁縫セット。＊**실**（糸）、**바늘**（針）
손톱깎이：爪切り。＊**손톱을 깎다**（爪を切る）
등등：などなど。＊**기타 등등**（その他もろもろ）

TR_189

5 A : **나 지갑이 낡아서 바꿔야 되는데 돈이 들어온다는 색이 빨간색이던가? 골드색이던가?**

財布が古くなって替えないといけないんだけど、お金が入ってくるというカラーが赤だったっけ、ゴールドだったっけ？

B : **지갑만 있으면 돈이 저절로 들어오니? 일을 해야 들어오든지 말든지 할 거 아냐.**
[지감만] [할 꺼]

財布だけあればお金が自動的に入ってくるのか？　仕事をしてこそ入ってきたりこなかったりするんじゃないのか。

저절로 : 自然に、おのずと。

文 **-든지 말든지** : ～したりしなかったり、～しようがしまいが。

---

6 A : **니 생일 선물은 말로만 때우면서 자기 선물로는 진주 달린 넥타이핀을 요구했단 말이야? 너 호구니?**

あなたへの誕生日プレゼントは言葉で済ましておいて、自分のプレゼントはパールが付いたネクタイピンを要求したってこと？　あんたかもなの？

B : **니 이해는 바라지도 않으니까 대신 내 사랑에 초 치는 소린 삼가해 줘.**

あんたの理解は望まないから、その代わり、私の愛に水を差すような言葉は遠慮してちょうだい。

달리다 : 付いている、ぶら下がる、垂れる。

호구 : だましやすいかも。＊**호구를 잡다** (かもにする)

초(를) 치다 : 水を差す、台無しにする。直訳すると「酢をかける」。

単語

♪ TR_190

가방 かばん

- □ 핸드백　ハンドバッグ
- □ 클러치백　クラッチバッグ
- □ 숄더백　ショルダーバッグ
- □ 배낭 / 백팩　リュックサック／バックパック
- □ 크로스 백　クロスバッグ
- □ 토트백　トートバッグ
- □ 보스턴백　ボストンバッグ
- □ 미니백　ミニバッグ
- □ 버킷백　バケットバッグ
- □ 드로스트링백, 복조리백　ドローストリングバッグ
- □ 배럴백　バレルバッグ、ドラムバッグ
- □ 메신저백　メッセンジャーバッグ
- □ 쇼퍼 백　ショッパーバッグ
- □ 슬링백　スリングバッグ
- □ 골프가방　ゴルフバッグ
- □ 에코백　エコバッグ

지갑 財布

- □ 장지갑　長財布
- □ 반지갑　二つ折り財布
- □ 동전 지갑　小銭入れ
- □ 카드 지갑　カード入れ
- □ 명함 지갑　名刺入れ

잡화 雑貨

- □ 스카프　スカーフ
- □ 스톨　ストール
- □ 털목도리　ファー
- □ 머플러　マフラー
- □ 암워머, 팔 토시　アームウオーマー
- □ 레그워머, 발 토시　レッグウオーマー
- □ 숄　ショール
- □ 귀마개　耳当て
- □ 여권 케이스　パスポートケース
- □ 우산　傘
- □ 장우산　長傘
- □ 접는 우산　折り畳み傘
- □ 비닐우산　ビニール傘
- □ 우산 커버　傘カバー
- □ 우산꽂이　傘立て
- □ 양산　日傘
- □ 선글라스　サングラス
- □ 장갑　手袋
- □ 넥타이핀　ネクタイピン
- □ 손수건　ハンカチ
- □ 행커치프　ハンカチーフ
- □ 안경　眼鏡
- □ 안경테　眼鏡フレーム

□ **안경알, 안경 렌즈** 眼鏡レンズ
□ **안경줄** 眼鏡ストラップ
□ **안경 케이스** 眼鏡ケース
□ **벨트** ベルト
□ **손거울** 手鏡
□ **열쇠고리, 키홀더** キーホルダー
□ **보석함** 宝石箱
□ **액세서리함, 악세사리함** アクセサリーボックス
□ **키 링** キーリング
□ **스카프 링, 스카프 고리** スカーフリング
□ **화장품 파우치** 化粧品ポーチ
□ **앞치마, 에이프런** エプロン
□ **핸디 선풍기, 핸디팬** ハンディーファン
□ **휴대폰 케이스** 携帯ケース
□ **휴대폰 거치대** 携帯スタンド

⓴ ショッピングⅠ

聞いてみよう！

♪ TR_191

「聞いてみよう！」全文

A：어? 마음에 든다면서 왜 안 사?

え？　気に入ったと言いながら、何で買わないの？

B：미쳤어? 그 돈을 주고 여기서 사게.

とんでもない。あの高いお金を払ってここで買うわけないじゃん。

A：그럼 안 살 거야?

[살 꺼]

じゃあ、買わないの？

B：다 방법이 있지롱. 백화점 가격을 알았으니 인터넷에서 직구로 더 싸게 사야지.

[배콰점]

良い方法があるのよ。デパートの値段が分かったから、インターネットで直接取り寄せて安く買わなくちゃ。

解説

미치다：狂う。**미쳤어?**は「狂ってるの？」という強い表現なので、使用するシーンに注意。

직구：**직접구매**（直接購買）の略。海外商品をオンラインで購入するとき、代理店を通さずに直接購入すること。

文 **-지롱**：～んだよん（かわいいニュアンス）、名詞には**～(이)지롱**が付く。

-아/어야지：～しなくては、～すべきだ、～しなければならない。

ひとことフレーズ

TR_192

❶ 요즘은 보세도 잘 나오네.

[잘 라오네]

最近はノーブランドも良い物を作ってるよね。

보세：ノーブランドの衣類。外国企業が人件費の安い韓国で製造した衣類に対し、税金の支払いを保留した時、輸出されず韓国国内で流通したため**보세**（保税）と呼ばれるようになったという説がある。

잘 나오다：うまく作っている。＊**사진 잘 나오다**（写真写りが良い）

❷ 재래시장에는 마트에서는 맛볼 수 없는 재미랑 활기가 있어.

[맏뽈 쑤] [엄는]

伝統市場にはスーパーでは味わえない楽しみや活気がある。

맛보다：味わう。＊**쓰라림을 맛보다**（泣きを見る）、**맛보기**（味見、試し）

활기：活気。＊**활기차다**（活気あふれる、活気に満ちている）

❸ 재고가 있는 줄 알았는데 없네요. 이게 마지막 하나예요.

[인는] [아란는데] [엄네요]

[마지마 카나]

在庫があると思ったんですが残ってなかったですね。これが最後の一つです。

재고：在庫。

＊**재고 처분**（在庫処分）、**재고 처리**（在庫処理）、**떨이**（投げ売り）、**떨이로 팔다**（投げ売りする）

❹ 난 한정품이라는 말에 너무 약한 것 같아.

[야칸]

私は限定品という言葉に弱すぎるみたい。

한정품：限定品。＊**한정판**（限定版）、**한정판매**（限定販売）

약하다：弱い。

＊**정에 약하다**（情にもろい）、**몸이 약하다**（体が弱い）、**병약하다**（病弱だ）、**무르다**（もろい、〈人に対して〉甘い）

❺ 너무 마음에 들어서 벌써 세 번째 재구매했어요.

とても気に入ったので、もう３度目のリピート買いです。

마음에 들다：気に入る。＊**만족하다**（満足する）

재구매：再購入、リピート買い。

❻ 점원 태도가 저게 뭐야. 내가 두 번 다시 오나 봐라.

店員のあの態度は何なんだよ。二度と来るもんか。

태도：態度。

＊**태도를 싹 바꾸다**（がらりと態度を変える）、**태도를 취하다**（態度を取る）、**애매한 태도**（曖昧な態度）、**공손한 태도**（丁寧な態度）

文 **-나 봐라**：～するもんか。

❼ 마음에 드시면 있을 때 사세요. 인기가 좋아서 언제 품절될지 몰라요.

[인끼] [품절될찌]

お気に召されましたら、ある時に買ってください。人気があるのでいつ品切れになるか分かりませんよ。

품절되다：品切れになる。
＊**품절남・품절녀**（恋人または結婚相手がいる男・女）、**반품남・반품녀**（別れや離婚により再びシングルに戻った男・女）、**돌싱**（**돌아온 싱글**〈戻ってきたシングル〉の略。バツイチ）

文 **언제 -(으)ㄹ지 모르다**：いつ～するか分からない。

❽ 이 직구 사이트는 아무래도 좀 수상해.

この直接購入サイトは、どうもちょっと怪しい。

아무래도：どうも、どうやら。＊**아무리 생각해도**（どう考えても）
수상하다：怪しい、どこかおかしい。＊**수상쩍다**（どうも怪しい）

❾ 신상 나왔다고 해서 왔는데 별게 없네.

[완는데] [엄네]

新商品が出たと聞いて来たんだけど、大したことないね。

신상：新商品。＊**최신상**（最も新しい商品）、**구닥다리**（古ぼけたもの、時代遅れ、おんぼろ）
별게 없다：大したことない、大した物がない。
＊**별거 아니다**（何でもない）、**별게 다**（そんなものまで、あれこれ）

文 **-았/었다고 해서**：～したと聞いて、～したと言われて、～だと聞いて。

⑩ 환불해 달라고 했는데 영수증이 없으면 안 된다잖아.

[핸는데]

返金してほしいと言ったら、レシートがないとダメって言うじゃない。

환불：払い戻し。＊**환불하다**（払い戻す）、**환불받다**（払い戻してもらう）

文 **-ㄴ/는다잖아**：～するって言うじゃん。**-ㄴ/는다고 하잖아**の縮約形。形容詞・存在詞には**-다잖아**、名詞には**～(이)라잖아**が付く。

---

⑪ 난 무조건 질보다 양이야.

[무조껀]

私はとにかく質より量よ。

무조건：無条件、ひたすら、とにかく。

질：質、たち。

＊**질이 좋다・나쁘다**（質が良い・悪い）、**질이 나쁜 장난**（たちの悪いいたずら）

---

⑫ 아니, 어떻게 보세 옷 가격이 백화점 옷 가격이랑 별 차이가 없어?

[배콰점]

いや、どうしてノーブランドの服の値段がデパートの服の値段と大した差がないんだ？

어떻게：どうして、どうしたら。＊**어떻게든**（何とか、どうにか）

차이가 없다：差がない。

＊**차이가 나다**（差が出る）、**한 끗 차이**（僅差）、**간발의 차이**（間一髪）、**근소한 차이**（わずかな差）

⑬ 내 사이즈가 없어서 재입고되면 연락[열락] 달라고 했어요.

僕のサイズがなかったので、再入荷したら連絡くれるよう頼みました。

사이즈：サイズ。
＊**치수**（寸法）、**프리 사이즈**（フリーサイズ）、**치수를 재다**（寸法を測る）

文 **-아/어 달라고 하다**：～してくれと言う、～してくれるように言う。

⑭ 또 완판이야? 이번엔 꼭 사고 싶었는데[시펀는데], 아깝다!

また完売なの？　今度は絶対買いたかったんだけど、惜しい！

완판：**완전 판매**（完全販売）の略。完売。
＊**완판녀・완판남**（テレビに登場するたびに身に着けているファッションアイテムが売り切れになるような女・男のアイドルや芸能人）

아깝다：惜しい、もったいない。＊**아쉽다**（惜しい、残念だ）

⑮ 나를 그런 명품에 환장하는 여자들하고 동급으로 여기면 불쾌해요.

私のことをそんなブランドに目がない女たちと同じように思われると不愉快です。

환장하다：目がない、のめり込む、心や行動がおかしくなる。
동급으로 여기다：同じように思う、同等に思う。
불쾌하다：不愉快だ。＊**유쾌하다**（愉快だ）

会話フレーズ

TR_197

1 A：**너 그렇게 긁어 대서 카드 대금 감당이 돼?**

あんた、そうやってどんどんカードを切ってるけど、払えるの？

B：**괜찮아. 이번 달에 보너스 나오잖아.**
[이번 따레]
大丈夫。今月はボーナスが出るしね。

카드를 긁어 대다：カードを使いまくる。＊**카드를 긁다**（カードを使う）
감당이 되다：手に負える。＊**뒷감당을 하다**（後始末をする）
보너스：ボーナス。＊**상여금**（賞与）、**금일봉**（金一封）

2 A：**영수증 챙겨 놓았지? 어디 있어?**

レシート、取っておいたよね？　どこにある？

B：**지갑 정리하면서 다른 영수증이랑 같이 버렸나 봐.**
[정니하면서]　[버련나]
財布を整理してたら、他のレシートと一緒に捨てちゃったみたい。

챙겨 놓다：取っておく。
＊**챙겨 주다**（面倒を見てくれる・あげる、世話をしてくれる・あげる）、**챙겨 먹다**（食事を欠かさずにちゃんと食べる）、**챙겨 오다**（持ってくる、用意してくる）

TR_198

3 A：**십이 개월 할부된다고 하는데 사지 그래?**

12カ月の分割払いできるらしいけど、買えば？

B：**돈이 없으면 안 사고 말지, 할부는 싫어.**

お金がなければ買わなければいいだけで、分割払いは嫌だ。

할부：分割払い。＊**일시불**（一回払い）

文 **-지 그래?**：～したら？

안 -고 말지：～しない方がましだ。

---

4 A：**난 신상 아니면 안 사.**

私は新商品じゃないと買わない。

B：**난 싸게 살 수만 있다면 몇 년 전 재고라도 괜찮아.**

[살 쑤]　[인따면]　[면 년]

私は安く買えるなら、何年前の在庫でも構わない。

재고：在庫。＊**재고 떨이**（在庫処分）

文 **-(으)ㄹ 수만 있다면**：～することさえできれば。

TR_199

5 A：**이게 정말 보세 제품이란 말이야?**

これが本当にノーブランド製品なの？

B：**아, 정말. 내가 입으면 다 명품으로 보이나 봐.**

ああ、まったく。私が着ると全部ブランド品に見えるみたい。

명품：ブランド品、ブランド物。＊**짝퉁**（偽物、コピー商品。**이미테이션**、**모조품**とも言う）
보이다：見える、見せる。
＊**본때를 보이다**（手本を見せる、思い知らせる）、**시범을 보이다**（手本を見せる）、**난색을 보이다**（難色を示す）

---

6 A：**아니, 이 물건들 다 어떻게 들고 가라고 봉투를 안 줘?**

いや、この物全部どうやって運べって袋もくれないわけ？

B：**으이구, 그러게 내가 시장바구니 챙기라고 했잖아.**

まったく、だから私が買い物袋用意しろって言ったじゃん。

시장바구니：買い物かご、買い物袋。
＊**에코백**（エコバッグ。韓国ではキャンパス地の袋を指す）
챙기다：取りそろえる、用意する、準備する、面倒を見る、ケアする。
＊**실속을 챙기다**（実利を取る、実益を図る）

単語

TR_200

구입 購入

□ 아이쇼핑, 윈도쇼핑　ウインドーショッピング
□ 인터넷쇼핑　ネットショッピング
□ 충동구매　衝動買い
□ 쇼핑중독　買い物依存症
□ 외상　つけで買うこと
□ 직구　インターネットを通じて海外から直接購入すること
□ 대량 구매　まとめ買い
□ 보관　取り置き
□ 선주문　予約購入
□ 공동구매, 공구　共同購入

지불 支払い

□ 금액, 액수　金額
□ 합계　合計
□ 계산　お会計
□ 가격, 값　値段
□ 현금　現金
□ 체크카드　デビットカード
□ 신용카드　クレジットカード
□ 상품권　商品券
□ 일시불　一括払い
□ 할부　分割払い
□ 영수증　レシート、領収書
□ 사인　サイン
□ 서명　署名
□ 거스름돈　お釣り
□ 흥정　交渉

제품 品物

□ 질　質
□ 품질　品質
□ 양　量
□ 상품　商品
□ 신상　新商品
□ 재고　在庫
□ 취향　好み、趣向
□ 주문　注文
□ 완판　完売
□ 품절　品切れ
□ 보세　ノーブランド品
□ 면세품　免税品
□ 명품　ブランド品
□ (재)입고　(再)入荷
□ (재)구매　(再)購入
□ 한정품　限定品
□ 수입품　輸入品
□ 일용품　日用品
□ 중고품　中古品

□ **재활용품** リサイクル品

장소 場所

□ **백화점** 百貨店
□ **면세점** 免税店
□ **재래시장** 在来市場
□ **편의점** コンビニ
□ **가게** 店
□ **보세 가게** ノーブランドの店
□ **지하상가** 地下商店街
□ **마트, 슈퍼마켓** スーパーマーケット
□ **쇼핑몰** ショッピングモール
□ **할인 매장** ディスカウントストア
□ **아울렛** アウトレット
□ **소매점** 小売りの店
□ **도매점** 問屋
□ **영업일** 営業日
□ **휴무일** 休業日
□ **정기 휴일** 定休日
□ **영업시간** 営業時間
□ **개점 시간** 開店時間
□ **폐점 시간** 閉店時間

㉑ ショッピングⅡ

聞いてみよう！

♪ TR_201

「聞いてみよう！」全文

A：어떡해. 저 진상 또 떴어.

[어떠캐]

どうしよう。あのモンスタークレーマーまた来たよ。

B：으, 난 몰라. 저번에 내가 상대했으니 오늘은 네 차례야.

うわ、私は知〜らない。この前は私が対処したから、今日はあなたの番よ。

A：매니저 어디 있어? 나 당장 때려치울래.

マネジャーはどこ？　私、今すぐ辞める。

B：그만둘 때 그만두더라도 지금은 빨랑 가서 상대해.

辞めてもいいけど、今は早く行って対処して。

解説

진상：モンスタークレーマー、途方もなく意地っ張りな客。**진상 손님**とも言う。

뜨다：〈俗語〉（出会ったら困る人物がとある場所に）現れる。

상대하다：相手にする。＊**대접하다**（もてなす）、**접대하다**（接待する）

차례：順番。＊**차례를 지키다**（順番を守る）、**새치기하다**（割り込む）

때려치우다：放り出す、途中でやめる。**집어치우다**とも言う。

빨랑：〈俗語〉早く。＊**빨랑빨랑**（さっさと。**빨리빨리**とも言う）

ひとことフレーズ

TR_202

❶ 왜 세일을 안 하는 거야. 빨리 사고 싶은데.

何でセールにならないのよ。早く買いたいのに。

세일：セール。＊**바겐세일**（バーゲンセール）、**할인**（割引）
사다：買う。
＊**반감을 사다**（反感を買う）、**웃음을 사다**（笑いものになる）、**의심을 사다**（疑われる）、**빈축을 사다**（ひんしゅくを買う）、**부러움을 사다**（うらやましがられる）、**노여움을 사다**（怒りを買う）

❷ 어떻게 된 게 덤으로 받은 게 더 좋아 보이네.

どういうわけか、おまけでもらった物の方がより良く見えるね。

덤으로 받다：おまけでもらう。
＊**공짜**（タダ）、**무료**（無料）、**끼워 주다**（おまけを付ける）

❸ 특설 매장엔 항상 사람이 바글바글해요.

特設売り場はいつも人がうじゃうじゃしています。

매장：売り場。＊**점포**（店舗）、**가게**（店）
바글바글하다：うじゃうじゃする。**우글우글하다**とも言う。

TR_203

❹ 여기는 포인트가 별로 안 붙으니까 쇼핑하는 재미가 없어.

ここはポイントがあまり付かないので、ショッピングの楽しみがない。

포인트가 붙다：ポイントが付く。
*****포인트 카드**(ポイントカード)、**포인트 교환**(ポイント交換)、**스탬프를 찍다**(スタンプを押す)、**포인트가 쌓이다**（ポイントがたまる）、**포인트를 교환하다**（ポイントを交換する）

❺ 손님, 한번 입으신 옷은 교환이 안 돼요.

お客さま、一度着られた服は交換できません。

손님：お客さま。*****고객**（顧客）、**단골**（常連）
교환：交換。*****반품**（返品）、**단순 변심**（〈購入者の〉単なる心変わり）

❻ 수선을 이 따위로 하다니. 변상해 주세요.

お直しをこんなふうにするなんて。弁償してください。

수선：お直し、手直し。*****옷 수선**（洋服のお直し）、**수리**（修理）
변상하다：弁償する。*****손해 배상**（損害賠償）

❼ 나 아무래도 바가지 쓴 거 같아. 환불될까?

私、どうやらぼられたみたい。払い戻しできるかな？

바가지(를) 쓰다：ぼられる、ぼったくられる。
＊**바가지요금**（ぼったくり料金）、**바가지를 씌우다**（ぼったくる）

환불되다：払い戻しができる。＊**환불하다**（返金する、払い戻す）

❽ 여기 타임 세일할 때면 사람들이 벌 떼같이 달려들어요.

ここのタイムセールの時は、人々がいっぺんに押し寄せてきます。

타임 세일：タイムセール。＊**정기 세일**（定期セール）

벌 떼같이 달려들다：いっぺんに押し寄せる。直訳すると「蜂の群れのように押し寄せる」。

❾ 손님이 말도 안 되는 컴플레인을 걸잖아요.

お客さんがとんでもないクレームをつけるじゃないですか。

컴플레인을 걸다：クレームをつける。
＊**불만을 제기하다**（不満を提起する）、**진상을 부리다**（迷惑行為をする、厚かましくて分別のない行為をする）

⑩ 조금만 기다리면 세일인데 그 전에 품절될까 봐 걱정이야.

もう少しでバーゲンなんだけど、その前に品切れになるんじゃないかと心配だわ。

걱정：心配。＊**근심**（心配、懸念、気がかり）、**염려**（心がかり、恐れ）

文 **-(으)ㄹ까 봐**：～するかと思って、～するんじゃないかと思って、～なんじゃないかと思って。

⑪ 백화점 회원 카드에도 등급이 있는 줄은 몰랐네.

[배콰점] [인는] [몰란네]

デパートの会員カードにもグレードがあるとは知らなかったわ。

회원：会員。＊**정회원**（正会員）、**비회원**（非会員）

등급：グレード、等級。＊**레벨**（レベル）、**수준**（水準）

⑫ 돈이 들더라도 유료 선물 포장 코너에 부탁하는 게 좋지 않을까?

[부타카는] [조치]

お金がかかっても有料のプレゼント包装コーナーに頼んだ方がいいんじゃない？

돈이 들다：お金がかかる。＊**비용이 들다**（費用がかかる）、**정들다**（情が移る）

포장：ラッピング、包装。

＊**포장하다**（ラッピングする、包む）、**포장지**（包装紙）、**리본**（リボン）

⓭ 포인트로 사니까 왠지 선물 받은 느낌이야. ♡

ポイントで買ったから、何だかプレゼントをもらった気分だわ。

왠지：何だか、なぜだか、何となく。＊**뭔가**：何か、どうも
느낌：感じ、感覚。
＊**느낌이 좋다**（脈がある、手応えがある、良い感じだ）、**느낌이 오다**（ぴんとくる）、**느낌표**（ビックリマーク、感嘆符）

⓮ 무료 배송이라고 해서 시켰는데［시켠는데］ 나중에 청구하는 법이 어디 있어? ♡

無料配送だっていうから頼んだのに、後で請求するのはおかしいでしょ？

시키다：頼む、注文する。
청구하다：請求する。＊**청구서**（請求書）
文 **-는 법이 어디 있어?**：～するのはおかしいでしょ？。直訳すると「～する法律がどこにある？」。

⓯ 아, 맞다. 이제 비닐 봉투 사용 금지라는 걸 또 깜빡했어［깜빠캐써］. ♡

あ、そうだ。もうビニール袋使用禁止っていうのをまたうっかりしてた。

사용 금지：使用禁止。＊**출입 금지**（出入り禁止）、**잡담 금지**（雑談禁止）
깜빡하다：うっかりする。＊**건망증**（物忘れ）、**깜빡 죽는다**（目がない）

会話フレーズ

TR_207

1 A：**살다 살다 백화점에서 가격 깎는 사람은 처음 봤어.**
[배콰저메서] [깡는]

今まで生きててデパートで値切る人は初めて見たよ。

B：**백화점에선 깎으면 안 된다는 법이라도 있어?**

デパートでは値切っちゃいけないっていう決まりでもあるわけ？

살다 살다：(今まで) 生きてきて。
(가격을) 깎다：値切る。
＊**가격을 흥정하다** (値段を交渉する)、**가격 인상・인하** (値上げ・値下げ)、**가격 파괴** (激安)
법：法律、決まり、ルール。
＊**법 없이도 살 사람** (お人よし、善良な人。直訳すると「法がなくても生きる人」)

---

2 A：**삼만 원만 더 쓰면 사은품을 받을 수가 있는데.**
[바들 쑤] [인는데]

あと３万ウォン分買えば謝恩品がもらえるんだけどね。

B：**만 원짜리 사은품 받으려고 필요도 없는 걸 산단 말이야?**
[엄는]

１万ウォンの謝恩品をもらうために、必要でもない物を買うってこと？

쓰다：使う。
＊**애쓰다**(努力する、頑張る)、**용쓰다**(必死になる、ありったけの力を出す)、**힘쓰다**(力を尽くす、助ける、務める)
짜리：～ほどの、～のもの (お金や数に付く)。

TR_208

3 A：**이거 원 플러스 원으로 팔면 남는 게 있을까?** ♡

これを1＋1で売るって、利益はあるのかな？

B：**걱정도 팔자다. 손해 보면서 팔 리가 없잖아.**
[팔짜]

余計な心配を。損して売るわけがないじゃん。

원 플러스 원：1＋1。一つ買うとおまけでもう一つもらえるサービスのこと。
(이익이) 남다：(利益が) ある。
걱정도 팔자다：余計な心配だ。直訳すると「心配も運命だ」。
＊**팔자** (運、運命、運勢、星回り)
文 **-(으)ㄹ 리가 없다**：～するわけがない、～するはずがない。

---

4 A：**면세점에서 사면 싼데 왜 바깥 매장에서 사는 거야?** ♡
[바깐 매장]

免税店で買えば安いのに、何で外のショップで買うの？

B：**면세점에서 사면 공항에서 물건 받아서 계속 가지고 다녀야 하잖아.**

免税店で買うと、空港で受け取ってから、ずっと持ち歩かないといけないじゃん。

바깥：外、表。
＊**바깥쪽** (外側)、**바깥출입** (外出)、**바깥일** (お仕事)、**바깥양반** (自分または他人の夫)

♪ TR_209

5 A : **자기가 흥정의 귀재라고 자기한테 맡기라고 하더니.** ♡

交渉の達人だから自分に任せてと言っておきながら。

B : **그렇게 사람 좋은 얼굴을 해 가지고 바가지 씌울 줄은 몰랐지.**

[씨울 쭈른]

あんなにお人よしな顔をしながら、ぼったくるとは思わなかったんだもん。

흥정 : 交渉、駆け引き。＊**교섭** (交渉)、**상담** (商談)

사람이 좋다 : お人よしだ、人がいい。

＊**성격이 좋다** (性格がいい)、**성품이 좋다** (人格がいい、品性がある)

---

6 A : **불량품이 이렇게 많아서야 어떻게 믿고 사겠어.** ♡

不良品がこんなに多くては信用して買えないでしょう。

B : **반품도 안 받아 준다니 이거 완전 갑질 아냐?**

返品も受け付けてくれないなんて、これはまるでパワハラだよね？

갑질 : 強い立場の人 (**갑**、甲) が立場を利用して弱い立場の人 (**을**、乙) に不利益や不快を与える行為を言う。

文 **-아/어서야** : ～しては、～くては。

単語

TR_210

이벤트 イベント

□ (바겐)세일　バーゲンセール
□ 타임 세일　タイムセール
□ 가격 인하　値下げ
□ 반값 할인　半額割引、50%オフ
□ 떨이　投げ売り
□ 특가 판매　特価販売
□ 특설 매장　特設売り場
□ 블랙프라이데이　ブラックフライデー
□ 원 플러스 원　1+1
□ 재고 대방출　在庫大放出
□ 창고 대방출　倉庫大放出
□ 추첨회　抽選会
□ 당첨　当選、当たり
□ 꽝　外れ
□ 증정　贈呈

서비스 サービス

□ 고객만족도　顧客満足度
□ 인포메이션　インフォメーション
□ 사은품　謝恩品
□ 공짜　タダ
□ 무료　無料
□ 덤　おまけ
□ 스탬프　スタンプ
□ 포인트　ポイント
□ 적립금　積立金
□ 회원 카드　会員カード
□ 할인쿠폰　割引クーポン
□ 선물 포장　プレゼント包装
□ 쇼핑백　ショッピングバッグ
□ 비닐봉지, 비닐 봉투　ビニール袋

불만 不満

□ 컴플레인　クレーム
□ 불량품　不良品
□ 교환　交換
□ 환불　返金
□ 반품　返品
□ 보상　補償
□ 바가지　ぼられること
□ 폭리　暴利
□ 수선　修繕、手直し
□ 갑질　パワーハラスメント
□ 진상　モンスタークレーマー
□ 사용 후기　レビュー
□ 악평　悪評
□ 혹평　酷評

배송 配送

- □ 국내 배송　国内配送
- □ 해외 배송　海外配送
- □ 택배　宅配
- □ 배송비　送料
- □ 배송서비스　配送サービス
- □ 무료 배송　無料配送
- □ 배송비 무료　送料無料
- □ 퀵 배송, 퀵 서비스　クイック配送
- □ 새벽 배송　早朝配送
- □ 당일 배송　当日配送
- □ 총알 배송　スピード配送
- □ 택배 기사　宅配業者
- □ 배송 지연　配送遅延
- □ 배송 사고　配送事故

기타 その他

- □ 단골(손님)　常連
- □ 단골 가게　行きつけの店
- □ 점원　店員
- □ 종업원　従業員
- □ 점장　店長

㉒ビューティーⅠ

聞いてみよう！

♪ TR_211

「聞いてみよう！」全文

A：피부 죽인다.

お肌、超きれい！

B：너도 관리 좀 해.

[괄리]

あなたもちょっとはケアしなさいよ。

A：마음이야 굴뚝 같지만 돈도 없고 시간도 없고.

気持ちはやまやまなんだけど、お金もないし時間もないし。

B：세상에 투자없이 되는 일이 어디 있어.

世の中、投資なしでできることなんかないわよ。

解説

죽이다：〈俗語〉（褒めるときに使う）すごく良い。本来は「殺す」という意味。

＊**숨죽이다**（息を飲む、息を凝らす）、**기죽이다**（気をくじく、意気消沈させる）、**감정을 죽이다**（感情を抑える）

마음은 굴뚝 같다：気持ちはやまやまだ。**마음은 굴뚝 같지만**、**마음은 굴뚝 같은데**（気持ちはやまやまだが）の形でよく使われる。直訳すると「気持ちは煙突のようだ」

文 **~(이)야**：名詞に付いて「~は」の意味。**~은/는**（~は）よりも強調した表現。

ひとことフレーズ

TR_212

❶ 파마가 다 풀려서 지저분해 보여요.

パーマが全部取れちゃって汚く見えます。

파마가 풀리다：パーマが取れる。
＊**파마를 하다**（パーマをかける）、**맥이 풀리다**（拍子抜けする）、**기분이 풀리다**（気が済む。**직성이 풀리다**とも言う）

지저분하다：汚い、汚らしい、むさ苦しい。

❷ 태반주사를 맞으면 피로가 확 풀려요.

プラセンタ注射を打つと、疲れが吹っ飛びます。

피로가 풀리다：疲れが取れる。
＊**화가 풀리다**（怒りが収まる）、**끈이 풀리다**（ひもがほどける）、**문제가 풀리다**（問題が解ける）、**날씨가 풀리다**（寒さが和らぐ）

❸ 우와, 머릿결 끝내준다.

[끈내준다]

わー、髪質最高だね。

머릿결：髪の質や状態。＊**머릿결이 찰랑찰랑하다**（髪の毛がサラサラだ）

끝내주다：〈俗語〉最高だ。同様の意味で**죽여주다**、**죽이다**がある。

❹ 두피 마사지를 하면 머리가 덜 빠질까? ♡

頭皮マッサージすれば、髪の毛抜ける量が減るかな？

머리가 빠지다：髪の毛が抜ける。
＊**흰머리**（白髪。**새치**とも言う）、**쓸개가 빠지다**（節操がない。直訳すると「胆のうが抜ける」）、**놀라 자빠지다**（びっくり仰天する）

덜：より少なく、少なめに、控えめに、あまり～ない。

❺ 이게 가발이란 말이야? 감쪽같네! ♡

[감쪽깐네]

これがウィッグってこと？　全然分からない！

가발：かつら。＊**위그**（ウィッグ）、**부분 가발**（ポイントウィッグ）、**인모**（人毛）

감쪽같다：技量が優れていて手を入れた形跡がない、全くそっくりだ。
＊**감쪽같이**（まんまと、跡形もなく）

❻ 헤어스타일이 바뀌니까 사람이 달라 보이네. ♡

ヘアスタイルが変わったから、人が違って見えるね。

헤어스타일：ヘアスタイル。＊**패션스타일**（ファッションスタイル）

사람이 달라 보이다：人が違って見える。＊**딴사람 같다**（別人みたいだ）

❼ 곱슬머리는 고집이 세다더니 진짜 두 손 두 발 다 들었어.

天然パーマの人は我が強いって聞いたけど、マジでお手上げだわ。

곱슬머리：癖毛、天然パーマ、縮れ毛。＊**직모**（直毛）
고집이 세다：我が強い、強情だ。＊**콧대가 세다**（鼻柱が強い）
두 손 두 발 다 들다：お手上げだ。直訳すると「両手両足を上げる」。
＊**기브업하다**（ギブアップする）

❽ 그냥 머리에 왁스를 떡칠을 했네.

[핸네]

うわー、髪にワックスべっとり付けたんだね。

그냥：何とまあ。言葉を濁す意味で使われている。
왁스：ワックス。＊**스프레이**（スプレー）、**무스**（ムース）、**오일**（オイル）
떡칠(을) 하다：化粧品やのりなどをべっとり塗る。

❾ 난 각질제거를 하면 화장이 잘 먹더라고요.

私は角質除去をしたら、化粧のりが良くなったんですよ。

화장이 잘 먹다：化粧のりが良い。＊**화장이 뜨다**（化粧のりが悪い）
文 **-더라고요**：～したんですよ、～だったんですよ。

⑩ 보톡스 부작용인지 얼굴이 퉁퉁 부었어요.

ボトックスの副作用か、顔がパンパンにむくんじゃいました。

부작용：副作用。
＊**부작용이 생기다**（副作用が生じる）、**부작용이 따르다**（副作用を伴う）
퉁퉁 붓다：パンパンに腫れる。
＊**간덩이가 붓다**（度胸がある、生意気に振る舞う。**간이 붓다**とも言う）

⑪ 드라이만 하는데 왜 이렇게 머리가 상하는지 모르겠네.

[모르겐네]

ドライヤーしてるだけなのに、何でこんなに髪が傷むのか分からない。

머리가 상하다：髪が傷む。
＊**머리끝이 상하다**（毛先が傷む）、**마음이 상하다**（心が傷つく、胸が痛む。**기분이 상하다**とも言う）、**빈정 상하다**（気に障る）、**얼굴이 상하다**（顔色が悪い、やつれている）、**음식이 상하다**（食べ物が傷む。**음식이 쉬다**とも言う）

⑫ 누구를 만나는데 세팅까지 하고 저 난리예요?

[날리]

誰に会うからって、ヘアセットまでしてあの騒ぎなんですか？

(머리) 세팅：(ヘア) セット。
＊**헤어스타일링**（ヘアスタイリング）、**머리 스타일**（ヘアスタイル、**헤어스타일**とも言う）

⑬ 돈만 있으면 전신 성형하고 팔자 고치고 싶다. 아, 어디서 돈벼락 안 떨어지나?

[팔짜] [돈뼈락]

お金さえあれば全身整形して人生変えたい。あー、どこかからお金が降ってこないかな。

팔자(를) 고치다：運命を変える、運勢を変える。
돈벼락이 떨어지다：いきなり大金が手に入る。＊**돈방석에 앉다**（大金持ちになる）

⑭ 삼십 년 동안 헤어스타일이 한결같다니, 너도 참 대단하다.

[삼심 년 똥안]

30年間ヘアスタイルが同じだなんて、君も本当にすごい。

한결같다：終始一貫している。
＊**한결같이**（いちずに、終始一貫して）、**변함없다**（ひたむきだ）

⑮ 지방흡입 잘못하면 피부가 울퉁불퉁해진다던데 정말이야?

[잘모타면]

脂肪吸引に失敗したら、皮膚が凸凹になるって聞いたんだけど、本当なの？

지방흡입：脂肪吸引。＊**체지방을 줄이다**（体脂肪を減らす）
울퉁불퉁：でこぼこ、ごつごつ。
＊**길이 울퉁불퉁하다**（道がでこぼこだ）、**울퉁불퉁한 곳을 고르다**（でこぼこをならす）

会話フレーズ

TR_217

1 A：**속눈썹 연장한 거 옆에서 보니까 너무 예쁘다!** ♡
[송눈썹]
まつげエクステしたの横から見たら、すっごいきれい！

B：**너도 해. 화장할 때도 편하고 완전 강추야.**

あなたもやりなよ。化粧する時も楽だし、マジおすすめだよ。

완전：完全、とても、めっちゃ、すごく。
＊**불완전**（不完全）、**완전히**（完全に）、**완전범죄**（完全犯罪）
강추：**강력 추천**（強力推薦）の略。超おすすめ。

---

2 A：**이 나이에 여드름도 아니고 얼굴에 뭐가 난 거야?** ♡

この年でニキビなわけないし、顔に何ができたのかな？

B：**손으로 짜지 마. 흉 지면 어떻게 해.**

手でつぶさないで。跡が残ったらどうするのよ。

여드름：ニキビ。＊**종기**（吹き出物。**뾰루지**とも言う）、**다래끼**（ものもらい）
짜다：絞る、つぶす。＊**빨래를 짜다**（洗濯物を絞る）、**짠 기름**（絞った油）
흉 지다：傷跡が残る。

TR_218

3 A：**성형해서 예뻐지면 내 인생도 달라질까?**

整形してきれいになったら、私の人生も変わるかな？

B：**얼굴만 예뻐지면 뭐해. 성격이 그대로인데.**

[성껴기]

顔だけきれいになってどうするの。性格はそのままなのに。

성형：整形。
＊**성형돌**(**성형한 아이돌**〈整形したアイドル〉の略)、**프티 성형**(プチ整形)、**성형 미인**(整形美人)、**성형 전**・**성형 후**(整形前・整形後)

달라지다：変わる。＊**성격이 달라지다**(性格が変わる)、**달라진 점**(変わった点)

---

4 A：**기껏 다이어트해서 뺐는데 요요가 와서 더 쪘어요.**

[뺀는데]

せっかくダイエットして痩せたのに、リバウンドして前より太っちゃいました。

B：**그래요? 난 잘 모르겠는데.**

[모르겐는데]

そうですか？　私にはよく分からないけど。

기껏：精いっぱい、ありったけ、せっかく。
＊**기껏해야**(せいぜい、多くても、良くても)

요요가 오다：リバウンドする。**요요 현상**(ヨーヨー現象)は「リバウンド」を意味する。

TR_219

5 A：**탈모 방지 샴퓨를 쓰는데도 왜 이렇게 많이 빠지지?**

脱毛防止シャンプーを使っているのに、何でこんなにたくさん抜けるんだろう？

B：**니가 머리 감고 난 후에 하수구를 보면 공포영화야.**

[감꼬]

あなたが髪を洗った後、排水溝を見るとホラー映画だわ。

탈모：脱毛、抜け毛。
＊**머리숱**（毛量）、**모발**（毛髪）、**탈모증**（脱毛症）、**모근**（毛根）、**두피**（頭皮）

6 A：**필링하니까 기미까지 없어졌어요.**

ピーリングしたら、シミまでなくなりました。

B：**어머, 진짜네. 어디서 했어요? 우리 좋은 정보는 공유해요.**

あら、本当だね。どこでやりました？　私たち、良い情報は共有しましょう。

기미：シミ。＊**기미가 끼다**（シミができる）
공유하다：共有する。＊**독점**（独占）

単語

TR_220

마사지 マッサージ

- □ 마스크팩　マスクパック
- □ 수면팩　スリーピングパック
- □ 겔마스크　ジェルマスク
- □ 전신 마사지　全身マッサージ
- □ 두피 마사지　頭皮マッサージ
- □ 헤드스파　ヘッドスパ
- □ 발 마사지　足マッサージ
- □ 경락마사지　経絡マッサージ
- □ 아로마 마사지　アロママッサージ
- □ 스포츠 마사지　スポーツマッサージ
- □ 커플 마사지　カップルマッサージ

관리 ケア

- □ 성형수술　美容整形
- □ 쌍꺼풀수술　二重手術
- □ 레이저시술　レーザー施術
- □ 속눈썹 파마　まつげパーマ
- □ 속눈썹 연장　まつげエクステ
- □ 눈썹 문신　眉毛タトゥー
- □ 피부　肌、皮膚
- □ 스크럽　スクラブ
- □ 때밀이　あか擦り
- □ 때수건　あか擦りタオル
- □ 사우나　サウナ
- □ 반신욕　半身浴
- □ 제모　脱毛
- □ 주름　しわ
- □ 점　ほくろ
- □ 기미　シミ
- □ 주근깨　そばかす
- □ 여드름　ニキビ
- □ 흰머리 / 새치　白髪／若白髪
- □ 각질　角質
- □ 각질제거　角質除去
- □ 브라질리언 왁싱　ブラジリアンワックス
- □ 지방흡입　脂肪吸引
- □ 박피, 필링　ピーリング
- □ 필러　ヒアルロン酸補塡（ほてん）、フィラー
- □ 보톡스　ボトックス
- □ 태반주사　プラセンタ注射
- □ 마늘주사　ニンニク注射
- □ 비타민주사　ビタミン注射
- □ 신데렐라 주사　シンデレラ注射
- □ 백옥주사　白玉注射

헤어 ヘア

- □ 미용실　美容室
- □ 미용사　美容師
- □ 스타일리스트　スタイリスト
- □ 헤어스타일　ヘアスタイル

- □ 머릿결 髪の質
- □ 짧은 머리 ショートヘア
- □ 긴 머리 ロングヘア
- □ 앞머리 前髪
- □ 단발머리 ボブ
- □ 곱슬머리 天然パーマ
- □ 염색 カラーリング
- □ 브릿지 염색 ポイントヘアカラー
- □ 드라이 ブロー
- □ 드라이기 ドライヤー
- □ 고데기 コテ
- □ 세팅 ヘアセット
- □ 가발 ウィッグ
- □ 부분 가발 ポイントウィッグ
- □ 붙임 머리 (髪の毛の)エクステ
- □ 파마 パーマ
- □ 웨이브 파마 ウエーブパーマ
- □ 스트레이트파마 ストレートパーマ
- □ 커트 カット
- □ 쇼트커트 ショートカット
- □ 삭발 丸刈り
- □ 섀기커트 シャギーカット
- □ 레이어드커트 レイヤードカット

헤어용품 ヘア用品

- □ 샴푸 シャンプー
- □ 린스 リンス
- □ 컨디셔너 コンディショナー
- □ 트리트먼트 トリートメント
- □ 헤어마스크 ヘアマスク
- □ 무스 ムース
- □ 스프레이 スプレー
- □ 왁스 ワックス
- □ 탈모 방지 脱毛防止
- □ 두피관리 頭皮管理

네일 ネイル

- □ 네일 숍 ネイルサロン
- □ 매니큐어 マニキュア
- □ 페디큐어 ペディキュア
- □ 젤네일 ジェルネイル
- □ 네일팁 ネイルチップ
- □ 네일스티커 ネイルシール
- □ 네일리무버, 아세톤 ネイルリムーバー
- □ 손톱깎이 爪切り
- □ 손톱 가위 ネイル用はさみ
- □ 네일파일 ヤスリ
- □ 화장 솜 化粧コットン

㉓ビューティーII

聞いてみよう！

♪ **TR_221**

「聞いてみよう！」全文

A：볼터치해 봤는데 어때?

[봔는데]

チークを入れてみたんだけど、どう？

B：ㅋㅋ, 너 지금 개그하니?

(笑)、それギャグなの？

A：왜? 이상해? 지울까?

何で？　おかしい？　落とそうかな？

B：아냐, 개성은 자유라잖아 ㅋㅋ.

いや、個性は自由って言うじゃん(笑)。

解説

볼터치：チーク。**치크**、**블러셔**とも言う。

지우다：消す、落とす。

＊**화장을 지우다** (化粧を落とす)、**얼룩을 지우다** (染みを取る)、**흔적을 지우다** (痕跡を消す)、**기억을 지우다** (記憶を消す)

文 **~(이)라잖아**：～だって言うじゃん。**~(이)라고 하잖아**の縮約形。

ひとことフレーズ

TR_222

❶ 한방 다이어트, 대박!

韓方ダイエット、最高！

대박：大当たり、大受け、大ヒット。若者の間で使われる「ヤバい」に近い。
＊**대세**（大人気、トレンド）、**쪽박**（大失敗）、**쪽박을 차다**（無一文になる）

❷ 향수 냄새가 진동을 하네. 얼마나 뿌려 댄 거야?

香水の匂いがすごいね。どれほどかけまくったの？

진동(을) 하다：匂いなどがひどい、振動する。
뿌려 대다：かけまくる、ばらまく。

❸ 머리에 바르는 오일을 몸에 발랐어?

髪に付けるオイルを体に塗ったの？

바르다：塗る。
＊**처바르다**（塗りまくる）、**덧바르다**（重ね塗りをする）、**침을 바르다**（唾を付ける、自分の所有であることを示す）

♪ TR_223

❹ 내가 다이어트 식품이라면 꽉 잡고 있잖아.

ダイエット食品なら、私が全部把握しているじゃん。

꽉 잡다：牛耳る、全部把握している。直訳すると「しっかりつかむ」。
＊**흠잡다**（けちをつける、あらを探す）、**책잡다**（責める、とがめる）、**사로잡다**（魅了する、捕らえる）、**어림잡다**（概算する、大まかに見積もる）

❺ 나이 들어 생기는 주름인데 뭘 그렇게 안달을 해.

年を取ってできたしわなのに、何をそこまで気にしてるのよ。

주름：しわ。＊**잔주름**（小じわ）、**팔자 주름**（ほうれい線）
안달(을) 하다：焦る、いらいらする。＊**안달복달하다**（すごく気をもむ、やきもきする）

❻ 아니 무슨 때가 이렇게 많이 나와. 하수구 막히겠다.

[마키겐따]

いや、何であかがこんなにいっぱい出るんだよ。排水溝が詰まりそう。

때：あか、汚れ。＊**찌든 때**（こびりついたあか、しつこい汚れ）
하수구가 막히다：排水溝が詰まる。
＊**기가 막히다**（あきれる、素晴らしい）、**코가 막히다**（鼻が詰まる）、**말이 막히다**（あきれてものが言えなくなる。**말문이 막히다**とも言う）

❼ 난 립밤 바르는 남자를 보면 좀 깨더라.

私、リップバーム塗ってる男子を見ると、ちょっとドン引きしちゃうんだよね。

깨다：あきれる、覚める、壊す。
＊**컵을 깨다**（コップを割る）、**기록을 깨다**（記録を破る）、**산통을 깨다**（企みをぶち壊す）、**잠이 깨다**（眠りから覚める）、**자나깨나**（寝ても覚めても、常に）

❽ 쿠션 팩트 위에 파우더를 발랐더니 화장이 밀려요.

クッションファンデの上にパウダーを塗ったら、化粧がよれます。

화장이 밀리다：化粧がよれる。
＊**화장이 뜨다**（化粧のりが悪い）、**화장이 지워지다**（化粧が崩れる）、**화장이 진하다・연하다**（化粧が濃い・薄い）

❾ 좋다는［조타는］ 보디 샴푸를 쓰는데도 피부가 거칠거칠해.

評判のボディシャンプーを使っても肌がガサガサだよ。

거칠거칠하다：ガサガサだ、ザラザラだ。

♪ TR_225

⑩ 무슨 크림을 바르면 그렇게 얼굴에서 광이 나요?

どんなクリームを塗ったら、そんなに顔がつやつやになるんですか？

광이 나다：つやが出る、光を発する、ぴかぴか光る。
＊**반들반들하다**（つるつるだ。**매끈매끈하다**とも言う）

⑪ 클렌징이 얼마나 중요한데. 대충 씻지 말고 제대로 씻어.

クレンジングがどれほど重要かって。適当に洗わないでしっかり洗って。

중요하다：重要だ、大事だ。＊**소중하다**（大切だ）、**귀중하다**（貴重だ）
대충：適当に、いいかげんに、大まかに、おおむね、ざっと。
＊**대충대충**（大ざっぱに、いいかげんに。**건성건성**とも言う）
제대로：きちんと、まともに、ちゃんと、ろくに。

⑫ 화장품 이름이 왜 이렇게 어려워? 세럼은 뭐고 토너는 뭐야?

化粧品の名前が何でまたこんなに難しいんだ？　セラムは何で、トナーは何？

세럼：美容液。**앰플**、**에센스**とも言う。一般的に濃度の高い順に**앰플**→**세럼**→**에센스**。
토너：化粧水。**스킨**とも言う。＊**로션**（乳液。**에멀젼**とも言う）

⑬ 등 밀 때 쓰는 긴 때수건은 없어?

背中のあか擦りに使う長いあか擦りタオルはないの？

밀다：擦る、(力を加えて) 押す、推薦する。
＊**때를 밀다** (あかを落とす、あかを擦る)、**등을 밀다** (背中を押す、後押しする)

때수건：あか擦りタオル。**때밀이 수건**、**때밀이 타월**とも言う。
＊**이태리 타월** (あか擦りタオルの代表的な商品名)

⑭ 단식해서 살 뺄 생각하지 말고 운동을 해.

[단시캐서]　[생가카지]

断食して痩せようと思わないで、運動をしてよ。

단식하다：断食する。＊**굶다** (食事を抜く)
살(을) 빼다：体重を減らす。
＊**살이 빠지다** (痩せる)、**살찌다** (太る)、**살찌우다** (太らせる)

⑮ 어차피 사는 거, 조금만 더 주고 체지방까지 잴 수 있는 체중계를 사지. 돈도 좀 아낄 때 아껴라.

[잴 쑤]　[인는]

どうせ買うなら、少し高くても体脂肪まで量れる体重計を買えばいいのに。節約すべきところは他にあるだろ。

체지방을 재다：体脂肪を測る。＊**몸무게를 재다** (体重を量る)
돈을 아끼다：節約する。＊**짜다** (けちだ)、**짠돌이**・**짠순이** (けちな男・女)

会話フレーズ

TR_227

1 A：**어머, 화장하니까 몰라볼 뻔했어요. 화장발 죽인다.**
[화장빨]
あら、化粧したら別人だね。化粧の効果、すごいね。

B：**욕이야? 칭찬이야?**

嫌みなの？　褒め言葉なの？

화장발 죽이다：化粧効果抜群だ、化粧して実際よりもっときれいに見える。**발**は「効果」を表す接尾辞。
＊**말발**（話の効き目、言葉の権威）、**말발이 좋다**（口が達者だ）、**말발이 세다**（発言力がある）、**옷발**（着映え）、**옷발이 좋다**（着映えがする、服がよく映える。**옷발이 살다**とも言う）、**사진발**（写真映え）

2 A：**얼굴이 건조하면 미스트를 자주 뿌리세요.**

顔が乾燥するなら、ミストをこまめに吹き掛けてください。

B：**미스트는 써 본 적이 없는데 어디 게 좋아요?**
[엄는데]　[어디 께]
ミストは使ったことがないのですが、どこの製品がいいですか？

건조하다：乾燥する。＊**무미건조하다**（無味乾燥だ、味もそっけもない）
뿌리다：吹き掛ける、まく。
＊**스프레이를 뿌리다**（スプレーをかける）、**재를 뿌리다**（水を差す）、**씨앗을 뿌리다**（種をまく）、**전단지를 뿌리다**（ビラをばらまく）

TR_228

3 A：**어때? 요게 요즘 화제의 키스를 부르는 립스틱이래.**

どう？　これが最近話題のキスしたくなる口紅だって。

B：**입술 터서 일어난 각질이나 어떻게 좀 해.**

唇が荒れて浮き上がったささくれからどうにかしなよ。

부르다：呼ぶ、招く、称する。＊**부르는 값**（言い値）

트다：荒れる、ひび割れる。
＊**살갗이 트다**（肌が荒れる。**피부가 트다**とも言う）、**얼굴이 트다**（顔が荒れる）、**손발이 트다**（手足が荒れる）

각질：角質。＊**거스러미**（手にできたささくれ）

---

4 A：**그 비싼 안티에이징화장품 쓴다고 자랑하더니 눈가의 주름이 더 는 거 아냐?**
[눈까]

あの高いアンチエイジング化粧品を使ってると自慢してたのに、目尻のしわがさらに増えたんじゃない？

B：**아, 생각할수록 열받네. 왜 화장품이 돈값을 못 해?**
[생가칼쑤록]　[열반네]　[돈깝쓸]　[모 태]

あー、考えるほどむかつく。何で化粧品が値段の割には全然ダメなの？

자랑하다：自慢する、誇る。＊**뽐내다**（威張る、自慢する）

열받다：頭にくる、腹が立つ。＊**뚜껑 열리다**（頭にくる、キレる）

돈값：お金の値打ち、お金をかけたほどの価値。
＊**얼굴값을 하다**（顔の良さを生かす、顔の良さを利用する）

TR_229

5 A : **다이어트? 그딴 걸 왜 해? 우리 남편은 내 똥배까지 사랑스럽다고 하는데.**

ダイエット？　何でそんなことするの？　うちの主人は私のぽっこりおなかも愛らしいと言ってるのに。

B : **하아, 난 그런 남자를 어디 가서 만나나? 분명 전생에 넌 나라를 구했고 난 나라를 팔아 먹었나 보다.**

はー、私はどこへ行けばそんな男性に出会えるんだろう。きっと前世であなたは国を救って、私は売っぱらったみたいだね。

똥배 : ぽっこりおなか
전생 : 前世。幸運な人に対して、**전생에 나라를 구했다**（前世で国を救った）という表現をする。前世の行いの報いを現世で受けるという思想。

---

6 A : **울어서 마스카라가 다 번졌잖아요.**

泣いたから、マスカラが全部にじんじゃったじゃないですか。

B : **진짜요? 아, 어떡해. 워터프루프로 바꿔야겠어요.**
[어떠캐]

本当ですか？　あ、どうしよう。ウオータープルーフに変えなきゃ。

번지다 : にじむ、染みる、伝播（でんぱ）する、拡大する。
＊**잉크가 번지다**（インクがにじむ）、**불길이 번지다**（燃え広がる）、**웃음이 번지다**（笑いが広がる）

単語

TR_230

기초화장품 基礎化粧品

- □ 스킨, 토너　化粧水
- □ 로션, 에멀젼　乳液
- □ 엣센스, 앰플, 세럼　美容液
- □ 영양 크림　美容クリーム
- □ 수분 크림　水分クリーム
- □ 아이 크림　アイクリーム
- □ 재생 크림　皮膚再生クリーム
- □ 데이 크림　デイクリーム
- □ 나이트 크림　ナイトクリーム
- □ 지성피부　オイリー肌
- □ 건성피부　乾燥肌
- □ 복합성피부　混合肌
- □ 민감성피부　敏感肌

기능성화장품 機能性化粧品

- □ 선크림　日焼け止め
- □ 자외선 차단 제품　紫外線遮断製品
- □ 튼살 크림　セルライトクリーム
- □ 주름 개선 화장품　しわ改善化粧品
- □ 아토피용 화장품　アトピー用化粧品
- □ 체모 제거 화장품　無駄毛処理化粧品
- □ 안티에이징화장품　アンチエイジング化粧品
- □ 미백용 화장품　美白用化粧品

색조화장품 色調化粧品

- □ 프라이머　プライマー
- □ 베이스　ベースメイク
- □ 컨실러　コンシーラー
- □ 파운데이션　ファンデーション
- □ 파우더　パウダー
- □ 쿠션 팩트　クッションファンデ
- □ 비비크림　BBクリーム
- □ 시시크림　CCクリーム
- □ 셰딩　シェーディング
- □ 하이라이터　ハイライター
- □ 티 존　Tゾーン
- □ 아이브로　アイブロウ
- □ 아이섀도　アイシャドー
- □ 아이라이너　アイライナー
- □ 마스카라　マスカラ
- □ 립스틱　口紅
- □ 립밤　リップバーム
- □ 틴트　ティント
- □ 볼터치　チーク
- □ 퍼프　パフ

보디용품 ボディー用品

- □ 보디 오일　ボディーオイル
- □ 보디로션　ボディーミルク
- □ 보디 샴푸　ボディーシャンプー
- □ 보디스크럽　ボディースクラブ
- □ 보디 워시　ボディーウォッシュ
- □ 샤워 젤　シャワージェル
- □ 핸드크림　ハンドクリーム
- □ 미스트　ミスト
- □ 향수　香水
- □ 오드콜로뉴　オーデコロン

클렌징용품 クレンジング用品

- □ 클렌저　洗顔料
- □ 메이크업 클렌저　メイク落とし
- □ 클렌징오일　クレンジングオイル
- □ 클렌징크림　クレンジングクリーム
- □ 클렌징폼　クレンジングフォーム
- □ 비누　せっけん
- □ 거품 망　泡立てネット

다이어트 ダイエット

- □ 체중계　体重計
- □ 체중, 몸무게　体重
- □ 체중감량　体重減量
- □ 체지방　体脂肪
- □ 요요 현상　リバウンド
- □ 단식 / 패스팅　断食／ファスティング
- □ 식사조절　食事調節
- □ 체중 관리　体重管理
- □ 칼로리　カロリー
- □ 군살　ぜい肉
- □ 뱃살　おなかの肉
- □ 똥배　ぽっこりおなか
- □ 아랫배　下っ腹
- □ 팔뚝 살　二の腕の肉
- □ 이중 턱　二重顎
- □ 허벅지 살　太ももの肉
- □ 다이어트 식품　ダイエット食品
- □ 다이어트 식단　ダイエットメニュー
- □ 다이어트 운동　ダイエット運動
- □ 다이어트 앱　ダイエットアプリ
- □ 한방 다이어트　韓方ダイエット
- □ 탄수화물 제한　炭水化物制限
- □ 당질 제한　糖質制限
- □ 디톡스　デトックス
- □ 헬스(장)　スポーツジム
- □ 피트니스(센터)　フィットネスクラブ
- □ 퍼스널트레이닝, 피티(PT)　パーソナルトレーニング
- □ 근육 단련　筋トレ
- □ 속근육　インナーマッスル
- □ 겉근육　アウターマッスル
- □ 서플리먼트　サプリメント
- □ 다이어트 후기　ダイエットリポート

㉔ 身体 I

聞いてみよう！

♪ TR_231

「聞いてみよう！」全文

A：아기가 웃을 때 콧구멍이 벌렁거리는 게 너무 귀여워.

赤ちゃんが笑う時に、鼻の穴がひくひくするのがとてもかわいい。

B：커서도 귀여울까？

大きくなってもかわいいかな？

A：너 때문에 쓸데없는 상상했잖아！

［쓸떼엄는］

あなたのせいで余計な想像しちゃったじゃない！

B：난 사실을 얘기했을 뿐이야.

僕は事実を言ったまでだよ。

解説

벌렁거리다：ひくひくさせる、落ち着きがない、軽く動く。

＊**벌렁 드러눕다**（ごろりと横になる）、**심장이 벌렁벌렁하다**（心臓がバクバクする）

쓸데없다：無駄だ、要らない、くだらない。

＊**쓸데없이**（無駄に、余計に）、**쓸데없는 참견**（余計なお世話、大きなお世話）、**쓸데없는 소리**（くだらない話、無駄口）

文 **-았/었을 뿐이야**：～したまでだよ、～だっただけだよ。

ひとことフレーズ

TR_232

❶ 하는 짓이 눈에 거슬린단 말이야.

やってることが目障りだってば。

짓：振る舞い、行動。
＊**몸짓**（身振り、ジェスチャー、しぐさ）、**손짓**（手振り）、**발짓**（足を動かす動作）、**손짓 발짓**（身振り手振り）、**눈짓**（目配せ）
눈에 거슬리다：目障りだ。＊**눈에 띄다**（目に付く）、**눈에 차다**（気に入る）

❷ 부모 등골 좀 그만 빼먹어.

［등꼴］

いいかげん、親のすねをかじるのはもうやめなよ。

등골 빼먹다：人の金や物をしぼり取る。直訳すると「背筋を抜き取って食べる」。
＊**등골이 빠지다**（骨身を削る、耐え難いほど苦労する）、**등골이 오싹하다**（背筋が寒くなる、ヒヤリとする、ゾッとする）

❸ 머리끝에서 발끝까지 쫙 빼입고 어디 가?

頭の先から足の先までおしゃれしてどこへ行くの？

머리끝에서 발끝까지：頭の先から爪先まで。＊**온몸**（全身。**전신**とも言う）
쫙 빼입다：おしゃれする、おめかしする。

❹ 지금 와서 가슴 치며 후회하면 뭐 해.

今になって悔やんでも意味ないじゃん。

가슴 치며 후회하다：悔やむ、胸をたたきながら後悔する。
＊**치다**（打つ、たたく）、**뻥치다**（うそをつく）、**빰치다**（劣らない、顔負けする）

文 **-(으)면 뭐 해**：～してどうするの？、～しても意味ないじゃん、～だからって何なの？

❺ 목구멍에 풀칠할 정도밖에 못 벌어.

［풀치랄］

かろうじて食べていけるほどしか稼げないの。

목구멍에 풀칠하다：やっと暮らしを立てる。直訳すると「喉の穴にのりを塗る」。**입에 풀칠하다**とも言う。
＊**목구멍이 포도청**（生きるために警察に捕まるような事までする。直訳すると「のどの穴が捕盗庁〈昔の警察〉」）

❻ 손금이 바뀌면 팔자도 바뀌는 걸까？

［손끄미］［팔짜］

手相が変われば運命も変わるのかな？

손금：手相。＊**손금을 보다**（手相を見る）、**관상을 보다**（人相を見る）

팔자가 바뀌다：運命が変わる、運勢が変わる。
＊**사주팔자**（持ち前の運勢、星回り、定め）、**팔자가 세다**（数奇な運命を背負っている）、**팔자가 사납다**（苦労が多い運命だ）

❼ 다른 덴 다 말랐는데 배만 불룩 나왔어.

[말란는데] [불룽 나와써]

他は全部細いのに、おなかだけぽっこり出てる。

마르다：痩せる、やつれる、干からびる。
＊**깡마르다**（痩せこける、痩せ細る）、**목마르다**（喉が渇く、切実だ）

배가 불룩 나오다：おなかがぽっこり出る。＊**배불뚝이**（太鼓腹の人）

❽ 기다리다 눈알 빠지겠다.

待ちくたびれて、目玉が落ちそう。

눈알이 빠지게 기다리다：首を長くして待つ。直訳すると「目玉が落ちるほど待つ」。**눈 빠지게 기다리다**（目が落ちるほど待つ）、**목 빠지게 기다리다**（首が抜けるほど待つ）とも言う。
＊**학수고대하다**（〈鶴のように〉首を長くして待ちわびる）

❾ 한순간에 손바닥 뒤집듯이 태도가 달라졌어요.

[손빠닥]

一瞬にして手のひらを返すように態度が変わりました。

손바닥 뒤집듯(이)：手のひらを返すように。

태도가 달라지다：態度が変わる。**태도가 바뀌다**とも言う。
＊**급변하다**（急変する）

⑩ 평생 뼈 빠지게 일해도 제집 장만은 꿈이야. ♡

一生骨身を削って働いたとしても、マイホーム購入は夢だわ。

뼈 빠지게：骨身を削って、苦労をいとわず、大変苦労して。
일하다：働く。＊**워커홀릭**（ワーカホリック、仕事中毒）、**일벌레**（仕事の虫）
제집 장만：マイホームを買うこと。**제집 마련**とも言う。**제집**で「マイホーム、自分の家」。

⑪ 너무 웃겨서 배꼽 빠지는 줄 알았네. ♡

[아란네]

おかしくておかしくて、おへそが落ちるかと思ったわ。

배꼽(이) 빠지다：とてもおかしいこと、とても面白いことを表す表現。直訳すると「おへそが落ちる」。
＊**배꼽(이) 빠지게 웃다**（大いに笑う、腹を抱えて大笑いする、大爆笑する）

文 **-는 줄 알다**：～するかと思う。形容詞には**-(으)ㄴ 줄 알다**、名詞には**~인 줄 알다**が付く。

⑫ 남자들은 멱살 잡고 싸우고 그 옆에서 여자들은 머리채 잡고 싸우는데 난리도 아니었어. ♡

[날리]

男たちは胸ぐらをつかんでけんかしてるし、その横で女たちは髪の毛をつかんでけんかしてて、もう大変な騒ぎだったんだよ。

멱살을 잡다：胸ぐらをつかむ。
머리채를 잡다：髪の毛をつかむ。＊**머리채를 잡아당기다**（髪を引っ張る）
난리도 아니다：大騒ぎだ。直訳すると「騒ぎでもない」。ただの騒ぎではなく、それ以上に騒いでいるという表現。

⑬ 인중이 긴 사람은 바람기가 있다고 하지 않았나?

[바람끼] [아난나]

人中（じんちゅう）が長い人は浮気癖があると言われてなかったっけ？

바람기가 있다：浮気癖がある。
＊**바람맞다**（待ちぼうけを食う）、**바람맞히다**（すっぽかす、ドタキャンする）

文 **-다고 하지 않았나?**：～と言ってなかった？。動詞には**-ㄴ/는다고 하지 않았나?**が、名詞には**~(이)라고 하지 않았나?**が付く。

⑭ 쇄골 미인이라는 말도 있다지만 말라도 너무 말랐다.

鎖骨美人という言葉があるとはいえ、痩せ過ぎだよ。

쇄골 미인：鎖骨のラインが美しい人。
＊**팔방미인**（八方美人。韓国では何事にも優れている、多方面の才能がある人という良い意味で使われる）、**미인박명**（美人薄命）、**미인계**（ハニートラップ、色仕掛け、美人局（つつもたせ））

文 **-다지만**：～だと言うけれど、～とはいえ。**-다고 하지만**の縮約形。動詞には**-ㄴ/는다지만**、名詞には**~(이)라지만**が付く。

⑮ 새우등을 하고 자는 남편 모습이 너무 불쌍해 보였어요.

背中を丸めて寝ている主人の姿がとても哀れに見えました。

새우등：猫背、丸まっている背中。
＊**고래 싸움에 새우등 터진다**（強者の争いに巻き込まれ弱者が被害を受ける。直訳すると「鯨の戦いにエビの背中が破れる」）

불쌍하다：かわいそうだ、気の毒だ。＊**딱하다**（哀れだ。**가엾다**とも言う）

会話フレーズ

TR_237

1 A：**요즘 아침에 일어나면 손마디가 부은 것처럼 너무 아파.** ♡

最近朝起きると、指の関節がむくんだかのようにすごく痛いの。

B：**어머, 내 주위에도 그런 사람 많아.**

あら、私の周りにもそんな人多いわ。

일어나다：起きる。
＊**기상하다**（起床する）、**눕다**（横になる）、**드러눕다**（横たわる、寝そべる）、**몸져눕다**（病気で寝付く、倒れる）

손마디가 붓다：指の関節がむくむ。＊**저리다**（しびれる）

---

2 A：**속눈썹이 자꾸 눈을 찔러서 불편해 죽겠어.** ♡
[송눈써비]
まつげがしょっちゅう目に刺さるから、すごく不快なんだ。

B：**그거 속눈썹 파마를 하면 좋아진다고 하던데.**

それ、まつげパーマをすると良くなるって聞いたんだけど。

文 **-아/어 죽겠다**：～くて死にそうだ、～でたまらない。

TR_238

3 A：**사람이 무섭다! 사람이 무서워!**

人って本当に怖いね！

B：**얼굴에 철판을 깔았나, 입술에 침도 안 바르고 거짓말하네.**

[까란나] [거진마라네]

恥を知らないのかな、平気でうそをつくなんてね。

얼굴에 철판(을) 깔다：厚かましい、恥知らずだ。直訳すると「顔に鉄板を敷く」。

입술에 침도 안 바르고 거짓말하다：平気でうそをつく。直訳すると「唇に唾も塗らずにうそを言う」。

＊**거짓말쟁이**（うそつき）、**새빨간 거짓말**（真っ赤なうそ）

---

4 A：**난 사실 니가 엄청 얼빠인 줄 알았거든.**

私は正直、あなたがイケメン好きだと思ってたんだけどね。

B：**나도 내가 설마 뻐드렁니에 꽂힐 줄은 몰랐어.**

[꼬칠 쭈른]

私も自分がまさか出っ歯にハマるとは思わなかったよ。

얼빠：**얼굴**（顔）＋**빠순이**（超熱烈女性ファン）で、イケメンを追い掛ける熱狂的な女性ファン。

뻐드렁니：出っ歯。＊**덧니**（八重歯）、**치아교정**（歯科矯正）

꽂히다：刺される、ほれる。＊**필이 꽂히다**（強く引かれる、夢中になる）

♪ TR_239

5 A：**입술 튼 데 립글로스라도 좀 발라.**

唇の切れた所に、リップグロスでも塗りなよ。

B：**바르는데도 자꾸 덧나네. 헉, 피 난다.**
[던나네]
塗ってるんだけど、どんどん悪くなるんだよ。はっ、血が出た。

입술이 트다：唇が荒れる、唇が切れる。**입술이 갈라지다**とも言う。
덧나다：(病気・傷が) こじれる、悪くなる。
피(가) 나다：血が出る。＊**출혈** (出血)、**유혈** (流血)

---

6 A：**새끼손가락 걸고 약속해 놓고 어기다니.**
[새끼손까락] [약쏘캐] [노코]
指切りして約束しておいて、破るなんて。

B：**넌 애니? 그걸 진짜로 믿었단 말이야?**

あなた子ども？　それを真に受けたわけ？

(새끼)손가락(을) 걸다：指切りする。
＊**맹세하다** (誓う)、**다짐하다** (念を押す、誓う)、**서약하다** (誓約する)、**서약서** (誓約書)、**각서** (覚書き)
약속을 어기다：約束を破る。＊**법을 어기다** (法を犯す)

単語

TR_240

얼굴 顔

□ 머리	頭
□ 정수리	頭頂、脳天
□ 머리(카락)	髪の毛
□ 이마	額
□ 눈썹	眉毛
□ 속눈썹	まつげ
□ 외꺼풀	一重、一重まぶた
□ 쌍꺼풀	二重、二重まぶた
□ 미간	眉間
□ 귀	耳
□ 귓가	耳元
□ 귓볼	耳たぶ
□ 귓구멍	耳の穴
□ 눈	目
□ 눈동자	瞳
□ 눈알	目玉
□ 눈가	目尻
□ 눈물샘	涙腺
□ 관자놀이	こめかみ
□ 애교살	涙袋
□ 코	鼻
□ 콧대	鼻柱
□ 콧구멍	鼻の穴
□ 인중	人中
□ 입	口
□ 입가	口元
□ 입술	唇
□ 이, 이빨, 치아	歯
□ 앞니	前歯
□ 덧니	八重歯
□ 어금니	奥歯
□ 뻐드렁니	出っ歯
□ 틀니	入れ歯
□ 의치	義歯
□ 사랑니	親知らず
□ 충치	虫歯
□ 잇몸	歯茎
□ 윗니	上の歯
□ 아랫니	下の歯
□ 임플란트	インプラント
□ 혀, 혓바닥	舌、ベロ
□ 뺨, 볼	頬
□ 보조개	えくぼ
□ 팔자 주름	ほうれい線
□ 턱	顎
□ 두개골	頭蓋骨
□ 광대뼈	頬骨
□ 피부	皮膚、肌

상반신 上半身

□ 목	首、喉
□ 목젖	喉ちんこ
□ 숨통	喉首
□ 목구멍	喉元

- □ 목덜미 襟首、首筋
- □ 어깨 肩
- □ 유방, 젖 乳房
- □ 유두, 젖꼭지 乳首
- □ 가슴골 胸の谷間
- □ 멱살 胸ぐら
- □ 뼈 骨
- □ 쇄골 鎖骨
- □ 견갑골, 날개뼈 肩甲骨
- □ 갈비뼈 / 늑골 あばら骨／肋骨(ろっこつ)
- □ 배 おなか
- □ 배꼽 おへそ
- □ 명치 みぞおち
- □ 겨드랑이 脇
- □ 팔 腕
- □ 팔뚝 上腕
- □ 팔꿈치 肘
- □ 허리 腰
- □ 옆구리 脇腹
- □ 등 背中
- □ 새우등 猫背
- □ 등골 背筋
- □ 척수 脊髄
- □ 척추 脊椎

하반신 下半身

- □ 엉덩이 お尻
- □ 골반 骨盤
- □ 힙 ヒップ
- □ 궁둥이 けつ
- □ 엉덩이뼈 仙骨
- □ 다리 脚
- □ 무릎 膝
- □ 오금 ひかがみ
- □ 허벅지 太もも
- □ 종아리 ふくらはぎ
- □ 가랑이 股
- □ 사타구니, 고환, 불알 股間、股ぐら
  ＊불알친구(幼なじみ)

㉕ 身体 II

聞いてみよう！

♪ TR_241

「聞いてみよう！」全文

A：안 돼, 절대 안 갈 거야.
[절때] [갈 꺼]
ダメだ、絶対行かない。

B：그럼 아픈 걸 계속 참고 있을 거야?
[참꼬] [이쓸 꺼]
じゃあ、痛いのをずっと我慢するつもりか？

A：죽으면 죽었지, 항문외과는 못 가.
[항문외꽈]
死んでも構わないわ、肛門外科には行けない。

B：지금 창피한 게 문제야? 치질이 더 심해지면 어쩌려고 그래.
今、恥ずかしいのが問題じゃないだろ？　痔がさらにひどくなったらどうするんだよ。

解説

참다：耐える、我慢する。
＊**견디다**（耐える、堪える、忍ぶ）、**인내하다**（忍耐する、耐え忍ぶ）、**인내력**（忍耐力）、**참을성**（辛抱強さ）、**참을성이 있다**（我慢強い）、**참을성이 없다**（こらえ性がない、辛抱が足りない）

심해지다：ひどくなる。＊**악화되다**（悪化する）

어쩌려고 그래：そんなことしてどうするの？、何をどうしたくてそんなことするの？

ひとことフレーズ

TR_242

❶ 부탁이니까 내 일에 신경 꺼.

お願いだから、私のことに構わないで。

신경(을) 끄다：構わない、気にしない。
＊**신경에 거슬리다**（気に障る）、**신경을 쓰다**（気にする、気を使う）、**신경이 쓰이다**（気になる、気に掛かる）

❷ 비겁하게 내 아킬레스건을 건드리다니.

[비거파게]

ひきょうにも私の弱みに付け込むなんて。

비겁하다：卑劣だ。**비열하다**とも言う。
아킬레스건：アキレス腱(けん)、弱み。
＊**약점**（弱点）、**약점을 잡히다**（弱みを握られる）、**약점을 찌르다**（足元を見る）
건드리다：触れる、刺激する。＊**자존심을 건드리다**（プライドをくすぐる）

❸ 골 때리네, 정말!

マジであきれるよ！

골 때리다：あきれる、滑稽だ。直訳すると「脳を殴る」。
＊**어이없다**（あきれる。**어이 상실이다**とも言う）、**골이 아프다**（〈煩い事で〉頭が痛い）、**골이 빠지다**（〈思い悩んだり気をもんだりして〉頭が痛い）、**골을 썩이다**（頭を悩ませる、頭を抱える。**골머리를 앓다**とも言う）

❹ 편도선이 부어서 말을 못 해요.
[모 태요]

へんとう腺が腫れて、話せません。

편도선이 붓다：へんとう腺が腫れる。
＊**붓다**（むくむ、腫れる）、**얼굴이 붓다**（顔がむくむ）、**눈이 붓다**（目が腫れる）

❺ 무릎관절이 안 좋아서 오래는 못 걸어요.

膝の関節が悪くて、長くは歩けません。

관절：関節。＊**관절염**（関節炎）、**류마티스관절염**（関節リウマチ）

❻ 발등에 불 떨어지고 나서 움직이는 버릇 좀 고쳐.
[발뜽]

お尻に火が付いてから行動する癖は直しなよ。

발등에 불 떨어지다：お尻に火が付く。韓国では「足の甲に火が落ちる」と言う。
버릇을 고치다：癖を直す。
＊**버릇이 들다**（癖になる）、**버릇이 생기다**（癖がつく）、**버릇없다**（行儀が悪い）、**버릇이 나쁘다**（しつけが悪い）

❼ 도둑질도 손발이 맞아야 해 먹지.

泥棒を働くにも息が合わないとできない。

도둑질(을) 해 먹다：盗みを働く。＊**해 먹다**(〈俗語〉着服する、横領する)
손발이 맞다：息が合う。直訳すると「手足が合う」。
＊**손발이 되다**(手足となる)、**손발이 오그라들다**(恥ずかしい、照れくさい。**손발이 오글거리다**とも言う)

❽ 하루 종일 발바닥에 땀나도록 뛰어다녔어요.

[발빠다게]

一日中、足裏に汗をかくほど、走り回りました。

하루 종일：一日中。＊**종일**(終日)、**온종일**(四六時中)
땀나다：汗が出る。
＊**식은땀이 나다**(冷や汗をかく)、**땀이 배다**(汗ばむ)、**땀을 훔치다**(汗を拭う)

❾ 나를 발톱에 낀 때만큼도 안 여겨.

[안 녀겨]

僕のことをちっとも大事に思わない。

발톱에 낀 때：ちっぽけな存在。直訳すると「爪に挟まったあか」。
여기다：思う、感じる。
＊**소중히 여기다**(大切に思う)、**자랑스럽게 여기다**(誇りに思う)、**가족처럼 여기다**(家族のように思う)

TR_245

⑩ 간이 콩알만 해서 절대로 그런 짓은 못 할 사람이에요.

[절때로] [모 탈]

度胸がないので、絶対そんなことはできない人です。

간이 콩알만 하다：度胸がない。直訳すると「肝が豆粒ほどだ」。
＊**간이 작다**（度胸がない、勇気がない）、**간 떨리다**（心の中ですごく怖がる）

---

⑪ 엉덩이가 무거워서 한 번 앉으면 일어날 생각을 안 해.

お尻が重くて、一度座ったら立ち上がろうとしない。

엉덩이가 무겁다：お尻が重い。
＊**엉덩이가 가볍다**（落ち着きがない、１カ所でじっとしていられない）

文 **-(으)ㄹ 생각을 안 하다**：～しようとしない、～するという考えがない。

---

⑫ 간만에 운동했더니 온몸의 근육이 비명을 지르네.

久々に運動したら全身の筋肉が悲鳴を上げてるよ。

간만에：**오래간만에**の略。久しぶりに。
비명을 지르다：悲鳴を上げる。
＊**즐거운 비명**（うれしい悲鳴）、**고함을 지르다**（わめく、怒鳴る）、**환호성을 지르다**（歓声を上げる）

⑬ 혈관주사는 베테랑 간호사 아니면 사양이에요.

血管注射はベテラン看護師じゃないとお断りです。

베테랑：ベテラン。＊**고수**（上手）
사양이다：お断りだ。＊**사양 말고**（ご遠慮なく、遠慮せず）

⑭ 전철 안에서 다리를 쩍 벌리고 앉는 일명 "쩍벌남"들, 진짜 꼴불견이야.

［쩍뻘람］

電車の中で足を大きく開いて座っている、通称「脚開男」たち、本当みっともない。

쩍벌남：（電車の中で）股を大きく開いて座る男性。
＊**다꼬녀**（足を組んで座る女性）、**백팩족**（リュックを背負ったままの人）、**지하철 화장녀**（電車内で化粧する女性）

꼴불견이다：みっともない、見苦しい。

⑮ 이렇게 매일 비탈길을 오르다가 종아리가 미워지면 어떡하지?

［비탈끼를］ ［어떠카지］

こう毎日坂を上っていて、ふくらはぎが醜くなったらどうしよう？

비탈(길)：坂、坂道。＊**언덕길**（丘、坂道）
미워지다：醜くなる、容姿・行動などが気に入らなくなる。

会話フレーズ

♪ TR_247

---

1 A：**요즘은 뇌섹남이 대세야.** ♡

[뇌섹나미]

近頃は頭の切れる男が人気なのよ。

B：**난 머리 좋은 남자는 좀 부담스럽던데.**

私は頭の切れる男性はちょっと苦手なんだけど。

뇌섹남：**뇌가 섹시한 남자**（脳がセクシーな男性）の略。話がうまくてユーモアがあり知的な魅力のある男性。

대세：一番人気、超人気、はやり。

부담스럽다：負担に感じる。

---

2 A：**피 조금 났을 뿐인데 무슨 약이에요.** ♡

ちょっと血が出ただけで、何のお薬ですか。

B：**큰일 날 소리. 이렇게 피가 많이 나는데. 이런 거 참는다고 남자답게 보이는 거 아니거든요.**

[크닐 랄] [아니거든뇨]

そんなこと言わないでよ。こんなに血がたくさん出てるのに。こういうのを我慢するから男らしく見えるわけではないですよ。

큰일 날 소리를 하다：大きな問題になるようなことを言う。

남자답다：男らしい。

♪ TR_248

3 A : **쟤는 오늘 또 늦잠 잔 거야?**

あの子、今日また寝坊したの？

B : **일어나자마자 엉덩이에 불난 것처럼 달려갔어요.**
[불란]

起きるや否や、お尻に火が付いたかのように慌てて走っていきましたよ。

늦잠 자다 : 寝坊する。
＊**자다가도 벌떡 일어나다**（「寝ていてもすぐ起きるくらい好きだ」という意味の表現）
엉덩이에 불난 것처럼 : おしりに火が付いたかのように、非常に焦って。
달려가다 : 走っていく、駆け付ける、飛んでいく。

---

4 A : **살살 웃으면서 사실대로 말하라는데 소름이 쫙.**

薄ら笑いを浮かべながら、正直に話せと言われて、鳥肌がぞわっと。

B : **진짜. 들키는 줄 알고 오금이 저려 죽는 줄 알았잖아.**
[중는]

ホント。ばれるんじゃないかって思って、死ぬほど怖かったよ。

살살 : 軽く、そよそよ、優しく。
소름이 끼치다 : 鳥肌が立つ、ぞっとする。
쫙 : ぱっと（物事がいっぺんに広く広がるさま）。
오금이 저리다 : 過ちがばれるのではないかとひやひやする。直訳すると「ひかがみがしびれる」。

♪ TR_249

5 A : **장내시경은 뭔가 찝찝하단 말이야.**
[찝찌파단]
大腸カメラは何だか気持ち悪いよね。

B : **찝찝하긴 뭐가 찝찝해. 장비들 다 소독하잖아.**
[찝찌파긴] [소도카자나]
何が気持ち悪いのよ。道具は全部消毒するでしょ。

장내시경 : 大腸カメラ。
＊**위내시경**（胃カメラ）、**내시경 검사**（内視鏡検査）、**수면내시경**（睡眠導入剤を用いた内視鏡検査）

뭔가 : 何か、何だか、どうも。＊**왠지**（何となく、何だか）

찝찝하다 : 気持ち悪くてすっきりしない、何か気に掛かる。

---

6 A : **간도 크다. 이 비싼 걸 덜컥 사다니.**

太っ腹だな。こんな高い物を迷いもせずに買うなんて。

B : **덕분에 이번 한 달은 라면만 먹고 살아야 돼.**

お陰さまで今月はラーメンだけ食べてしのがないと。

간이 크다 : 大胆だ、度胸がある、肝が大きい。
＊**간덩이가 크다**（肝っ玉が大きい、大胆だ）、**간덩이가 붓다**（生意気に振る舞う、肝っ玉が据わって大胆になる）。**간덩이**は非標準語の**간뎅이**もよく使われる

덜컥 : どきんと、どっと、いきなり、突然に、にわかに。

単語

TR_250

손 手

- □ 손목 手首
- □ 손등 手の甲
- □ 손바닥 手のひら
- □ 손금 手相
- □ 손톱 爪
- □ 거스러미 ささくれ
- □ 손끝 指先
- □ 손가락 指
- □ 손마디 指の関節
- □ 엄지(손가락) 親指
- □ 검지 人さし指
- □ 중지 中指
- □ 약지 薬指
- □ 새끼손가락 小指
- □ 지문 指紋

발 足

- □ 발목 足首
- □ 복숭아뼈 くるぶし
- □ 발등 足の甲
- □ 발바닥 足の裏
- □ 발톱 足の爪
- □ 발(뒤)꿈치 かかと
- □ 발끝 爪先
- □ 발가락 足の指
- □ 엄지발가락 足の親指
- □ 새끼발가락 足の小指
- □ 손발 手足
- □ 맨발 素足
- □ 평발 扁平足

장기 臓器

- □ 기관 器官
- □ 비강 鼻孔
- □ 인두 咽頭
- □ 후두 喉頭
- □ 호흡기관 呼吸器官
- □ 소화기관 消化器官
- □ 뇌, 골 脳
- □ 신경 神経
- □ 혈관, 핏줄 血管
- □ 피 血
- □ 혈액 血液
- □ 동맥 動脈
- □ 정맥 静脈
- □ 힘줄 筋
- □ 인대 靭帯
- □ 아킬레스건 アキレス腱(けん)
- □ 식도 食道
- □ 요도 尿道
- □ 갑상선 甲状腺
- □ 임파선 リンパ腺

- □ **편도샘, 편도선** へんとう腺
- □ **내장 / 오장육부** 内臓／五臓六腑(ろっぷ)
- □ **심장** 心臓
- □ **위** 胃
- □ **폐** 肺
- □ **간** 肝、肝臓
- □ **신장, 콩팥** 腎臓
- □ **쓸개, 담낭** 胆のう
- □ **십이지장** 十二指腸
- □ **비장** 脾臓(ひぞう)
- □ **맹장** 盲腸
- □ **충수** 虫垂
- □ **췌장** 膵臓(すいぞう)
- □ **대장** 大腸
- □ **소장** 小腸
- □ **결장** 結腸
- □ **창자** はらわた
- □ **자궁, 아기집** 子宮
- □ **난소** 卵巣
- □ **정자 / 난자** 精子／卵子
- □ **방광** ぼうこう
- □ **관절** 関節
- □ **고관절** 股関節
- □ **전립선** 前立腺
- □ **근육** 筋肉
- □ **생식기** 生殖器
- □ **항문** 肛門
- □ **장기이식** 臓器移植
- □ **기증자** ドナー

생리 현상 生理現象

- □ **방귀** おなら
- □ **트림** げっぷ
- □ **침** 唾
- □ **가래** たん
- □ **딸국질** しゃっくり
- □ **소변** 小便
- □ **오줌** 尿、おしっこ
- □ **대변** 大便
- □ **똥** うんち

때 あか

- □ **코딱지** 鼻くそ
- □ **치석** 歯石
- □ **눈곱** 目やに
- □ **귀지** 耳あか

㉖ 体調・病気Ⅰ

聞いてみよう！

♪ TR_251

「聞いてみよう！」全文

A : 너 얼굴에 그 반창고는 뭐야?

顔にそのばんそうこうは何なの？

B : 새삼스럽게 뭘 물어 봐. 그이랑 한판했어.

今さら何を聞くのよ。彼とけんかしたのよ。

A : 아니, 어떻게 여자 얼굴을 이 꼴로 만들 수가 있어?

[만들 쑤]

いや、どうしたら女の顔をこんなざまにできるわけ？

B : 내가 이 정도일 때 그 사람 얼굴은 어떨 것 같아?

[어떨 껃 까타]

私がこのくらいなら、あの人の顔はどうなってると思う？

解説

새삼스럽게 : 今さら、改めて、事新しく。

한판하다 : 勝負をする、けりをつける、一勝負をする。**한판 붙다**、**한판 뜨다**とも言う。

꼴 : 格好、姿、ざま。

＊**꼴이 말이 아니다** (ひどいありさまだ)、**꼴사납다** (みっともない、見苦しい)

ひとことフレーズ

TR_252

❶ 나이가 몇 살인데 가루약을 못 먹는단 말이야?

[몬 멍는단]

その年で粉薬が飲めないっていうの？

가루약：粉薬。
＊**알약**（錠剤）、**좌약**（座薬）、**물약**（液剤）、**시럽**（シロップ）、**바르는 약**（塗り薬）、**연고**（軟こう）、**캡슐**（カプセル）

❷ 엠알아이도 보험 적용되나? 안 되면 너무 비싼데.

MRIも保険適用になるのかな？　無理なら高すぎるんだけど。

보험：保険。＊**국민건강보험**（国民健康保険）、**보험료**（保険料）、**보험금**（保険金）
적용되다：適用される。＊**적용 대상**（適用対象）、**적용 범위**（適用範囲）

❸ 처방전만 있으면 집 근처 약국에 가도 되는 거 아니야?

処方箋さえあれば、家の近所の薬局に行ってもいいんじゃない？

처방전：処方箋。＊**처방전을 발급하다**（処方箋を出す）
약국：薬局。＊**약사**（薬剤師）、**약을 짓다**（薬を調合する）

❹ **그렇게 소화가 안 돼서 어떡하니?**
[어떠카니]
소화제만 먹지 말고 병원 가서 검사를 받아 봐.

そんなに消化ができなくてどうするの？　胃薬ばかり飲んでないで病院行って検査を受けてみてよ。

소화가 안 되다：消化ができない。＊**얹히다**（胃もたれする。**체하다**とも言う）
검사：検査。
＊**피검사**（血液検査。**혈액검사**とも言う）、**조직검사**（組織検査）、**적성검사**（適性検査）

---

❺ **저 의사는 툭하면 링겔 맞으라고 하니까**
[투카면]
믿음이 안 가.

あのお医者さんはちょっとしたことで点滴を打つように言うから信用できない。

툭하면：ちょっとしたことで、ささいなことで、ともすると。
＊**걸핏하면**（ともすれば、ややもすれば）
믿음이 안 가다：信用できない、信じられない。
＊**이해가 안 가다**（理解できない）、**납득이 안 가다**（ふに落ちない）

---

❻ **딸꾹질할 때는 숨을 참으면 멎는다고 하던데.**
[먼는다고]

しゃっくりをするときは息を我慢すれば止まると聞いたんだけど。

딸꾹질：しゃっくり。＊**딸꾹질이 나다・멈추다**（しゃっくりが出る・止まる）
숨을 참다：息を我慢する。＊**숨을 쉬다**（息をする、呼吸をする）
멎다：やむ、止まる。＊**시계가 멎다**（時計が止まる）

❼ 위내시경이랑 장내시경을 연달아 한다고?

胃カメラと大腸カメラを続けてやるって？

연달아：立て続けに、相次いで、引き続き。**잇따라**とも言う。

❽ 눈꺼풀이 갑자기 경련을 해. [경녀늘] 무슨 일이야, 무서워.

まぶたが急にけいれんしてる。何が起きたの、怖いよ。

눈꺼풀：まぶた。
＊**눈꺼풀이 떨리다**（まぶたが震える）、**눈꺼풀이 붓다**（まぶたが腫れる）
경련을 하다：けいれんする。＊**마비**（まひ）

❾ 밥 먹고 사람들 앞에서 트림 좀 하지 마. [밤 먹꼬] 창피하게, 진짜.

ご飯食べて人の前でげっぷするなよ。恥ずかしいったらありゃしない。

트림을 하다：げっぷをする。＊**방귀를 뀌다**（おならをする）

⑩ 다래끼는 옮을 수도 있잖아. 가까이 오지 마.

[올믈 쑤]

ものもらいはうつるかもしれないじゃん。近寄らないで。

옮다：伝染する、病気や癖がうつる、染まる。
＊**감기가 옮다**（風邪がうつる）、**옮기다**（移す、運ぶ）、**직장을 옮기다**（転職する、職場を移す）、**짐을 옮기다**（荷物を運ぶ）、**실행에 옮기다**（実行に移す）

⑪ 나도 헌혈하고 싶은 마음은 굴뚝 같지만 현기증 때문에.

[현기쯩]

私も献血したい気持ちはやまやまなんだけど、目まいのせいで。

헌혈：献血。
＊**혈액 순환**（血液循環、血行）、**혈액형**（血液型）、**혈액형 운세**（血液型占い）

마음은 굴뚝 같다：気持ちはやまやまだ。直訳すると「気持ちは煙突のようだ」。

현기증：目まい。＊**현기증이 나다**（目まいがする）、**빈혈**（貧血）

⑫ 눈두덩이에 퍼렇게 멍이 들어서 나타나서는 아무 일도 아니라고 하면 누가 믿어?

[눈뚜덩이] [퍼러케]

上まぶたに青くあざを作って現れて、何でもないと言われても誰が信じる？

눈두덩이：上まぶた。
＊**눈탱이**（**눈두덩이**の俗語）、**눈탱이가 밤탱이가 되다**（目の周りにあざを作る。直訳すると「目の周りが栗の実になる」）

퍼렇다：青い。＊**시퍼렇다**（真っ青だ）、**서슬이 시퍼렇다**（恐ろしい剣幕だ）

⑬ 좀 살살 얘기해.
숙취 때문에 머리가 깨질 것 같아.

[깨질 껃 까타]

ちょっと静かに話して。二日酔いで頭が割れそう。

살살：こっそり、そっと、丁寧に、優しく。
＊**눈웃음을 살살 치다**（目でそっと笑う、色目を使う）、**배가 살살 아프다**（おなかがしくしく痛む）

머리가 깨지다：頭が割れる。＊**산통이 깨지다**（台無しになる、おじゃんになる）

⑭ 하필 엉덩이에 커다랗게 종기가 나는 바람에 앉을 수도 없고 괴로워 죽겠어.

[커다라케]

[안즐 쑤]

よりによってお尻に大きな腫れ物ができたせいで、座ることもできなくて、つらくて死にそう。

하필：よりによって、こともあろうに。**하필이면**とも言う。
커다랗다：とても大きい、非常に大きい。
종기가 나다：できものができる、腫れ物ができる。

⑮ 차멀미하는 사람들은 출발하기 전에 미리 약 챙겨 드세요.

車酔いする人は、出発する前にあらかじめ薬を飲んでください。

차멀미：車酔い。＊**뱃멀미**（船酔い）、**멀미약**（酔い止め）
미리 챙겨 먹다：あらかじめ用意して食べたり飲んだりする。

会話フレーズ

TR_257

---

1 A：**참을 만하면 진통제 먹지 말고 견뎌 봐.** ♡

我慢できそうなら、鎮痛剤を飲まずに耐えてみて。

B：**약만 먹으면 금방 괜찮은데 그걸 왜 참아?**
[양만]
薬さえ飲めばすぐ良くなるのに、それを何で我慢するの？

견디다：耐える、忍ぶ。
＊**견디기 힘들다**（耐え難い）、**추위를 견디다**（寒さに耐える）

文 **-(으)ㄹ 만하다**：～するだけのことはある、～してみる価値がある。

---

2 A：**문 열다가 이마를 박는 바람에 혹이 났어.** ♡
[방는]
ドアを開けようとして、おでこをぶつけたせいで、こぶができたよ。

B：**조심 좀 하지. 연고라도 발라야 하는 거 아냐?**

気を付けないと。塗り薬でも塗らないといけないんじゃないの？

이마를 박다：額をぶつける。
＊**못을 박다**（くぎを打つ、念を押す）、**재봉틀로 박다**（ミシンで縫う）、**박치기**（頭突き）、**현금 박치기**（現金払い。**현찰 박치기**とも言う）

혹이 나다：こぶができる。

연고：軟こう、塗り薬。＊**파스**（湿布）

TR_258

3 A : **혈액검사만 하면 되지 소변검사까지 꼭 해야 돼?**

血液検査だけすればいいのに、尿検査まで絶対しないといけないの？

B : **소변 받아 왔으면 저기에 갖다줘.
근데 너 손은 씻었지?**

小便を入れたらあっちに持ってって。ところであなた手は洗ったよね？

소변：小便。
＊**대변**(大便)、**오줌**(おしっこ)、**똥**(うんち)、**소변보다**(小便をする)、**오줌 누다**(おしっこする)、**오줌싸개**(小便たれ)

손을 씻다：手を洗う。＊**입을 헹구다**（うがいをする。**가글하다**とも言う）

4 A : **생리휴가 신청하려니까 왜 이렇게 부끄럽지?**
[생니휴가]
生理休暇を申請しようと思うと、なぜこんなに恥ずかしいんだろう？

B : **잠깐 부끄러운 게 문제야?
생리통 때문에 매번 그 고생을 하면서 말이야.**
[생니통]
一瞬の恥ずかしさが問題？　生理痛で毎回あんなに苦労してるくせに。

생리휴가：生理休暇。＊**출산휴가**（出産休暇）、**육아휴직**（育児休職）

고생하다：苦労する。
＊**헛고생을 하다**（無駄骨を折る、骨折り損をする）、**마음고생**（気苦労）、**고생고생하다**（とても苦労する）

TR_259

5 A : **너처럼 입덧 심한 사람은 처음 본다. 유난을 떨어요.**

あなたほどつわりのひどい人は初めてみるわ。大げさなんだから。

B : **엄마 닮아서 그렇잖아. 엄마도 딱 이랬다며?**

[그러차나]

ママに似てるからじゃん。ママもこうだっんでしょ？

입덧이 심하다 : つわりがひどい。

＊**먹덧**（食べづわり）、**토덧**（吐きづわり）

유난을 떨다 : 騒ぐ、大騒ぎする。

＊**벌벌 떨다**（おどおどする、ぶるぶる震える）、**아부를 떨다**（ごまをする、こびる）

6 A : **저 사람, 왜 이쪽을 보면서 윙크를 날리는 거야?**

あの人、何でこっちを見ながらウインクをするわけ？

B : **아, 나 두드러기 났어, 봐.**

あー、私、じんましんが出たわ、見てよ。

윙크를 날리다 : ウインクをする。

＊**날리다**（飛ばす、使い果たす）、**재산을 날리다**（財産を使い果たす）、**돈을 날리다**（〈投資やギャンブルなどで〉お金を無くす）、**명성을 날리다**（名声を博する）、**직격탄을 날리다**（一発を浴びせる、厳しく攻める）、**바람에 날리다**（風に舞う）

두드러기 나다 : じんましんが出る。

単語

TR_260

증상 症状

□ 기침	せき
□ 콧물	鼻水
□ 재채기	くしゃみ
□ 오한	悪寒
□ 발열	発熱
□ 미열	微熱
□ 고열	高熱
□ 구토	嘔吐
□ 설사	下痢
□ 소화 불량	消化不良
□ 두드러기	じんましん
□ 고름	うみ
□ 저림	しびれ
□ 골절	骨折
□ 마비	まひ
□ 경련	けいれん
□ 입덧	つわり
□ 현기증, 어지럼증	目まい
□ 종기	できもの、腫れ物
□ 멍	あざ
□ 혹	こぶ
□ 멀미	酔い
□ 다래끼	ものもらい
□ 사마귀	いぼ
□ 분비물	分泌物
□ 요실금	尿漏れ
□ 숙취	二日酔い
□ 기절	気絶
□ 혈변	血便
□ 혈뇨	血尿
□ 생리불순	生理不順
□ 폐경	閉経
□ 중태	重体
□ 호흡곤란	呼吸困難
□ 의식불명	意識不明、昏睡状態
□ 상처	傷
□ 화상	やけど
□ 찰과상	擦り傷
□ 타박상	打撲傷
□ 외상	外傷
□ 경상	軽傷
□ 중상	重傷
□ 급성	急性
□ 만성	慢性
□ 사망	死亡

치료 治療

□ 정맥주사	静脈注射
□ 예방주사	予防注射
□ 예방접종	予防接種
□ 링거	点滴
□ 소독	消毒
□ 수혈	輸血
□ 채혈	採血

□ **헌혈** 献血
□ **지혈** 止血
□ **반창고** ばんそうこう
□ **깁스** ギプス
□ **재활치료, 물리치료** リハビリ
□ **응급처치** 応急処置
□ **시술** 施術
□ **수술** 手術
□ **완치** 完治

검사 検査

□ **혈액검사** 血液検査
□ **엑스레이** レントゲン
□ **시티** CT
□ **심전도** 心電図
□ **내시경** 内視鏡
□ **초음파** 超音波
□ **엠알아이** MRI
□ **소변검사** 尿検査
□ **대변검사** 便検査
□ **음성** 陰性
□ **양성** 陽性

약 薬

□ **처방전** 処方箋
□ **약국** 薬局
□ **소화제** 消化剤
□ **진통제** 鎮痛剤
□ **수면제** 睡眠剤
□ **마취제** 麻酔剤
□ **영양제** 栄養剤
□ **설사약** 下痢止め、下剤
□ **변비약** 便秘薬
□ **소독약** 消毒薬
□ **알레르기약** アレルギー薬
□ **물약** 水薬、シロップ
□ **가루약** 粉薬
□ **알약** 錠剤
□ **좌약** 座薬
□ **연고 / 바르는 약** 軟こう／塗り薬
□ **백신** ワクチン

㉗ 体調・病気 Ⅱ

聞いてみよう！

♪ TR_261

「聞いてみよう！」全文

A：이거 글씨가 왜 이렇게 작아? 가만 있어 봐. 내 돋보기가 어디 갔어?

これ、何で文字がこんなに小さいんだ？　ちょっと待って。僕の老眼鏡はどこ？

B：네 머리 위에 그건 뭐야?

あなたの頭の上のそれは何なの？

A：아, 맞다. 깜빡했어. 헤헤.

[깜빠캐써]

あ、そうだ。うっかりしてた。へへ。

B：참, 노안에 치매 증상에 정말 노후가 걱정된다, 걱정돼.

まったく、老眼にぼけ症状に、本当に老後が心配だわ。

解説

돋보기：老眼鏡、ルーペ、虫眼鏡。

＊**현미경**（顕微鏡）、**확대・축소**（拡大・縮小）

깜빡하다：うっかりする、うっかり忘れる。

＊**깜빡깜빡하다**（よくうっかりする）、**건망증**（物忘れ）

치매：認知症、アルツハイマー、ぼけ。

＊**디지털치매**（デジタル認知症〈デジタル機器に依存し過ぎて記憶力や計算能力が落ちること〉）

노후：老後。

＊**노후대책**（老後対策）、**독거노인**（一人暮らしの老人、独居老人）、**연금 생활자**（年金暮らしの人）

ひとことフレーズ

TR_262

❶ **독감 예방주사를 맞아도 걸리는 사람은 걸리더라.**
[독깜]

インフルエンザの予防接種をしても、かかる人はかかるんだよ。

예방주사：予防注射。
＊**면역주사**（免疫力を高めるための注射）、**주사를 놓다**（注射する）、**주사를 맞다**（注射してもらう）

❷ **병원 밥은 더 이상은 못 먹겠어. 도대체 퇴원은 언제 하는 거야?**
[몬 먹께써]

病院の食事はもうこれ以上は食べられない。一体退院はいつなの？

도대체：一体。＊**도무지**（全く、全然、まるっきり）
퇴원：退院。＊**입원**（入院）、**재입원**（再入院）、**외출**（外出）

❸ **중상자는 가만 있는데 경상자가 더 호들갑을 떨어요.**
[인는데]

重症の人は黙っているのに、軽症の人がやたらうるさいんです。

가만히 있다：黙っている、じっとしている、静かにしている。
호들갑을 떨다：大げさに振る舞う、軽はずみに振る舞う、騒ぐ。
＊**건방을 떨다**（生意気な態度を取る）、**벌벌 떨다**（けちけちする）

❹ 요즘은 노안도 수술하면 고칠 수 있대. [고칠 쑤] 정말 살기 좋은 세상이야.

最近は老眼も手術したら治るんだって。本当に便利な世の中だわ。

노안：老眼。
＊**노안수술**（老眼手術）、**라식수술**（レーシック手術）、**레이저수술**（レーザー手術）、**시력교정**（視力矯正）、**근시**（近視）、**원시**（遠視）

❺ 같은 병실 쓰는 사람이 밤에 코를 너무 심하게 골아서 잠을 못 잔대요.

同じ病室の人が、夜にひどいいびきをかくので、寝られないそうです。

코를 골다：いびきをかく。
＊**이를 갈다**（歯ぎしりをする、悔しがる）、**잠꼬대를 하다**（寝言を言う）

❻ 상처 났을 때 바르면 흉터 안 남는 연고, [남는 년고] 이름이 뭐였더라?

けがをしたときに塗ると傷痕が残らない塗り薬、名前何だったっけ。

상처가 나다：傷ができる、傷がつく。
＊**상처가 쑤시다**（傷がうずく）、**상처가 낫다**（傷が治る）、**상처가 아물다**（傷が癒える）、**상처가 덧나다**（傷が悪化する）、**상처에 딱지가 앉다**（傷にかさぶたができる）

흉터：傷痕。＊**흉터가 지다**（傷痕ができる）、**흉터가 남다**（傷痕が残る）

❼ 꽃가루 알레르기는 몇 달이지만, 비염인 사람은 일년 내내 고생하잖아.

[일련]

花粉症は数カ月だけだけど、鼻炎の人は年中苦労するじゃん。

비염：鼻炎。
＊**알레르기성 비염**（アレルギー性鼻炎）、**재채기**（くしゃみ）、**콧물**（鼻水）、**코막힘**（鼻づまり）

일년 내내：年中、一年中。＊**주말 내내**（週末ずっと）、**회의 내내**（会議中ずっと）

---

❽ 만성피로에는 약도 없어. 그냥 그렇게 사는 거야.

慢性疲労には薬もないのよ。そのまま生きるしかない。

만성피로：慢性疲労。＊**만성질환**（慢性疾患）

약도 없다：薬もない、打つ手もない、治らない。

---

❾ 암은 조기발견이 중요해. 너도 해마다 종합검진 꼭 받아.

がんは早期発見が重要なんだ。君も毎年人間ドックを受けてね。

암：がん。
＊**말기암**（末期がん）、**악성 종양**（悪性腫瘍）、**유방암**（乳がん）、**위암**（胃がん）、**폐암**（肺がん）、**대장암**（大腸がん）、**자궁암**（子宮がん）

조기 발견：早期発見。＊**조기종영**（打ち切り、早期に放送が終わること）

종합검진：人間ドック。漢字で「総合健診」。

⑩ 이렇게 참고 살다가는 우울증 올 것 같아.
[참꼬] [우울쯩] [올 껃 까타]
죽이 되든 밥이 되든 할 말은 하고 살아야겠어.

このまま我慢して生きてはうつになりそう。どうなろうと、言いたいことは言って生きないと。

우울증：うつ病。＊**조울증**（躁うつ病）、**감정 기복이 심하다**（感情の起伏が激しい）
죽이 되든 밥이 되든：どうなろうと。直訳すると「かゆになろうが飯になろうが」。

---

⑪ 입원해 보는 게 소원이라는 철딱서니 없는
[엄는]
소리를 하잖아.

入院するのが夢って、思慮分別を欠くことを言うのよ。

철딱서니 없다：思慮分別がない、分別がつかない、世間知らずだ。
＊**철이 없다**（分別がない。**철모르다**とも言う）、**철이 들다**（物心がつく、精神的に大人になる）、**세상 물정을 모르다**（世間知らずだ、世情に疎い）

---

⑫ 나 혹시 당뇨병인 거 아냐？
[당뇨뼝]
여기 체크 항목에 거의 다 해당되는데.

僕、もしかして糖尿病なのかな？　ここのチェック項目にほとんど該当するんだけど。

혹시：もし、もしかして、ひょっとして。
＊**혹시나 해서**（もしかしたらと思って）、**혹시나 했는데 역시나였다**（もしかしたらと思ったがやっぱりダメだった）

해당되다：該当する、当てはまる。

⓭ 설마 내가 일사병으로 구급차를 타는 신세가 될 줄이야.

[일싸뼝] [될 쭈리야]

まさか私が熱中症で救急車に乗ることになるとは。

구급차：救急車。**앰뷸런스**(一般的には**앰블런스**という発音がよく使われる)とも言う。＊**구급 환자**(救急患者)、**구급 대원**(救急隊員)、**구급상자**(救急箱)

文 **-(으)ㄹ 줄이야**：～するなんて、～だなんて。

⓮ 아니, 그 나이에 어떻게 뇌졸중이 왔단 말이야?

[뇌졸쭝]

いや、その年で脳卒中になったってこと？

뇌졸중：脳卒中。＊**전조**(前兆)、**예방**(予防)、**후유증**(後遺症)

⓯ 병실을 착각해서 남의 방 침대에 누워 있다가 창피 다 당했어.

[착까캐서]

病室を勘違いして、誰かのベッドに横になってたら、大恥をかいたよ。

병실：病室。
＊**일반 병실**(一般病室)、**특실**(特別室)、**중환자실**(集中治療室)、**아이시유**(ICU)
눕다：横になる。＊**앓아눕다**(〈病気で〉床に就く、寝込む)、**몸져눕다**(病気で寝付く)
창피(를) 당하다：恥をかく。

会話フレーズ

TR_267

1 A：**눈곱 좀 떼. 어제 또 몇 시까지 마신 거야?**
[눈꼽]
目やに取りなよ。昨日はまた何時まで飲んだのよ？

B：**아, 몰라. 이차에서 필름이 끊겼어.**
[끈켜써]
あー、知らないよ。２次会で記憶がなくなった。

눈곱：目やに。
＊**눈곱이 끼다**（目やにが付く）、**눈곱만큼도 없다**（これっぽっちもない。直訳すると「目やにほどもない」）

필름이 끊기다：記憶がなくなる。直訳すると「フィルムが途切れる」。

---

2 A：**넌 눈도 좋으면서 안과를 왜 가?**
[안꽈]
あなたは視力もいいのに、何で眼科に行くの？

B：**나이를 누가 이겨. 노안이래.**

誰も年には勝てないじゃん。老眼なんだって。

눈：目。
＊**눈이 삐다**（見る目がおかしい）、**눈이 팔리다**（目を取られる）、**눈이 뒤집히다**（目がひっくり返る、理性を失う）、**길눈이 어둡다**（方向音痴だ）、**티눈이 생기다**（うおのめができる）

나이를 누가 이겨：直訳すると「年に誰が勝てるのか」。

TR_268

3 A：**그렇게 밝아 보이던 사람이 우울증이었다니.**
[우울쯩]
あんなに明るく見えた人がうつ病だったとは。

B：**그러게 사람은 겉만 보고는 모르는 거야.**
[건만]
そうね、人は見た目だけでは分からないのよ。

밝다：明るい、精通して詳しい、明ける。
＊**잠귀가 밝다**（〈物音などで〉すぐに目が覚める）、**인사성이 밝다**（礼儀正しい）

겉：外側、表面、表。
＊**겉감**（表地）、**겉모습**（外見、見た目）、**겉옷**（上着）、**겉치레**（見栄え）

---

4 A：**며칠 사이에 얼굴이 왜 그렇게 홀쭉해졌어?**
[홀쭈캐저써]
数日の間に顔がどうしてそんなにやつれちゃったの？

B：**나 대상포진 걸려서 죽다 살아났잖아. 진짜 더럽게 아프더라.**
帯状疱疹(ほうしん)になってほぼ死にかけたのよ。マジでめっちゃ痛かったわ。

홀쭉해지다：やつれている、痩せこける。

죽다 살아나다：死ぬ途中で生き返る。かろうじて助かる、さんざんな目に遭う。

더럽게：〈俗語〉本当に、とても、めっちゃ。

TR_269

5 A : **여성 중에 방광염으로 고생하는 사람이 많대.**
[방광녀므로] [만태]
女性の中にぼうこう炎で苦労する人が多いんだって。

B : **너도 빨리 병원 가 봐. 약만 먹으면 금방 낫는대.**
[양만] [난는대]
あなたも早く病院に行ってみなよ。薬さえ飲めばすぐ治るって。

방광염：ぼうこう炎。＊**요도**（尿道）、**전립선**（前立腺）

文 **-대**：～だって。**-다고 해**の縮約形。動詞には**-ㄴ/는대**、名詞には**~(이)래**が付く。

~만 -(으)면：～さえ…すれば。

---

6 A : **머리털 나고 응급실은 처음이야.**
[머리털 라고]
生まれてこの方救急外来は初めてだよ。

B : **부탁이니까 경찰서 신세만은 지지 마.**
[경찰써]
お願いだから警察署の世話にだけはならないでね。

머리털 나고 처음이다：初めての経験だ。直訳すると「頭の毛が生えて初めてだ」。
＊**머리털이 곤두서다**（髪の毛が逆立つ）、**머릿결**（髪質）、**머리숱**（髪の毛の量）

単語

TR_270

진료과 診療科

- □ 내과　内科
- □ 외과　外科
- □ 소아과　小児科
- □ 산부인과　産婦人科
- □ 안과　眼科
- □ 치과　歯科
- □ 이비인후과　耳鼻咽喉科
- □ 비뇨기과　泌尿器科
- □ 정형외과　整形外科
- □ 성형외과　美容外科
- □ 방사선과　放射線科
- □ 피부과　皮膚科
- □ 정신과　精神科
- □ 응급실　救急外来

진료 診療

- □ 환자　患者
- □ 접수　受付
- □ 수속　手続き
- □ 입원　入院
- □ 퇴원　退院
- □ 외래　外来
- □ 병동　病棟
- □ 병실　病室
- □ 특실　特別室
- □ 진찰　診察
- □ 초진　初診
- □ 재진　再診
- □ 오진　誤診
- □ 의료사고　医療事故
- □ 카르테　カルテ
- □ 세컨드 오피니언　セカンドオピニオン

장애 障害

- □ 말더듬이　吃音症
- □ 장님, 맹인, 시각 장애인　目の不自由な人、視覚障害者
- □ 벙어리, 언어 장애인　言語障害者
- □ 귀머거리, 청각 장애인　耳の不自由な人、聴覚障害者
- □ 절름발이　足の不自由な人
- □ 사팔뜨기　斜視の人
- □ 근시　近視
- □ 원시　遠視
- □ 난시　乱視
- □ 노안　老眼
- □ 색맹　色覚障害

병 病

□ 감기	風邪
□ 폐렴	肺炎
□ 결핵	結核
□ 독감, 인플루엔자	インフルエンザ
□ 방광염	ぼうこう炎
□ 맹장염	盲腸炎
□ 중이염	中耳炎
□ 간염	肝炎
□ 비염	鼻炎
□ 세균 감염	細菌感染症
□ 암	がん
□ 위암	胃がん
□ 간암	肝臓がん
□ 대장암	大腸がん
□ 폐암	肺がん
□ 자궁암	子宮がん
□ 유방암	乳がん
□ 고지혈증	高脂血症
□ 뇌동맥류	脳動脈瘤(りゅう)
□ 뇌졸중	脳卒中
□ 뇌출혈	脳出血
□ 지주막하출혈	くも膜下出血
□ 뇌경색	脳梗塞
□ 심근경색	心筋梗塞
□ 협심증	狭心症
□ 간경변	肝硬変
□ 파킨슨병	パーキンソン病
□ 치매	認知症
□ 알츠하이머	アルツハイマー
□ 축농증	蓄膿(ちくのう)症
□ 우울증	うつ病
□ 조울증	躁(そう)うつ病
□ 골다공증	骨粗しょう症
□ 신부전증	腎不全
□ 야뇨증	夜尿症
□ 백혈병	白血病
□ 전염병	伝染病
□ 일사병	熱中症
□ 당뇨병	糖尿病
□ 고혈압	高血圧
□ 식중독	食中毒
□ 빈혈	貧血
□ 위궤양	胃潰瘍
□ 천식	喘息(ぜんそく)
□ 꽃가루 알레르기	花粉症
□ 홍역	麻疹
□ 대상포진	帯状疱疹(ほうしん)
□ 풍진	風疹(ふうしん)
□ 공황장애	パニック障害

㉘ 食生活

聞いてみよう！

♪ TR_271

「聞いてみよう！」全文

A：너도 알다시피 요즘 내가 요리에 재미 붙였잖아.

[부철짜나]

あなたも知ってる通り、最近私って料理にハマってるじゃない。

B：그래서? 뭐 이상한 거 먹으라는 건 아니지?

それで？　何か変なものを食べろって言うんじゃないよね？

A：아니, 내가 시행착오 끝에 바질이랑 토마토가 잘 맞는다는 걸 알아냈어.

[만는다는]

いや、私が試行錯誤の末に、バジルとトマトがよく合うことが分かったのよ。

B：야, 그 둘이 궁합이 좋다는 건 상식이거든.

[조타는]

ねえ、その二つの相性が良いってのは常識なんだけど。

解説

알다시피：知っての通り、知ってるように。

＊**알다가도 모르겠다**（さっぱり分かりない、理解できない）

재미 붙이다：味を占める、興味を覚える。

＊**재미 들리다**（楽しみに取りつかれる）、**핵꿀잼**（めちゃめちゃ面白い。「**핵**〈核〉＋**꿀**〈ハチミツ〉＋**재미**〈面白さ〉の合成語）、**핵노잼**（めちゃめちゃつまらない。「**핵**〈核〉＋**노**〈No〉＋**재미**〈面白さ〉」の合成語）

궁합이 좋다：相性が良い。

＊**궁합이 맞다**（相性が合う）、**궁합을 보다**（相性を見る）、**찰떡궁합**（相性ぴったり）

ひとことフレーズ

TR_272

❶ 내가 다른 건 다 참아도 밥투정하는 남자만은 못 참아.

私が他のことは全部我慢しても、料理に文句言う男だけは我慢できない。

밥투정하다：料理の文句を言う。
＊**투정을 부리다**（駄々をこねる）、**투덜투덜하다**（ぶつぶつ言う。**투덜거리다**とも言う）、**투덜이**（ぶつぶつ言う人）

❷ 점심 때 이 피자 시켜 먹자. 텔레비전에서 선전하는 거 보고 한번 먹어 보고 싶었거든.

ランチにこのピザのデリバリー頼もう。テレビのCMを見て一度食べてみたかったんだ。

시켜 먹다：出前を取って食べる、出前で食事を済ませる。
선전：宣伝。＊**시에프**（コマーシャル、CM）、**시에프 촬영**（CM撮影）

❸ 밥하기 귀찮은데 저녁은 그냥 라면으로 때우자니까.

[바파기]

食事作るの面倒くさいから、夕飯は簡単にラーメンで済ませようってば。

귀찮다：面倒くさい、煩わしい。
＊**성가시다**（面倒だ、厄介だ）、**성가시게 굴다**（ちょっかいを出し面倒を掛ける）
때우다：済ます、つぶす、埋め合わせる。＊**시간을 때우다**（時間をつぶす）

❹ 넌 못 먹는 게 많아서 같이 밥 먹기 진짜 힘들다. 이번엔 또 굴이야? 하여간에 맛있는 건 다 안 먹어.

[몬 멍는] [밤 먹끼] [마신는]

あなたは食べられない物が多くて、一緒にご飯食べるのが本当に大変だわ。今度は牡蠣？　とにかくおいしい物は全部食べないんだから。

먹기 힘들다：食べるのが大変だ。＊**얼굴 보기 힘들다**（なかなか会えない）
하여간에：とにかく、いずれにせよ。**아무튼**、**여하튼**とも言う。

---

❺ 난 국 없으면 밥 못 먹는단 말이야.

[밤 몬 멍는단]

私は汁物がないと、ご飯が食べられないのよ。

국：汁物、スープ。
＊**탕**（汁物、スープ。**국**よりは具材が多い）、**찌개**（**탕**や**국**より汁気が少なく、具材をメインに食べる汁物）

---

❻ 반찬거리 사러 가서는 옆길로 샜는지 왜 이렇게 안 와?

[반찬꺼리] [샌는지]

おかずの材料を買いに行く途中で脇道にでもそれたのか、何で帰ってこないんだ？

옆길로 새다：脇道にそれる。
＊**딴 데로 새다**（寄り道する）、**말이 새다**（話が漏れる）、**날 새다**（見込みがない、もう終わりだ）、**밤새다**（オールする、徹夜する）

❼ 이거 다 너희 어머니가 만드신 거야? 대박! 특히 이 제육볶음 만드는 비법은 꼭 알고 싶어.

[트키] [비뻐븐]

これ、全部あなたのお母さんの手作りなの？　最高！　特にこの豚肉炒めはぜひ作り方の秘訣(ひけつ)を知りたいよ。

대박：最高、大当たり、大ヒット、大人気、大もうけ、すごい。
비법：秘訣。**비결**とも言う。＊**피부 관리 비결**（スキンケアの秘訣）

❽ 양파는 튀겨 먹어도 볶아 먹어도 어떻게 먹어도 다 맛있어.

タマネギは揚げて食べても、炒めて食べても、どう食べても全部おいしい。

튀기다・볶다：揚げる・炒める。
＊**튀김**（揚げ物）、**볶음**（炒め物）、**굽다**（焼く）、**찌다**（蒸す）

❾ 엄마가 밑반찬 좀 해 갈까? 장조림은 아직 남았니?

[아징 나만니]

お母さんがおかずを作っていこうか？　牛肉のしょうゆ煮はまだ残ってるの？

밑반찬：保存の利くおかず、日持ちするおかず。
해 가다：作っていく。

♪ TR_275

⑩ 고기 구울 때 소금이랑 후추도 같이 뿌려? ♡

お肉を焼く時に、塩とこしょうも一緒にかけるの？

굽다：焼く。
＊**노르스름하게 굽다** (こんがり焼く)、**노릇노릇해질 정도로 굽다** (焼き色が付くまで焼く)

⑪ 멸치랑 다시마를 같이 넣고 다시를 내면 돼. ♡

[너코]　[다시를 래면]

煮干しと昆布を一緒に入れてだしを取ればいい。

다시를 내다：だしを取る。**다시**は日本語に由来する言葉で**다시물**とも言う。
＊**멸치 육수** (煮干しだし)、**쇠고기 육수** (牛だし)、**채소 육수** (野菜だし)

⑫ 매운 고추 많이 넣고 심플하게 끓인 된장찌개를 제일 좋아해. ♡

辛い唐辛子をいっぱい入れて、シンプルに作ったみそチゲが一番好きなんだ。

심플하다：シンプルだ。
＊**단순하다** (単純だ)、**소박하다** (素朴だ)、**수수하다** (地味だ)

끓이다：沸かす、煮る、煮込む。＊**푹 끓이다** (ゆっくり煮込む)

⑬ 파는 지금 넣지 말고 먹기 직전에 넣어.

[너치]

ネギは今入れないで、食べる直前に入れてね。

넣다：入れる。
＊**손아귀에 넣다**（手に入れる、掌中に収める。**수중에 넣다**とも言う）、**활기를 불어넣다**（活気を吹き込む）、**궁지에 몰아넣다**（窮地に追い込む）

文 **-기 직전에**：～する直前に

⑭ 그 나이 먹도록 자기 손으로 요리해 본 적이 없단 말이야？

その年になるまで自分で料理したことがないってこと？

文 **-도록**：～するまで、～になっても、～することができるよう、～になるよう。
-아/어 본 적이 없다：～したことがない（経験）。

⑮ 아직도 된장이랑 고추장을 어머니가 집에서 직접 담근다고？ 미안, 나 너랑 결혼할 자신이 갑자기 없어졌어.

いまだにみそとコチュジャンをお母さんが家で作ってるって？　ごめん、私、あなたと結婚する自信が急になくなったわ。

담그다：漬ける、液体の中に浸す。
＊**욕조에 몸을 담그다**（湯船につかる）、**콩으로 간장을 담그다**（豆からしょうゆを作る）

会話フレーズ

TR_277

1 A：**이거 평소보다 국물 맛이 담백한데?**

[궁물] [담배칸데]

これ、いつもよりスープの味がさっぱりしてるんだけど？

B：**그렇지? 가쓰오부시로 다시를 냈더니 그래.**

[그러치] [다시를 랟떠니]

でしょ？　かつお節でだしを取ったらそうなったの。

맛이 담백하다：味がさっぱりしている。

가쓰오부시：日本語の「かつお節」を韓国でも使う。**가다랑어포**（カツオの干物）とも言う。

---

2 A：**버터를 그렇게 많이 쓰면 칼로리가 어떻게 되는 거야?**

バターをそんなにいっぱい使ったらカロリーはどうなっちゃうの？

B：**맛있으면 됐지. 그런 거 신경 쓰면 맛있는 거 못 먹어.**

[마신는] [몬 머거]

おいしければいいだろ。そんなの気にしてたら、おいしい物は食べられないよ。

칼로리：カロリー。＊**고칼로리・저칼로리**（高カロリー・低カロリー）

신경 쓰다：気を使う、気を配る、気にする。

＊**신경이 날카롭다**（ピリピリしている）、**신경이 곤두서다**（敏感になる、気が立つ）、**신경 끄다**（無視する、気にしない）、**신경 꺼**（構うな、ほっといて）

TR_278

3 A : **너도 이제 인스턴트식품은 좀 그만 먹어.**

あなたもいいかげんインスタント食品を食べるのはやめて。

B : **유기농이든 인스턴트든 입에 들어가면 다 똑같아.**

オーガニックだろうがインスタントだろうが、口に入れば全部同じだろ。

인스턴트식품 : インスタント食品。**즉석식품**とも言う。
＊**레토르트식품** (レトルト食品)、**즉석 복권** (スクラッチ宝くじ)

그만 먹다 : 食べるのをやめる。

유기농 : 有機農、オーガニック。＊**농약** (農薬)、**무농약** (無農薬)

4 A : **난 그냥 흰쌀밥이 좋다니까.**
[조타니까]

僕はただの白ご飯がいいんだってば。

B : **잡곡밥이 훨씬 영양가가 높거든요.**
[영양까] [놉꺼든뇨]
잔말 말고 드세요.

雑穀ご飯の方がはるかに栄養価が高いんですよ。つべこべ言わず召し上がって。

영양가가 높다 : 栄養価が高い。
＊**영양가가 없다** (栄養価がない、メリットがない)

잔말 말고 : つべこべ言わず。＊**잔말이 많다** (文句、小言が多い)

TR_279

5 A：**편식하지 말랬는데 또 피망만 남긴 거 봐.** ♡

[편시카지]　[말랜는데]

偏食するなと言ったのに、またピーマンだけ残してるのね。

B：**먹을 때만이라도 잔소리 좀 그만해.**

食べてる時だけでも、小言はやめろよ。

편식하다：偏食する。

＊**입이 짧다**（食べ物の好き嫌いが激しい、食べる量が少ない）

잔소리：小言、お説教。

＊**두말하면 잔소리**（言うまでもない。直訳すると「〈あまりにも当然なことで〉２回言うと小言〈になってしまう〉」）

6 A：**넌 생선도 싫어하는 애가 왜 갑자기 회를 먹자는 거야?** ♡

魚嫌いなあなたが、何でいきなり刺し身を食べようって言うの？

B：**나도 이상해. 임신을 하니까 입맛이 변하는 것 같아.**

[임마시]

自分でも変なの。妊娠したら食べ物の好みが変わるみたい。

입맛：食欲、食の好み。

＊**입맛이 없다**（食欲がない）、**입맛이 떨어지다**（食欲がなくなる）、**입맛이 살아나다**（食欲が戻ってくる）、**입맛이 나다**（食欲が出る。**입맛이 돌다**とも言う）、**입맛이 까다롭다**（味にうるさい）、**입맛에 맞다**（口に合う）、**입맛대로 하다**（好き勝手に振る舞う、好き放題にする）、**밥맛이다**（ムカつく、気持ち悪い、憎たらしい、相手にしたくない）

単語

TR_280

식품 食品

- □ 냉동식품　冷凍食品
- □ 레토르트식품　レトルト食品
- □ 즉석식품, 인스턴트식품　インスタント食品
- □ 유기농　有機農、オーガニック

영양 栄養

- □ 탄수화물　炭水化物
- □ 당질　糖質
  ※韓国では「**당분**(糖分)」をよく使う。
- □ 지질　脂質
  ※韓国では「**지방**(脂肪)」をよく使う。
- □ 단백질　タンパク質
- □ 비타민　ビタミン
- □ 미네랄　ミネラル
- □ 영양 밸런스　栄養バランス
- □ 영양부족　栄養不足
- □ 영양과다　栄養過多
- □ 편식　偏食、好き嫌い
- □ 비만　肥満
- □ 거식증　拒食症
- □ 칼로리　カロリー
- □ 과식　過食
- □ 폭식　暴食
- □ 소식　少食

밥 ご飯

- □ (흰)쌀밥　白米
- □ 보리밥　麦ご飯
- □ 찹쌀밥　もち米ご飯
- □ 팥밥　赤飯
- □ 오곡밥　五穀ご飯
- □ 김밥　のり巻き
- □ 삼각김밥　(コンビニの)おにぎり
- □ 주먹밥　にぎり飯、おむすび
- □ 비빔밥　ビビンバ
- □ 볶음밥　チャーハン
- □ 회덮밥　海鮮丼
- □ 국밥　クッパ、スープご飯

면 麺

- □ 국수　そうめん
- □ 잔치국수　温いスープ入りのそうめん　*お祝いの席で食べる。
- □ 콩국수　豆乳スープ入りのそうめん
- □ 칼국수　手打ち麺
- □ 우동　うどん

☐ **메밀국수** そば
☐ **수제비** すいとん
☐ **쫄면** ジャガイモでん粉を使用したコシの強い麺
☐ **라면** ラーメン
☐ **냉면** 冷麺
☐ **물냉면** 水冷麺
☐ **비빔냉면** ビビン冷麺
☐ **잡채** チャプチェ

빵 パン

☐ **베이글** ベーグル
☐ **크로와상** クロワッサン
☐ **바게트** バゲット
☐ **머핀** マフィン
☐ **스콘** スコーン
☐ **치아바타** チャバッタ
☐ **페스트리, 페이스트리** ペイストリー
☐ **마늘빵** ガーリックトースト
☐ **버터 롤** バターロール
☐ **카스테라** カステラ
☐ **크림빵** クリームパン
☐ **카레빵** カレーパン
☐ **식빵** 食パン

곡물 穀物

☐ **벼** 稲
☐ **쌀** 米
☐ **찹쌀** もち米
☐ **보리** 麦
☐ **콩** 豆、大豆
☐ **검은콩** 黒豆
☐ **검은깨** 黒ゴマ
☐ **팥** 小豆
☐ **녹두** 緑豆
☐ **피** ヒエ
☐ **수수** キビ
☐ **옥수수** トウモロコシ
☐ **메밀** ソバ
☐ **율무** ハトムギ
☐ **납작보리** 押し麦
☐ **밀, 소맥** 小麦
☐ **귀리** オーツ麦
☐ **잡곡** 雑穀

견과류 ナッツ類

☐ **땅콩** ピーナツ
☐ **아몬드** アーモンド
☐ **마카다미아** マカダミア
☐ **피스타치오** ピスタチオ
☐ **코코넛** ココナツ
☐ **호두** クルミ
☐ **브라질너트** ブラジルナッツ
☐ **캐슈너트** カシューナッツ
☐ **헤이즐넛** ヘーゼルナッツ
☐ **피칸** ピーカン
☐ **잣** 松の実
☐ **해바라기씨** ヒマワリの種

㉙キッチン用品

聞いてみよう！

TR_281

「聞いてみよう！」全文

A：이 고기구이 팬 너무 좋다. 어디 거야?

[조타]

このホットプレートすごく良いね。どこの？

B：넌 혼자 살면서 이 사이즈는 필요 없지 않아?

あなたは一人暮らしだから、このサイズは要らないんじゃない？

A：나야 필요 없지. 우리 엄마 아빠 사 주려고.

僕は要らないよ。うちのお父さんとお母さんにプレゼントしようと思ってね。

B：효자 났네, 효자 났어. 차라리 부모님 소원인 결혼을 하는 게 어때?

[난네]

ほんと親孝行息子だわ。いっそ、ご両親が願っている結婚をしたら？

解説

효자：孝行息子。

＊**효녀**（孝行娘）、**효도**（親孝行）、**긴 병에 효자 없다**（長患いに孝行なし。「何事も長引けば、その事に打ち込む誠意が薄らぐものだ」という意味のことわざ）

차라리：いっそ、むしろ、かえって。（対比されるいろいろなことが気に入らないが、その中で少しでも良い選択をするとき）

＊**그럴 바에는 차라리**（それよりはいっそ）

ひとことフレーズ

TR_282

❶ 이 컵 이가 빠졌네. 이 나간 거 쓰면 재수 없대.
[빠전네]

このコップ欠けてるね。欠けてるのを使うと縁起が悪いんだって。

이가 빠지다：食器などの縁が欠ける、一部分が欠けていてまともでない。**이가 나가다**とも言う。

재수 없다：ついていない、縁起が悪い、運が悪い。

**❷ 튀김 팬 좀 꺼내 봐.
오랜만에 고구마 튀김해 먹자.**

天ぷら鍋ちょっと出して。久しぶりにサツマイモを揚げて食べよう。

꺼내다：取り出す、持ち出す、切り出す。＊**이야기를 꺼내다**（話を切り出す）

**❸ 팔이 아파서 더는 못 젓겠네.
전기 거품기 없어?**
[몯 쩓껜네]

腕が痛くてこれ以上はかき混ぜられない。ハンドミキサーはないの？

젓다：かき混ぜる、こぐ、振る。
＊**배를 젓다**（舟をこぐ）、**노를 젓다**（櫓をこぐ）、**고개를 젓다**（首を横に振る、反対する）

TR_283

❹ 간만에 와인으로 분위기 잡으려는데 와인 잔 대신 커피 잔이 뭐야?

久々にワインで雰囲気出そうとしてるのに、ワイングラスの代わりにコーヒーカップって何なのよ。

분위기(를) 잡다：雰囲気をつくる。
＊**분위기를 띄우다**（雰囲気を盛り上げる）、**분위기를 파악하다**（空気を読む）、**분위기가 있다**（ムードがある、良い雰囲気が漂う）、**분위기를 바꾸다**（雰囲気を変える）

❺ 이제 슬슬 망국자로 멸치 건져 낼까?

もうそろそろ網じゃくしで煮干しをすくい出そうか？

건져 내다：すくい出す。
＊**건지다**（つまみ出す、拾い上げる、救い出す、取り戻す）、**건져 먹다**（すくって食べる）、**목숨을 건지다**（命が助かる、命拾いする）、**본전을 건지다**（元が取れる）

❻ 도마도 자주 소독을 해 줘야 하는데 알고 있나 모르겠네.

［인나］　［모르겐네］

まな板もしょっちゅう消毒をしないといけないのに、分かってるのかな。

도마：まな板。
＊**도마 위에 오르다**（批判の対象となる。直訳すると「まな板の上に上がる」）

소독：消毒。＊**소독약**（消毒薬）、**소독액**（消毒液）、**소독제**（消毒剤）

알고 있나 모르겠다：分かってるのかな、知ってるのかな。直訳すると「分かっているのか知らない」。

❼ 넌 요리도 안 하는 애가 조리 도구는 다 갖추고 있네.

[인네]

あなたってば、料理もしない人が、調理道具は全部そろってるのね。

요리하다：料理する。＊**조리하다**（調理する）

갖추다：整える、取りそろえる、備える。
＊**구색을 갖추다**（品がそろっている）、**예의를 갖추다**（礼儀を持つ）

❽ 거기 국자로 국물 간이 맞는지 맛 좀 봐.

[궁물] [만는지]

そこのおたまでスープの塩加減がどうか味見をしてみて。

간이 맞다：塩加減がちょうど良い。
＊**간을 보다**（塩加減を見る）、**간을 맞추다**（塩加減をする）

맛보다：味見する。＊**굴욕을 맛보다**（屈辱を感じる、屈辱を味わう）

❾ 가스 불에 주전자 올려놓고 깜빡하는 바람에 불날 뻔했어.

[노코] [깜빠카는] [불랄]

ガスこんろにやかん乗せたままうっかりしたせいで、火事になるところだった。

올려놓다：乗せる、上げる。＊**저울에 올려놓다**（はかりに乗せる）

불나다：火事になる、火急の事態になる。
＊**전화통에 불나다**（電話が鳴りっぱなしだ、電話が殺到する）

文 **-(으)ㄹ 뻔했다**：～するところだった。

TR_285

⑩ 감자랑 당근 껍질은 필러를 쓰면 벗기기 편해.♡

ジャガイモやニンジンの皮はピーラーを使えばむきやすいよ。

껍질을 벗기다：皮をむく。
＊**벗기다**（剥ぐ、脱がせる、むく）、**때를 벗기다**（あかをこする）、**단추를 벗기다**（ボタンを外す）、**신발을 벗기다**（靴を脱がす）

文 **-기 편하다**：～しやすい、～するのが楽だ。

⑪ 얼마나 요리를 안 하면 집에 식칼조차 없는 거야?♡

[엄는]

どんだけ料理しないからって、家に包丁もないわけ？

식칼：包丁。
＊**과일칼**（果物ナイフ。**과도**とも言う）、**칼을 빼들다**（刀を抜く、メスを入れる）、**칼을 품다**（復讐心を持つ）、**칼을 갈다**（刀を研ぐ、復讐を誓う、強い意志で機会を狙う）、**칼을 대다**（メスを入れる、手術をする）

⑫ 밀폐 용기 없어? 지하철 안에서 김치 냄새 나면 곤란한데.♡

[골라난데]

密閉容器ないの？　地下鉄の中でキムチがにおったら困るんだけど。

밀폐：密閉。＊**폐쇄**（閉鎖）、**폐소공포증**（閉所恐怖症）

냄새：におい。
＊**냄새가 나다**（においがする）、**냄새를 맡다**（においを嗅ぐ、気配を感じ取る）、**냄새를 풍기다**（においを漂わす）

곤란하다：困難だ、困る、難儀だ。

⑬ 냄비가 뜨거우니까 냄비 받침을 밑에 깔고 그 위에 놓아야 돼.

鍋が熱いから、鍋敷きを下に敷いて、その上に置かないといけないよ。

받침：下支え、下敷き。
＊**뒷받침**（支え、裏付け、後ろ盾）、**책받침**（ノートの下敷き）

밑에 깔다：下に敷く、下敷きにする。＊**이불을 깔다**（布団を敷く）

⑭ 된장찌개는 역시 뚝배기에 끓여야 제맛이지.

みそチゲはやはり土鍋で作ってこそおいしいよね。

뚝배기：土鍋。
＊**뚝배기보다 장맛이 좋다**（見掛けによらず中身は良い。直訳すると「土鍋よりみその味が良い」）

⑮ 이 찜솥은 사 놓고 한번도 사용한 적이 없잖아. 모셔 두고 쓰지도 않을 바에야 그 비싼 돈 주고 왜 산 거야?

[노코] [아늘 빠]

この蒸し器は買ってから一度も使ってないじゃん。大事に取っておくだけなら、高いお金払ってどうして買ったんだ？

모셔 두다：大事に取っておく。＊**모시다**（仕える、お供する、安置する）

文 **-(으)ㄹ 바에야**：～するくらいなら、どうせ～するのなら。

会話フレーズ

♪ TR_287

1 A：**너 설마 집에 도마랑 식칼도 없는 거야?**
[엄는]
あんた、まさか家にまな板と包丁もないの？

B：**그런 게 왜 필요해? 난 즉석식품만 먹는데.**
[멍는데]
そういうのが何で必要なの？　僕はインスタント食品だけ食べるのに。

즉석식품：インスタント食品。**인스턴트식품**とも言う。

---

2 A：**감자 으깨기 이런 건 왜 샀어?**
숟가락으로 으깨면 되지.
ポテトマッシャー、こんなの何で買ったんだ？　スプーンで十分じゃん。

B：**아픈 데 찌르지 마. 사 놓고 나도 후회하는 중이야.**
[노코]
痛いとこ突かないでよ。買ったものの、私も後悔してるのよ。

으깨다：つぶす、すりつぶす、砕いて粉にする。
찌르다：刺す、突く、突っつく、密告する、告げ口する。
＊**경찰에 찌르다**（警察に密告する）、**찔러도 피 한 방울 안 나겠다**（情け容赦ない。直訳すると「刺しても血一滴も出ないだろう」）

TR_288

3 A：**조리 도구를 목제로 다 통일했네. 보기 좋다.**
[통이랜네] [조타]
調理道具を木製で全部統一したんだね。すてき。

B：**그렇지? 디자인도 너무 예쁘지 않니?**
[그러치]
でしょ？　デザインもすごくかわいいでしょ？

보기 좋다：素晴らしい、(見ていて) ほほ笑ましい、見た目がいい。
＊**보기 좋게** (見た目よく、見事に)、**보는 눈이 있다** (見る目がある、目に狂いはない)、**보란 듯이**(これ見よがしに、誇らしげに)、**보자 보자 하니까**(黙っていれば、おとなしくしていたら)

---

4 A：**아직 멀었어? 채칼을 쓰는데도 왜 이렇게 느려?**
[아징 머러써]
まだなの？　菜切り包丁を使ってるのに何でこんなに遅いの？

B：**역시 난 이런 덴 소질이 없나 봐.**
[엄나]
やっぱり私はこういうことに向いてないみたい。

아직 멀었다：(完成·到着まで) まだだ、(褒められたときの謙遜) まだまだだ。
소질이 없다：素質がない。＊**재능이 없다** (才能がない)

TR_289

5 A：**이건 가위로 자르는 게 더 빠르겠네. 이 가위 써.** ♡
[빠르겐네]
これははさみで切った方が早そうだね。このはさみを使って。

B：**너 이거 주방 가위 아니잖아. 너 설마 평소에도?**

あなた、これキッチンばさみじゃないじゃん。あなた、まさか普段も？

가위：はさみ。＊**가위질하다**（はさみを入れる）
자르다：切る、断つ、解雇する。
＊**목을 자르다**（クビにする、解雇する）、**꼬리를 자르다**（尻尾を切る、一部を犠牲にして危機から逃れる）、**딱 잘라 거절하다**（きっぱり断る）

6 A：**넌 손님한테 어떻게 커피를 밥그릇에 타 주니?** ♡

あなた、どうしてお客さまへのコーヒーを茶わんに入れて出すの？

B：**맨날 와서 빈대 붙는 주제에 니가 무슨 손님이야?**
[분는]
毎日来て、甘い汁吸ってるくせに、あなたが何のお客よ？

타다：（液体を）入れる、混ぜる、割る。＊**물을 타다**（水で割る）
빈대 붙다：働かず甘い汁を吸う、寄生して暮らす。直訳すると「トコジラミが付く」。

単語

TR_290

조리 도구 調理道具

- □도마 まな板
- □식칼 包丁
- □채칼 菜切り包丁
- □주걱 しゃもじ
- □뒤집개 フライ返し
- □국자 おたま
  *면국자（パスタサーバー）、망국자（網じゃくし）
- □집게 トング
- □거품기 泡立て器
- □요리 스푼 調理用スプーン
- □계량스푼 計量スプーン
- □필러 ピーラー
- □강판 おろし金
- □체망 건지기 水切り
- □된장 거름망 みそこし
- □거품 거름망, 거품 건지기 あく取り
- □주방 가위 キッチンばさみ
- □감자 으깨기 ポテトマッシャー
- □전기 불판 ホットプレート
- □석쇠 焼き網
- □수세미 たわし

식기류 食器類

- □밥그릇 茶わん
- □국그릇 汁わん
- □접시 お皿
- □머그 컵 マグカップ
- □커피 잔 コーヒーカップ
- □와인 잔 ワイングラス
- □젓가락 箸
- □숟가락 スプーン
- □포크 フォーク
- □나이프 ナイフ
- □커트러리 カトラリー
- □양푼 ボウル
- □대접 平鉢
- □사발 わん、丼
- □간장 종지 しょうゆ皿
- □소쿠리 ざる
- □쟁반 / 트레이 お盆／トレー
- □주전자 ケトル、やかん
- □텀블러 タンブラー
- □밀폐 용기 タッパー、密閉容器
- □보존 용기 保存容器
- □냄비 받침 鍋敷き

냄비 鍋

- □직화 냄비 無水鍋
- □내열 강화 유리 냄비 耐熱ガラス鍋

□ **양수 냄비** 両手鍋
□ **편수 냄비** 片手鍋
□ **솥** 釜
□ **압력솥** 圧力鍋
□ **찜솥, 찜통** 蒸し器
□ **뚝배기** 土鍋
□ **궁중 팬** 中華鍋
□ **튀김 팬** 天ぷら鍋

소재 素材

□ **세라믹** セラミック
□ **플라스틱** プラスチック
□ **목제** 木製
□ **실리콘** シリコン
□ **스테인리스강** ステンレス鋼

조미료 調味料

□ **식초** 酢
*사과식초(りんご酢)、현미식초(玄米酢)

□ **설탕** 砂糖
*백설탕(白砂糖)、갈색설탕(三温糖)、흑설탕(黒砂糖)

□ **소금** 塩
*천일염(天日塩)、구운 소금(焼き塩)、죽염(竹塩)

□ **후추** こしょう
□ **깨** ごま
□ **꿀** 蜂蜜
□ **고춧가루** 唐辛子の粉
□ **레몬즙** レモン汁
□ **양념** 合わせ調味料
□ **미원** うま味調味料
□ **향신료** 香辛料
□ **요리술** 料理酒
□ **미림, 맛술** みりん
□ **된장** みそ
□ **간장** しょうゆ
□ **고추장** コチュジャン
□ **쌈장** サムジャン
□ **케찹** ケチャップ
□ **마요네즈** マヨネーズ
□ **와사비, 고추냉이** わさび
□ **겨자** からし

다시 だし

□ **멸치** 煮干し
□ **다시마** 昆布
□ **말린 새우** 干しえび
□ **가쓰오부시** かつお節

기름 油

□ **식용유** サラダ油
□ **올리브유** オリーブオイル
□ **카놀라유** キャノーラ油
□ **포도씨유** グレープシードオイル
□ **참기름** ごま油
□ **들기름** えごま油

❸⓪ 料理 I

聞いてみよう！

♪ TR_291

「聞いてみよう！」全文

A：정했어? 난 잡채밥.

決まった？　私は、チャプチェ丼。

B：잠깐만, 아, 갈등되네. 짜장면도 먹고 싶고 짬뽕도 먹고 싶고 어떡해.

[갈뜽되네] [어떠캐]

ちょっと待ってよ、あー、迷うな。ジャージャー麺も食べたいし、チャンポンも食べたいし、どうしよう。

A：짬짜면으로 하면 되지. 뭘 고민해?

ハーフ&ハーフにすればいいじゃん。何で悩んでるの？

B：아, 맞다. 그게 있었지. 내가 왜 그 생각을 못 했지?

[모 탣찌]

あ、そうだ。それがあったわね。何で私がそれを忘れてたんだろう。

解説

갈등되다：迷う。

＊**갈등하다**（葛藤する）、**고부간의 갈등**（嫁しゅうとめ間の葛藤）、**갈등을 겪다**（葛藤を抱く、葛藤を抱える、葛藤に苦しむ）、**갈등을 빚다**（葛藤が生じる、葛藤を引き起こす）、**갈등을 해소하다**（葛藤を解消する）

짬짜면：**짬뽕**（チャンポン）と**짜장면**（ジャージャー麺）のハーフ＆ハーフのメニュー。

ひとことフレーズ

TR_292

❶ 샐러드만 먹어도 배부르겠네.

[배부르겐네]

サラダだけでおなかいっぱいになりそう。

배부르다：おなかいっぱいだ、満腹だ。
＊**배부른 소리하다**（ぜいたくなことを言う）

文 **-겠네**：～しそうだね、～だろうね、～と思うよ（推測）。

❷ 매일 그렇게 고기만 먹는데도 살 안 찌는 거 보면 용해.

[멍는데도]

毎日そう肉ばかり食べてるのに太らないのを見ると不思議よね。

용하다：素晴らしい、あっぱれだ、腕前が優れている、上手だ。

文 **-는데도**：～するにもかかわらず。

❸ 여름엔 뭐니뭐니해도 콩국수가 제일이야.

夏は何と言っても豆乳麺が一番だよ。

뭐니뭐니해도：何と言っても。＊**누가 뭐래도**（誰が何と言っても）
제일：一番、最も。＊**최고**（最高）、**제일가다**（ピカイチだ、最も優れている）

TR_293

❹ 파스타는 매일 먹어도 질리지가 않아.

パスタは毎日食べても飽きない。

질리다：飽き飽きする、嫌気が差す、懲りる。
＊**지긋지긋하다**（こりごりだ、もうたくさんだ）

❺ 오늘따라 왜 이렇게 비빔면이 당기지?

今日に限って何でこんなにビビン麺が食べたいんだろう？

오늘따라：今日に限って。＊**그날따라**（その日に限って）
당기다：心が引かれる、引く、引き寄せる、引っ張る。会話ではよく**땡기다**や**땅기다**も使われる。
＊**방아쇠를 당기다**（引き金を引く）、**출발 날짜를 당기다**（出発の日を繰り上げる）

❻ 더워서 입맛도[임맏또] 없는데[엄는데] 그냥 찬물에 밥 말아서[밤 마라서] 김치랑 먹자.

暑くて食欲もないし、簡単にご飯に水かけてキムチと食べよう。

입맛이 없다：食欲がない。
＊**입맛이 돌다**（食欲が出る）、**입맛이 까다롭다**（味にうるさい）
(밥을) 말다：ご飯や麺などをスープのような汁気のあるものに入れて混ぜる。
＊**말아 먹다**（ご飯・麺をスープに混ぜて食べる）、**말아먹다**（財産や財物を使い果たす、根こそぎなくしてしまう）

❼ 동짓날에 먹는 팥죽 안의 새알심은 자기 나이 수만큼 먹어야 돼.

[동진나레] [멍는]

冬至の日に食べる小豆がゆの中の白玉は、自分の年の数だけ食べないといけないの。

팥죽：小豆がゆ。
*팥죽을 쑤다 (小豆がゆを炊く)、**죽을 쑤다** (しくじる、結果が良くない。直訳すると「かゆを炊く」)、**단팥죽** (お汁粉)

새알심：白玉。 ***새알** (鳥の卵、白玉)

❽ 니가 낸다고? 그럼, 깐풍기, 양장피, 유산슬, 그리고 먹고 싶은 거 마음껏 다 시킨다?

あなたのおごりなの？　だったら、カンプンギ、ヤンジャンピ、ユサンスル、それから食べたい物は全部自由に頼んでいい？

내다：出す、払う。
***한턱내다** (おごる。**한턱 쏘다**とも言う)、**세금을 내다** (税金を収める)

깐풍기・양장피・유산슬：ピリ辛甘酢鶏唐揚げ・春雨入り中華冷菜・肉や海鮮を入れた炒め物。韓国中華料理の人気メニュー。

❾ 배도 출출한데 라면이나 끓여 먹을까?

小腹がすいたんだけど、ラーメンでも作ろうか？

배가 출출하다：小腹がすく。 ***공복** (空腹)

라면을 끓여 먹다：ラーメンを作って食べる。
***부침개를 부쳐 먹다** (チヂミを焼いて食べる)、**계란을 삶아 먹다** (卵をゆでて食べる)

TR_295

⑩ 저 스테이크집이 요즘 뜬다던데 몸보신도 겸해서 한 번 가 보자.

あのステーキ屋さんが最近人気って聞いたんだけど、精をつけるためにも一度行ってみよう。

스테이크：ステーキ。＊**웰던**（ウェルダン）、**미디엄**（ミディアム）、**레어**（レア）
뜨다：（人気が）出る、浮かぶ、昇る。＊**해가 뜨다**（日が昇る）
몸보신：精をつけること、スタミナづけ。
겸하다：兼ねる。

⑪ 아까 먹은 왕만두 때문에 배가 더부룩해서 [더부루캐서] 점심은 건너뛸게. [건너뛸께]

さっき食べたジャンボ餃子のせいで胃がもたれちゃったからランチは抜くね。

배가 더부룩하다：胃がもたれる、おなかが張る。＊**소화불량**（消化不良）
건너뛰다：飛ばす、飛び越える。＊**패스하다**（パスする）、**생략하다**（省略する）

⑫ 첫 데이트부터 랍스터를 먹는 [멍는] 건 좀 부담스럽지 않을까?

初デートからロブスターを食べるのは、ちょっと気まずくないかな？

부담스럽다：負担に感じる、気まずい、気が重い。
＊**부담 없이**（気軽に）、**부담을 덜다**（負担を減らす）、**부담이 되다**（負担になる、重く感じる）、**비용을 부담하다**（費用を負担する）、**각자 부담**（割り勘）

TR_296

⑬ 조개를 흐르는 물에 여러 번 씻었는데도 모래가 씹히네.

[씨선는데도] [씨피네]

貝を流水で何度も洗ったんだけど、砂が残ってるね。

씹히다：かまれる、無視される。
＊**씹다**（かむ、〈連絡・あいさつなどを〉無視する）、**읽씹**（**읽었는데 씹었다**〈読んだのに無視した〉の略。既読スルー）、**쌩까다**（シカトする）

⑭ 학생 식당의 이 까르보나라, 잊을 수 없는 추억의 맛이야.

[이즐 쑤] [엄는]

学食のこのカルボナーラ、忘れられない思い出の味だわ。

학생 식당：学生食堂。＊**사원 식당**（社員食堂）
맛：味。
＊**손맛**（手作りの味）、**맛깔스럽다**（おいしい、うまい。**맛있다**、**맛나다**とも言う）

⑮ 아니, 언제 이 손 많이 가는 빈대떡까지 준비했어요?

いや、いつの間にこの手間がものすごくかかる緑豆チヂミまで用意したんですか？

손이 가다：手が込む、手間がかかる。

会話フレーズ

TR_297

1 A：**어묵탕 국물 맛이 좀 밍밍하지 않아?**
[궁물]
おでんスープの塩加減がちょっと薄くない？

B：**그래? 난 괜찮은데. 싱거우면 소금 조금 더 넣든가.**
[너튼가]
そう？　私は大丈夫だけど。薄ければ塩をもう少し足したら？

밍밍하다：塩加減が薄い。
＊**싱겁다**（味が薄い、あっけない）、**질다**（水気が多い）、**밥이 질다**（ご飯が軟らかい）、**묽다**（薄い、水っぽい）、**죽이 묽다**（おかゆが水っぽい）

文 **-든가**：～すれば、～しなよ（軽い提案や勧誘）。

2 A：**감자탕은 잘못하면 냄새나서 못 먹는데.**
[잘모타면]　[몬 멍는데]
カムジャタンはうまく作らないとにおいがして食べられないんだけど。

B：**저 사람들 줄 서 있는 걸 봐. 먹어 보면 너도 반할걸.**
[인는]　[반할껄]
あそこ、人が列を成してるの見てよ。食べてみればあなたもほれるはずだよ。

잘못하다：間違う、うまくできない。
＊**잘 못하다**（うまくない、下手だ、苦手だ）、**자칫 잘못하면**（下手をすると、まかり間違えば）

냄새나다：におう、においがする。＊**구린내**（臭いにおい）、**악취**（悪臭）

반하다：ほれる。＊**첫눈에 반하다**（一目ぼれする。**한눈에 반하다**とも言う）

文 **-(으) ㄹ걸**：～するだろう、～だろう、～すればよかった。

TR_298

3 A : **아구 실물을 보고 나니까 식욕이 뚝 떨어졌어.**

アンコウの実物を見たら、すっかり食欲がなくなったわ。

B : **맛있으면 됐지, 생긴 게 무슨 상관이야.**

おいしければ、見た目は関係ないだろ。

식욕이 떨어지다 : 食欲が落ちる。
＊**식욕부진** (食欲不振)、**식욕을 돋구다** (食欲をそそる)、**식욕이 왕성하다** (食欲が旺盛だ)、**식욕을 억제하다** (食欲を抑える)

무슨 상관이야 : そんなの関係ない。**뭔 상관이야**とも言う。

文 **-고 나니까** : ～したら、～すると。最後の**까**は省略可能。

4 A : **오늘은 낙지전골이 당기니까 그걸로 먹자.**

今日はタコチョンゴルが食べたいから、それにしよう。

B : **넌 어떻게 된 애가 남에 대한 배려라곤 일도 없냐?** [엄냐]
나 어제부터 설사한다니까. [설싸]

あんたって人は他人に対する配慮ってもんが全くないわけ？　私、昨日からおなか下してるんだってば。

어떻게 된 애가 : 直訳すると「どうやってできた子が」。ここでは「あんたって人は」と訳した。

일도 없다 : 一つもない、全くない。**하나도 없다**とも言う。

文 **~(이)라곤** : ～というのが、～というものが。

TR_299

5 A : **이 신김치로 김치전 부치면 진짜 맛있을텐데, 그치?**

この酸っぱいキムチでキムチチヂミを作ると本当においしいだろうね。でしょ？

B : **먹고 싶으면 그냥 먹고 싶다고 해.**

食べたければ素直に食べたいと言って。

신김치 : 発酵が進んで酸っぱくなったキムチ。古漬けキムチ。
그치? : でしょ？、だよね？

6 A : **우동이랑 냄비우동, 아, 뭘 먹어야 후회를 안 할까?**

うどんか鍋焼きうどん、あー、何を食べれば後悔しないかな？

B : **빨리 좀 정해. 이러니까 애들이 너랑은 같이 밥 안 먹으려고 하는 거야.**

早く決めてよ。こうだから、みんなあなたとは一緒にご飯食べたがらないのよ。

정하다 : 決める。
＊**결정하다** (決定する)、**마음을 정하다** (心を決める、腹を決める)、**정해지다** (決まる)
애들 : 友達、他の子たち、子どもたち。
文 **-아/어야** : ～すれば、～なら (後ろの内容に対して必要な条件)。

単語

TR_300

국 スープ

- □ 콩나물국　モヤシスープ
- □ 미역국　ワカメスープ
- □ 북엇국　干しダラスープ
- □ 계란국　卵スープ
- □ 해장국　酔い覚ましのスープ
- □ 미역오이냉국　ワカメとキュウリの冷製スープ
- □ 육개장　牛肉とワラビ入りの辛いスープ
- □ 쑥국　ヨモギ入りスープ
- □ 시금치된장국　ホウレンソウのみそ汁
- □ 시래기된장국　菜っ葉のみそ汁
- □ 떡국　(韓国式の)お雑煮
- □ 만두국　餃子スープ

탕 鍋類

- □ 갈비탕　カルビスープ
- □ 추어탕　ドジョウ鍋
- □ 설렁탕　牛肉と牛骨を煮込んだスープ
- □ 도가니탕　牛の膝軟骨のスープ
- □ 삼계탕　参鶏湯
- □ 해물탕　海鮮鍋
- □ 홍합탕　ムール貝のスープ
- □ 닭볶음탕　鶏肉ピリ辛鍋
- □ 감자탕　豚背肉とジャガイモ鍋
- □ 어묵탕, 오뎅탕　おでん(串に刺した練り物)を煮込んだスープ
- □ 곰탕　牛肉と内臓を煮込んだスープ
- □ 꼬리곰탕　牛テールスープ
- □ 내장탕　もつ鍋
- □ 알탕　魚卵鍋
- □ 매운탕　海鮮辛味鍋
- □ 연포탕　タコの水炊き
- □ 꽃게탕　ワタリガニ鍋
- □ 닭한마리　韓国式水炊き、タッカンマリ

찌개 チゲ

- □ 김치찌개　キムチチゲ
- □ 참치찌개　ツナ入りのチゲ
- □ 순두부찌개　純豆腐チゲ
- □ 부대찌개　部隊チゲ　＊スパムやラーメンの入ったチゲ。
- □ 된장찌개　みそチゲ
- □ 꽁치찌개　サンマチゲ
- □ 동태찌개　冷凍タラのチゲ
- □ 갈치찌개　タチウオのチゲ
- □ 고추장찌개　コチュジャンチゲ

전골 チョンゴル　＊具材を並べスープを注ぎ食卓で煮ながら食べる鍋

- □ 두부전골　豆腐チョンゴル
- □ 버섯전골　キノコチョンゴル
- □ 곱창전골　ホルモンチョンゴル
- □ 불낙전골　牛肉とタコのチョンゴル
- □ 김치전골　キムチチョンゴル
- □ 낙지전골　タコチョンゴル
- □ 만두전골　餃子チョンゴル

찜 蒸し煮

- □ 닭찜　鶏肉の蒸し煮
- □ 갈비찜　カルビの蒸し煮
- □ 아구찜, 아귀찜　アンコウの蒸し煮
- □ 계란찜　茶わん蒸し

조림 煮物

- □ 장조림　牛肉のしょうゆ煮
- □ 감자조림　ジャガイモの煮物
- □ 두부조림　豆腐の煮物
- □ 콩조림, 콩장, 콩자반　豆の煮物
- □ 땅콩조림　ピーナツの煮付け
- □ 연근조림　レンコンの煮物
- □ 우엉조림　きんぴらごぼう
- □ 갈치조림　タチウオの煮付け
- □ 고등어조림　サバの煮付け
- □ 꽁치조림　サンマの煮付け
- □ 메추리알조림　ウズラの卵の煮付け

무침 あえ物

- □ 오이무침　キュウリのあえ物
- □ 도라지무침　キキョウのあえ物
- □ 콩나물무침　モヤシのあえ物
- □ 골뱅이무침　ツブ貝のあえ物
- □ 오징어무침　イカのあえ物
- □ 깻잎무침　エゴマの葉のあえ物

볶음 炒め物

- □ 멸치볶음　韓国式田作り
- □ 가지볶음　ナス炒め
- □ 어묵볶음　練り物の炒め物
- □ 제육볶음　豚肉のピリ辛炒め
- □ 낙지볶음　タコのピリ辛炒め
- □ 주꾸미볶음　イイダコ炒め

김치 キムチ

- □ 배추김치　白菜キムチ
- □ 깍두기　カクテキ
- □ 총각김치　チョンガキムチ　＊小ぶりな大根を丸ごと漬けたキムチ
- □ 백김치　白キムチ
- □ 파김치　ネギキムチ
- □ 열무김치　大根の若葉キムチ
- □ 겉절이　浅漬けキムチ
- □ 생김치　漬けたてのキムチ
- □ 물김치　水キムチ
- □ 동치미　大根の水キムチ
- □ 오이소박이　キュウリのキムチ

㉛ 料理 Ⅱ

聞いてみよう！

♪ TR_301

「聞いてみよう！」全文

A：그 징그러운 걸 잘도 먹네.
[멍네]
その気持ち悪いのをよく食べるね。

B：징그러워? 닭발이? 정말 맛있는 게 뭔지를 모르네.
[마신는]
気持ち悪い？　鶏の足が？　本当においしい物が何なのかが分かってないね。

A：보기만 해도 징그러워!

見てるだけで気持ち悪い！

B：먹어 보고 말해. 그럼, 왜 지금까지 이 맛을 몰랐나 후회할 테니까.
[몰란나]

食べてみてから言ってよ。そうしたら、なぜ今までこの味を知らなかったのって後悔するはずだよ。

解説

징그럽다：気持ち悪い、不気味だ、気味悪い。

잘도：よく、よくも。＊**용케도**（よくぞ）

후회하다：後悔する。

＊**참회하다**（ざんげする）、**반성하다**（反省する）、**반성문**（反省文）

文 **-(으)ㄹ 테니까**：～するはずだから、～だろうから（推測）。

ひとことフレーズ

TR_302

❶ 여기 갈치조림이 그렇게 맛있다고 맛집 검색에 나오던데.

ここのタチウオの煮付けがすごくおいしいってグルメサイトの口コミに書いてあったんだけど。

맛집：おいしいお店、グルメ店。＊**핫플**（**핫플레이스**〈hot place〉の略）

❷ 바게트는 먹고 나면 부스러기 때문에 지저분해서.

バゲットは食べた後、食べかすのせいで汚くてね。

부스러기：かす、くず。＊**조각**（かけら、切れ）、**빵 부스러기**（パンくず）
지저분하다：散らかっている、汚らしい。
＊**지저분한 차림**（むさくるしい身なり）、**지저분한 이야기**（下品な話）

❸ 염치가 밥 먹여 주냐? [밤 머겨] 엄마한테 동치미 좀 담가 달라고 해.

遠慮は要らないわよ。ママに大根の水キムチを漬けてほしいと言って。

염치：恥を知ること。＊**염치도 좋다**（ずうずうしい）、**염치가 없다**（恥知らずだ）
文 **~이/가 밥 먹여 주냐?**：直訳すると「~がご飯を食べさせてくれるのか？」で、そんなことはしなくていいという表現。

TR_303

❹ 베이글은 전자레인지에 약간 데워서 먹으면 더 맛있는데.

[마신는데]

ベーグルは電子レンジで少し温めて食べるともっとおいしいのに。

약간：若干、やや、少し、多少、少しばかり。

데우다：温める。＊**전자레인지로 데우다**（電子レンジで温める、チンする）

❺ 부대찌개 먹을 때 사리는 처음부터 넣어? 아니면 나중에 넣어?

部隊チゲを食べるときに麺は最初から入れる？　それとも後で入れる？

사리：（麺、縄、糸など）巻いた玉や束。

＊**국수 사리**（うどんの玉）、**라면 사리**（ラーメンの玉）

❻ 요즘 냉동식품에 꽂혔어. 간편하고 맛있고 싸고, 최고야.

[꼬처써]

最近冷凍食品にハマってるんだ。簡単でおいしくて安くて、最高だよ。

냉동식품：冷凍食品。

＊**건강식품**（健康食品）、**발효 식품**（発酵食品）、**가공식품**（加工食品）、**기호 식품**（嗜好食品）、**불량 식품**（駄菓子）、**인스턴트식품**（インスタント食品）

꽂히다：ハマる、刺さる、ほれる。＊**필이 꽂히다**（ハートに火が付く）

❼ 젓갈 하나만 있어도 밥 한 그릇 뚝딱이야!

[바 판]

塩辛一つあれば、ご飯１杯はぺろりと食べられちゃう！

밥 한 그릇 뚝딱이다：ご飯１杯をぺろりと食べる。
＊**뚝딱**（さっさと、てきぱき）、**뚝딱하다**（さっさとやる、てきぱきする、ためらったりせず手際よく物事を行い続ける）

❽ 프라이드치킨이랑 양념치킨 반반해 달라고 할까?

フライドチキンとヤンニョムチキンを半分ずつにしてくれと言おうか？

반반：半々、ハーフ＆ハーフ。
文 **-아/어 달라고 할까?**：～してくれと頼もうか？、～してって言おうか？

❾ 매운 고추 넣고 부친 파전, 생각만 해도 침 넘어간다.

[너코] [생강만]

辛い唐辛子を入れて焼いたネギチヂミ、想像するだけでよだれが出る。

부치다：（油を引いてフライパンで）焼く。
＊**부침개**（フライパンで油で焼いた物の総称）

침 넘어가다：おいしそうでよだれが出る。直訳すると「唾が喉を通る」。
＊**군침이 돌다**（食欲が出る、よだれが出る）、**침을 흘리다**（欲しがる、食べたがる）

⑩ 안줏거리가 땅콩밖에 없네. [엄네] 소시지볶음이라도 만들까?

おつまみがピーナツしかないね。ソーセージ炒めでも作ろうか？

안줏거리：おつまみになるような食べ物。
＊**국거리**（汁の材料）、**반찬거리**（おかずの材料）、**이야깃거리**（話のネタ、話題）、**걱정거리**（心配事）

⑪ 어떡해, 어떡해. 생선 가시가 목에 걸렸나 봐.

[어떠캐] [걸련나]

どうしよう、どうしよう。魚の骨が喉に刺さったみたい。

가시：とげ、小骨。
＊**가시방석**（針のむしろ、居心地の悪い場）、**가시밭길**（いばらの道）、**눈엣가시**（目の敵、目の上のこぶ）

목에 걸리다：喉に引っ掛かる。

⑫ 고등어가 물이 올라 싱싱하네.

サバの脂が乗ってて新鮮だね。

물이 오르다：（魚の）脂が乗る、慣れてうまくなる、勢いがある。
싱싱하다：新鮮だ、みずみずしい、フレッシュだ。

⑬ 무슨 빵값이 밥값이랑 거의 차이가 없어?

[빵깝씨]

パンの値段と食事の値段がほとんど変わらないなんてことある？

거의：ほぼ、ほとんど。＊**거의 드물다**（めったにない）

차이가 없다：差がない。

＊**차이가 나다**（差が出る）、**세대 차이**（世代間格差、ジェネレーションギャップ）、**천양지차**（雲泥の差。**천지 차이**とも言う）、**하늘과 땅 차이**（天地の差、月とすっぽん）、**종이 한 장 차이**（紙一重の差）

⑭ 아니, 베이컨 굽는 게 뭐가 어렵다고 그걸 다 태워 먹어?

[굼는]

ベーコン焼くことのどこが難しいとそれを全部焦がしてしまうの？

태우다：焼く、燃やす、焦がす。

文 **-아/어 먹다**：「～してしまう」と動作・行動の強調を表す表現。

＊**부려 먹다**（こき使う）、**잊어 먹다**（忘れてしまう）、**까먹다**（〈俗語〉度忘れする）

⑮ 난 팥 싫어하는데 하필이면 팥빵을 사 올 게 뭐야?

[올 께]

僕は小豆が嫌いなのに、よりによって小豆パンを買ってくるとはね。

팥：小豆。＊**팥밥**（赤飯）、**단팥빵**（あんパン）

하필이면：よりによって、こともあろうに。**하필**とも言う。

文 **-(으)ㄹ 게 뭐야?**：～するなんてどういうこと？、～するなんてね、～だなんてね。

会話フレーズ

TR_307

1 A：**계란 안 들어간 순두부찌개도 있나?**
[인나]
卵の入ってない純豆腐チゲもあるの？

B：**깜빡했겠지. 아줌마 불러서 얘기해.**
[깜빠캗껟찌]
うっかりしたんでしょ。おばさん呼んで言いな。

깜빡하다：うっかりする。
＊**깜빡깜빡하다**（うっかりする、度忘れする、〈光が〉チカチカする）、**깜빡거리다**（瞬く、〈光が〉点滅する）

文 **-았/었겠지**：～したのだろう、～だっただろう。

---

2 A：**면을 먹었더니 힘을 못 쓰겠네.**
[쓰겐네]
麺を食べたら、力が出ないな。

B：**난 뱃속에서 면이 부는지 배가 빵빵한데.**
私はおなかの中で麺がふやけたのか、おなかいっぱいなんだけど。

힘을 못 쓰다：力が出ない。
면이 불다：麺が伸びる、麺がふやける。
배가 빵빵하다：おなかがいっぱいだ。
＊**뒷배가 빵빵하다**（後ろ盾がある）、**쭉쭉빵빵**（ボンキュッボン、グラマー）

TR_308

3 A：**오리고기는 기름이 너무 많이 나와서 싫어.**

かも肉は脂が多すぎて、嫌。

B：**가리는 것도 많아요.**
오리고기 기름은 몸에도 좋대잖아.
[조태자나]

好き嫌いが多いんだから。かも肉の脂は体にも良いっていうじゃん。

기름：油、脂。＊**기름지다**（脂っこい）、**기름기가 많다**（油気が多い）、**기름을 두르다**（油を引く）

가리다：選ぶ、えり好みする、わきまえる。
＊**음식을 가리다**（食の好き嫌いがある、偏食する）、**시비를 가리다**（是非を問う）、**승부를 가리다**（勝負をつける）

文 **-대잖아**：～だっていうじゃん。**-다고 하잖아**の縮約形。動詞には**-ㄴ/는대잖아**、名詞には**~(이)래잖아**が付く。

---

4 A：**해물전에 순 오징어밖에 없어.**

海鮮チヂミにほぼイカだけだね。

B：**그러게. 다음부터는 여기서 해물전은 절대 시키지 말자.**
[절때]

だね。次からは絶対にここで海鮮チヂミを頼むのはやめよう。

순：全く、（他のものが交ざっていない）純。
＊**순 거짓말쟁이**（大のうそつき）、**순 살코기**（筋や脂肪が混ざっていない肉）、**순 한국식**（純韓国式）

文 **-지 말자**：～するのはやめよう。

♪ TR_309

5 A：**여기 깍두기 좀 더 주세요.** ♡

すみません。カクテキ、お代わり下さい。

B：**물이랑 반찬은 셀프니까 저기서 자유롭게 담아 오세요.**

水とおかずはセルフサービスなので、あそこで好きなだけ盛ってきてください。

셀프：**셀프서비스**（セルフサービス）の略語。
＊**셀프 세차장**（セルフ洗車場）、**셀프 주유소**（セルフスタンド）、**셀프 카메라**（自撮り。略して**셀카**とも言う）

담다：盛る、入れる、込める。
＊**입에 담다**（口にする）、**수북이 담다**（山盛りにする）

---

6 A：**남친 앞에서는 번데기 같은 걸 어떻게 먹냐고 잘도 거짓말하더니.** ♡
[멍냐고] [거진말]

彼氏の前ではサナギなんか食べられないって、上手なうそをついてたくせに。

B：**남사친인 너랑 남친이 같아? 먹고 싶은 거 참느라고 혼났네.**
[혼난네]

男友達のあなたと彼氏は違うでしょ。食べたいのを我慢するのが大変だったわ。

거짓말하다：うそをつく。＊**입만 열면 거짓말**（口を開けばうそばかり）
남사친：**남자 사람 친구**（男の人の友達）の略。彼氏ではない男友達。
＊**여사친**（ただの女友達）
혼나다：ひどい目に遭う、大目玉を食う、怒られる、大変だ。

単語

TR_310

양식 洋食

- □ 전채　前菜
- □ 수프　スープ
- □ 야채수프　野菜スープ
- □ 양파수프　オニオンスープ
- □ 크림수프　クリームスープ
- □ 샐러드　サラダ
- □ 파스타　パスタ
- □ 스파게티　スパゲティ
- □ 까르보나라　カルボナーラ
- □ 페스카토레　ペスカトーレ
- □ 나폴리탄　ナポリタン
- □ 라자냐　ラザニア
- □ 뇨끼　ニョッキ
- □ 리소토　リゾット
- □ 라비올리　ラビオリ
- □ 오믈렛　オムレツ
- □ 오므라이스　オムライス
- □ 카레(라이스)　カレーライス
- □ 수프카레　スープカレー
- □ 필래프　ピラフ
- □ 그라탱　グラタン
- □ 파에야, 빠에야　パエリア
- □ 감바스　アヒージョ

중식 中華料理

- □ 짜장면　ジャージャー麺
- □ 삼선짜장(면)　海鮮入りジャージャー麺
- □ 사천짜장(면)　四川式ジャージャー麺
- □ 간짜장(면)　とろみのないジャージャー麺
- □ 쟁반짜장　大皿ジャージャー麺
- □ 짬뽕　チャンポン
- □ 짬짜면　半チャンポン&半ジャージャー麺
- □ 탄탄면　担々麺
- □ 탕수육　酢豚
- □ 동파육　トンポーロー
- □ 회과육　ホイコーロー
- □ 팔보채　八宝菜
- □ 라조기　唐揚げの辛味炒め
- □ 유산슬　肉・海産物・野菜のしょうゆ炒め
- □ 깐풍기　中国式鶏の唐揚げ
- □ 양장피　中華冷菜
- □ 울면　五目あんかけ麺
- □ 기스면　鶏の細切り麺
- □ 깐쇼새우, 칠리새우　エビのチリソース
- □ 난자완스　肉団子炒め
- □ 마파두부　マーボー豆腐

☐ **잡채밥** チャプチェご飯
☐ **고추잡채** チンジャオロース
☐ **춘권** 春巻き
☐ **딤섬** 点心料理
☐ **오향장육** 豚肉のしょうゆ煮

포장마차 屋台

☐ **튀김** 天ぷら
☐ **순대** スンデ
＊豚の血液やもち米などが入った腸詰め。
☐ **떡볶이** トッポッキ
☐ **오뎅** おでん、練り物
☐ **번데기** 蚕のサナギ
☐ **닭똥집** 鶏の砂肝
☐ **왕꼬치** ビッグサイズの串刺しの料理
☐ **호떡** ホットク

패스트푸드 ファストフード

☐ **햄버거** ハンバーガー
☐ **프라이드치킨** フライドチキン
☐ **양념치킨** ヤンニョムチキン
☐ **너겟** ナゲット
☐ **케밥** ケバブ
☐ **핫도그** ホットドッグ
☐ **피자** ピザ
☐ **감자튀김** フライドポテト
☐ **어니언링** オニオンリング
☐ **샌드위치** サンドイッチ
☐ **도넛** ドーナツ
☐ **핫바** 棒状のかまぼこスナック

고기 요리 肉料理

☐ **수육** ゆで肉
☐ **삼겹살** サムギョプサル
☐ **스테이크** ステーキ
＊**레어**(レア)、**미디엄레어**(ミディアムレア)、**미디엄**(ミディアム)、**웰던**(ウェルダン)
☐ **햄버그스테이크, 함박스테이크** ハンバーグステーキ
☐ **찹스테이크** チャップステーキ
☐ **티본스테이크** Tボーンステーキ
☐ **립아이 스테이크** リブアイステーキ
☐ **닭꼬치** 焼き鳥
☐ **닭갈비** タッカルビ
☐ **치즈닭갈비** チーズタッカルビ
☐ **닭발** 鶏の足を激辛に炒めた料理
☐ **족발** 豚足
☐ **불고기** プルコギ
☐ **돈가스** とんカツ
☐ **샤브샤브** しゃぶしゃぶ
☐ **스키야키** すき焼き
☐ **생갈비** 骨付きカルビ肉
＊塩焼きにして食べる。
☐ **양념갈비** 味付き骨付きカルビ
☐ **육회** ユッケ
☐ **육전** 肉チヂミ

㉜ 料理 Ⅲ

聞いてみよう！

♪ TR_311

「聞いてみよう！」全文

A：해물탕을 왜 꼭 이 식당에서 먹어야 한다는 거야?

何で海鮮鍋を絶対にこの食堂で食べないといけないの？

B：가만 있어 봐. 곧 알게 돼.

黙ってて。すぐに分かるわよ。

A：너 설마 또 반한 거야? 누가 금사빠 아니랄까 봐, 진짜.

あなた、まさかまたほれたの？　ほんとほれっぽい人なんだから、全く。

B：있다, 있다. 내가 시킬게. '오빠, 여기 주문이요♥'

いた、いた。私が注文するわね。「オッパ、ここ注文お願いします♥」

解説

반하다：ほれる。

＊**홀딱 반하다**（ぞっこんほれ込む）、**완전 꽂히다**（すっかりハマる、完全にほれ込む）、**뻑가다**（ほれる、心を奪われる）

금사빠：**금방 사랑에 빠지는 사람**（すぐ恋に落ちる人）の略語。

＊**얼빠**（**얼굴**〈顔〉＋**빠순이**〈熱狂的な女性ファン〉の合成語。顔だけ見る追っかけ）

文 **누가 ～ 아니랄까 봐**：**'누가 ～ 아니다' 라고 할까 봐**の縮約形。「誰かが～じゃないと言うんじゃないかと思って」で、つまり「～にしか見えない、どう見ても～である」という意味。

ひとことフレーズ

TR_312

❶ 이사하는 걸 도왔는데 [도완는데] 겨우 짜장면 한 그릇으로 때우려고?

引っ越しを手伝ったのに、たかがジャージャー麺１杯で済ます気？

겨우：やっと、ようやく、かろうじて、たった、ぎりぎり。
때우다：済ます、つぶす。＊**퉁 치다**（よしとする、チャラにする）

❷ 이 집이 아구찜 원조잖아. 밥시간 되면 자리도 없어.

この店がアンコウの蒸し煮の元祖じゃん。食事時になると席もない。

원조：元祖。＊**시초**（始め、起こり、始まり）、**최초**（最初）
밥시간：食事時、ご飯を食べる時間帯。**식사 시간**、**끼니때**とも言う。

❸ 회 먹은 뒤엔 입가심으로 매운탕을 먹어 줘야지.

刺し身を食べた後は、口直しに海鮮辛味鍋を食べないとね。

입가심：口直し。＊**입가심으로 먹다・마시다**（口直しに食べる・飲む）
文 **-아/어 줘야지**：～してあげなきゃ、～しなきゃ。

TR_313

❹ 엄마가 김치 총총 썰어 넣고 끓여 주는 국밥이 먹고 싶다.

[너코]

母さんがキムチを細かく切って作ってくれるクッパが食べたい。

총총 썰다：細かく切る。＊**자르다**（切る、断つ、解雇する）
끓이다：沸かす、煮る、煮込む。
＊**라면을 끓이다**（ラーメンを作る）、**물을 끓이다**（お湯を沸かす）、**속을 끓이다**（気をもむ）

❺ 이 야심한 밤에 나더러 어디 가서 족발을 사 오라는 거야？

こんな夜遅くに、私にどこか行って豚足を買ってこいって言うの？

야심하다：夜が深い、夜が更けている。＊**밤이 늦다**（夜遅い）
文 **～더러**：～に、～に向かって。**～보고**、**～한테**、**～에게**とも言う。
-(으)라는 거야？：～しろっていうの？、～しろってことなの？**-(으)라고 하는 거야？**の縮約形。

❻ 이 집 추어탕이 유명해서 먼 데서도 사러 온대잖아요.

この店のドジョウ鍋が有名で、遠方からも買いに来るんだって。

먼 데：遠方、遠い所。＊**가까운 데**（近場、近い所）
文 **-ㄴ/는대잖아요**：～するんですって、～するって話ですよ。**-ㄴ/는다잖아요**の口語形。形容詞には**-대잖아요**、名詞には**~(이)래잖아요**が付く。

❼ 맨입에 그 짠 어리굴젓만 먹지 말고 밥이랑 같이 먹어.

[맨니베] [어리굴전만]

そのしょっぱい牡蠣の塩辛だけを食べていないで、ご飯と一緒に食べなよ。

맨입에：他には何も食べずに。＊**맨입으로**（何の報酬もなしに、無料で、タダで）
어리굴젓：牡蠣の塩辛。＊**젓갈**（塩辛）、**멸치액젓**（イワシの魚醤）

❽ 투정하는 건 절대 아닌데 일주일 내내 미역국은 좀...

[절때] [일쭈일]

文句を言うつもりは全くないんだけど、１週間ずっとワカメスープはちょっと……。

투정하다：文句を言う、駄々をこねる。
＊**잠투정**（子どもが寝る前や起きた後にぐずること）、**밥투정**（食事への不満を言うこと）

❾ 몸이 허하다고 느낄 때는 곰탕 한 그릇 먹어 주면 힘이 나요.

[그른 머거]

体が弱ったと感じたときは、コムタンスープを食べると元気が出ます。

몸이 허하다：気力が落ちる、元気がなくなる。
＊**속이 허하다**（おなかがすいている）、**마음이 허하다**（寂しい）

♪ TR_315

⑩ 내 팔자야. 술 마시고 들어온 남편 어디가 예쁘다고 허구한 날 북엇국을 끓여야 돼? ♡

[팔짜]

私の人生何なのよ。酒飲んで帰ってきた夫のどこが良くて毎日のように干しダラスープを作らないといけないわけ？

허구한 날：毎日のように、長い間いつも。

文 **-아/어야 돼?**：～しなきゃいけないの？

⑪ 입맛도 없는데 양푼에 반찬 있는 거 다 넣고 비빔밥이나 만들어 먹을까? ♡

[임맏또] [엄는데] [너코] [비빔빠비나]

食欲もないから、ボウルに有り合わせのおかず全部入れてビビンバでも作って食べようか？

양푼：（アルミやステンレス製の）ボウル。

⑫ 닭한마리는 정말 닭 한 마리가 통째로 들어 있는 거야? ♡

[다칸마리] [인는]

タッカンマリは本当に鶏が一羽丸ごと入ってるの？

정말(로)：本当に。＊**진짜로**（本当に、マジで）

통째로：丸ごと。＊**통째로 암기하다**（丸ごと暗記する）

⑬ 매운탕 국물 맛이 좀 비린 것 같지 않아?

[궁물]

海鮮辛味鍋の汁がちょっと生臭くない？

비리다：生臭い。

＊**비린내가 나다**（生臭いにおいがする）、**피비린내**（血生臭さ、血のにおい）、**젖비린내**（乳臭いにおい、乳臭さ）、**구리다**（臭い、怪しい、ダサい）、**구린내가 나다**（臭いにおいがする、怪しい）

⑭ 잰 갈비찜이라면 사족을 못 쓰잖아.

あの子はカルビの蒸し煮に目がないじゃん。

사족을 못 쓰다：目がない、魅せられる、しびれる、夢中になる。直訳すると「四足が使えない」。

＊**환장하다**（のめり込む、大好きだ、気が狂いそうだ）

⑮ 새해 첫날이라고 다들 떡국 먹고 있을 텐데, 난 혼자 방구석에서 처량하게 빵이나 뜯어 먹고 있다니.

[천나리라고] [떡궁 먹꼬]

お正月だからみんなはお雑煮を食べてるだろうに、僕は部屋で一人寂しくパンを食べてるなんて。

처량하다：哀れだ、もの寂しい。＊**외롭다**（寂しい。**쓸쓸하다**とも言う）

뜯어 먹다：ちぎって食べる。＊**뜯어먹다**（食い物にする、金品を巻き上げる）

会話フレーズ

TR_317

1 A：**야, 너 왜 탕수육에 소스를 부어?**

ちょっと、何で酢豚にソースをかけちゃうのよ？

B：**뭐야? 넌 찍먹이었어? 난 당근 부먹인 줄 알았지.**
[찡머기어써]

何？　あんたはつけて食べる派だったの？　私は当然かける派だと思ったよ。

붓다：注ぐ。＊**적금을 붓다**（積み金を払い込む）
부먹・찍먹：**부어 먹기**（かけて食べること）、**찍어 먹기**（つけて食べること）の略。韓国では酢豚にソースをかけて食べるか、つけながら食べるかの派閥がある。

---

2 A：**골뱅이무침 시켰는데 오징어무침을 또 시켜?**
[시켠는데]

ツブ貝のあえ物を頼んだのに、イカのあえ物をさらに頼むの？

B：**넌 골뱅이무침 먹어. 난 오징어무침 먹을 거야.**
[머글 꺼]

あなたはツブ貝のあえ物を食べて。私はイカのあえ物を食べるから。

골뱅이：ツブ貝、Eメールの@の記号も**골뱅이**と呼ぶ。＊**조개**（貝）、**조개껍질**（貝殻）
오징어：イカ。
＊**마른오징어**（スルメ）、**오징어가 되다**（不細工に見える〈イケメンや美女と横に並んだときによく使われる〉）

TR_318

3 A：**새우구이는 맛있는데 양이 너무 적다.**
[마신는데]
エビ焼きはおいしいけど、量が少なすぎる。

B：**우린 손도 안 댔거든. 그거 너 혼자 다 먹었거든.**

私たちは手も付けてないんだけど。それ全部あなた一人で食べたんだけど。

양이 적다：量が少ない。＊**말수가 적다**（口数が少ない）、**숱이 적다**（薄毛だ）
손을 대다：手を付ける、手掛ける、手を出す。
＊**손을 쓰다**（手を打つ、手を回す）、**손이 크다**（太っ腹だ、気前がいい）

文 **-거든**：～するんだよ、～なんだよ（理由を説明）。名詞には **~(이)거든** が付く。

---

4 A：**순대, 떡볶이, 이것만 먹어도 충분히 밥 되겠다.**
[이건만]
スンデ、トッポッキ、これだけでも十分ご飯代わりになりそう。

B：**그래 놓고 너 혼자 삼 인분은 먹잖아.**
[노코]
そう言いながら、あなた一人で３人前は食べるじゃん。

밥이 되다：ご飯代わりになる。
＊**죽이 되든 밥이 되든**（結果はどうなろうと。直訳すると「おかゆになろうとご飯になろうと」）、**죽도 밥도 안 된다**（どっちつかず、中途半端だ。直訳すると「おかゆにもご飯にもならない」）

그래 놓고：そう言いながら、そう言いつつ。

TR_319

5 A : **엄마, 제발 계란찜에 이것저것 좀 넣지 마세요.**

[너치]

母さん、お願いだから茶わん蒸しにあれこれ入れないで。

B : **달걀만 먹는 것보다 몸에 좋잖아.**

[멍는] [조차나]

卵だけ食べるより体に良いじゃない。

제발 : どうか、くれぐれも、頼むから。
＊부탁이니까 (お願いだから)、**부탁인데** (お願いだけど)

---

6 A : **이 회덮밥 맛이 좀 이상해. 생선이 상했나?**

[회덥빱] [상핸나]

この海鮮丼の味がちょっと変だな。魚が腐ったのかな？

B : **응? 이리 줘 봐. 뭐야, 니 입이 이상한 거네.**

うん？　こっちにちょうだい。何だ、あなたの口がおかしいんだね。

상하다 : 腐る、傷む。
＊**머리가 상하다** (髪が傷む)、**기분이 상하다** (気分を害する)、**얼굴이 상하다** (顔がやつれる)

単語

TR_320

고기 肉

- □ 쇠고기, 소고기　牛肉
- □ 돼지고기　豚肉
- □ 닭고기　鶏肉
- □ 양고기　羊肉
- □ 오리고기　かも肉
- □ 갈비　カルビ
- □ 엘에이갈비　LAカルビ
- □ 목심　肩ロース
- □ 안심　ヒレ
- □ 등심　ロース
- □ 채끝 등심, 설로인　サーロイン
- □ 꽃등심　霜降り牛、リブロース
- □ 살치살　特上ロース、霜降りロース
- □ 부채살　ミスジ
- □ 차돌박이　トモバラ肉
- □ 안창살　ハラミ
- □ 볼살　頬肉
- □ 목살　首肉
- □ 항정살　背首肉
- □ 갈매기살　豚ハラミ
- □ 간　レバー
- □ 곱창　ホルモン
- □ 베이컨　ベーコン
- □ 소시지　ソーセージ
- □ 햄　ハム
- □ 생햄　生ハム
- □ 살라미햄　サラミ

해산물 海鮮物

- □ 생선　魚
- □ 고등어　サバ
- □ 전갱이　アジ
- □ 꽁치　サンマ
- □ 정어리　イワシ
- □ 멸치　カタクチイワシ
- □ 참치, 다랑어　マグロ
- □ 농어　スズキ
- □ 병어　マナガツオ
- □ 가다랑어　カツオ
- □ 연어　サケ
- □ 도미　タイ
- □ 참돔　マダイ
- □ 방어　ブリ
- □ 날치　トビウオ
- □ 갈치　タチウオ
- □ 조기　イシモチ
- □ 넙치, 광어　ヒラメ
- □ 가자미　カレイ
- □ 가오리　エイ
- □ 청어　ニシン
- □ 삼치　サワラ
- □ 볼락　メバル
- □ 도루묵　ハタハタ
- □ 빙어　ワカサギ
- □ 쥐치　カワハギ
- □ 대구　タラ

- □ 명태 スケトウダラ
- □ 숭어 ボラ
- □ (뱀)장어 ウナギ
- □ 붕장어, 아나고 アナゴ
- □ 곰장어, 먹장어 ヌタウナギ
- □ 갯장어 ハモ
- □ 아귀, 아구 アンコウ
- □ 복어 フグ
- □ 미꾸라지 ドジョウ
- □ 메기 ナマズ
- □ 송어 マス
- □ 붕어 フナ
- □ 잉어 コイ
- □ 은어 アユ
- □ 해파리 クラゲ
- □ 해삼 ナマコ
- □ 멍게 ホヤ
- □ 오징어 イカ
- □ 낙지 マダコ
- □ 문어 ミズダコ
- □ 피라미 オイカワ
- □ 꼴뚜기 イイダコ
- □ 새우 エビ
- □ 가재 ザリガニ
- □ 랍스터, 바닷가재 ロブスター
- □ 게 カニ
- □ 대게 ズワイガニ
- □ 미역 ワカメ
- □ 다시마 昆布
- □ 조개 貝
- □ 굴 牡蠣
- □ 전복 アワビ
- □ 소라 サザエ
- □ 대합 ハマグリ
- □ 홍합 ムール貝
- □ 바지락 アサリ
- □ 재첩 シジミ
- □ 꼬막 ハイガイ

㉝飲み物・スイーツ

聞いてみよう！

♪ **TR_321**

「聞いてみよう！」全文

A：넌 고기를 그렇게 먹고도 그게 또 들어가니?

あなたはお肉をあんなにいっぱい食べたのに、またそれが入るの？

B：여기 티라미수는 꼭 먹어야 돼. 아, 살살 녹는다.

[꽁 머거야] [녹는다]

ここのティラミスは絶対食べないといけないの。あ～、とろける。

A：그렇게 먹어도 살 안 찌는 거 보면 정말 신기해.

そんなに食べても太らないのを見ると本当に不思議だわ。

B：에스엔에스에서 보니까 머핀도 맛있다고 하던데 그것도 시켜?

SNSで見たらマフィンもおいしいって書いてあったんだけど、それも頼む？

解説

들어가다：入る、引っ込む、（表面が）へこむ。

＊**귀에 들어가다**（耳に入る）、**움푹 들어가다**（深くへこむ）、**초읽기에 들어가다**（秒読みに入る）、**빨려 들어가다**（吸い込まれる）

살살 녹다：（口の中で）すーっととろける、（肉が）やわらかくてとてもおいしい。

＊**얼음이 녹다**（氷が溶ける）、**녹이다**（溶かす、〈人の心を〉メロメロにさせる）

ひとことフレーズ

TR_322

❶ 여기 홍차 종류 웬만한 건 다 있으니까 천천히 골라 봐.
[종뉴]

ここ、紅茶の種類は大抵のものが全部そろってるから、ゆっくり選んでみて。

웬만하다：相当のものだ、かなりのものだ。
＊**웬만큼**（ほどほどに、人並みに、いいかげんに）、**웬만하면**（できれば、よほどじゃなければ）

❷ 메밀차가 고소하면서 깔끔한 게 내 입맛에 딱이야.
[임마세]

そば茶は香ばしくてさっぱりしてるのが、私の口にぴったりだよ。

고소하다：香ばしい、いい気味だ、小気味よい、楽しい。
입맛에 딱이다：味の好みがぴったりだ。＊**입맛**（好み、食欲）

❸ 그 조그만 몸에 많이도 들어간다. 모자라는 얼굴하지 말고 이 치즈케이크도 너 먹어.

その小さい体の中にずいぶんいっぱい入るんだね。物足りなさそうな顔しないで、このチーズケーキも君が食べな。

조그맣다：小さい、ちっちゃい。会話では**쪼끄맣다**や**쬐끄맣다**も使われる。
＊**조그마하다**（小さい）、**커다랗다**（非常に大きい）、**쬐끄만 게**（ガキが、チビが）
모자라다：足りない。＊**손이 모자라다**（手が足りない）

TR_323

❹ **망했네, 망했어. 한 달 동안 다이어트해서**
[망핸네] [한 달 똥안]
뺀 살, 도너츠 먹고 도로아미타불이네.

しまった。1カ月間ダイエットして痩せたのに、ドーナツを食べて台無しだわ。

망했다, 망했어：終わった、詰んだ、もうダメだ、失敗しちゃった。
도로아미타불：元のもくあみ、(努力や苦労が) 無駄になって最初の状態に戻ること。

❺ **옛날에는 자판기 율무차가 왜 그렇게**
[옌나레는]
맛있던지.

昔は自販機のユルム茶がどうしてあれほどおいしかったのか。

자판기：**자동판매기** (自動販売機) の略。自販機。
율무차：ユルム茶。**율무** (ハトムギ) の他に、アーモンドやくるみなどのナッツ類が粉末状になって入っている飲み物。

❻ **푸딩이 입 안에서 살살 녹는다, 녹아.**
[농는다]

プリンが口の中でとろけるわ～。

푸딩：プリン。＊**디저트** (デザート)

❼ 감기야? 내가 유자차 한 잔 타 줄게.

[줄께]

風邪なの？　私がユズ茶を入れてあげるよ。

타 주다：(コーヒーやお茶などを) 入れてあげる。
＊**갖다주다** (持ってきてあげる、持ってきてくれる)、**잘해 주다** (よくしてあげる)、**챙겨 주다** (面倒を見てあげる、気に掛けてやる)

❽ 아, 너무 덥다. 난 딸기 스무디 마실래.

あ、暑すぎる。私はイチゴスムージーを飲むよ。

딸기：イチゴ、ストロベリー。
＊**딸기쉐이크** (ストロベリーシェイク)、**딸기우유** (イチゴ牛乳)

文 **-(으)ㄹ래**：～するよ (意志)。**-(으)ㄹ래?** と疑問形で使うと「～する？」と意思確認の語尾になる。

❾ 다이어트에 좋은 게 보이차였던가? 루이보스차였던가?

ダイエットにいいのがプーアル茶だったっけ？　ルイボスティーだったっけ？

다이어트：ダイエット。＊**다이어트 식품** (ダイエット食品)、**단식** (断食)

文 **～였던가?**：～だったっけ？　パッチムで終わる名詞には **～이었던가** が付く。

⑩ 커피가 카페인이 많아? 아님 홍차가 더 많아?

コーヒーがカフェインが多いの？　それとも紅茶の方が多いの？

카페인：カフェイン。＊**디카페인**（デカフェ、カフェインレス）

아님：**아니면**の略。それとも。

＊**아님 말고**（違ってたらごめん。関西弁の「知らんけど」のニュアンス）、**모 아님 도**（イチかバチか）

⑪ 도라지차랑 우엉차는 맛은 없을 것 같은데 [업쓸 껃 까튼데] 몸에는 좋을 것 같지? [조을 껃 갇찌]

キキョウ茶とゴボウ茶はおいしいとは思えないけど、体には良さそうだよね？

맛：味。

＊**입맛을 다시다**（舌なめずりをする、欲が出る）、**맛이 가다**（〈俗語〉電化製品の調子が悪くなる、人格が変になる）

⑫ 어렸을 때 소화가 안 되면 엄마가 사이다를 마시라고 했는데. [핸는데]

小さい頃、消化が悪いと母さんにサイダーを飲むように言われたんだけど。

소화가 안 되다：消化が悪い。＊**소화불량**（消化不良）、**소화제**（消化剤）

文 **-(으)라고 했는데**：～しろと言ったんだけど、～しろと言われたんだけど。

⑬ 아침부터 밥이 들어가니? 난 아메리카노 한잔이면 돼.

朝からご飯が食べられるの？　僕はアメリカーノ１杯でいい。

들어가다：入る。＊**쳐들어가다**（攻め込む、突入する）
아메리카노：アメリカーノ。
＊**에스프레소**（エスプレッソ）、**샷 추가**（ショット追加）、**아메리칸 커피**（アメリカンコーヒー）

⑭ 너 매일 박카스를 그렇게 마셔 대다가 나중에 큰일 나는 거 아냐?

[크닐]

あなた、毎日バッカス（韓国のエナジードリンク）をそんなに飲んだら、後で大変なことが起こるんじゃないの？

큰일 나다：大変なことが起こる、困ったことになる、一大事が起こる。
＊**큰일 날 소리를 하다**（大変なことを言う、大きな問題を起こす話をする）、**큰일 났다**（大変だ、ヤバい、しまった）

文 **-아/어 대다가**：～し続けていて、～しまくっていて。

⑮ 피곤해서 그런지 달달한 게 먹고 싶네. 난 치즈케이크랑 캐러멜마키아토로 할게.

[심네]　[할께]

疲れてるせいか甘い物が食べたいや。私はチーズケーキとキャラメルマキアートにする。

달달하다：（おいしく）甘い。
＊**달짝지근하다**（やや甘い、少し甘みがある）、**짭짤하다**（やや塩辛い。**짭조름하다**とも言う）、**새콤달콤하다**（甘酸っぱい）、**매콤하다**（ピリ辛い）、**얼큰하다**（ひりひりする、ひりひりと辛い）

文 **-아/어서 그런지**：～だからそうなのか、～だからなのか。

会話フレーズ

TR_327

1 A：**크렘브륄레? 이건 뭐야? 발음도 어렵네.**
[어렴네]
クレームブリュレ？　何これ。発音も難しいな。

B：**촌스럽기는. 데이트할 때는 그런 소리 절대 하지 마.**
[절때]
ダサい。デートする時はそんなことは絶対言わないで。

촌스럽다：ダサい。**촌티(가) 나다**とも言う。
＊**촌스럽게 굴지 마**（恥ずかしいまねしないで）

그런 소리 하지 마：そんなこと言わないで。**그런 말 하지 마**とも言う。

文 **-기는**：～するなんて、～だなんて（非難）。

---

2 A：**난 애그타르트랑 애플파이 사이에서 무지 갈등 때렸는데 오늘은 애플파이로 할래.**
[갈뜽]　[때련는데]
私、エッグタルトとアップルパイで悩んだんだけど、今日はアップルパイにする。

B：**그럼 난 팥빙수. 여기 팥빙수가 에스앤에스에 자주 올라와서 맛이 궁금했거든.**

じゃあ、私はかき氷。ここのかき氷がSNSによくアップされるから、味が気になってたんだよ。

갈등 때리다：悩む、葛藤する。
＊**골 때리다**（あきれる）、**멍때리다**（ぼーっとする）、**뼈 때리다**（痛いところを突かれる）

올라오다：アップされる、上がってくる。＊**올리다**（アップする、上げる）

TR_328

3 A : **넌 눈 뜨자마자 빈속에 커피를 마시니?**

あんた、起きてすぐすきっ腹にコーヒーを飲むの？

B : **레드불 마시는 니가 그런 말 하는 건 우습지 않아?**

レッドブル飲んでる君がそんなこと言うのは滑稽じゃないか？

빈속 : すきっ腹。

우습다 : 滑稽だ、おかしい。

＊**우습게 보다** (見くびる)、**우스꽝스럽다** (おかしい、滑稽だ、ばかばかしい、おどけている)、**우스갯소리** (笑い話、冗談)

4 A : **뽕잎차, 이름이 촌스럽다고 무시하는 것 같은데**
[뽕닙차]
내가 이걸 마시고 어떤 효과를 봤는가 하면 말이야.
[봔는가]

桑の葉茶、名前がダサいからってバカにしてるようだけど、私がこれを飲んでどんな効果があったのかを説明するとね。

B : **그냥 조용히 마시자. 재가 한 번 썰 풀기 시작하면**
[시자카면]
오늘 안으로 집에 못 가.

黙って飲もう。あの子が話を始めると、今日中には家に帰れないよ。

효과를 보다 : 効果を得る、効果がある。＊**역효과** (逆効果)

썰 풀다 : 経験談を説く、自分のとっておきのエピソードを話す。

♪ TR_329

5 A : **너 그 롤케이크 혼자서 다 먹으면 어떡해?** ♡
[어떠캐]
あなた、そのロールケーキ一人で全部食べたらどうするの？

B : **아니 이렇게 조막만 해서 나눠 먹을 게 어디 있어?**
[조망만] [머글 께]
대체 이걸 누구 코에 붙이라고 사 온 거야?
[부치라고]
いや、こんなにちっちゃいのを分けて食べるなんてありえないよ。
そもそもこれを、何でこんな少ない量しか買って来なかったの？

조막만 하다 : 拳ほどだ、ちっちゃい。
나눠 먹다 : 分けて食べる。
＊**나누다** (分け合う、交わす)、**슬픔을 나누다** (悲しみを分かち合う)、**이야기를 나누다** (話を交わす)
누구 코에 붙이다 : 食べるには量が少なすぎる。直訳すると「誰かの鼻に付ける」。

---

6 A : **자다가 화장실을 몇 번을 가는 거야?** ♡

寝てる途中に、トイレに何回行くのよ？

B : **내가 더 괴로워. 아까 콜라를 너무 많이 마셨나 봐.**
[마션나]
僕の方がつらいよ。さっきコーラを飲み過ぎたみたいだ。

너무 마시다 : 飲み過ぎる。
＊**과음** (飲み過ぎ)、**과식** (食べ過ぎ)、**폭음** (暴飲)、**폭식** (暴食)、**거식증** (拒食症)、**폭식증** (過食症)、**식사장애** (摂食障害)

単語

TR_330

디저트 デザート

- □ 브라우니　ブラウニー
- □ 몽블랑　モンブラン
- □ 피낭시에　フィナンシェ
- □ 마들렌　マドレーヌ
- □ 롤케이크　ロールケーキ
- □ 티라미수　ティラミス
- □ 수플레　スフレ
- □ 크렘브륄레　クレームブリュレ
- □ 푸딩　プリン
- □ 팬케이크　パンケーキ
- □ 크레이프　クレープ
- □ 애플파이　アップルパイ
- □ 요구르트　ヨーグルト
- □ 프로즌 요구르트　フローズンヨーグルト
- □ 치즈케이크　チーズケーキ
- □ 쇼트케이크　ショートケーキ
- □ 마카롱　マカロン
- □ 아몬드젤리　杏仁豆腐
- □ 슈크림　シュークリーム
- □ 에그타르트　エッグタルト
- □ 아이스크림　アイスクリーム
- □ 셔벗, 샤베트　シャーベット
- □ 팥빙수　かき氷
- □ 컵빙수, 컵빙　カップ入りかき氷
- □ 쿠키　クッキー
- □ 비스킷　ビスケット
- □ 사탕　キャンディー
- □ 껌　ガム

전통차 伝統茶

- □ 유자차　ゆず茶
- □ 생강차　しょうが茶
- □ 대추차　なつめ茶
- □ 감잎차　柿の葉茶
- □ 쌍화차　双和茶
  ＊韓方の材料を混ぜたお茶。
- □ 결명자차　決明子茶
- □ 뽕잎차　桑の葉茶
- □ 연잎차　ハスの葉茶
- □ 우엉차　ゴボウ茶
- □ 보이차　プーアル茶
- □ 도라지차　キキョウ茶
- □ 둥글레차　あまどころ茶
- □ 솔잎차　松葉茶
- □ 산수유차　サンシュユ茶
- □ 오가피차　五加皮茶　＊ウコギ科の木から抽出するお茶。
- □ 마차, 산약차　ヤマイモ茶　＊ヤマイモの根から抽出するお茶。
- □ 계피차　シナモン茶
- □ 귤피차　ミカンの皮茶
- □ 두충차　杜沖茶（とちゅう）
- □ 오미자차　五味子茶

□ **구기자차** クコの実茶
□ **매실차** 梅茶
□ **모과차** カリン茶
□ **식혜** 米の発酵飲料
□ **수정과** 水正果 ＊ニッキとショウガで作る甘いお茶。

커피 コーヒー

□ **블랙커피** ブラックコーヒー
□ **아메리카노** アメリカーノ
□ **에스프레소** エスプレッソ
□ **카푸치노** カプチーノ
□ **카페라떼** カフェラテ
□ **카페모카** カフェモカ
□ **원두커피** 豆コーヒー
□ **인스턴트커피** インスタントコーヒー
□ **드립커피** ドリップコーヒー
□ **캐러멜마키아토** キャラメルマキアート

홍차 紅茶

□ **다즐링** ダージリン
□ **얼그레이** アールグレイ
□ **잉글리시브랙퍼스트** イングリッシュブレックファスト
□ **아이스티** アイスティー

허브티 ハーブティー

□ **캐모마일** カモミール
□ **페퍼민트** ペパーミント
□ **루이보스** ルイボス
□ **로즈마리** ローズマリー
□ **레몬밤** レモンバーム
□ **라벤더** ラベンダー
□ **로즈힙** ローズヒップ
□ **레몬그라스** レモングラス

탄산음료 炭酸飲料

□ **콜라** コーラ
□ **환타** ファンタ
□ **사이다** サイダー
□ **소다수** ソーダ水
□ **탄산수** 炭酸水
□ **스프라이트** スプライト
□ **레모네이드** レモネード
□ **진저에일** ジンジャーエール

기타 その他

□ **에너지 드링크** エナジードリンク
□ **자양강장제** 滋養強壮剤
□ **버블티, 타피오카 밀크티** タピオカミルクティー
□ **핫초코** ホットチョコ
□ **녹차** 緑茶
□ **호지차** ほうじ茶

㉞ お酒

聞いてみよう！

♪ TR_331

「聞いてみよう！」全文

A：너도 참 특이하다. 보통 맥주를 살 때 다 캔 맥주를 사잖아?

あなたもだいぶ変わってるね。普通ビールを買うときはみんな缶ビールを買うでしょ？

B：난 컵에 따라 마실 때가 제일 맛있어.

私はコップについで飲むのが一番おいしいのよ。

A：그러니까 하는 말이야. 캔 맥주는 컵 씻을 필요도 없고 버릴 때도 편한데.

だから言ってるじゃん。缶ビールはコップを洗う必要もないし、捨てる時も楽なのに。

B：내 맘이야. 난 맥주는 병맥주 아니면 싫어.

私の勝手でしょ。私は瓶ビールじゃないと嫌なの。

解説

특이하다：変わっている、珍しい、特異だ。

＊**별다르다**（特別だ、特に変わっている）、**색다르다**（風変わりだ、一風変わっている）、**드물다**（珍しい、まれだ、めったにない）

컵을 씻다：コップを洗う。

＊**쌀을 씻다**（お米をとぐ）、**손(을) 씻다**（手を洗う、足を洗う〈好ましくないことをやめる〉）

내 맘이야：私の勝手でしょ、直訳すると「私の心よ」。

ひとことフレーズ

TR_332

❶ 오늘은 왠지 막걸리가 땡기네.

今日は何となくマッコリが飲みたいね。

왠지：何だか、なぜか、何となく。**왠지 모르게**とも言う。
＊**왠지 모르게 마음이 끌리다**（なぜか心が引かれる）、**왠지 울고 싶다**（なぜか泣きたい）
땡기다：**당기다**（心が引かれる）の口語。

❷ 와인 바에서 만난 남자랑 썸 타는 중이라고? 음, 괜찮을까?

ワインバーで出会った男性といい感じってこと？　うーん、大丈夫かな。

썸 타다：気になる異性と交際に至る前の段階で、お互いについて興味を持って知り合う時期であること。**썸**はsomethingのsome。
＊**간 보다**（相手のことを探る、塩加減を見る）

❸ 꼴좋다[조타]. 자기들이 이길 거라고[이길 꺼] 미리 샴페인 터트리고 난리더니.

ざまあみろ。自分たちが勝つだろうと先走ってシャンパンを開けて大騒ぎしてたくせに。

꼴좋다：ざまあみろ、いい気味だ。直訳すると「なりふりが良い」。
샴페인을 터트리다：シャンパンを開ける。
＊**울음을 터트리다**（泣き出す）、**대박을 터뜨리다**（大ヒットする、ぼろもうけする）

❹ 이 집 위스키 가격 인쇄가 잘못된 거 아니야? 겁나게 비싸네.

[검나게]

このお店のウイスキーの値段、印刷が間違ってるんじゃないの？　めちゃくちゃ高いね。

위스키：ウイスキー。
＊**양주**（洋酒）、**보드카**（ウオッカ）、**브랜디**（ブランデー）、**진**（ジン）、**럼주**（ラム酒）

겁나게：**매우**の方言、すごく、めちゃくちゃ。
＊**겁나**（〈俗語〉めっちゃ、すげー）、**겁나 예쁘다**（めっちゃかわいい）

❺ 닭꼬치에 소주 한잔 걸쳤으면 소원이 없겠다.

焼き鳥に焼酎１杯飲めるなら、もう何も望まない。

한잔 걸치다：軽く飲む、１杯引っ掛ける。
소원이 없겠다：（それさえかなえば）もう他は望まない。

❻ 와인 한 병을 혼자 다 마신단 말이야? 완전 술꾼이네.

ワイン１本を一人で飲み干すってこと？　完全に酒飲みだね。

술꾼：飲んべえ、酒飲み。
＊**주당**（酒好き、酒徒）、**애주가**（愛飲家）、**술고래**（酒豪）、**주량**（酒量、飲める限界の量）、**술버릇**（酒癖。**주벽**とも言う。特に悪い酒癖は**술주정**、**주사**と言う）、**주정꾼**（酔っ払い。**주정뱅이**、**취객**とも言う）

❼ 소주는 스트레이트로 마셔야 제맛이지.

焼酎はストレートで飲んでこそおいしいよね。

스트레이트：ストレート。
제맛：持ち味、本来の味。＊**제맛을 내다**（本来の味を引き出す）

❽ 해마다 집에서 포도주를 담근단 말이야? 그냥 사서 먹지.

毎年家でぶどう酒を漬けるってこと？　買って飲めばいいのに。

담그다：漬ける、浸(つ)ける。＊**김치를 담그다**（キムチを漬ける）
포도주：ぶどう酒。
＊**인삼주**（朝鮮ニンジン酒）、**동동주**（ドンドン酒、こさないため米粒が浮いているマッコリ）、**더덕주**（ツルニンジン酒）

❾ 빈속에 독한 술만 들이켜지 말고 밥도 좀 먹어.

[도칸]

すきっ腹に強いお酒ばかり飲まないで、ご飯も食べてよ。

독한 술：きついお酒、度が強いお酒。
＊**독한 여자**（ひどい女）、**마음을 독하게 먹다**（気を強く持つ、心を鬼にする）
들이켜다：（お酒・水などを）あおる、一気に飲む。会話では非標準語の**들이키다**を使う人が多い。

⑩ 여기서 코냑 한 병 마시면 돈이 얼만 줄 알아? ♡

[코냐 칸]

한 달 월급 날아가는 건 한순간이야.

ここでコニャック1本飲むといくらか知ってる？　1カ月分の給料が飛ぶのは一瞬だよ。

월급이 날아가다：給料が飛ぶようになくなる。
＊**목이 날아가다**（首が飛ぶ、解雇される）、**데이터가 날아가다**（データが飛ぶ、消される）、**현지로 날아가다**（現地へ飛ぶ）、**날아갈 것 같다**（とてもうれしい、夢のようだ）

한순간：一瞬。＊**한순간에**（一瞬に、瞬く間に、一瞬のうちに）

---

⑪ 난 칵테일은 모히토밖에 안 마셔 봤는데. ♡

[봔는데]

私はカクテルはモヒートしか飲んだことないんだけど。

칵테일：カクテル。
＊**칵테일에 취하다**（カクテルに酔う）、**칵테일 바**（カクテルバー）、**바텐더**（バーテンダー）

---

⑫ 오백 시시 생맥주 피처 하나랑 오징어 안주 하나요. ♡

500ccの生ビールのピッチャー一つと、おつまみはスルメイカを下さい。

생맥주：生ビール。
＊**생수**（ミネラルウオーター）、**생방송**（生放送）、**생으로**（生で）、**날계란**（生卵）、**생고기**（生肉）、**생이별**（生き別れ）

안주：つまみ。**안줏거리**、**술안주**とも言う。＊**마른안주**（乾き物のつまみ）

⑬ "사케"라고 한국어로 써 놓으니까 처음엔 무슨 말인가 했어.

「さけ（酒）」と韓国語で書いてあるから、最初は何の意味かと思ったよ。

써 놓다：書いておく。＊**쓰여 있다**（書いてある）

처음：最初、初めて。

＊**처음으로**（初めて）、**사상 처음**（史上初めて）、**난생처음**（生まれて初めて。**생전 처음**とも言う）、**처음이자 마지막**（最初で最後）

⑭ 너 죽고 싶어? 위스키에 럼에 브렌디를 짬뽕으로 마셨단 말이야?

あんた死にたいの？　ウイスキーにラムにブランデーをチャンポンで飲んだってこと？

짬뽕：種類の異なるものを混ぜ合わせること、チャンポン。

＊**짬뽕하다**（混ぜる、ミックスする）、**웃기는 짬뽕**（ふざけた奴）

⑮ 매일 그렇게 술 마시다간 속 다 버려. 이 꿀물 한잔 쭉 들이켜.

毎日そうお酒を飲んでたら内臓悪くするよ。この蜂蜜水をぐいっと一気に飲んで。

속 버리다：内臓が悪くなる。＊**몸을 버리다**（体を壊す。**건강을 버리다**とも言う）

쭉 들이켜다：ぐいっと一気に飲む、飲み干す。

文 **-다간**：～していては、～したら。**-다가는**の縮約形。

会話フレーズ

TR_337

1 A : **스파클링와인 한 잔 마시고 저렇게 빨개졌단 말이야?**

スパークリングワイン１杯で、あんなに赤くなったってこと？

B : **내 말이. 누가 보면 여기 있는 술 혼자 다 마신 줄 알겠네.**
[인는] [알겐네]

だよね。誰かが見たらここのお酒１人で全部飲んだと思うかもね。

빨개지다 : 赤くなる。
내 말이 : だよね（共感や同意の意思表示）。

---

2 A : **이 복분자주, 술이 아니라 주스같아. 부드럽게 잘 넘어가네.**
[잘 러머가네]

この山イチゴ酒、酒じゃなくてジュースみたい。喉越しが良いね。

B : **너 또 그러다 취해서 술주정하면 이번엔 진짜 버리고 간다.**
[술쭈정하면]

あんた、またそうやって酔っぱらってくだを巻くなら、今度こそ置いていくよ。

부드럽게 잘 넘어가다 : 喉越しが良い。
술주정하다 : くだを巻く、酔っぱらって悪い癖が出る。**술주정 부리다**とも言う。
＊**술주정이 심하다**（酒癖が悪い）

TR_338

3 A：**그 사람 소식 들었어? 알코올 의존증으로 입원했대.**
[의존쯩]

あの人の話、聞いた？　アルコール依存症で入院したんだって。

B：**내가 그 인간 언젠가 술로 폭망할 줄 알았다니까.**
[폭망할 쭐]

僕はあの人がいずれ酒で身を滅ぼすと予想してたよ。

소식：便り、知らせ、消息。
＊**소식이 깜깜하다**（便りが全然ない、音沙汰なしだ）、**소식이 끊기다**（音信が途絶える）、**소식을 듣다**（便りを聞く、知らせを受ける）

폭망하다：大きく失敗する、完全にダメになる。

---

4 A：**그만 마셔. 넌 빡친 상태에서 술 마시면 꼭 사고 치잖아.**

もうやめなよ。君は怒ってる状態でお酒を飲むと必ずトラブルを起こすじゃん。

B：**매실주가 술이야? 쓸데없는 잔소리는 집어치우고 빨랑 잔이나 들어.**
[매실쭈]　[쓸떼엄는]

梅酒は酒じゃないでしょ？　くだらない小言はよして、早くグラスを持ってよ。

빡치다：〈俗語〉腹立つ、むかつく、イライラする。

집어치우다：放り出す、(途中で) やめる。
＊**집어던지다**（放り投げる）、**집어삼키다**（飲み込む、横取りする）、**집어넣다**（放り込む、手でつまんで入れる）、**겁을 집어먹다**（おびえる）

TR_339

5 A：**그 사람 술꾼이라고 소문났던데 괜찮은 거야?** ♡

あの人、酒飲みってもっぱらのうわさだけど大丈夫なの？

B：**좀 지나치게 술을 좋아하지만 주사는 없으니까.**

少し飲み過ぎるところはあるけど、悪い酒癖はないからね。

소문나다：うわさが立つ。
＊**소문을 내다**（うわさを広める、うわさを流す）、**소문이 퍼지다**（うわさが広まる）、**입소문이 나다**（口コミが広がる）

주사：悪い酒癖。

---

6 A：**내가 한번만 더 술 마시고 문제 일으키면 손절한다고 했어, 안 했어?** ♡

私がもう一度お酒を飲んで問題を起こしたら縁を切るって言ったよね。

B：**소주 한 병이 무슨 술이야. 그래서 오늘은 경찰서 신세도 안 졌잖아. 기특하지?**
[기트카지]

たかが焼酎１本だろ。それで今日は警察沙汰にもなってないじゃないか。えらいだろ？

손절하다：関係を断ち切る、縁を切る。証券用語である**손절**（損切り）に由来した造語。
경찰서 신세를 지다：警察沙汰になる。直訳すると「警察署のお世話になる」。
기특하다：えらい、感心だ。期待以上のことをしてくれたときに使う言葉。

単語

TR_340

전통주 伝統酒

- □ 소주 焼酎
- □ 청주 / 사케 清酒／日本酒
- □ 백주 白酒
- □ 막걸리 マッコリ
- □ 동동주 ドンドン酒、韓国式どぶろく
- □ 문배주 ムンベ酒、韓国の伝統焼酎
- □ 국화주 菊酒 ＊菊の花を発酵させて作った酒。
- □ 복분자주 山イチゴ酒

양주 洋酒

- □ 브랜디 ブランデー
- □ 코냑 コニャック
- □ 보드카 ウオッカ
- □ 럼 ラム
- □ 테킬라, 데킬라 テキーラ
- □ 진 ジン

칵테일 カクテル

- □ 모히토 モヒート
- □ 블루 하와이 ブルーハワイ
- □ 코스모폴리탄 コスモポリタン
- □ 스크류드라이버 スクリュードライバー
- □ 마티니 マティーニ
- □ 마가리타 マルガリータ
- □ 블러드 메리 ブラッディーマリー
- □ 칼루아 밀크 カルーアミルク
- □ 테킬라 선라이즈 テキーラサンライズ
- □ 싱가포르 슬링 シンガポールスリング
- □ 진토닉 ジントニック
- □ 레드 아이 レッドアイ
- □ 피나콜라다 ピニャコラーダ
- □ 솔티 도그 ソルティードッグ
- □ 모스코 뮬 モスコミュール
- □ 롱아일랜드 아이스티 ロングアイランドアイスティー

와인 ワイン

- □ 포도주 ぶどう酒、ワイン
- □ 화이트와인 白ワイン
- □ 레드와인 赤ワイン
- □ 로제와인 ロゼワイン
- □ 스파클링와인 スパークリングワイン
- □ 글루바인 グリューワイン
- □ 샴페인 シャンパン
- □ 상그리아 サングリア
- □ 뱅쇼 ヴァンショー

위스키 ウイスキー

- □ **스카치위스키** スコッチウイスキー
- □ **몰트위스키** モルトウイスキー
- □ **버번위스키** バーボンウイスキー
- □ **블렌딩 위스키** ブレンデッドウイスキー
- □ **아이리쉬위스키** アイリッシュウイスキー
- □ **스트레이트** ストレート
- □ **온더록스** オン·ザ·ロック
- □ **하이볼** ハイボール

맥주 ビール

- □ **병맥주** 瓶ビール
- □ **캔 맥주** 缶ビール
- □ **생맥주** 生ビール
- □ **흑맥주** 黒ビール
- □ **수제 맥주** クラフトビール
- □ **소맥** 焼酎+ビール
- □ **폭탄주** ビール+アルコール度数の高い酒
- □ **치맥** チキン+ビール

기게 店

- □ **음식점** 飲食店
- □ **포장마차** 屋台
- □ **호프집** ビアホール
- □ **술집, 주점** 居酒屋、飲み屋
- □ **민속 주점** 民俗酒店　＊韓国の伝統料理とマッコリを飲む店。
- □ **단란 주점** カラオケ付きの居酒屋
- □ **바** バー

술자리 お酒の席

- □ **건배** 乾杯
- □ **원샷** 一気飲み
- □ **오바이트** 飲み過ぎて吐くこと
- □ **숙취** 二日酔い
- □ **해장** 酔い覚まし
- □ **이차** 2次会
- □ **막차** 終電
- □ **혼술** 一人酒
- □ **낮술** 昼酒
- □ **주량** 酒量
- □ **안주, 술안주** おつまみ、酒のさかな
- □ **마른안주** 乾き物
- □ **반주** 晩酌
- □ **술버릇** 酒癖
- □ **(술)주정, 주사** 悪い酒癖
- □ **음주문화** 飲酒と関連したいろいろな行動パターン
- □ **접대** 接待
- □ **술상무** 宴会でひたすら飲む係の人
- □ **술고래** 大酒飲み、飲んべえ
- □ **알콜 도수, 알코올 도수** アルコール度数
- □ **무알코올 / 논알코올** アルコールゼロ／ノンアルコール

㉟野菜・果物

聞いてみよう！

♪ TR_341

「聞いてみよう！」全文

A：집들이 선물, 뭘로 할까? 과일 바구니 어때?

引っ越し祝い、何にする？　フルーツバスケットはどう？

B：오, 괜찮은 아이디어인데.

おお、いいアイデアだね。

A：오케이. 그럼 골라 볼까? 바나나, 사과, 귤에 배, 어때? 이 정도면?

オッケー。じゃあ選ぼうかな？　バナナ、リンゴ、ミカンに梨、どう？　これくらいで？

B：야, 선물하고도 욕 들어먹겠다. 하나같이 싼 과일밖에 없잖아.

おい、プレゼントしても、かえって悪口言われるよ。全部安い果物ばっかりじゃん。

解説

집들이：引っ越し祝いと新居のお披露目を兼ねて行うホームパーティー。

욕 들어먹다：悪口を言われる。

＊**핀잔을 듣다**（嫌味を言われる、剣突を食う）、**핀잔을 주다**（嫌みを言う、剣突を食わせる）、**꾸지람을 듣다**（叱られる）

하나같이：一様に、いずれも、同じように。

ひとことフレーズ

TR_342

❶ 난 금귤은 먹으면서도 찝찝하더라. 농약은 안 썼겠지?

[찝찌파더라]

私、キンカンは食べながらも不安なのよ。農薬は使ってないんだよね？

찝찝하다：気持ち悪くてすっきりしない、何か気に掛かる。
농약을 쓰다：農薬を使う。＊**농사짓다**（農業をする）、**농부**（農夫）、**농업**（農業）

❷ 난 물렁물렁한 복숭아는 안 먹어. 감도 그렇고 딱딱한 게 맛있어.

[그러코] [딱따칸]

私は柔らかい桃は食べないの。柿もそうだけど固い方がおいしい。

물렁물렁하다：グニャグニャする、ぶよぶよする、もろい。
＊**물렁거리다**（ぶよっとする、ぐにゃっとする）、**말랑말랑하다**（プニプニしている、ふわふわしている）、**폭신폭신하다**（ふわふわしている）

❸ 멜론은 자기 돈 주고는 안 사지 않아? 나만 그런가?

メロンは自腹では買わないよね？　僕だけかな？

자기 돈 주고 사다：自分のお金を払って買う、自腹で買う。
＊**자비 부담**（自費負担）、**일부 부담**（一部負担）、**전액 부담**（全額負担）

❹ 사과를 잘못 샀나 봐. 깎아 보니 여기저기 다 멍들어 있어. ♡

[잘몯 싼나]

買ったリンゴ、失敗したみたい。むいてみたらあっちこっち全部傷んでる。

잘못 사다：買い物を失敗する、間違えて買う。
＊**잘못 걸려 온 전화**（間違い電話）、**잘못을 덮다**（過ちを覆い隠す）

멍들다：あざができる。＊**가슴에 멍이 들다**（苦悩や悲しみで胸が痛い）

---

❺ 배탈 났을 때 참외는 안 먹는 게 좋지 않아? ♡

[배탈 라쓸]　[멍는]　[조치]

おなかを壊した時に、マクワウリは食べない方がいいんじゃない？

배탈 나다：おなかを壊す。＊**복통**（腹痛）、**설사**（下痢）
참외：マクワウリ。

---

❻ 이 복숭아가 생긴 건 이래도 참 달더라고. ♡

この桃が見た目こんなんだけど、とても甘かったの。

생긴 건 이래도：見た目はこんなんでも。
＊**생기다**（できる、生ずる、〈人や物がある形をしているように〉見える）、**생김새**（見掛け、顔立ち、容姿）、**할 마음이 생기다**（やる気が出る）、**오해가 생기다**（誤解が生じる）

文 **-더라고**：～だったんだってば、～だったの。

❼ 이 양에 이 가격이면 체리가 고기보다 비싼 거 아냐? 한번 양껏 먹어 봤으면 좋겠다.

[양껀 머거] [조켇따]

この量でこの値段なら、サクランボが肉より高いんじゃないの？　一度思う存分食べてみたいな。

양껏 먹다：思う存分食べる。**껏**は「～いっぱい、～込めて、～を尽くして、～の限り」を表す接続詞。

＊**마음껏**（思う存分、心置きなく、思いっきり）、**능력껏**（能力の限り）、**실껏**（思いっ切り）、**정성껏**（真心の限り）、**힘껏**（精いっぱい）

❽ 아무리 곶감을 좋아해도 그렇지. 앉은자리에서 몇 개를 먹은 거야?

[그러치]

いくら干し柿が好きでもさあ。その場で幾つを食べたわけ？

앉은자리：即座、すぐにその場で。

文 **아무리 -아/어도 그렇지**：いくら～でもね。いくら～だからってね。

❾ 냉장고가 고장 났는지 브로콜리가 꽁꽁 얼었어.

[난는지]

冷蔵庫が故障したのか、ブロッコリーがカチカチに凍っちゃったわ。

고장 나다：故障する、壊れる。＊**수리하다**（修理する）、**고치다**（直す）

꽁꽁 얼다：カチカチに凍る、凍り付く。＊**꽁꽁 묶다**（しっかり縛る）

TR_345

⑩ 양배추가 아무리 무한 리필이라지만 열 번은 [열 뻐는] 좀 창피하다.

キャベツがいくらお代わり自由だからって、10回はちょっと恥ずかしい。

무한 리필：お代わり自由。＊**무한대**（無限大）
창피하다：恥ずかしい。
＊**창피**（恥）、**창피를 당하다**（恥をかく）、**창피해하다**（恥ずかしがる）

⑪ 식욕이 없었는데 [업썬는데] 쑥국을 먹으니까 입맛이 [임마시] 돋네. [돈네]

食欲がなかったのに、ヨモギスープを飲んだら食欲が出てきた。

입맛이 돋다：食欲がそそられる、食欲が湧く。
＊**여드름이 돋다**（にきびができる）、**생기가 돋다**（生気がよみがえる）、**새싹이 돋다**（新芽が生える）

⑫ 냉장고 안이 반찬으로 꽉 차 있네. [인네] 어디, 어디, 이 연근조림부터 맛 좀 볼까?

冷蔵庫の中がおかずでいっぱいだね。どれどれ、このレンコンの煮物から味見してみようかな？

꽉：ぎゅっと、びっしり、ぴちぴち。＊**꽉꽉**（ぎゅっぎゅっ、ぎっしりと）
차다：詰まる、満ちる、いっぱいになる。＊**습기가 차다**（湿気がたまる）
어디, 어디：どれどれ、ええと。**어디 보자**とも言う。

TR_346

⑬ 파프리카는 썰어서 그냥 먹어도 맛있어요.

パプリカは切って、そのまま食べてもおいしいです。

썰다：切る、刻む。＊**채 썰다**（千切りにする）、**얇게 썰다**（薄切りにする）
그냥：ただ、何となく、何か、そのまま。
＊**그냥저냥**（まあまあ、ぼちぼち）、**그냥 해 본 소리**（ただ言ってみただけ）

⑭ 파세리는 음식이라는 느낌보다는 그냥 장식이라는 이미지가 강해서.

パセリは食べ物という感じよりは、ただの飾りっていうイメージが強くてね。

장식：飾り、装飾。
＊**크리스마스트리 장식**（クリスマスツリーの飾り）、**꽃으로 장식하다**（花で飾る）、**표지를 장식하다**（表紙を飾る）
이미지가 강하다：イメージが強い。＊**집착이 강하다**（執着が強い）

⑮ 이 콩나물무침, 쉰 것 같지 않아? 냄새도 나고 흐물흐물해.

このモヤシあえ、酸っぱくなってない？　においもするし、しなしなしてる。

쉬다：（食べ物などが）傷んで酸っぱくなる。
＊**맛이 가다**（食べ物が傷んで腐る）
흐물흐물하다：しなしなだ、ふにゃふにゃだ、どろどろだ、ぐずぐずだ。

会話フレーズ

TR_347

1 A：**뭘 아까부터 끙끙거리고 있어?**

さっきから何を手こずっているんだ？

B：**자몽 껍질 까는 게 힘들어. 그래서 사지 말라니까.**

グレープフルーツの皮をむくのが大変なの。だから買うなって言ったのに。

끙끙거리다：くよくよする、うんうんとうなる、手こずる。
껍질을 까다：皮をむく。
＊**호박씨를 까다**（猫をかぶる。直訳すると「カボチャの種をむく」）、**얼굴 까다**（顔を公開する）、**민증 까다**（互いの年齢を確認する。**민증**は**주민등록증**〈住民登録証〉の略）

---

2 A：**리치는 까 놓고 왜 안 먹어?**
[노코]

ライチをむいておいて、何で食べないの？

B：**손이 심심해서 까기는 했는데 맛이 별로라서.**
[핸는데]

退屈だったからむいたけど、味がいまいちでね。

손이 심심하다：退屈だ、手持ち無沙汰だ。
＊**입이 심심하다**（口が寂しい、何か食べたい、小腹がすいた）、**심심할 겨를이 없다**（退屈する暇もない）、**심심하기 짝이 없다**（退屈極まりない）

文 **-기는 했는데**：～したものの、～だったものの。

TR_348

3 A：배는 잘못 고르면 진짜 맛없을 때가 있어.
[마덥쓸]
梨は選び間違えると、本当にまずいときがある。

B：사람이랑 똑같아. 잘못 고르면 물릴 수도 없고 말이야.
[물릴 쑤]
人と同じだわ。選び間違えたからって返品もできないしね。

물리다：(買った物や契約などを) キャンセルする。
＊**밥상을 물리다** (お膳を下げる)

文 **-고 말이야**：～するしね、～だからね。

4 A：시금치가 어디에 좋다더라?
[조타더라]
ホウレンソウが何に良いんだっけ？

B：무슨 상관이야. 몸에 안 좋은 채소가 어디 있어.

関係ないだろ。体に良くない野菜がどこにあるんだよ。

상관：相関、関係、干渉。
＊**상관하다**(関与する、構う、干渉する)、**상관있다**(関係ある)、**상관없다**(関係ない、気にしない)、**상관없이** (関係なく、構わず)

몸에 안 좋다：体に良くない。＊**몸에 해롭다** (体に悪い、体に有害だ)

TR_349

5 A : 망고를 뭘 한 상자씩이나 주문했어?

マンゴーを何で１箱も注文したんだ？

B : 너 매일 망고, 망고, 노래를 했잖아. 실컷 먹어.
[실컨 머거]

あなたが毎日マンゴー、マンゴーって歌ってたじゃん。思う存分食べてね。

노래를 하다 : 歌を歌う。「ずっと欲しいと言っている」という意味でも使われる。

실컷 : 思う存分、飽きるほど、たっぷり。

6 A : 나물은 항상 고사리랑 도라지만 남아.

ナムルはいつもワラビやキキョウばかりが残るんだ。

B : 그럼, 비빔밥해 먹기도 그렇잖아.
[비빔빠패] [그러차나]

だったらビビンバにするのもあれだよね。

나물 : ナムル。
＊**그 나물에 그 밥** (どんぐりの背比べ、類は友を呼ぶ、同じ穴のむじな。直訳すると「そのナムルにそのご飯」)

고사리 : ワラビ。
＊**고사리 같은 손** (幼児の小さくてかわいい手。直訳すると「ワラビのような手」)

単語

TR_350

과일 果物

□ 사과　リンゴ
*청사과（青リンゴ）
□ 배　梨
□ 복숭아　桃
□ 딸기　イチゴ
□ 라즈베리 / 블루베리　ラズベリー／ブルーベリー
□ 머루　山ブドウ
□ 오디　桑の実
□ 살구　アンズ
□ 포도　ブドウ
□ 거봉　巨峰
□ 청포도　マスカット
*샤인머스켓（シャインマスカット）
□ 멜론　メロン
□ 수박　スイカ
□ 대추　ナツメ
□ 감　柿
□ 홍시　熟柿
□ 곶감　干し柿
□ 단감　甘柿
□ 귤　ミカン
□ 금귤　キンカン
□ 레몬　レモン
□ 라임　ライム
□ 유자　ユズ
□ 오렌지　オレンジ
□ 자몽, 그레이프프루트　グレープフルーツ
□ 참외　マクワウリ
□ 체리, 버찌　サクランボ
□ 자두 / 서양 자두　スモモ／プラム
□ 무화과　イチジク
□ 매실　梅
□ 비파　ビワ
□ 바나나　バナナ
□ 파인애플　パイナップル
□ 아보카도　アボカド
□ 키위　キウイ
□ 망고　マンゴー
□ 파파야　パパイヤ
□ 패션프루트　パッションフルーツ
□ 구아버, 구아바　グアバ
□ 리치　ライチ
□ 대추야자　デーツ
□ 석류　ザクロ
□ 제철 과일　旬の果物
□ 열대 과일　熱帯フルーツ
□ 수입 과일　輸入果物
□ 건과일　ドライフルーツ

채소 野菜

- □ **배추** 白菜
- □ **양배추** キャベツ
- □ **상추** サンチュ
- □ **양상추, 레터스** レタス
- □ **깻잎** エゴマの葉
- □ **시금치** ホウレンソウ
- □ **청경채** チンゲンサイ
- □ **쑥갓** 春菊
- □ **쑥** ヨモギ
- □ **부추** ニラ
- □ **파슬리** パセリ
- □ **고수** パクチー
- □ **오이** キュウリ
- □ **가지** ナス
- □ **호박** カボチャ
- □ **애호박** 韓国ズッキーニ
- □ **셀러리** セロリ
- □ **피망** ピーマン
- □ **파프리카** パプリカ
- □ **토마토** トマト
  *방울토마토(プチトマト)
- □ **콩나물** モヤシ
- □ **죽순** タケノコ
- □ **아스파라거스** アスパラガス
- □ **브로콜리** ブロッコリー
- □ **컬리플라워** カリフラワー
- □ **파** ネギ
- □ **대파** 長ネギ
- □ **쪽파** 小ネギ
- □ **양파** タマネギ
- □ **마늘** ニンニク
- □ **통마늘** 丸ごとのニンニク
- □ **쪽마늘** ニンニクの一片
- □ **생강** ショウガ
- □ **고추** 唐辛子
- □ **청양고추, 땡고추, 매운 고추** 激辛唐辛子
- □ **무** 大根
- □ **순무** カブ
- □ **우엉** ゴボウ
- □ **연근** レンコン
- □ **당근** ニンジン
- □ **고구마** サツマイモ
- □ **감자** ジャガイモ
- □ **토란** サトイモ
- □ **마** ヤマイモ

㊱ 趣味・スポーツⅠ

聞いてみよう！

♪ TR_351

「聞いてみよう！」全文

A：오늘은 진짜 이상하네.

今日は本当におかしいね。

B：그러게. 왜 한 마리도 안 잡히지?

[자피지]

そうだね。何で一匹も釣れないんだろう？

A：집에다 큰소리 뻥뻥 치고 왔는데 이러면 곤란한데.

[완는데] [골라난데]

家の人には大きいこと言って出てきたのに、これだと困るなあ。

B：모양 빠지게 빈손으로 갈 수도 없고 시장에 가서 그냥 살까?

[갈 쑤]

格好悪く手ぶらで帰るわけにもいかないし、市場に行って買っちゃおうか？

解説

큰소리치다：大口をたたく、見えを張る。

뻥뻥：続けざまに大口をたたく様。

모양 빠지다：格好悪い、格好がつかない。直訳すると「模様が抜ける」。

빈손：手ぶら。＊**빈속**（空腹）、**빈집**（空き家）、**빈자리**（空席）、**빈말**（社交辞令、お世辞）

ひとことフレーズ

TR_352

❶ 난 공 쓰는 스포츠는 영 젬병이야.

私、ボールを使うスポーツは全然ダメなのよ。

영 젬병이다：全然ダメだ、全くできない。＊**젬병**：大の苦手、ど下手。

❷ 집에 오면 방에 틀어박혀서 게임만 해요.

[트러바켜서]

家に帰ったら部屋に閉じこもってゲームばかりしてます。

틀어박히다：引きこもる、閉じこもる。
＊**처박히다**（閉じこもる、押し込まれる）、**방콕**（**방에 콕 틀어박히다**〈部屋に閉じこもる〉の略、部屋に閉じこもって過ごすこと）

❸ 돈 없어서 운동 못 한다는 건 핑계야. 조깅이라도 해.

[모 탄다는]

お金がなくて運動できないっていうのは言い訳だわ。ジョギングでもやりなよ。

핑계：言い訳。
＊**구실**（口実）、**핑계를 대다**（言い訳をする）、**핑계로 삼다**（言い訳にする）、**핑계 없는 무덤이 없다**（盗人にも三分の理。直訳すると「訳のない墓はない」）

♪ TR_353

❹ 오랜만에 스쿼시를 했더니 삭신이 쑤시네.

久々にスカッシュをやったら、全身がズキズキと痛むよ。

삭신이 쑤시다：全身が痛む、体がズキズキと痛む。
＊**좀이 쑤시다**（うずうずする、〈落ち着かなくて〉むずむずする）

❺ 너 내가 미운 거지? 그래서 지금 고소공포증인 [고소공포쯩] 사람한테 패러글라이딩을 하자고 꼬시는 거지?

あなた、私のことが嫌いなんでしょ？ それで今、高所恐怖症の人にパラグライダーしようって誘ってるんでしょ？

꼬시다：誘う、たぶらかす。＊**유혹하다**（誘惑する）

❻ 쪽팔려서 얼굴을 못 들겠다. 막춤도 저런 막춤은 처음이야.

恥ずかしくて顔も上げられない。適当なダンスっていってもあんなのは初めてだよ。

쪽팔리다：〈俗語〉恥ずかしい。
얼굴을 못 들다：顔も上げられない。
막춤：自分勝手に踊るダンス、適当に踊るダンス。
＊**막말**（でまかせ、下品な言葉、暴言）、**막말로**（言わせてもらえば）

❼ 캠핑 와서 먹는 밥맛이 꿀맛이네.

[멍는] [밤마시]

キャンプに来て食べるご飯の味は絶品だよ。

꿀맛이다：とてもおいしい。直訳すると「蜂蜜の味だ」。
*＊**맛깔나다**（めっちゃおいしい、激うまだ。**맛깔스럽다**とも言う）*

❽ 요즘 누가 십자수 같은 걸 하냐고 비웃었는데 완전 빠졌어.

[비우선는데]

最近誰がクロスステッチ刺しゅうなんかやるかって笑ってたのに、どっぷりハマっちゃった。

빠지다：ハマる、夢中になる、溺れる。
＊**물에 빠지다**（水に溺れる）、**사랑에 빠지다**（恋に落ちる、愛に溺れる）

❾ 사십 줄에 들어섰는데도 결혼도 못 하고, 조카랑 어린이 애니메이션을 보면서 낄낄거리는 아들을 보고 있자니 내 마음이 찢어진다.

[드러선는데도] [모 타고]

40代に入ったのに結婚もできず、めいと子どものアニメを見ながらくすくす笑ってる息子を見ていると、私の胸が張り裂けそうだ。

줄에 들어서다：～代に入る。直訳すると「～の線に立ち入る」。
文 **-고 있자니**：～していると、～しているので。

♪ TR_355

⑩ 릴레이에서 내가 바톤을 떨어뜨리는 바람에 우리 팀이 꼴찌했어요.

リレーで私がバトンを落としたせいで、うちのチームが最下位になりました。

떨어뜨리다：落とす、下落させる。
＊**나락으로 떨어뜨리다**（奈落に突き落とす）、**사기를 떨어뜨리다**（士気を下げる）

꼴찌하다：ビリになる、最下位になる。＊**꼴등**（ビリ、最下位）

⑪ 뭐? 게임에서 더 높은 점수를 획득한 사람이 나랑 사귄다고? 누구 마음대로? 진짜 웃겨.

[획뜨칸]

何？　ゲームでより高い点を取った方が私と付き合うって？　勝手に？　笑わせないで。

마음대로：思い通りに、勝手に、心のままに。

웃기다：笑わす、笑える、面白い。
＊**웃기고 있네**（笑わせるんじゃねえ。相手の行動や言葉にあきれたときに使う。**웃기지 마**とも言う）

⑫ 조깅하다가 다리에 쥐가 나서 택시 타고 집에 왔어요.

ジョギングしてる途中、足がつってしまいタクシーで戻りました。

쥐가 나다：手足がつる、しびれる。＊**다리가 저리다**（足がしびれる）

⑬ 여자가 어떻게 축구를 하냐고? 그런 성차별적 인 발언을 하려거든 앞으로 나한테 연락하지 마.

[성차별쩌긴] [열라카지]

女がどうやってサッカーするのかって？　そんな性差別的な発言をするなら今後私に連絡しないで。

文 **-냐고?**：～するかって？、～なのかって？。名詞には **~(이)냐고?** が付く。
-(으)려거든：～しようとするなら、～するんだったら。

⑭ 럭비가 언제부터 인기 스포츠가 된 거지? 나만 몰랐나?

[인끼] [몰란나]

ラグビーがいつから人気スポーツになったの？　知らなかったのは私だけ？

인기 스포츠：人気スポーツ。
＊**비인기 스포츠**（不人気スポーツ）、**종목**（種目）、**관전**（観戦）、**응원**（応援）、**스포츠센터**（スポーツセンター、ジム）、**스포츠 마사지**（スポーツマッサージ）、**만능 스포츠맨**（スポーツ万能）

⑮ 남들한테는 취미가 독서라고 하지 마. 고리타분하다는 소리 들어.

人には趣味が読書とは言うなよ。つまらないって言われるよ。

고리타분하다：古臭い、考えが古い、つまらない、陳腐だ。
소리(를) 듣다：音や声を聞く、**-다는 소리를 듣다**の形で使われて「～と言われる」。

会話フレーズ

TR_357

1 A：**이번 주말에 시간 되면 바다낚시 같이 갈래?**

今週末、時間があれば一緒に海釣り行く？

B：**친구들도 다 아는 내 뱃멀미를 어떻게 남친인 너만 몰라? 나한테 관심이 있기는 하니?**

[밴멀미]

友達もみんな知っている私の船酔いを、どうして彼氏のあなたが知らないわけ？私に関心はあるの？

시간 되다：時間がある、時間になる。
바다낚시：海釣り。＊**민물낚시**（川釣り）、**낚시광**（釣りマニア）、**밤낚시**（夜釣り）
뱃멀미：船酔い。＊**차멀미**（車酔い）、**사람멀미**（人酔い）

2 A：**보기엔 쉬워 보였는데 수상스키 너무 어렵다.**

[보연는데]

見た目は簡単そうだったのに、水上スキー超難しいね。

B：**내가 몸치, 몸치해도 너 같은 몸치는 처음 본다.**

私がね、運動音痴の中でもあなたほどの人は初めて見るよ。

보기엔：見た目は。＊**내가 보기엔**（私が見るには、私の見解では）
몸치：運動音痴、体を使うことが苦手な人。
＊**음치**（音痴）、**길치**（方向音痴。**방향치**とも言う）

TR_358

3 A：**어쩐지 여행 요금이 싸다고 했더니 다 옵션이네.** ♡
[여행 뇨그미]
どうりで旅行代金が安いと思ったんだけど、全部オプションだね。

B：**내 말이. 씨워킹도 바나나 보트도 뭐가 이렇게 비싸?**

まさにね。シーウオークもバナナボートも何でこんなに高いの？

어쩐지：どうりで、何となく、どういうわけか、なぜか。
옵션：オプション。＊**특약**（特約）、**스톡옵션**（ストックオプション）
내 말이：そうそう、だよね、その通り。**내 말이 그 말이야**（私の言葉がその言葉だ）とも言う。

4 A：**볼더링에 막 재미 붙였는데 오십견이 온 거 있지.** ♡
[부천는데]
ボルダリングにちょうどハマりかけてたのに、五十肩になっちゃったんだよ。

B：**진짜 나이 먹는 것도 서러운데 몸까지 여기저기 삐걱대.**
[멍는]
ほんと、年取るのも悲しいのに、体まであちこちきしんでる。

막：たった今、ちょうど、ついさっき、やたらに、めちゃくちゃに。
재미 붙이다：味を占める、興味を覚える。＊**정붙이다**（親しみを感じるようになる）
오십견：五十肩。＊**사십견**（四十肩）
삐걱대다：きしむ、ぎしぎしする。
文 **-ㄴ/는 거 있지**：～なんだよね（相手の共感を誘導）。

TR_359

5 A : **래프팅하는 바람에 쫄딱 다 젖었어.**

ラフティングのせいで、ずぶぬれになっちゃったよ。

B : **너 설마 갈아입을 옷 안 갖고 온 거야?**

あなた、まさか着替えを持ってきてないの？

쫄딱：（これ以上ないほどに）すっかり、完全に。
＊**쫄딱 망하다**（一文無しになる）

갈아입다：着替える。
＊**갈아 신다**（履き替える）、**갈아엎다**（掘り返す）、**갈아 치우다**（〈記録を〉塗り替える、新しいのに変える）

---

6 A : **어떻게 배드민턴 라켓에 공을 한번도 못 맞추냐?**
[몬 맏추냐]

何でバドミントンのラケットに一度もシャトルを当てられないのよ。

B : **내가 일부러 그래? 나도 답답해.**
[답따패]

타이밍이 왜 안 맞냐고.
[만냐고]

わざとやってるとでも？　私だってもどかしいよ。タイミングが何で合わないのよ。

공을 맞추다：ボールを当てる。＊**입을 맞추다**（口裏を合わせる、キスする）

답답하다：息苦しい、重苦しい、もどかしい、気が晴れない、歯がゆい。
＊**갑갑하다**（狭苦しい、息苦しい、息が詰まる）

単語

TR_360

마린 레포츠 マリンレジャー・スポーツ

□ **수영** 水泳
□ **다이빙** ダイビング
□ **아티스틱 스위밍** アーティスティックスイミング
□ **서핑** サーフィン
□ **윈드서핑** ウインドサーフィン
□ **요트** ヨット
□ **조정** ボート、ボート競技
□ **카약** カヤック
□ **카누** カヌー
□ **스킨스쿠버** スキンスキューバ
□ **수상스키** 水上スキー
□ **스노클링** スノーケリング
□ **래프팅** ラフティング
□ **바나나 보트** バナナボート
□ **씨워킹** シーウオーク
□ **패러세일링** パラセーリング

겨울 스포츠 ウインタースポーツ

□ **스키** スキー
□ **스노보드** スノーボード
□ **스키점프** スキージャンプ
□ **눈썰매** そり
□ **컬링** カーリング
□ **봅슬레이** ボブスレー
□ **스케이트** スケート
□ **피겨스케이팅** フィギュアスケート
□ **스피드스케이팅** スピードスケート
□ **쇼트트랙** ショートトラック

구기 종목 球技種目

□ **공, 볼** ボール
＊**라켓**(ラケット)
□ **라켓** ラケット
□ **야구** 野球
□ **소프트볼** ソフトボール
□ **축구** サッカー
□ **럭비** ラグビー
□ **풋볼** フットボール
□ **배구** バレーボール
□ **농구** バスケットボール
□ **볼링** ボウリング
□ **핸드볼** ハンドボール
□ **테니스** テニス
□ **탁구** 卓球
□ **스쿼시** スカッシュ
□ **수구** 水球
□ **골프** ゴルフ
□ **하키** ホッケー
□ **아이스하키** アイスホッケー
□ **당구** ビリヤード

☐ **나인볼, 포켓볼** ナインボール
☐ **배드민턴** バドミントン

격투기 格闘技

☐ **유도** 柔道
☐ **가라테** 空手
☐ **태권도** テコンドー
☐ **쿵후** カンフー
☐ **합기도** 合気道
☐ **검도** 剣道
☐ **레슬링** レスリング
☐ **복싱, 권투** ボクシング
☐ **킥복싱** キックボクシング
☐ **무아이타이, 무에타이** ムエタイ
☐ **씨름, 스모** 相撲
☐ **호신술** 護身術
☐ **이종격투기** 異種格闘技

대회 大会

☐ **경기** 競技
☐ **시합** 試合
☐ **예선** 予選
☐ **본선** 本選
☐ **결선** 決選
☐ **결승** 決勝
☐ **승리** 勝利
☐ **패배** 敗北
☐ **승부** 勝負
☐ **승패** 勝敗
☐ **무승부** 引き分け
☐ **승자** 勝者
☐ **패자** 敗者
☐ **라이벌** ライバル
☐ **강자** 強者
☐ **약자** 弱者
☐ **경쟁** 競争
☐ **승부조작** 八百長
☐ **승부사** 勝負師
☐ **승부욕** 勝負欲
☐ **명승부** 名勝負
☐ **접전** 接戦
☐ **졸전** 拙戦、ひどい試合
☐ **승부차기** PK戦
☐ **메달** メダル
☐ **금메달** 金メダル
☐ **은메달** 銀メダル
☐ **동메달** 銅メダル
☐ **입상** 入賞

㊲趣味・スポーツⅡ

聞いてみよう！

TR_361

「聞いてみよう！」全文

A：난 체스는 주로 천재들이 하는 게임이라고 생각했는데 말이야.
[생가캔는데]

私、チェスは主に天才がやるゲームだと思ってたんだけどね。

B：룰만 알면 누구든지 할 수 있어.
[할 쑤]

ルールさえ分かれば、誰でもできるよ。

A：그러게. 지금 니가 하는 거 보니 순전히 내 선입견이었다는 걸 알게 됐어.

だよね。今あなたがやっているの見たら、全く私の先入観だったってことが分かったの。

B：가만있어 봐. 너 평소에 날 어떻게 보고 있었던 거야?

ちょっと待って。あなた日頃私のことをどう思ってたわけ？

解説

룰：ルール。＊**규칙**（規則）、**규정**（規定）

그러게：確かに、本当に、その通り。＊**그러게요**（確かにですね、本当にその通りですね）

순전히：全く、純粋に、完全に。

선입견：先入観。＊**편견**（偏見）、**편견에 사로잡히다**（偏見にとらわれる）。

가만있다：じっとしている、黙っている、おとなしくしている。**가만있어 봐**で、「ちょっと待って、ちょっとじっとしてて」という意味になる。

ひとことフレーズ

TR_362

❶ 복싱 선수들 저 식스 팩 좀 봐. 아, 뿅 간다.

ボクシング選手のあのシックスパック見て。あー、ほれちゃう。

뿅 가다：メロメロになる。
＊**홀딱 반하다**（ぞっこんになる、すっかりほれる）、**한눈에 반하다**（一度見ただけでほれる）、**첫눈에 반하다**（初めて会った時にほれる）

❷ 쇼트트랙 보면서 소리를 질렀더니 목이 다 쉬었어.

ショートトラックを見ながら叫んでたら、完全に声がかれちゃった。

소리를 지르다：叫ぶ、声を上げる。＊**고함을 지르다**（大声で叫ぶ、怒鳴る）
목이 쉬다：声がかすれる。**목이 잠기다**とも言う。＊**목이 타다**（喉が渇く）

❸ 들어 두면 뼈가 되고 살이 되는 강연회래.

聞いておくとためになる講演会なんだって。

뼈가 되고 살이 되다：ためになる、役に立つ。
文 **~(이)래**：~なんだって（伝聞）。**~(이)라고 해**の縮約形。動詞には**-ㄴ/는대**が、形容詞・存在詞には**-대**が付く。

TR_363

❹ 같은 연극인데 배우에 따라 느낌이 전혀 달라. ♡

同じ劇なのに、俳優によって感じが全然違う。

느낌이 다르다：感じが違う。
＊**느낌이 색다르다**(目新しい、変わっている)、**느낌이 들다**(気がする)、**느낌이 오다**(ぴんとくる、感じがする)

文 **~에 따라**：~によって。**~에 따라서**とも言う。

---

❺ 연기가 물이 올랐네. 이 영화 보기를 잘 했어. ♡

[올란네]

芝居が絶好調だね。この映画見て正解だったわ。

물이 오르다：慣れてうまくなる、勢いがある、うまくなる、絶好調だ。
＊**물(이) 좋다** (新鮮だ、〈クラブなどに〉集まる人々のルックスが良く富裕層が多い)

---

❻ 어렸을 때부터 태권도를 배워서 몸이 탄탄해요. ♡

[태꿘도]

小さい頃からテコンドーを習ってたので、体ががっしりしてます。

탄탄하다：がっしりしている、しっかりしている、堅実だ。
＊**기초가 탄탄하다** (基礎がしっかりしている)、**탄탄대로** (ばら色の未来)

❼ 나이 드니까 트로트에 끌리는 거 있지.

年を取ったから、トロットに引かれるんだよね。

나이(가) 들다：年を取る。**나이(를) 먹다**とも言う。
끌리다：引かれる。
＊**마음이 끌리다**(心が引かれる)、**매력에 끌리다**(魅力に引かれる)、**치맛자락이 땅에 끌리다**(スカートの裾が地に引きずられる)

❽ 장기가 취미라고 하면 노티 난다고 싫어할까?

将棋が趣味と言ったら、年寄りじみていると嫌がるかな？

노티 나다：年寄りじみる。**티나다**、**티가 나다**で「素振りを見せる、気配が出る、バレる」という意味があり、**노**(老)と組み合わせた言葉。
＊**싼티 나다**(安っぽい)、**귀티 나다**(上品な感じだ)、**빈티 나다**(貧乏くさい)、**부티 나다**(ゴージャスに見える)、**촌티 나다**(田舎くさい)

❾ 음치가 노래하는 거 들어 봤어? 고문이 따로 없어.

音痴が歌うのを聞いたことある？　まさに拷問だよ。

고문：拷問。
＊**심문**(尋問)、**희망 고문**(可能性のない偽りの希望を与えることで相手を苦しめること。男女の間でよく使われる)

文 **~이/가 따로 없다**：まさに～だ、～の他ない。

⑩ 넌 어떻게 노래만 하면 모든 노래의 트로트화가 되니?

君が歌うと、どうしてどんな曲でも歌がトロット化するわけ？

노래：歌。**노래만 하면**は直訳すると「歌さえ歌えば」。
＊**콧노래**(鼻歌)、**노랫소리**(歌声)、**노랫말**(歌詞。**가사**とも言う)、**노래방**（カラオケ、カラオケボックス）

⑪ 넌 태권도 [태꿘도] 유단자라면서 깡패들하고 싸움이 붙으니까 제일 먼저 도망가더라.

あなたテコンドーの有段者って言いながら、チンピラに絡まれたら真っ先に逃げてたわよね。

싸움이 붙다：けんかになる。**싸움이 벌어지다**とも言う。
＊**싸움을 말리다**（けんかを止める）

文 **~(이)라면서**：～と言いながら。**~(이)라고 하면서**の縮約形。

⑫ 스케이트 선수들 허벅지 근육, 레알 끝내주지 [끈내] 않아?

スケート選手の太ももの筋肉、マジですごくない？

허벅지：太もも。
＊**꿀벅지**（**꿀**〈蜂蜜〉＋**허벅지**の合成語。健康で魅力的な太もも）、**말벅지**（**말 근육**〈馬の筋肉〉＋**허벅지**の合成語。すさまじい筋肉質の太もも）

레알：〈俗語〉マジ、本当。英語の「real」が語源。

끝내주다：〈俗語〉最高、すごい、めっちゃいい。

⑬ 별 기대 안 하고 배워 두었던 호신술이 이렇게 쓰이다니.

大した期待もせずに習っていた護身術が、こんな形で役に立つなんて。

별：特別に、変な、何の。＊**별것**（大したもの、特別なこと）

배우다：習う、学ぶ。
＊**배워서 남 주냐**（習ったことは結局自分のためになる）、**어깨 너머로 배우다**（見よう見まねで習う）

쓰이다：使える、使われる、役に立つ。＊**신경이 쓰이다**（気になる、気にかかる）

⑭ 애들끼리 레슬링하다가 조금 다친 걸 가지고 뭘 따진다고 그래?

子ども同士がレスリングをしてて少しけがしたぐらいで、何を抗議するって言うの？

따지다：抗議する、問いただす、明らかにする。

文 **-(으)ㄴ 걸 가지고**：～したぐらいで。
-ㄴ/는다고 그래?：～するって言うのか。形容詞・存在詞には**-다고 그래**が、名詞には**~(이)라고 그래**が付く。

⑮ 저 뮤지컬 배우도 한물간 것 같아. 노래가 영 안 되네.

あのミュージカル俳優ももうダメだね。全然歌えないや。

한물가다：全盛期を過ぎて勢いがなくなっている、鮮度が落ちる。

영 안 되다：全然ダメだ。

会話フレーズ

♪ TR_367

1 A：**나도 악기를 하나 배워 볼까 하는데 뭐가 좋을까?** ♡

私も楽器を何か一つ習ってみようかと思ってるんだけど、何がいいかな？

B：**너 같은 박치가? 가르치는 사람도 뒷목 잡겠다.**
[뒨목 짭껟따]

君のようなリズム音痴が？　教える人もお手上げだろう。

박치：リズム音痴。
뒷목(을) 잡다：急激に腹を立てたりショックを受けたりしたときに、首の後ろを押さえてフラフラとよろめくしぐさ。
文 **-(으)ㄹ까 하다**：～しようかと思う。

---

2 A：**미술관이나 전시회 간다고 하면 뭔가 엄청 있어 보이지 않아?** ♡

美術館や展示会に行くと言うと、何だか上品な感じがしない？

B：**있긴 뭐가 있어. 그럼 너도 가.**

何言ってるんだよ。だったら君も行けば。

있어 보이다：（お金や地位、職業、容姿、行動などが）備わっているように見える、それらしく見える、そういうオーラがある、雰囲気がある。＊**없어 보이다**（貧相に見える、雰囲気が粗末だ）
있긴 뭐가 있어：直訳すると「あるって、何があるのよ」で、上の**있어 보이다**の**있다**（ある）を受けてこのように言っている。

TR_368

3 A：**발레를 하면 스타일이 좋아질까?**

バレエをすればスタイルが良くなるのかな？

B：**설마 그 몸에 타이츠를 입을 생각이야? 안구 테러야.**

まさか、その体にタイツをはくつもりなの？　目の毒だよ。

스타일이 좋아지다：スタイルが良くなる。＊**체형이 바뀌다**（体形が変わる）
안구 테러：目の毒。直訳すると「眼球テロ」。＊**안구 정화**（目の保養）
文 **-(으)ㄹ 생각이다**：～するつもりだ。

4 A：**폴댄스 배운다고 한 지가 언젠데 아직도 초급반이야?**

ポールダンスを始めてだいぶたつのに、いまだに初級クラスなの？

B：**아마도 니가 벨리댄스 춘다면서 골반 튕기기가 안 되는 이유랑 비슷하지 않을까?**
[비스타지]

たぶんあなたがベリーダンスを踊ってるくせに骨盤を振れない理由と同じじゃないかな？

초급반：初級クラス。＊**중급반**（中級クラス）、**고급반**（上級クラス。**상급반**とも言う）
튕기다：弾く、爪弾く、（ぶつかった勢いで）飛び出る。
文 **-(으)ㄴ 지가 언젠데**：～してからずいぶんたつのに、～して以来長いのに。**-(으)ㄴ 지가 언제인데**の縮約形。

TR_369

5 A：**집에서 게임 못 하게 했더니 피시방에 가서 해?**
[모 타게]
家でゲーム禁止にしたからって、ネットカフェへ行ってやるわけ？

B：**엄마, 제 취미 생활인데 좀 봐주세요.**

母さん、僕の趣味だから大目に見てくださいよ。

취미 생활：趣味生活、趣味を持って楽しむ生活。
＊**여가 생활**（余暇生活、休みの日に趣味などを楽しむ生活）

봐주다：見逃してやる、大目に見る、便宜を図る。
＊**눈감아 주다**（目をつぶる）、**그냥 넘어가다**（大目に見る、気にしない）

6 A：**음악회 도중에 피곤해서 존 것까지는 괜찮아.**
[으마쾨]
音楽会の途中、疲れてて居眠りをしたことまでは大丈夫。

B：**코 고는 소리 때문에 결국 쫓겨났다며?**
나 완전 배꼽 잡았어.

いびきの音のせいで、結局追い出されたんだって？　腹を抱えて笑ったよ。

졸다：居眠りをする、うとうとする。＊**졸리다**（眠い、眠たい）
코를 골다：いびきをかく。＊**이를 갈다**（歯ぎしりをする）
쫓겨나다：追い出される、締め出される。
배꼽 잡다：腹がよじれるほど笑う。
＊**배꼽을 잡고 웃다**（腹を抱えて笑う）、**포복절도하다**（抱腹絶倒する）

単語

TR_370

아웃도어 アウトドア

- □ 하이킹 ハイキング
- □ 조깅 ジョギング
- □ 피크닉 ピクニック
- □ 사이클링 サイクリング
- □ 암벽등반, 록클라이밍 ロッククライミング
- □ 등산 登山
- □ 캠핑 キャンプ
- □ 낚시 釣り
- □ 사냥 狩猟
- □ 드라이브 ドライブ
- □ 패러글라이딩 パラグライディング
- □ 양궁 アーチェリー
- □ 사격 射撃
- □ 육상 陸上
- □ 계주, 릴레이 リレー
- □ 마라톤 マラソン
- □ 트라이애슬론 トライアスロン
- □ 승마 乗馬
- □ 경마 競馬

인도어 インドア

- □ 게임 ゲーム
- □ 장기 将棋
- □ 바둑 囲碁
- □ 체스 チェス
- □ 다트 ダーツ
- □ 펜싱 フェンシング
- □ 역도 重量挙げ
- □ 체조 体操
- □ 리듬체조 新体操
- □ 트램펄린 トランポリン
- □ 요가 ヨガ
- □ 서예 書道
- □ 다도 茶道
- □ 그림 絵
- □ 사진 写真
- □ 독서 読書
- □ 자수 刺しゅう
- □ 십자수 クロスステッチ
- □ 패치워크 パッチワーク
- □ 볼더링 ボルダリング
- □ 캘리그라피 カリグラフィー
- □ 애니메이션 アニメーション
- □ 아로마테라피 アロマテラピー

음악 音楽

- □ 노래 歌
- □ 노래방 カラオケ
- □ 팝송 ポップソング
- □ 재즈 ジャズ
- □ 샹송 シャンソン

- ☐ **트로트** トロット
- ☐ **발라드** バラード
- ☐ **록** ロック
- ☐ **로큰롤** ロックンロール
- ☐ **헤비메탈** ヘビーメタル
- ☐ **레게** レゲエ
- ☐ **클래식** クラシック
- ☐ **아카펠라** アカペラ
- ☐ **케이팝** K-POP
- ☐ **악기** 楽器
- ☐ **연주** 演奏
- ☐ **뮤직비디오** ミュージックビデオ

공연 公演

- ☐ **영화** 映画
- ☐ **연극** 演劇
- ☐ **뮤지컬** ミュージカル
- ☐ **오페라** オペラ
- ☐ **가부키** 歌舞伎
- ☐ **전람회** 展覧会
- ☐ **전시회** 展示会
- ☐ **음악회** 音楽会
- ☐ **강연회** 講演会
- ☐ **박물관** 博物館
- ☐ **미술관** 美術館

춤 踊り

- ☐ **댄스** ダンス
- ☐ **힙합** ヒップホップ
- ☐ **발레** バレエ
- ☐ **탱고** タンゴ
- ☐ **왈츠** ワルツ
- ☐ **탭댄스** タップダンス
- ☐ **트위스트** ツイスト
- ☐ **사교댄스** 社交ダンス
- ☐ **블루스** ブルース
- ☐ **살사댄스** サルサダンス
- ☐ **벨리댄스** ベリーダンス
- ☐ **훌라댄스** フラダンス
- ☐ **브레이크댄스** ブレイクダンス
- ☐ **폴댄스, 봉춤** ポールダンス
- ☐ **캉캉** フレンチカンカン
- ☐ **삼바** サンバ
- ☐ **룸바** ルンバ
- ☐ **차차차** チャチャチャ
- ☐ **에어로빅** エアロビクス
- ☐ **디스코** ディスコ
- ☐ **막춤** 自分勝手に踊るダンス、適当に踊るダンス

㊳ SNS

聞いてみよう！

♪ TR_371

「聞いてみよう！」全文

A：이 인간이 이번엔 비번을 뭘로 바꾼 거야?

この人ってば今度はパスワードを何に変えたのかしら。

B：너 지난번에 그 난리를 쳐 놓고 또 그러니?

[날리]　[노코]

あなた、こないだあんな大騒ぎになったのにまたやるの？

A：이번엔 안 들키게 조심할 거야.

[조심할 꺼]

今度はばれないように気を付けるわよ。

B：너, 그거 병이야. 정말 병원 가야 돼.

あなた、それ病気だよ。本当に病院に行かなくちゃ。

解説

비번：**비밀번호**（秘密番号）の略。パスワード、暗証番号。

난리를 치다：騒ぎを起こす。**난리를 떨다**とも言う。

＊**난리 법석을 피우다**（どんちゃん騒ぎをする）、**물난리**（水害）、**생난리**（大騒ぎ、大混乱、パニック）

들키다：ばれる、発覚する。

＊**거짓말이 들키다**（うそがばれる）、**비밀을 들키다**（秘密を知られる）

ひとことフレーズ

TR_372

❶ 아직 해시태그의 중요성을 모르나 보네.

[중요썽]

まだハッシュタグの重要性に気付いてないみたいだね。

중요성：重要性。
＊**중요하다**（重要だ、大切だ、大事だ）、**중요시하다**（重要視する）、**중요시되다**（重要視される）、**중요성을 강조하다**（重要性を強調する）

文 **-나 보네**：〜するみたいだね。

❷ 프로필 수정 좀 해라. 이게 언제 적 거야?

プロフィルをちょっと修正しなよ。これはいつのものなの？

수정하다：修正する。
＊**수정액**（修正液）、**수정 테이프**（修正テープ）、**수정안**（修正案）

언제 적：いつの時。**적**は一部の名詞や語尾に付いて「〜の時」を表す依存名詞。

❸ 비슷비슷한 앱이 많은데 걔가 말한 게 뭐였더라?

[비슴삐스탄]

似たようなアプリが多いけど、あいつが言ってたのは何だったっけ？

비슷비슷하다：似たり寄ったりだ。
＊**엇비슷하다**（似通っている、ほとんどそっくりだ）、**대동소이하다**（大同小異だ）

앱：アプリ。**어플**とも言う。＊**앱스토어**（アプリストア）、**앱을 깔다**（アプリをインストールする）

TR_373

❹ 그 사진 빨리 삭제 안 하면 다신 니 얼굴 안 볼 거야.

[볼 꺼]

その写真、早く削除しないなら、二度とあなたの顔は見ない。

삭제하다：削除する。
＊**무삭제판**（ノーカット版）、**파일을 삭제하다**（ファイルを削除する）、**복원하다**（復元する）

❺ 블로그에 내 얘기 함부로 올리지 마.

ブログに私の話を勝手にアップしないで。

함부로：勝手に、むやみに、気やすく、不作法に、好き勝手に。
＊**함부로 대하다**（ぞんざいに扱う）、**함부로 만지다**（勝手に触る）、**함부로 말하다**（気やすく言う）

❻ 업로드하기 전에 편집 좀 해서 재미있게 만들어 봐.

[엄노드하기]

アップロードする前にちょっと編集して面白く作ってみて。

편집하다：編集する。
＊**편집자**（編集者、エディター）、**편집부**（編集部）、**편집 숍**（セレクトショップ）

❼ 다운로드 수가 엄청나네.
[다운노드]
심심한데 이거나 한번 볼까?

ダウンロードの数がすごいね。暇だし、これでも一回見てみようか？

엄청나다：甚だしい、途方もない、ものすごい。
＊**엄청난 실수**（とんでもない失敗）、**엄청난 피해**（莫大(ばくだい)な被害）

심심하다：退屈だ、暇だ。
＊**입이 심심하다**（口寂しい、何か食べたい）、**심심풀이**（退屈しのぎ、暇つぶし）

❽ 동영상 시청 횟수가 타의 추종을 불허하네.

動画の再生回数がずば抜けているね。

시청：視聴。＊**시청률**（視聴率）、**시청자**（視聴者）、**시청료**（受信料）
타의 추종을 불허하다：他の追随を許さない、ずば抜けている。

❾ 쪽팔리게 아무도 리트윗을 안 하네.
너라도 좀 해.

恥ずかしいことに誰もリツイートしてないんだよね。君くらいしてよ。

쪽팔리다：〈俗語〉（穴があったら入りたいくらい）恥ずかしい。
＊**부끄럽다**（照れくさい、きまりが悪くて恥ずかしい）、**창피하다**（人前で恥をかいて恥ずかしい）、**쑥스럽다**（照れくさくて恥ずかしい）、**민망하다**（見苦しくて恥ずかしい）、**수줍다**（内気で恥ずかしい）

⑩ 니가 블로그에 올린 글 보고 감동 먹어서 나 울었어.

あなたがブログに上げた文章を読んで、感動して泣いたよ。

감동 먹다：感動する。
＊**감동하다** (感動する)、**감동을 받다** (感動を受ける)、**감동을 주다** (感動を与える)、**감동이 밀려오다** (感動が押し寄せる)、**감동적인 장면** (感動的な場面)

⑪ 내 짐작이 맞았지? 즐겨찾기에 있는 [인는] 사이트가 하나같이 수상한 채팅방이야.

私の推測が当たったでしょ？　お気に入りにあるサイトが全部怪しいチャットルームなのよ。

짐작이 맞다：推測が当たる。
＊**어림짐작** (当てずっぽう)、**지레짐작** (早合点)、**짐작하다** (推量する、推測する、くみ取る)、**짐작이 가다** (見当がつく)

⑫ 제발 불쑥불쑥 스카이프로 얘기하자고 좀 하지 마.

お願いだから突然スカイプで話そうって誘わないで。

제발：どうか、くれぐれも、頼むから。＊**부탁이니까** (お願いだから)
불쑥불쑥：いきなり、突然、出し抜けに。

⑬ 와이파이가 잘 안 되는지 다운로드 속도가 너무 느려.

[다운노드]

Wi-Fiがダメなのか、ダウンロードのスピードが遅すぎる。

속도가 느리다：スピードが遅い。
＊**느려 터지다**（じれったいほど遅い。**굼뜨다**とも言う）、**스피드가 빠르다**（スピードが速い）

文 **-는지**：～するのか。形容詞には**-(으)ㄴ지**、名詞には**~인지**が付く。

⑭ 다들 카톡이나 라인 무료 전화를 쓰면 전화 회사는 다 망하는 거 아냐?

みんながカカオトークとかLINEの無料通話を使っていたら電話会社は全部つぶれるんじゃない？

망하다：つぶれる、滅びる。
＊**망할 자식**（けしからん奴。**망할 놈**とも言う）、**망했다**（終わった、もうダメだ）

⑮ 아, 내가 유튜브를 시작하기만 하면 눈 깜빡할 사이에 인기 유튜버가 되는 건 문제도 아닌데.

[시자카기만] [깜빠칼] [인끼]

あーあ、僕がYouTubeを始めさえすれば、あっという間に人気ユーチューバーになるのは間違いないのに。

눈(을) 깜빡하다：瞬きする。
＊**눈을 부릅뜨다**（目をむく）、**깜빡깜빡하다**（うっかりする、目をパチパチする）

문제도 아니다：直訳すると「問題でもない」で、「(～するのは) 間違いない、たやすい」という意味。

会話フレーズ

TR_377

1 A：**스카이프에 이런 기능이 있는 줄은 몰랐네.**
[인는] [몰란네]
スカイプにこんな機能があるとは知らなかったわ。

B：**놀랐지? 편리한 기능이 계속 추가된다니까.**
[펼리한]
驚いたでしょ？　便利な機能が追加され続けるんだから。

놀라다：驚く、びっくりする。
＊**깜짝 놀라다**（びっくり仰天する。**깜놀**と略すと「びっくりした！」という意味）、**놀라 자빠지다**（びっくり仰天する）、**놀랍다**（見事だ、驚きだ）

기능이 추가되다：機能が加わる。＊**더해지다**（加わる、募る）

---

2 A：**홈페이지를 직접 만든다고? 컴퓨터도 겨우 켜는 니가?**
ホームページを自分で作るって？　かろうじてパソコンの電源が入れられる君が？

B：**두고 봐. 너 얄미워서라도 내가 꼭 만들고 말 거야.**
[말 꺼]
見てなさい。あなた憎さにでも、絶対完成させてやるんだから。

컴퓨터를 켜다：パソコンをつける。
＊**눈에 불을 켜다**（目の色を変える、目を光らせる）

얄밉다：憎たらしい。
＊**밉다**（憎い、醜い）、**밉상**（憎たらしい行動、憎たらしい人）、**미운털이 박히다**（憎まれる、嫌われる。直訳すると「憎い毛が刺さる」）

TR_378

3 A : **같이 쓰는 컴퓨터는 쓰고 나면 꼭 로그아웃을 해야 돼.**

共用のパソコンは使用後は必ずログアウトしないといけないよ。

B : **너 설마 내가 깜빡하고 로그아웃 안 했을 때 내 메일 읽었니?**
[깜빠카고] [로그아우 다 내쓸] [일건니]

まさか私がログアウトし忘れた時に、私のメールを読んだの？

컴퓨터：パソコン。**피시**（PC）とも言う。
＊**데스크톱**（デスクトップ）、**노트북**（ノートパソコン。**랩톱**とも言う）、**컴퓨터게임**（パソコンゲーム）、**컴퓨터바이러스**（コンピューターウイルス）、**컴퓨터가 다운되다**（パソコンがフリーズする）

---

4 A : **뭐 이런 사람이 다 있어? 맞팔하자마자 언팔하네.**

この人、何なのよ？　相互フォローした途端アンフォローするなんて。

B : **자기 팔로워만 늘리려고 얌체 짓하는 인간들이 있어.**
[지타는]

自分のフォロワーだけ増やそうと、ずるいことをする人がいるのよ。

다 있어：いるんだね。ここでの**다**は、用言の直前に置くことで、意外な出来事に驚いたり皮肉を言ったりすることを表す。

맞팔・언팔・팔로워：相互フォロー・アンフォロー・フォロワー。

늘리다：増やす、伸ばす、延ばす、増す。＊**수명을 늘리다**（寿命を延ばす）

얌체 짓하다：ずるいことをする。
＊**얌체**（ちゃっかり者、ずる賢く立ち回る人）、**얌체족**（日常的にずる賢い人）

TR_379

---

5 A：**나도 요즘 대세인 인스타그램을 해 볼까?** ♡

僕も最近話題のインスタグラムやってみようかな？

B：**넌 사진 찍는 것도 싫어하면서 뭘 올릴 생각이야?**

[찡는]

あなた、写真撮るのも嫌がるのに、何をアップするつもりなの？

인스타그램：Instagram。**스타**（スタ）を「星」を意味する**별**に置き換えて**인별그램**という隠語もある。

＊**페이스북**（Facebook、**얼굴책**〈顔本〉という隠語もある）、**유튜브**（YouTube、英語の「You」を「君」という意味の**너**に置き換えて**너튜브**という隠語もある）

대세：大人気、一番人気、トレンド、旬。

＊**대세돌**（今一番人気のアイドル）、**대세남・대세녀**（今勢いのある男・女）

---

6 A：**읽음이라고 떴는데 답장을 안 하다니, 수상해.** ♡

[떤는데]

既読になってるのに返事しないなんて、怪しい。

B：**너 오 분 전에 보냈거든. 그러니까 니 연애가 매번 실패로 끝나는 거야.**

[끈나는]

あなた５分前に送ったばっかりでしょ。それだからあなたの恋愛がいつも失敗に終わるんだよ。

읽음：既読。＊**읽씹**（既読スルー）、**안읽씹**（未読スルー）

뜨다：浮かぶ、画面に表示される。

単語

TR_380

SNS종류 SNSの種類

□ 유튜브　YouTube
□ 페이스북, 페북　Facebook
□ 트위터　Twitter
□ 인스타그램　Instagram
□ 라인　LINE
□ 카카오톡, 카톡　カカオトーク
□ 웨이보　ウェイボー
□ 라이브 방송, 라방　ライブ放送
□ 블로그　ブログ
□ 메신저　メッセンジャー
□ 채팅　チャット
□ 줌　Zoom
□ 스카이프　Skype

인터넷 インターネット

□ 홈페이지, 홈피　ホームページ
□ (웹)사이트　サイト
□ 웹페이지　ウェブページ
□ (웹)브라우저　ブラウザー
□ 유알엘　URL
□ 클릭　クリック
□ 광클　光のように早くクリックすること
□ 검색　検索
□ 즐겨찾기　お気に入り

□ 동영상　動画
□ 시청 횟수 / 뷰　視聴回数／ビュー
□ 앱　アプリ
□ 다운로드　ダウンロード
□ 와이파이　Wi-Fi

계정 アカウント

□ 회원 가입　会員登録
□ 아이디　ID
□ 비밀번호, 비번　パスワード
□ 변경　変更
□ 로그인　ログイン
□ 로그아웃　ログアウト
□ 회원 탈퇴　退会

SNS활동 SNS活動

□ 팔로우　フォロー
□ 팔로워　フォロワー
□ 유튜버　ユーチューバー
□ 프로필　プロフィル
□ 편집　編集
□ 언팔　アンフォロー
□ 맞팔　相互フォロー
□ 친구 맺기 신청　友達申請
□ 차단　ブロック

□ **갱신** 更新
□ **입력** 入力
□ **업로드** アップロード
□ **삭제** 削除
□ **공유** 共有
□ **공개** 公開
□ **비공개** 非公開
□ **상태 메시지** ステータスメッセージ
□ **읽음** 既読
□ **읽지 않음** 未読
□ **리트윗** リツイート
□ **해시태그** ハッシュタグ

우편 郵便

□ **편지** 手紙
□ **엽서** はがき
□ **우표** 切手
□ **소포** 小包
□ **국제 우편** 国際郵便
□ **이엠에스** EMS
□ **항공편** 航空便
□ **선편, 배편** 船便
□ **배송 조회** 郵便追跡

전화 電話

□ **연락처** 連絡先
□ **집 전화** 家の固定電話
□ **휴대폰, 핸드폰** 携帯電話
□ **스마트폰** スマートフォン
□ **전화번호** 電話番号
□ **영상통화** ビデオ通話
□ **음성메시지** 音声メッセージ
□ **문자(메시지)** SMS、ショートメール
□ **전화벨** 電話の着信音
□ **진동** バイブレーション
□ **무음** サイレント
□ **노이즈** ノイズ
□ **착신 거부** 着信拒否
□ **전송** 転送

이메일 Eメール

□ **연락** 連絡
□ **확인** 確認
□ **답장** 返事
□ **(이)메일 주소** Eメールアドレス
□ **주소록** アドレス帳
□ **스팸메일, 정크메일** 迷惑メール
□ **폴더** フォルダー
□ **받은 편지함** 受信トレイ
□ **보낸 편지함** 送信済みボックス
□ **임시 보관함** 下書きボックス
□ **스팸 편지함** 迷惑メールボックス
□ **휴지통** ごみ箱

❸❾ 芸能・韓流

聞いてみよう！

TR_381

「聞いてみよう！」全文

A：'사람은 안 변하는 거야'가 아니라 '발 연기는 안 변하는 거야'네.

[발 련기]

「人は変わらないんだよ」じゃなくて、「大根演技は変わらないんだよ」だね。

B：너 지금 우리 오빠 얘기지?

あなた今の、私のオッパの話だよね？

A：그럼 저 드라마에서 발 연기하는 배우가 또 있어?

じゃあ、あのドラマで大根演技している俳優が他にいるっていうの？

B：그만해. 난 누가 뭐래도 우리 오빠가 최고야!

やめてよ。私は誰が何と言おうと、私のオッパが最高なのよ！

解説

발 연기：下手な演技、大根演技。

누가 뭐래도：誰が何と言っても、何が何でも。

최고：最高、一番。

＊**최고급**（最高級）、**최고령**（最高齢）、**최고봉**（最高峰）、**짱**（最高、すごい）、**킹왕짱**（マジ最高、この上なく最高）

ひとことフレーズ

TR_382

❶ 저 나이에 스캔들 한번 없다니, 그게 더 수상해.

あの年でスキャンダルが一度もないなんて、そっちの方が怪しいよ。

스캔들：スキャンダル。
*＊**찌라시**（悪質なデマ、悪質なうわさ。日本語の「チラシ」が元になった言葉）

❷ 애들이 주인공인 예능 프로그램이 대세야.

子どもたちが主人公のバラエティーが人気だよ。

주인공：主人公。
*＊**주연**（主演）、**조연**（助演、脇役）、**엑스트라**（エキストラ）、**아역**（子役）
프로그램：プログラム、番組。
*＊**가요・보도・퀴즈 프로그램**（歌・報道・クイズ番組）

❸ 본인은 열창한다고 생각하는데 듣는 사람은 괴로워.

［생가카는데］［드는］

本人は熱唱してると思ってるんだろうけど、聞いてる人はつらいよ。

열창하다：熱唱する。＊**열연하다**（熱演する）、**열광하다**（熱狂する）
괴롭다：つらい、苦しい。
*＊**괴로움**（つらさ、苦しみ）、**괴롭히다**（苦しめる、悩ます）、**괴로워하다**（悩む、苦しむ）

TR_383

❹ 기자회견 때 답변을 잘못해서 욕을 엄청 먹었잖아.

[잘모태서]

記者会見の時に返答をしくじって、ものすごいバッシングされたじゃん。

답변을 잘못하다：返答や答弁をしくじる。＊**대답**（答え、返事）、**말대답**（口答え）
욕을 먹다：悪口を言われる、非難される。＊**칭찬하다**（褒める、褒めたたえる）

❺ 말주변이 없어서 일부러 토크 시간은 거의 안 넣어.

[말쭈벼니]

口下手だから、あえてトークの時間はほとんど入れないの。

말주변이 없다：口下手だ。
＊**말재주가 없다**（話がうまくない）、**말발이 좋다**（口が達者だ）、**입심이 좋다**（口が立つ、口達者だ。**입심이 세다**とも言う）

❻ 팬 미팅 재미있다고 소문이 자자하더라.

ファンミが面白いってうわさでもちきりだったよ。

소문이 자자하다：うわさでもちきりだ、もっぱらのうわさだ。
＊**원성이 자자하다**（怒りの声が高まる。**원망이 자자하다**とも言う）、**명성이 자자하다**（名声が広まる）、**칭찬이 자자하다**（称賛が広まる）、**불평이 자자하다**（不満が高まる）、**비난이 자자하다**（非難の声が高まる）

❼ 곧 내가 허그할 차례인데 다리가 덜덜 떨려서 못 걷겠어.

もうすぐ私がハグする番なんだけど、足が震えて歩けないよ。

허그：ハグ。＊**포옹**（抱擁）、**껴안다**（抱き締める、抱く、抱っこする）
떨리다：震える。
＊**살 떨리다**（すごく怖い、極度に緊張して震える）、**치 떨리다**（怒りで震える）、**손발이 떨리다**（手足が震える）

❽ 잰 스폰서가 도대체 누구야? 어떻게 저 얼굴로 주인공을 맡아?

あの子のスポンサー、一体誰なの？　どうやってあの顔で主人公になれるわけ？

스폰서：スポンサー。
＊**스폰을 받다**（スポンサーからの支援を受ける。**후원을 받다**とも言う）
주인공을 맡다：主人公を演じる、主人公を任される。
＊**담임을 맡다**（担任を受け持つ）、**역할을 맡다**（役割を担う）、**자리를 맡다**（席を取る）

❾ 그냥 깨끗하게 은퇴하지, 끈질기게 버티네.
[깨끄타게]

きれいさっぱり引退すればいいのに、しつこく粘ってるな。

은퇴하다：引退する、リタイアする。＊**정년퇴직**（定年退職。略して**정퇴**）
끈질기게 버티다：しつこく粘る。
＊**끈질기다**（粘り強い、しぶとい）、**깡으로 버티다**（気合で耐える、意地でも頑張る）、**이를 악물고 버티다**（歯をくいしばって耐える）、**꿋꿋하게 버티다**（気丈に耐える）、**그럭저럭 버티다**（何とか耐える）

⑩ 요즘 예능프로는 다들 그게 그거 같고 딱히 재미있는 게 없어. ♡

[딱키]　[재미인는]

最近のバラエティーは全部似ていて、とりわけ面白いのがない。

그게 그거 같다：似通っている、同じようだ。
딱히：別に、これと言って、取り立てて。

⑪ 지상파에서 출연 금지면 이제 쫑난 것 아냐? ♡

地上波で出演禁止なら、もう終わりってことじゃない？

지상파：地上波。**공중파**（公衆波）とも言う。
＊**케이블 티브이**（ケーブルテレビ）、**위성방송**（衛星放送）

쫑나다：〈俗語〉悪い結果で終わる、破綻する。**쫑**は**종**（終）を強調した言葉。
＊**쫑파티**（打ち上げ）

⑫ 역시 캐스팅 미스야. 이미지가 그 배역에 안 맞는다니까. ♡

[만는다니까]

やはりキャスティングミスだよ。イメージがその役には合わないんだってば。

미스：ミス、間違い。
＊**실수**（失敗、間違い、誤り）、**사소한 실수**（ささいなミス）、**치명적인 실수**（致命的なミス）、**말실수**（失言、言い間違い）、**실수를 저지르다**（過ちを犯す、ミスをする）

⑬ 꿈을 좇는 것도 좋지만 단역만 맡아서는 입에 풀칠하기도 힘들잖아.

[쫀는] [조치만] [다녕만]

夢を追い続けるのもよいけど、端役ばかり演じてたら暮らしていくのもやっとじゃない。

꿈을 좇다：夢を追う。

＊**꿈자리가 사납다** (夢見が悪い。**꿈자리가 뒤숭숭하다**とも言う)、**단꿈을 꾸다** (甘い夢を見る)

입에 풀칠하다：やっと暮らしていく、かろうじて生計を立てる、口にのりする。

⑭ 아역 배우들의 명연기를 성인 배우들의 발 연기가 다 망치는구나.

[명년기] [발 련기]

子役たちの名演技が、大人俳優たちの大根演技のせいで全て台無しだね。

망치다：台無しにする、めちゃくちゃにする、無駄になる。

＊**신세를 망치다** (身を滅ぼす、人生を台無しにする)

⑮ 세월이 무상하네. 저래 봬도 옛날엔 로코의 여왕이었는데.

[옌나렌] [여왕이언는데]

時は無情だね。ああ見えて昔はロマンチックコメディーの女王だったのに。

세월이 무상하다：時は無情だ、歳月が無常に過ぎゆく。

저래 봬도：**저래 뵈어도** (あのように見えても) の略。ああ見えて。

로코：**로맨틱코미디** (ロマンチックコメディー) の略。

＊**로맨틱하다** (ロマンチックだ)、**로맨티스트** (ロマンチスト)、**로맨스** (ロマンス)、**내가 하면 로맨스 남이 하면 불륜** (私がやればロマンス、人がやれば不倫。略して**내로남불**。同じことに対して他人には厳しいが自分には甘い態度を取ること)

会話フレーズ

♪ TR_387

1 A：**전국 돔 투어도 오늘이 마지막이네.**

全国ドームツアーも今日が最後だね。

B：**회사에는 나 오늘 아파서 드러누운 걸로 되어 있어.**

会社には、私は今日、体調不良で寝込んでることになってる。

드러눕다：横になる、寝込む、寝そべる。
＊**병상에 드러눕다**（病床に伏す）、**소파에 드러눕다**（ソファに寝転ぶ）

文 **-(으)ㄴ 걸로 되어 있다**：～したことになっている。

2 A：**머글인 남친하고는 말이 안 통해 재미가 없는데 얼마 전에 알게 된 덕친하고는 대화가 안 끊기는 거 있지.**

[끈끼는]

ファン活動に理解のない彼氏とは話が通じなくてつまらないのに、少し前に知り合ったファン仲間とは話が途切れないんだよね。

B：**그래서 뭐? 남친하고 헤어지고 그 덕친이랑 사귀기라도 할 거야? 너 평생 덕질만하고 살 거야?**

[할 꺼]　[살 꺼]

それで何？　彼氏と別れてその人と付き合いたいとでも思ってるわけ？　一生オタクばかりして生きていくつもりなの？

머글：ファン活動をしていない一般人。**머글**（マグル）は『ハリー·ポッター』シリーズに出てくる言葉で、魔法の家族に生まれていない人を指す。

덕친：**덕질 같이 하는 친구**（オタク活動を一緒にする友達）の略。

TR_388

3 A：**말도 안 돼. 인기상이 왜 우리 오빠가 아니야?**
[인끼상]
あり得ない。人気賞が何でうちのオッパじゃないの？

B：**저쪽 팬이 더 열성인가 보지.**
[열썽]
あちらのファンの方がもっと熱狂的だったんじゃない？

말도 안 되다：うそでしょ、あり得ない、とんでもない、話にならない。
인기상：人気賞。＊**우수상**（優秀賞）、**최우수상**（最優秀賞）、**대상**（大賞）
열성：熱心、真心、ひたむきな心。
＊**열성 팬**（熱烈なファン）、**극성**（過度な態度）、**극성팬**（過激なファン、熱狂的なファン）

4 A：**나도 사생팬이라 할 말은 없지만, 저건 아니지.**

私もサセンファンだから言える立場じゃないけど、あれはないでしょ。

B：**너나 잘 해. 내가 보기엔 재들이나 너나 오십보백보야.**

あなたが言える立場？　私から見たらあの子たちもあなたも五十歩百歩だよ。

사생팬：アイドルの私生活を侵害するほど過度な追っかけをするファン。
할 말이 없다：言うことはない、言い訳のしようがない。
너나 잘해：おまえが言うな、大きなお世話だよ、あんたこそしっかりして。
오십보백보：五十歩百歩、似たり寄ったり。

TR_389

5 A : **드라마 시청률도 별로였는데 무슨 포상 휴가야?** ♡

[시청뉼] [별로연는데]

ドラマの視聴率もいまいちだったのに、何のご褒美休暇なの？

B : **자기들은 만족하나 보지.**

[만조카나]

自分たちは満足してるのかもよ。

포상 휴가 : ご褒美休暇。＊**포상금** (褒賞金)

만족하다 : 満足する。

＊**만족스럽다** (満足だ)、**대리만족** (代理満足、代わりのもので満足すること)、**만족도** (満足度)、**만족감** (満足感)

---

6 A : **저 배우는 진짜 명품 연기인데 매번 조연이네.** ♡

あの俳優さんは本当に名演技なのに、毎回脇役だよね。

B : **인생이 그런 거지. 외모가 좀 딸리잖아.**

人生ってそういうものでしょ。ルックスがちょっとイマイチじゃん。

명품 연기 : 名演技、逸品の演技。

＊**명품** (ハイブランドの品)、**명품 가방** (ブランド物のかばん)、**명품 지갑** (ブランド物の財布)

외모가 딸리다 : ルックスが劣る。

単語

TR_390

팬클럽 ファンクラブ

- □ **아이돌** アイドル
- □ **솔로** ソロ
- □ **그룹** グループ
- □ **멤버** メンバー
- □ **팬 미팅** ファンミーティング
- □ **콘서트** コンサート
- □ **사인** サイン
- □ **기념 촬영** 記念撮影
- □ **토크** トーク
- □ **악수** 握手
- □ **허그** ハグ
- □ **하이 파이브** ハイタッチ
- □ **팬레터** ファンレター
- □ **한류 상품** 韓流グッズ
- □ **전국 투어** 全国ツアー
- □ **돔 투어** ドームツアー

팬 활동 推し活

- □ **덕질** オタク行為
- □ **덕후** オタク、ファン
- □ **덕메** オタク仲間
- □ **입덕** ファンになること
- □ **성덕** 成功したオタク
  *応援する芸能人と近づくことができたファン。
- □ **늦덕** 遅く入門したオタク
- □ **휴덕** 推し活を休んでいるオタク
- □ **덕밍아웃** オタクであることをカミングアウトすること
- □ **철새** 移り気の多いオタク
  ***철새**は「渡り鳥」のこと。
- □ **탈덕** オタクをやめること
- □ **최애** 一番好きな推し、一推し、神推し
- □ **차애** 2番目に好きな推し、二推し
- □ **사생팬** ストーカー化したファン
- □ **올팬** メンバー全員が好きなファン、箱推し
- □ **갠팬, 개인 팬** 特定のメンバーだけのファン、単推し
- □ **응원봉, 야광봉** ペンライト
- □ **응원 부채** 応援うちわ
- □ **포카** トレードカード、トレカ
  ***포토 카드**の略。
- □ **떡밥** 人々の関心を集めるためのコンテンツ
  ***떡밥**は「練り餌」のこと。
- □ **착장** 衣装のコーディネート
- □ **일코** 一般人コーディネート
  *オフの芸能人が一般人に扮した服装をすること。
- □ **올콘** ツアー全公演を見に行くこと

□ **포도알** チケット予約時の座席図
＊座席図が**포도알**(ブドウの粒)のように見えるので。

□ **이선좌** 取りたい座席が他人に先に取られること
＊**이미 선택된 좌석입니다**(すでに選択された座席です)の略。

연예인 芸能人

□ **탤런트** タレント
□ **방송인** 放送と関係した仕事に携わる人
□ **오디션** オーディション
□ **연습생** 練習生
□ **기획사** 芸能事務所
□ **인기** 人気
□ **아우라, 오라** オーラ
□ **호감도** 好感度
□ **비호감** 非好感、好感が持てない対象のこと
□ **슈퍼스타, 슈스** スーパースター
□ **대스타** 大スター
□ **흥행보증수표** 興行の成功が保証されている人
□ **블루칩** 優良株
□ **데뷔** デビュー
□ **작품** 作品
□ **드라마** ドラマ
□ **배역** 配役
□ **주연** 主演
□ **주인공** 主人公
□ **조연** 助演
□ **단역** 端役
□ **대역** 代役
□ **악역** 悪役
□ **재방송** 再放送
□ **본방 사수** 録画などではなく本放送を死守して視聴すること、リアルタイム視聴
□ **시청률** 視聴率
□ **종방연** 打ち上げパーティー
□ **포상 휴가** ご褒美休暇
□ **시에프** コマーシャル
□ **열연** 熱演
□ **열창** 熱唱
□ **명(품)연기** 名演技
□ **발 연기** 大根演技
□ **예능프로(그램), 버라이어티** バラエティー
□ **로맨틱코미디, 로코** ロマンチックコメディー
□ **레드카펫** レッドカーペット
□ **신인상** 新人賞
□ **인기상** 人気賞
□ **연기 대상** 演技大賞
□ **스캔들** スキャンダル
□ **기자회견** 記者会見
□ **컴백** カムバック
□ **은퇴** 引退
□ **섭외, 캐스팅** キャスティング
□ **방송국** 放送局
□ **지상파** 地上波
□ **케이블 티브이, 케이블 티비** ケーブルテレビ

❹⓪ 天気・季節 I

聞いてみよう！

♪ **TR_391**

「聞いてみよう！」全文

A : 아유, 추워. 낮과 밤의 일교차가 왜 이렇게 큰 거야?

うー、寒い。昼と夜の気温差が何でこんなにあるの？

B : 오늘 그렇게만 입고 온 거야?

今日その格好で来たの？

A : 낮에는 따뜻했잖아.

[따뜨탠짜나]

昼間は暖かかったじゃん。

B : 넌 왜 그렇게 학습이 안 되니? 어제도 똑같은 말 했던 건 기억해?

[기어캐]

あなたは何で学習しないのよ。昨日も同じ会話したの覚えてる？

解説

일교차：日較差、1日の気温差、1日の寒暖差。

＊**일교차가 크다・심하다**（1日の寒暖差が大きい・激しい）

따뜻하다：暖かい。＊**포근하다**（ぽかぽかと暖かい）

학습：学習。＊**선행학습**（先行学習）、**체험학습**（体験学習）

ひとことフレーズ

TR_392

❶ 나 아무래도 더위 먹은 것 같아.

私、どうやら夏バテしたみたい。

더위를 먹다：夏バテする。
＊**추위를 타다**（寒さに弱い、寒がりだ）

❷ 두 사람 또 싸운 거야? 찬바람이 쌩쌩 부네.

二人またけんかしたの？　冷たい風がぴゅうぴゅう吹いてるよね。

찬바람이 쌩쌩 불다：冷たい風がぴゅうぴゅうと吹く。
＊**냉전 중**（冷戦中、けんか中）、**바람이 불다**（風が吹く）、**역풍이 불다**（逆風が吹く）

❸ 구름이 수상한 걸 보니 한바탕 쏟아지겠는데.

[쏘다지겐는데]

雲行きが怪しいのを見ると、一雨降りそう。

구름：雲。
＊**먹구름이 끼다**（雨雲がかかる、不穏な気配がする）、**비구름**（雨雲）、**뜬구름 잡는 소리**（雲をつかむような話、とんでもないこと）

수상하다：怪しい、うさんくさい。

한바탕 쏟아지다：一雨降る。

♪ TR_393

❹ 잰 오늘 또 왜 저렇게 저기압이야?

あの子は今日はまた何であんなに不機嫌なの？

저기압：低気圧。比喩的に「機嫌が悪いこと」を言う。＊**고기압**（高気圧）

❺ 이 열대야에 혼자 쿨쿨 잘 자는 걸 보니 왠지 얄미워.

[열때야]

こんな熱帯夜に一人グーグー爆睡しているのを見ていると、何だか憎たらしいわ。

쿨쿨：グーグー。＊**드르렁드르렁**（うるさくいびきをかく音）
얄밉다：憎たらしい、憎らしい。＊**괘씸하다**（けしからん、不届きだ）

❻ 가랑비 정도에 무슨 우산을 사.

小雨くらいで傘なんか買わないよ。

가랑비：小雨。＊**소나기**（にわか雨、夕立）
우산：傘。
＊**접는 우산**（折り畳み傘）、**양산**（日傘、パラソル）、**겸용**（兼用）

❼ 일하는 게 완전 번개네, 번개.

仕事が本当に早いね。

번개：稲妻。比喩的に「動作が機敏で素早い人」を言う。
＊**천둥**（雷）、**번개가 치다**（稲妻が走る）、**천둥이 치다**（雷が鳴る）

❽ 불쾌지수도 높은데 신경 긁는 소리만 하잖아요.

［긍는］

不快指数も高いのに、気に障ることばかり言うじゃないですか。

신경을 긁다：気に障る。
＊**바가지를 긁다**（夫に妻が不満を言う）、**가려운 데를 긁어 주다**（かゆい所に手が届く）

文 **-는 소리만 하다**：～することばかり言う、～なことばかり言う。

❾ 니가 이팔청춘이야? 이 강추위에 맨다리로 다니다니.

自分が青春真っただ中だと思ってるの？　この厳しい寒さの中、生脚で出歩くなんて。

이팔청춘：16（2×8）歳前後の若者、血気盛んな年頃。
맨다리：生脚。＊**맨발**（素足、はだし）

⑩ 집중호우에 주의하라는데, 오늘만 날도 아니고 약속을 미룰까?

集中豪雨に注意するように言われてるけど、別の日でもいいし約束を延期しようか。

주의하다：注意する。＊**조심하다**（気を付ける）
오늘만 날도 아니다：直訳すると「今日ばかりが（適当な）日なわけではない」。
약속을 미루다：約束を延期する。＊**앞당기다**（早める、繰り上げる）

⑪ 뭘 멍때리고 있어? 소나기 오나 봐. 빨리 창문 닫아.

何ぼうっとしてるのよ。にわか雨が降ってきたみたい。早く窓閉めて。

멍때리다：ぼうっとしている。
文 **-나 보다**：～するみたいだ、～のようだ。

⑫ 일교차가 너무 커서 감기 걸리기 십상이야.

寒暖差がとても大きいので、風邪をひきやすい。

감기 걸리다：風邪をひく。**감기 들다**とも言う。
＊**목감기**（喉風邪）、**코감기**（鼻風邪）、**열감기**（熱風邪）
文 **-기 십상이다**：～しやすい。～しがちだ。

⑬ 한파 때문인지 거리에 평소보다 사람이 별로 없네.

[엄네]

寒波のせいか、いつもより街に人があまりいないね。

사람이 없다：人がいない。
＊**한산하다**（閑散としている、空いている）、**인적이 드물다**（人通りが少ない、人影のない、人けがない）

⑭ 안 그래도 연일 폭염이 기승을 부려 힘 빠져 죽겠는데 너는 왜 또 죽을상이야?

[죽겐는데] [주글쌍]

ただでさえ連日熱波が猛威を振るって、元気も出なくてつらいのに、あなたは何でまた死にそうな顔をしてるの？

기승을 부리다：猛威を振るう。
힘(이) 빠지다：元気がなくなる、力が抜ける。
죽을상：死にそうで苦しい表情。**죽상**とも言う。

⑮ 나이 탓인가. 함박눈을 보고 있자니 왜 청승맞게 눈물이 날까?

[함방누늘]

年のせいかな。ぼたん雪を見ていると、どうしてもの寂しくて涙が出るんだろう。

청승맞다：もの寂しい、みすぼらしい、小憎らしいほど哀れだ。
＊**청승(을) 떨다**（いかにも哀れげに振る舞う）
눈물(이) 나다：涙が出る。＊**눈물겹다**（涙ぐましい）

会話フレーズ

TR_397

1 A：**이 놈의 일기예보는 맞는 경우가 없네.**
[만는] [엄네]

天気予報ってのは当たったためしがないよね。

B：**그러면서 매일 체크하는 건 또 뭐야.**

そう言いながら毎日チェックするのは何なの。

일기예보가 맞다：天気予報が当たる。
＊**일기예보가 틀리다**（天気予報が外れる。**일기예보가 빗나가다**とも言う）

체크하다：チェックする。＊**확인하다**（確認する、確かめる）

---

2 A：**정작 장마 때는 오지도 않던 비가 왜 연일 내리는 거야?**
[안턴]

いざ梅雨だっていうときは降らなかった雨が、何で連日降り続くんだ？

B：**너 닮아서 청개구린가 보다.**

あなたに似てあまのじゃくみたいだね。

정작：いざ、本来、実際に。
청개구리：あまのじゃく、へそ曲がり、ひねくれ者。『**청개구리 이야기**（アオガエルの話）』という童話に登場するへそ曲がりの**청개구리**から由来した言葉。

文 **～ㄴ가 보다**：～みたいだ。パッチムで終わる名詞には**~인가 보다**が付く。

TR_398

3 A：**크리스마스이브에 이렇게 함박눈이 내리다니.**
[함방누니]
クリスマスイブにこんなぼたん雪が降るなんて。

B：**그럼 뭐해. 아무 약속도 없이 집에 있는데.**
[인는데]
だから何？　何の約束もなく家にいるだけなのに。

크리스마스이브：クリスマスイブ。
＊**밸런타인데이**（バレンタインデー）、**화이트 데이**（ホワイトデー）、**블랙 데이**（ブラックデー、4月14日。恋人のいない人がジャージャー麺を食べる日）、**핼러윈**（ハロウィーン。**할로윈**とも言う）、**빼빼로 데이**（ペペロデー、ポッキーの日）

4 A：**겨울옷 다 드라이 줬는데 갑자기 이렇게 추워지면 어떡해.**
[줜는데]
[어떠캐]
冬着は全部クリーニングに出したのに、急にこんなに寒くなったらどうしよう。

B：**일기예보에서 모레까지 꽃샘추위라서 추울 거래.**
[추울 꺼]
天気予報であさってまで花冷えで寒いって。

드라이 주다：クリーニングに出す。**드라이（클리닝）맡기다**とも言う。
추워지다：寒くなる。
＊**쌀쌀하다**（肌寒い、ひんやりする、〈性格が〉冷たい）、**썰렁하다**（肌寒い、もの寂しい、しらける、寒い）、**썰렁개그**（寒いギャグ）
꽃샘추위：花冷え。＊**삼한사온**（三寒四温）、**환절기**（季節の変わり目）

TR_399

5 A : **전 세계가 이상기온으로 몸살을 앓네.**
[알레]

世界中が異常な気温で苦しんでるね。

B : **세계를 걱정하기 전에 내 몸 걱정이 먼저야.**

世界を心配する前に、自分の体の心配の方が先だよ。

몸살을 앓다 : (あることで) 苦しむ。**몸살**は、ひどい疲労により全身に痛みを伴う体の不調のこと。
걱정하다 : 心配する。＊**염려하다** (心配する、懸念する)

---

6 A : **폭우가 오는 날에 등산 가서 조난을 당하다니.**

大雨の日に山登りに行って遭難するなんて。

B : **나도 반성하고 있으니까 이제 그만해.**

僕も反省してるんだから、もうやめろよ。

폭우 : 大雨、暴雨。＊**폭풍** (暴風、嵐)
조난을 당하다 : 遭難する。＊**인명 구조** (人命救助)
그만하다 : やめる、よす。

単語

TR_400

기상 気象

- □ 기후　気候
- □ 날씨　天気
- □ 일기예보　天気予報
- □ 기압　気圧
- □ 저기압　低気圧
- □ 고기압　高気圧
- □ 기온　気温
- □ 기온차, 일교차　寒暖差
- □ 온도　温度
- □ 맑음　晴れ
- □ 쾌청　快晴
- □ 흐림　曇り
- □ 천둥　雷
- □ 번개　稲妻
- □ 안개　霧
- □ 이슬　露
- □ 서리　霜
- □ 영상　0度以上の気温
- □ 영하　氷点下
- □ 최저기온　最低気温
- □ 최고기온　最高気温
- □ 평균기온　平均気温
- □ 평년기온　平年の気温
- □ 이상기온　異常な気温
- □ 이상기후　異常気象
- □ 불쾌지수　不快指数
- □ 기상청　気象庁
- □ 기상캐스터　気象キャスター

계절 季節

- □ 사계절　四季
- □ 봄　春
- □ 초봄　早春
- □ 늦봄　晩春
- □ 여름　夏
- □ 초여름　初夏
- □ 한여름　真夏
- □ 늦여름　晩夏
- □ 가을　秋
- □ 초가을　初秋
- □ 늦가을　晩秋
- □ 겨울　冬
- □ 초겨울　初冬
- □ 한겨울　真冬
- □ 늦겨울　晩冬
- □ 환절기　季節の変わり目

비 雨

- □ 강수량　降水量
- □ 소나기　夕立、にわか雨
- □ 이슬비　細雨
- □ 안개비　霧雨

□ **가랑비** 小雨
□ **여우비** お天気雨、きつねの嫁入り
□ **봄비** 春の雨
□ **장맛비** 梅雨の雨
□ **가을비** 秋の雨
□ **장마** 梅雨
□ **호우** 豪雨
□ **큰비** 大雨
□ **우박** ひょう
□ **무지개** 虹
□ **먹구름** 雨雲
□ **집중호우** 集中豪雨
□ **게릴라 호우** ゲリラ豪雨
□ **뇌우** 雷雨
□ **단비** 慈雨、恵みの雨

추위 寒さ

□ **강추위** 厳しい寒さ
□ **꽃샘추위** 花冷え
□ **삼한사온** 三寒四温
□ **한파** 寒波

바람 風

□ **풍속** 風速
□ **폭풍** 暴風
□ **회오리바람** つむじ風
□ **소용돌이** 渦巻き
□ **질풍** 疾風
□ **돌풍** 突風
□ **산바람** 山おろし

㊶天気・季節Ⅱ

聞いてみよう！

♪ TR_401

「聞いてみよう！」全文

A：지상낙원이었던 곳이 태풍 피해로 저렇게 변하다니.

地上の楽園だった所が、台風被害であんなふうに変わるなんて。

B：정말, 저기 우리가 놀았던 해변 맞지?

ほんと、あそこ僕たちが遊んでたビーチだよな。

A：우리, 이번 휴가는 저기로 봉사활동 갈까?

[봉사활똥]

私たち、今度の休暇はあそこにボランティアに行こうか。

B：이야, 너도 가끔은 좋은 생각을 할 때가 있네.

[인네]

おお、君もたまには良いこと考える時があるんだね。

解説

지상낙원：地上の楽園。＊**천국**（天国）、**파라다이스**（パラダイス）

피해：被害。

＊**재해**（災害）、**인명 피해**（人的被害）、**사망자**（死亡者）、**부상자**（負傷者）、**피해보상**（被害への補償）、**피해를 입다**（被害を被る）

해변：海辺。＊**해안**（海岸）、**심해**（深海）、**모래사장**（砂浜）

ひとことフレーズ

TR_402

❶ 스프레이가 환경파괴의 주범이라잖아.

スプレーが環境破壊の主犯だって言うじゃん。

환경파괴：環境破壊。＊**공해**（公害）、**오염**（汚染）

文 **~(이)라잖아**：~だって言うじゃん。**~(이)라고 하잖아**の縮約形。動詞には**-ㄴ/는다잖아**、形容詞·存在詞には**-다잖아**が付く。

❷ 하늘만큼 땅만큼 사랑해♥

言い表せないほどすっごく愛してる♥

하늘만큼 땅만큼：言い表せないほどとても。直訳すると「空ほど地面ほど」。

文 **~만큼**：~ほど、~くらい。

＊**손톱만큼도**（ちっとも、少しも、爪の先ほども。**눈꼽만큼도**〈目やにほども〉とも言う）、**요만큼도**（これっぽちも）、**웬만큼**（ほどほどに、いいかげんに、人並みに）

❸ 황사 때문에 없던 알레르기가 생겼어.

黄砂のせいで、なかったアレルギーになったよ。

알레르기가 생기다：アレルギーになる、アレルギーが出る。

＊**생기다**（生じる、できる、起こる、起きる）、**오기가 생기다**（意地になる）、**사정이 생기다**（事情ができる、都合が悪い）

❹ 재해 피해자들 보고 있으면 남의 일 같지 않아요.

災害の被害者たちを見ていると、ひとごととは思えないんですよ。

피해자：被害者。＊**가해자**（加害者）、**범죄자**（犯罪者）
남의 일：ひとごと。
文 **～ 같지 않아요**：～とは思えません、～じゃないみたいです。

❺ 가뭄에 콩 나듯 드문드문 전화 와.

本当にごくたまに電話がかかってくるの。

가뭄에 콩 나듯：ある出来事が本当にまれな頻度で起こることの例え。直訳すると「干ばつに豆が生えてくるように」。
드문드문：たまに、所々に、飛び飛び、折々。

❻ 그 다큐 보고 사막에 대한 환상이 깨졌어.

そのドキュメンタリーを見て、砂漠に対する幻想が壊れちゃったよ。

사막：砂漠。＊**오아이스**（オアシス）、**낙타**（ラクダ）、**선인장**（サボテン）
환상이 깨지다：幻想が壊れる、目が覚める。
＊**꿈이 깨지다**（夢が破れる）、**사이가 깨지다**（関係が壊れる）、**유리가 깨지다**（ガラスが割れる）

❼ 황사 때문에 마스크를 안 하면 밖에도 못 나가요.

[몬 나가요]

黄砂のせいでマスクなしでは外にも出られません。

황사：黄砂。＊**미세먼지**（PM2.5）

마스크：マスク。

＊**부직포**（不織布）、**면**（綿）、**마스크를 벗다**（マスクを取る）、**턱스크**（顎マスク）、**코스크**（鼻出しマスク）

❽ 비만 오면 하천이 범람을 하는데 나라에서는 뭐 하는 거야?

[범나믈]

雨さえ降れば河川が氾濫するのに、国は何をしてるの？

하천이 범람하다：河川が氾濫する。

＊**하천**（河川）、**개천**（どぶ川、小川）、**개천에서 용 난다**（トビがタカを生む。直訳すると「どぶ川から竜が出る」）、**정보가 범람하다**（情報が氾濫する）

文 **～만 -(으)면**：～さえ…すれば、～さえ…なら。

❾ 한 달에 태풍이 세 번이나 오다니, 날씨가 미쳤나 봐.

[미천나]

１カ月の間に台風が３度も来るなんて、天気が狂ったみたい。

날씨가 미치다：天気がおかしい、天気が狂う。

＊**미친 듯이**（狂ったように、非常に熱心に）、**도박에 미치다**（賭博に狂う）

文 **-다니**：～するなんて、～だなんて。

-았/었나 봐：～したみたい、～だったみたい。

⑩ 옛날 사람들은 왜 태양이 아니라 달에게 소원을 빌었을까?

[옌날]

昔の人々は何で太陽じゃなくて、月に願ったんだろうね？

달：月。＊**보름달**（十五夜の月）、**만월**（満月）、**보름달이 뜨다**（満月が昇る）

소원을 빌다：願う、祈る。

＊**소원을 이루다**（願いがかなう）、**소원 성취하다**（念願を達成する）、**잘못을 빌다**（過ちをわびる）、**용서를 빌다**（許しを請う）

⑪ 환절기라 감기 환자로 병원이 정신이 없네.

[엄네]

季節の変わり目だから、風邪をひいた人たちで病院が大混雑してるね。

환절기：季節の変わり目。

정신이 없다：気が気でない、とても忙しい。

＊**정신을 팔다**（気を取られる）、**정신 차리다**（正気に返る）、**정신 줄을 챙기다**（しっかりする）

⑫ 한여름 감기는 개도 안 걸린다는데, 진짜.

[한녀름]

真夏の風邪は犬もひかないっていうのに、まったく。

한여름：真夏。

＊**복날**（伏日。日本でいう土用の丑(うし)の日で、**초복**、**중복**、**말복**〈初伏、中伏、末伏〉の３日に分かれているため**삼복**〈三伏〉とも言う。この時期の暑さを**삼복더위**と言い、**삼계탕**〈参鶏湯〉を食べる習慣がある）

⑬ 요즘은 가을이 너무 짧아서 초가을, 늦가을이란 말을 쓸 기회도 없지 않아?

近頃は秋があまりにも短くて、初秋、晩秋という言葉を使う機会もないんじゃない？

기회가 없다：機会がない、チャンスがない。
＊**기회를 잡다**（チャンスをつかむ）、**기회를 놓치다**（チャンスを逃す）、**기회를 엿보다**（チャンスをうかがう）

⑭ 항상 그늘진 얼굴이니까 다가오는 사람이 없는 거야.

[엄는]

いつも陰のある顔をしてるから、近寄ってくる人がいないのよ。

그늘지다：陰がある、陰になる。
＊**장마가 지다**（梅雨に入る）、**노을이 지다**（夕焼けになる）

다가오다：近寄る。
＊**가까이 다가오다**（近くに寄ってくる）、**접근하다**（接近する）

⑮ 일 년 내내 미세먼지를 걱정하면서 평생을 살아야 한다는 거야？

[일 련]

年中PM2.5を心配しながら、一生暮らさないといけないってことなのか？

내내：～の間ずっと。
＊**줄곧**（ずっと。**쭉**、**계속**とも言う）、**끊임없이**（絶えず、終始）

걱정하다：心配する。
＊**별걱정을 다 하다**（余計な心配をする）、**걱정이 태산이다**（心配でたまらない）

会話フレーズ

♪ TR_407

1 A：**좀 떨어져라. 이 무더위에 껌딱지처럼 딱 붙어서 뭐 하는 거야?** ♡

ちょっと離れてよ。こんな蒸し暑い日にガムみたいにべったりくっついてどういうつもりかしら。

B：**웬 질투? 나 같으면 그럴 시간에 소개팅이라도 하겠다.**

嫉妬？　私だったらそんな文句言う間に、誰か紹介してもらうわ。

껌딱지：地面や壁にべったりくっついてるガム（人と人がべったりくっついて離れない様子）。
웬：何で、どうして、どんな。
文 **~(이)라도 하겠다**：~でもするよ。

---

2 A：**실연이라도 당했니? 왜 겨울 바다에서 폼 잡고 그래?** ♡
[당핸니]

失恋でもしたの？　どうして冬の海で格好なんかつけてるの？

B：**어? 그렇게 표 났어?**

え？　そんなバレバレだった？

실연당하다：失恋する。＊**고백하다**（告白する）、**거절당하다**（断られる）
폼(을) 잡다：格好つける。＊**개폼 잡다**（自分が格好いいと勘違いしている）
표(가) 나다：バレバレだ、見て分かる。**티가 나다**とも言う。
文 **-고 그래?**：~してるの？、~なんかしてるの？

TR_408

3 A：**먹구름이 꽉 낀 걸 보니 금방이라도 쏟아질 것 같아.**
[쏘다질 껃 까타]
雨雲が立ち込めているのを見ると、すぐにでも降り出しそう。

B：**가뭄 때문에 물이 부족해서 난리라던데 다행이네.**
[부조캐서] [날리]
日照りが原因で水不足が大変って聞いたんだけど、よかったね。

먹구름이 끼다：雨雲が立ち込める、暗雲が垂れ込める、不穏な気配がする。
＊**안개가 끼다**（霧が立ち込める）、**마가 끼다**（魔が差す）

쏟아지다：降り注ぐ、殺到する。＊**졸음이 쏟아지다**（強い眠気に襲われる）

---

4 A：**해돋이 보러 온 사람들이 왜 이렇게 많아?**
[해도지]
새해 꼭두새벽부터 이게 무슨 개고생이야?

日の出を見にきた人が何でこんなに多いの？　年明けの朝っぱらから、こんな苦労する必要ある？

B：**오지 말라니까 기어이 따라와서는 왜 불만이야?**

来るなって言ったのに、結局付いてきて何の不満だよ？

꼭두새벽：早朝、朝っぱら。＊**야밤**（深夜、夜分）

개고생：大苦労、大変な苦労、大変な思い。

기어이：必ず、きっと、結局。**기어코**とも言う。＊**부득불**（やむを得ず）

文 **-지 말라니까**：～するなと言ったのに、～するなと言ったら。

TR_409

5 A : **서울이 런던도 아니고 왜 이렇게 우중충해.** ♡

ソウルがロンドンでもあるまいし、何でこんなにどんよりしてるんだ。

B : **미세먼지 때문에 사람들 성격까지 이상하게 변하는 것 같아.**
[성껵]

PM2.5のせいで人の性格までおかしくなっちゃう気がする。

우중충하다 : どんよりしてる、うっとうしい。
＊**기분이 꿀꿀하다** (気分が落ち込んでいる、気分が晴れない)

文 **~도 아니고** : ~じゃあるまいし、~でもなく。

---

6 A : **여름은 더워서 싫고 겨울은 추워서 싫어.** ♡
[실코]
夏は暑くて嫌いだし、冬は寒くて嫌。

B : **니가 좋아하는 게 있기는 하니?**

あなたが好きなもの、あるにはあるの？

싫다 : 嫌だ、嫌いだ、気が向かない。
＊**싫어하다** (嫌う、嫌がる)、**혐오하다** (嫌悪する、ひどく嫌う)、**혐오범죄** (ヘイトクライム)、**자기혐오에 빠지다** (自己嫌悪に陥る)

있기는 하다 : あるにはある、いるにはいる。

単語

TR_410

눈 雪

□ 폭설 大雪
□ 함박눈 ぼたん雪
□ 눈보라 吹雪
□ 진눈깨비 みぞれ
□ 가루눈 粉雪
□ 싸라기눈, 싸락눈 あられ

더위 暑さ

□ 무더위 蒸し暑さ
□ 습기 湿気
□ 습도 湿度
□ 폭염 猛暑、酷暑
□ 건조 乾燥
□ 고온다습 高温多湿
□ 열대야 熱帯夜

자연재해 自然災害

□ 홍수 洪水
□ 지진 地震
□ 태풍 台風
□ 허리케인 ハリケーン
□ 눈사태 雪崩
□ 산사태 土砂崩れ
□ 범람 氾濫
□ 해일, 쓰나미 津波
□ 폭우 豪雨、大雨
□ 가뭄 日照り
□ 산불 山火事
□ 낙뢰 落雷
□ 돌풍 突風
□ 폭풍 暴風
□ 토네이도 竜巻、トルネード
□ 조난 遭難
□ 구조 救助
□ 구명 救命
□ 피난 / 대피 避難／退避
□ 천재지변 天災地変
□ 피난 주의보 避難注意報
□ 피난 명령 避難命令

자연 自然

□ 산 山
□ 강 川
□ 바다 海
□ 섬 島
□ 하늘 空
□ 땅 / 토지 土／土地
□ 육지 陸
□ 해양 海洋
□ 호수 湖

□ 언덕 丘
□ 계곡 渓谷
□ 골짜기 谷
□ 논 田んぼ
□ 밭 畑
□ 연못 池
□ 폭포 滝
□ 개울 小川
□ 갯벌 干潟
□ 벼랑, 절벽, 낭떠러지 崖、絶壁
□ 들판 野原
□ 들녘 広い野原
□ 초원 草原
□ 숲 森
□ 사막 砂漠
□ 오아시스 オアシス
□ 흙 土
□ 돌 石
□ 모래 砂
□ 태양 太陽
□ 달 月
□ 별 星
□ 노을 焼け
□ 석양 夕暮れ
□ 공기 空気
□ 구름 雲
□ 햇빛 日差し
□ 빛 光
□ 그늘 影
□ 해돋이, 일출 日の出
□ 해넘이, 일몰 日の入り
□ 파도 波
□ 물보라 水しぶき
□ 물안개 水煙、水霧
□ 생태계 生態系
□ 에너지 エネルギー

환경 環境

□ 오염 汚染
□ 오존층 オゾン層
□ 자외선 紫外線
□ 황사 黄砂
□ 미세먼지 PM2.5
□ 환경보호 環境保護
□ 환경보전 環境保全
□ 환경보존 環境保存
□ 환경파괴 環境破壊
□ 지구온난화 地球温暖化

㊷ 生き物

聞いてみよう！

♪ TR_411

「聞いてみよう！」全文

A：꺅, 바퀴벌레야. 징그러워. 어떡해!

[어떠캐]

ぎゃー、ゴキブリだ。気持ち悪い。どうしよう！

B：하하, 걱정하지 마. 내가 잡았어.

ハハ、心配しないで。僕が捕まえたよ。

A：바퀴벌레 또 나왔다. 우와, 너무 싫어.

ゴキブリがまた出たわ。うわー、大嫌い。

B：집이 낡아서 잡아도 잡아도 계속 나와.

[계송 나와]

그냥 같이 사는 세입자라고 생각해.

[생가캐]

家が古くて、捕まえても捕まえても出続けるよ。
いっそ一緒に住んでる入居者と思っちゃえ。

解説

징그럽다：いやらしい、気味悪い、気持ち悪い。

＊**눈빛이 징그럽다**（目つきがいやらしい）、**표정이 징그럽다**（表情がいやらしい）

잡다：握る、つかむ、捕らえる。

＊**트집을 잡다**（けちをつける、直訳すると「文句をつかむ」）、**범인을 잡다**（犯人を捕まえる）、**땡을 잡다**（思いがけない幸運をつかむ、大当たりを引く）

세입자：アパートやマンションなどの住居を間借りしてしる人のこと。

＊**집주인**（大家、家主）

ひとことフレーズ

TR_412

❶ 난 지네같이 다리 많이 달린 벌레가 제일 싫어.

僕はムカデみたいに足がいっぱい付いてる虫が一番嫌い。

달리다：付いてる、備わっている、掛かる。
＊**손에 달리다**（手にかかる、～次第だ）、**마음먹기에 달리다**（気持ち次第だ）

벌레：虫。
＊**공부벌레**（がり勉、勉強の虫）、**일벌레**（ワーカホリック）、**책벌레**（読書好き、本の虫）

❷ 집에서 뱀을 키운다고? 안 가, 안 가, 절대 안 가.

[절때]

家でヘビを飼ってるって？　行かない、行かない、絶対行かないよ。

키우다：飼う、育てる。
＊**체력을 키우다**（体力をつける）、**재능을 키우다**（才能を伸ばす）、**몸값을 키우다**（自己価値を高める）、**덩치를 키우다**（体格をよくする、規模を拡大する）

❸ 전갈 같은 여자라니, 내 인생 최대의 모욕이야.

サソリみたいな女だなんて、私の人生最大の侮辱だわ。

전갈：サソリ。＊**전갈자리**（さそり座）
모욕：侮辱。＊**명예훼손**（名誉毀損）、**모독하다**（冒瀆する、けなす）

❹ 새끼 고양이가 주먹만 해. 너무 귀엽다.

[주멍만]

子猫のサイズが拳くらいだ。めっちゃかわいい。

새끼：(動物の) 赤ちゃん、子ども。一般的には動物の子どもを指すが、人に使う場合もある。また「奴」という意味で、悪口としても用いられる。

＊**나쁜 새끼** (悪い奴)、**새끼손까락** (小指)、**개미 새끼 하나 볼 수 없다** (人っ子一人いない。直訳すると「アリの子１匹見ることもできない」)

주먹：拳。

＊**주먹구구식** (どんぶり勘定)、**주먹이 운다** (我慢はしているが、非常に腹立たしくて殴りたい気持ちだ。直訳すると「拳が泣く」)

❺ 자다가 모기한테 온몸을 다 뜯겼어. 가려워 죽겠네.

[죽겐네]

寝てる時、蚊に体中を刺されたの。かゆくてかゆくて。

뜯기다：(蚊などに) かまれる。**물리다**とも言う。

가렵다：かゆい。

＊**귀가 가렵다** (耳がかゆい。日本では誰かが自分のうわさをしているとくしゃみが出ると言うように、韓国では耳がかゆくなると言う)

文 **-아/어 죽겠네**：～くてたまらない、～で死にそう。

❻ 어렸을 땐 송충이를 자주 봤는데 요즘은 거의 눈에 안 띄네.

[받는데]

小さい時は松毛虫をよく見掛けたんだけど、最近はほとんど見ないね。

눈에 띄다：目につく、目立つ。

＊**뭐 눈에는 뭐만 보인다** (鬼は他者の内にも鬼を見る。直訳すると「何の目には何だけ見える」)

❼ 아까부터 파리 한 마리가 신경을 거슬리게 하네.

さっきからハエ１匹が目障りだわ。

신경을 거슬리게 하다：気に障る。
＊**신경 꺼**（ほっといて、気にするな）、**신경이 날카롭다**（ぴりぴりしている）、**신경을 건드리다**（ムカつかせる。**신경을 긁다**とも言う）、**신경질을 내다**（ヒステリーを起こす。**신경질을 부리다**とも言う）、**신경질이 나다**（イライラする）

❽ 아침에 까치가 울면 반가운 손님이 온댔는데.

［온댄는데］

朝、カササギが鳴くとうれしいお客さんが来るんだって。

반갑다：（会えて）うれしい、喜ばしい。

文 **-ㄴ/는댔는데**：～するって言ってたけど。**-ㄴ/는다고 했는데**の縮約形。形容詞･存在詞には**-댔는데**、名詞には**~(이)랬는데**が付く。

❾ 돼지 똥 냄새가 그렇게 지독하다며?

［지도카다며］

豚のうんちのにおいがそんなに臭いって？

냄새：におい、香り。
＊**냄새를 풍기다**（においを漂わす）、**냄새가 배다**（においが付く）、**입 냄새**（口臭）

지독하다：とてもひどい、ものすごい。
＊**독하다**（きつい、ひどい）、**마음을 독하게 먹다**（心を鬼にする）

TR_415

⑩ 요즘 누가 벌에 쏘였다고 된장을 발라요?

今時、誰がハチに刺されたからって、みそを付けるんですか？

쏘이다：(ハチに) 刺される。
바르다：塗る。＊**왁스를 바르다** (ワックスを付ける)、**바르는 약** (塗り薬)

⑪ 돌고래랑 놀 수 있다고 해서 투어를 [놀 쑤] 신청했는데 하필이면 태풍이 오다니. [신청핸는데]

イルカと遊べるっていうからツアーに申し込んだのに、よりによって台風が来るなんて。

하필이면：何で、よりによって、こともあろうに。**하필**だけでも同じ意味で使われる。＊**왜 하필 ~(이)야?** (何でよりによって~なの？)

⑫ 지렁이도 밟으면 꿈틀한다는데 나도 더 이상은 못 참아.

一寸の虫にも五分の魂なのに、僕もこれ以上は我慢できない。

지렁이도 밟으면 꿈틀하다：一寸の虫にも五分の魂。直訳すると「ミミズも踏めばうごめく」。

⑬ 그냥 읽어도 어려운 내용인데 저 놈의 매미 소리 때문에 집중을 못 하겠어, 으아아아아!

[모 타게써]

普通に読んでも難しい内容なのに、あのセミの鳴き声で集中できない、うあああああ！

저 놈의：あの憎たらしい～。後に続く名詞を卑しめる言葉。
＊**죽일 놈**（殺したいほど憎い奴、悪い奴、この野郎）、**미친놈**（いかれた奴、狂った奴）、**도둑놈**（泥棒野郎）、**뛰는 놈 위에 나는 놈 있다**（上には上がいる。直訳すると「走る奴の上に飛ぶ奴がいる」）

⑭ 저 사람이야말로 양의 탈을 쓴 늑대야.

あの人こそ、羊の仮面をかぶったオオカミだよ。

탈을 쓰다：仮面をかぶる、本心・本性を隠して偽りの姿を繕う。

文 **～(이)야말로**：～こそ。＊**나야말로 고마워**（私こそありがとう）

⑮ 제습제 이름이 물 먹는 하마야? 진짜 이름 한번 잘 지었네.

[멍는] [지언네]

除湿剤の名前が水を食うカバなの？　うまく名付けたもんだね。

제습제：除湿剤、湿気取り。
＊**제습기**（除湿器）、**가습기**（加湿器）、**보습제**（保湿剤）

이름을 짓다：名前を付ける、名付ける。

한번：名詞の後ろに付いて、その名詞を強調する意味。

会話フレーズ

TR_417

1 A：**열대어 먹이 모자라지 않을까? 역시 좀 더 줄까?** ♡
[열때어]
熱帯魚の餌、足りなくないかな？　やはりもうちょっとあげようか？

B：**애들 배 터져 죽겠다. 그만 줘도 돼.**

魚たち、おなかいっぱいで死んじゃうよ。もうやらなくてもいいよ。

먹이：餌。＊**잡은 물고기에는 먹이를 주지 않는다**（釣った魚に餌をやらない）
터지다：裂ける、割れる、破れる。
※**속이 터지다**（怒りが激しく込み上げる、胸が張り裂ける）、**빵 터지다**（爆笑する、大笑いする）

---

2 A：**까마귀 머리가 좋다는 말이 정말일까?** ♡
[조타는]
カラスの頭が良いってのは本当かな？

B：**새 중에서 제일 좋대. 쓰레기 뒤지는 이미지랑 너무 다르지?**
[조태]

鳥の中で一番良いんだって。ごみをあさるイメージとは懸け離れてるでしょ？

까마귀：カラス。
＊**까마귀 날자 배 떨어진다**（思わぬ疑いを掛けられる。直訳すると「カラスが飛び立つや否や梨が落ちる」）
뒤지다：くまなく探す。
＊**이 잡듯 뒤지다**（隅々まで探す。直訳すると「シラミを取るように探す」）

♪ TR_418

3 A : **왜 머리 안 좋은 사람을 보통 금붕어나 닭에 비유하지?** ♡

何で頭の悪い人を、よく金魚とか鶏に例えるのかな？

B : **이번엔 또 누구한테 무슨 말을 들은 거야?**

今度はまた誰に何を言われたの？

머리가 안 좋다 : 頭が良くない。
＊**띨띨하다**（〈俗語〉バカだ、間抜けだ）、**띨띨이**（どんくさい奴、アホ、間抜け）

비유하다 : 例える、比喩する。＊**비유하자면**（例えるなら）

4 A : **반려동물이 돼지라고? 그걸 집 안에서 키운다고?** ♡
[발려동무리]
ペットが豚だって？　それを家の中で飼ってるってこと？

B : **야야, 너 도대체 뭘 상상하는 거야? 돼지우리에서 키우는 그런 돼지 아니거든.**

ねえねえ、あなた一体何を想像してるのよ？　豚小屋で飼ってるようなそんな豚じゃないよ。

반려동물 : ペット、コンパニオンアニマル。
돼지우리 : 豚小屋、（比喩的に）汚い場所。

TR_419

5 A：**타입이 아니라고 싫다는데도 포기를 안 해.**

[실타는데도]

タイプじゃないから嫌って言ってるのに、諦めないの。

B：**진짜 거머리 같아. 난 저런 사람 보면 좀 섬찟해.**

[섬찌태]

本当に執念深いね。私はああいう人を見るとちょっとぞっとする。

포기하다：諦める、放棄する、ギブアップする。
거머리 같다：執念深い、しつこい。直訳すると「ヒルのようだ」。
섬찟하다：ぞっとする。＊**등골이 오싹하다**（背筋が凍る）

6 A：**개구리 올챙이 적 생각 못 한다고 너 정말 많이 변했다.**

[쩍] [모 탄다고]

人は昔のことはすぐ忘れるとはいえ、あなた本当に変わったわ。

B：**사돈 남 말하고 있네. 너만큼 변했을까?**

[인네]

自分のことは棚に上げてよく言うよ。君ほど変わったかな？

개구리 올챙이 적 생각 못 한다：成功した後は昔のことを忘れて偉ぶる。直訳すると「カエルはオタマジャクシの頃を忘れる」。
사돈 남 말하다：自分のことは棚に上げて人を批判する。直訳すると「婿の親と嫁の親が他人の話をする」。

単語

TR_420

포유류 哺乳類

- □ 개 / 강아지 犬／子犬
- □ 고양이 / 새끼 고양이 猫／子猫
- □ 쥐 ネズミ
- □ 다람쥐 リス
- □ 토끼 ウサギ
- □ 소 / 송아지 牛／子牛
- □ 말 / 망아지 馬／子馬
- □ 돼지 豚
- □ 양 羊
- □ 염소 ヤギ
- □ 노새 / 당나귀 ラバ／ロバ
- □ 낙타 ラクダ
- □ 곰 熊
- □ 흑곰 / 백곰 黒熊／白熊
- □ 판다 パンダ
- □ 늑대 オオカミ
- □ 사슴 鹿
- □ 여우 キツネ
- □ 멧돼지 イノシシ
- □ 호랑이 虎
- □ 사자 ライオン
- □ 표범 ヒョウ
- □ 코끼리 象
- □ 얼룩말 シマウマ
- □ 기린 キリン
- □ 코뿔소 サイ
- □ 하마 カバ
- □ 원숭이 サル
- □ 침팬지 チンパンジー
- □ 고릴라 ゴリラ
- □ 오랑우탄 オランウータン
- □ 두더지 モグラ
- □ 박쥐 コウモリ

해양 생물 海洋生物

- □ 열대어 熱帯魚
- □ 고래 クジラ
- □ 범고래 シャチ
- □ 돌고래 イルカ
- □ 해달 ラッコ
- □ 물개 アシカ
- □ 바다표범 アザラシ
- □ 펭귄 ペンギン
- □ 상어 サメ
- □ 바다거북 ウミガメ

조류 鳥類

- □ 닭 ニワトリ
- □ 병아리 ひよこ
- □ 거위 ガチョウ
- □ 오리 アヒル
- □ 참새 スズメ

- □ **까마귀** カラス
- □ **비둘기** ハト
- □ **꿩** キジ
- □ **메추리 / 메추리알** ウズラ/ウズラの卵
- □ **타조** ダチョウ
- □ **학** 鶴
- □ **공작** クジャク
- □ **독수리** ワシ
- □ **매** タカ
- □ **꾀꼬리** ウグイス
- □ **제비** ツバメ
- □ **올빼미** フクロウ
- □ **갈매기** カモメ
- □ **앵무새** オウム
- □ **잉꼬** インコ
- □ **까치** カササギ
- □ **카나리아** カナリア

벌레 虫

- □ **파리** ハエ
- □ **모기** 蚊
- □ **바퀴벌레** ゴキブリ
- □ **잠자리** トンボ
- □ **매미** セミ
- □ **딱정벌레** カブトムシ
- □ **개미** アリ
- □ **나비** チョウ
- □ **벌** 蜂
- □ **메뚜기** バッタ
- □ **사마귀** カマキリ
- □ **귀뚜라미** キリギリス
- □ **무당벌레** テントウムシ
- □ **빈대** ナンキンムシ
- □ **개똥벌레** 蛍
- □ **송충이** 松毛虫
- □ **벼룩** ノミ
- □ **진드기** ダニ
- □ **이** シラミ
- □ **지네** ムカデ
- □ **거미** クモ
- □ **전갈** サソリ
- □ **지렁이** ミミズ
- □ **구더기** ウジ
- □ **거머리** ヒル
- □ **달팽이** カタツムリ
- □ **곤충** 昆虫

양서류·파충류 両生類・爬虫類

- □ **개구리** カエル
- □ **올챙이** オタマジャクシ
- □ **두꺼비** ヒキガエル
- □ **도롱뇽** サンショウウオ
- □ **뱀** ヘビ
- □ **도마뱀** トカゲ
- □ **거북** 亀
- □ **자라** スッポン
- □ **악어** ワニ

㊸ 植物

聞いてみよう！

♪ TR_421

「聞いてみよう！」全文

A：사람을 꽃에 비유한다면 나는 무슨 꽃일까?

人を花に例えるなら、私は何の花になるんだろうね。

B：뜬금없이 무슨 소리야?

いきなり何の話？

A：백합같이 우아한 사람이라든가 연꽃같이 순결한 사람이라든가.

[배캅까치]

ユリみたいに優雅な人とか、ハスの花のように純潔な人とか。

B：굳이 비유를 한다면 넌 잡초 같은 생명력이라고 할 수 있지.

[구지] [생명녀기라고] [할 쑤]

あえて例えるなら、君は雑草のような生命力と言えるね。

解説

뜬금없이：いきなり、不意に、出し抜けに、突然。

＊**뜬금없다**（突然だ）、**느닷없다**（突拍子もない）

우아하다：優雅だ。

＊**고상하다**（上品だ、高尚だ）、**기품이 있다**（気品がある）、**품격이 있다**（品格がある）

순결하다：純潔だ。

＊**불결하다**（不潔だ）、**순수하다**（純粋だ、ピュアだ）、**순진하다**（素直だ、あどけない、無邪気だ、うぶだ）、**순진무구하다**（純真無垢だ）、**천진난만하다**（天真らんまんだ）

ひとことフレーズ

TR_422

❶ 낙엽 쌓인 길을 밟으면서 산책을 즐긴다. 운치 있지 않아?

落ち葉の積もった道を歩きながら散策を楽しむ。趣があるじゃない？

운치(가) 있다：趣がある。＊**운치를 더하다**（風情を添える）

❷ 단풍놀이니, 꽃놀이니 해마다 꼭 가야 돼?

［꼰노리니］

紅葉狩りだの、花見だの、毎年必ず行かないといけないのか？

단풍놀이・꽃놀이：紅葉狩り・花見。＊**물놀이**（水遊び）、**모래놀이**（砂遊び）

마다：～ごとに、～おきに、～の都度、～のたびに。

＊**달마다**（毎月）、**날마다**（毎日）、**저마다**（一人ひとり、それぞれ）、**집집마다**（軒並み、どの家もみんな）、**말끝마다**（語尾に必ず）

❸ 난 꽃다발보다 꽃바구니를 받았을 때 기분이 더 좋더라.

［조터라］

私は花束より花籠をもらった時の方がうれしかったよ。

꽃다발：花束。＊**꽃다발을 보내다**（花束を送る）、**다발**（束、把）

기분이 좋다：気分がいい、気持ちがいい。

＊**기분이 내키다**（気が向く）、**기분을 달래다**（慰める、なだめる）、**기분이 더럽다**（気分を害する）

TR_423

❹ 방향제, 민트 향이 부담도 없고 은은하게 좋지 않을까?

[조치]

芳香剤、ミントの香りが強すぎなくてほのかに香るから良いんじゃないかな？

부담 없다：負担がない、気軽だ。＊**부담없이**（気軽に）

은은하다：かすかだ、ほのかだ、柔らかく品がある。＊**은은히**（ほのかに、かすかに）

❺ 선인장 예쁜 게 많네. 장식용으로 하나 사 볼까?

[장싱뇽]

サボテン、かわいいのがいっぱいだね。飾り用で一つ買ってみようかな？

예쁘다：かわいい、きれいだ。＊**예쁘장하다**（かわいらしい）

장식용：飾り用。＊**장식품**（装飾品）、**대미를 장식하다**（最後を飾る）

❻ 넌 사기만 하면 말려 죽이면서 난초를 또 사 온 거야?

あんたは買っては全部枯らしちゃうくせに、ランをまた買ってきたの？

말려 죽이다：枯らしてダメにする。

＊**말리다**（枯らす、乾かす、干す）、**피를 말리다**（非常にイライラさせる、ひどく苦しめる。直訳すると「血を枯らす」）、**씨를 말리다**（種を絶やす、絶滅させる）

TR_424

❼ 어디서 본 거는 있어 가지고. 욕조에 이 장미 꽃잎은 뭐야?

[꼰니픈]

どこで見てまねしてるわけ？　バスタブにこのバラの花びらは何なの？

장미：バラ。＊**들장미**（野バラ）、**장밋빛**（バラ色）

文 **-아/어 가지고**：～して、～くて。理由や原因を表す**-아/어서**より、皮肉のニュアンスが強い表現。これが含まれる一文を直訳すると「どこかで見たことはあってさ」となる。

❽ 무궁화가 한국의 국화면서 거리에서 흔히 보기는 어렵잖아.

[구콰]

ムクゲの花が韓国の国花っていうけど、街で当たり前のように見掛けるのは難しいよね。

국화：国花。＊**생화**（生花）、**들국화**（野菊）、**조화**（造花）

흔히：しばしば、よく。＊**종종**（時々、しばしば、たびたび）

❾ 안개꽃은 주인공을 돋보이게 하기 위한 존재야.

カスミソウは主役を目立たせるための存在だよ。

돋보이게 하다：目立たせる。

＊**돋보이다**（目立つ）、**눈에 띄다**（目につく）、**돋보기**（老眼鏡）

TR_425

⑩ 갈근이 감기 초기에 마시는 그거 아냐?

葛根って風邪の初期に飲むあれじゃないの？

갈근：葛根。＊**갈근탕**（葛根湯）、**한의학**（韓医学）、**한방**（韓方）
초기：初期。
＊**중기**（中期）、**말기**（末期）、**초기 증상**（初期症状）、**초기화**（初期化）

⑪ 봉선화로 손톱 물들여 본 적이 없단 말이야?

ホウセンカで爪を染めたことがないってことなの？

물들이다：染める。
＊**물들다**（染まる）、**머리를 염색하다**（髪を染める）、**컬러링**（カラーリング）

⑫ 넌 잡초하면 어떤 이미지가 떠올라? 강한 이미지? 아님 질긴 이미지?

あなたは雑草と聞いたらどんなイメージが思い浮かぶ？　強いイメージ？　それともしぶといイメージ？

떠오르다：浮かぶ、浮き上がる、思い浮かぶ。
＊**떠올리다**（浮かべる、思い出す、思い付く）、**아이디어가 떠오르다**（アイデアが浮かぶ）
질기다：しぶとい、粘り強い。
＊**고기가 질기다**（肉が固い）、**끈질기다**（しぶとい、根気強い、しつこい）

⑬ 여기 언니가 꽃바구니를 기막히게 예쁘게 만들어 준다니까. ♡

[기마키게]

ここのお姉さんが花籠を素晴らしくきれいに作ってくれるんだってば。

기막히다：非常に素晴らしい、とてつもなくすごい、あまりのことにあきれる。**기가 막히다**とも言う。**기막히게**で「見事に、ものすごく」という意味。

＊**막히다**（ふさがる、詰まる）、**출셋길이 막히다**（出世の道が絶たれる）、**앞뒤가 꽉 막히다**（融通が利かない）、**변기가 막히다**（トイレが詰まる）

⑭ 꽃다발도 좋아하는 사람한테 받아야 기쁘지. ♡

花束も好きな人からもらってこそうれしいでしょ。

좋아하다：好きだ、好む。

＊**우정 좋아하네**（何が友情よ。直訳すると「友情、好きね」）

기쁘다：うれしい、喜ばしい。＊**기쁘기 짝이 없다**（感極まる、うれしさ極まりない）

⑮ 향기만 맡고도 무슨 꽃인지 다 맞추더라니까. ♡

香りを嗅いだだけで何の花か全部当てたんだよ。

맞추다：当てる、一致させる、整える、オーダーする。

＊**비위를 맞추다**（機嫌を取る）、**간을 맞추다**（塩加減をする）、**손발을 맞추다**（息を合わせる）、**말을 맞추다**（口裏を合わせる）、**짝을 맞추다**（ペアにする）、**양복을 맞추다**（スーツをあつらえる）

文 **-더라니까**：～していたよ、～だったよ（聞き手は知らないであろうことを、見聞きしてきた自分が報告する**-더라고**を強調する形）。

会話フレーズ

TR_427

1 A：**그 왜 줄기도 뿌리도 다 먹을 수 있는 그거 있잖아.** ♡

[머글 쑤]　[인는]

あれ何だっけ、茎も根も全部食べられるあれ、あるじゃん。

B：**그러니까 그게 뭐냐고 아까부터 묻고 있잖아.**

だから、そのあれが何か、さっきから聞いてるだろ。

그 왜：あれ何だっけ。

뿌리：根。

＊**뿌리 깊다**（根深い、根強い）、**뿌리를 뽑다**（根を抜く、根絶する）、**뿌리내리다**（根付く、根を下ろす、定着する。**뿌리박다**とも言う）

묻다：聞く、尋ねる。

＊**되묻다**（聞き返す、反問する）、**캐묻다**（しつこく尋ねる、問い詰める）

---

2 A：**이거 이름이 뽕이래, 뽕. 뽕은 방귀 소리 아냐?** ♡

これ、名前がポン（桑）なんだって、ポン。ポンはおならの音じゃない？

B：**유치해서 같이 못 놀아 주겠다.**

[몬 노라]

幼稚で付き合ってられない。

유치하다：子どもっぽい、幼稚だ。

＊**미숙하다**（未熟だ）、**조숙하다**（早熟だ、ませている）

못 놀아 주다：遊んであげられない、（くだらなくて）相手にしていられない。

TR_428

3 A：**이 근처에 삼나무가 있나? 갑자기 콧물이 줄줄 흐르네.**
[인나] [콘무리]

この近くに杉があるのかな？　いきなり鼻水がだらだら出るよ。

B：**아, 맞다. 너 삼나무 알레르기지?**

あ、そうだった。あなた、杉アレルギーだよね？

콧물이 줄줄 흐르다：鼻水がだらだら出る。＊**물 흐르듯**（水が流れるように）
알레르기：アレルギー。
＊**꽃가루 알레르기**（花粉症）、**알레르기성 비염**（アレルギー性鼻炎）、**알레르기성 체질**（アレルギー性体質）

---

4 A：**넌 써먹지도 못 할 꽃말은 왜 그렇게 열심히 외우는 거야?**
[모 탈] [꼰마른] [열씸히]

あなたは、使うこともない花言葉を何でそこまで熱心に覚えてるの？

B：**시간이 남아돌아서 그런다, 됐냐?**
[됀냐]

時間が有り余ってるからよ、文句ある？

써먹다：活用する、使う。＊**활용하다**（活用する）
남아돌다：余る、有り余る、売れ残る。

TR_429

5 A : **난 노란 장미가 꽃 중에서 제일 예쁘더라.**

私は黄色いバラが花の中で一番きれいだと思う。

B : **아하, 그래서 니가 그렇게 질투가 심하구나.**

へえ、だからあんた、あんなに嫉妬深いんだね。

질투가 심하다 : 嫉妬深い。
＊**질투에 눈이 멀다** (嫉妬に目がくらむ)、**질투심** (嫉妬心)、**투기** (焼きもち、嫉妬、ねたみ)

---

6 A : **내일 어버이날인데 카네이션은 샀어?**

明日、両親の日なんだけど、カーネーションは買った？

B : **아니, 우리 부모님은 현금을 더 좋아하셔.**

いや、僕の両親はキャッシュの方が好きでね。

어버이날 : 父母の日、両親の日。

현금 : 現金、キャッシュ。
＊**현금카드** (キャッシュカード)、**현금인출기** (ATM、キャッシュディスペンサー。**현금 자동 지급기**とも言う)、**돈을 뽑다** (〈ATMで〉お金を引き出す。**돈을 찾다**、**돈을 인출하다**とも言う)

単語

TR_430

화초 草花・花木

□ 장미	バラ　*들장미（野バラ）
□ 무궁화	ムクゲ
□ 국화	菊
□ 연꽃	ハスの花
□ 난초	ラン
□ 백합	ユリ
□ 나팔꽃	朝顔
□ 개나리	レンギョウ
□ 해바라기	ヒマワリ
□ 봉숭아	ホウセンカ
□ 수선화	水仙
□ 진달래	ツツジ
□ 민들레	タンポポ
□ 할미꽃	オキナグサ
□ 목련	モクレン
□ 제비꽃	スミレ
□ 금잔화	キンセンカ
□ 칡	クズ
□ 갈근	葛根
□ 양귀비	ケシ
□ 물망초	忘れな草
□ 작약	シャクヤク
□ 동백	ツバキ
□ 꽈리	ホオズキ
□ 선인장	サボテン
□ 달맞이꽃	月見草
□ 백일홍	サルスベリ
□ 모란	ボタン
□ 채송화	マツバボタン
□ 맨드라미	ケイトウ
□ 갈대	アシ
□ 안개꽃	カスミソウ
□ 수국	アジサイ
□ 데이지	デイジー
□ 라벤더	ラベンダー
□ 라일락	ライラック
□ 베고니아	ベゴニア
□ 스위트피	スイートピー
□ 아네모네	アネモネ
□ 에델바이스	エーデルワイス
□ 카네이션	カーネーション
□ 재스민	ジャスミン
□ 제라늄	ゼラニウム
□ 코스모스	コスモス
□ 클로버	クローバー
□ 튤립	チューリップ
□ 팬지	パンジー
□ 프리지어	フリージア
□ 피튜니아	ペチュニア
□ 히비스커스	ハイビスカス
□ 히아신스	ヒヤシンス

나무 木

□ 수목	樹木

- □ 소나무　松
- □ 대나무　竹
- □ 매화나무　梅　＊**매화**（梅の花）
- □ 벚나무　桜　＊**벚꽃**（桜の花）
- □ 떡갈나무　カシワ
- □ 오동나무　キリ
- □ 느티나무　ケヤキ
- □ 버드나무　柳
- □ 노송나무　ヒノキ
- □ 단풍나무　カエデ
- □ 전나무　モミ
- □ 싸리나무　ハギ
- □ 은행나무　イチョウ
- □ 삼나무　杉
- □ 아카시아　アカシア
- □ 뽕나무　桑
- □ 보리수　ボダイジュ
- □ 가시나무　シラカシ
- □ 가로수　並木
- □ 수양버들　シダレヤナギ
- □ 단풍　紅葉　＊**낙엽**（落ち葉）
- □ 나뭇잎　木の葉
- □ 침엽수　針葉樹
- □ 상록수　常緑樹

기타 その他

- □ 줄기　茎
- □ 가지　枝
- □ 뿌리　根
- □ 씨, 씨앗　種
- □ 풀　草
- □ 꽃잎　花びら
- □ 잡초　雑草
- □ 약초　薬草
- □ 꽃꽂이　生け花
- □ 드라이플라워　ドライフラワー
- □ 프리저브드플라워　プリザーブドフラワー
- □ 꽃다발　花束
- □ 꽃바구니　花籠

❹❹ 宗教

聞いてみよう！

♪ TR_431

「聞いてみよう！」全文

A：재들 둘이 왜 저래? 싸웠어?

あの二人、何でああなの？　けんかでもしたの？

B：응, 하나는 기독교고 하나는 불교잖아. 종교 때문에 싸웠대.

うん、一人はキリスト教で、もう一人は仏教じゃん。宗教のことでけんかしたって。

A：애들도 아니고 왜들 그래?

子どもでもあるまいし、何なの？

B：진짜. 우정이냐, 종교냐, 그것이 문제로다. 하하하.

本当。友情か、宗教か、それが問題だわ。ははは。

解説

종교：宗教。

＊**종교전쟁**（宗教戦争）、**신흥종교**（新興宗教）、**사이비종교**（カルト宗教）、**무종교**（無宗教。**무교**とも言う）、**박해**（迫害）、**교주**（教主）、**종교 단체**（宗教団体）、**종교에 빠지다**（宗教にハマる。**종교에 미치다**とも言う）

왜들 그래?：なぜみんなそうなの？。**왜**（なぜ）に複数であることを表す**들**が付いて、対象が複数人であることを表す。

ひとことフレーズ

TR_432

❶ 고해성사에서 한 말은 정말 비밀보장이 되는 거야?

ざんげで言ったことは、本当に秘密が保障されてるの？

고해：告解、ざんげ。キリスト教において神の許しを得るため、司祭に自らの罪を告白すること。

비밀보장：秘密を保障すること。

❷ 전부터 궁금했는데 호텔이나 게스트 하우스에 성서는 왜 있는 거야?

[궁그맨는데] [인는]

前から気になってたんだけど、ホテルやゲストハウスに聖書が何であるんだろう？

전부터：前から。＊**예전부터**（昔から、かつて）

❸ 재네들은 종교 얘기만 나오면 싸워. 내가 보기엔 둘다 도긴개긴인데.

あいつらは宗教の話になるとけんかするよな。僕からすれば二人どっちもどっちなのに。

도긴개긴：大同小異、五十歩百歩、どんぐりの背比べ。**도**（ト、1）と**개**（ケ、2）は、韓国の伝統的なすごろくである**윷놀이**（ユンノリ）の目の数で、1マスでも2マスでも勝敗に大差ないというところから来た言葉。

❹ 머리 깎고 절에 들어가면 이 번뇌에서 벗어날 수 있을까?

[버서날 쑤]

頭をそって寺に入ればこの煩悩から解放されるのかな？

머리를 깎다：髪を刈る。

＊**머리를 밀다**（坊主頭にする）、**스킨헤드**（スキンヘッド）

번뇌에서 벗어나다：煩悩から抜け出す。

＊**백팔 번뇌**（仏教で人間の心の中にあると言われる108の煩悩）

❺ 새벽에 성당에 갔다 오면 그날 하루는 마음이 편안해.

朝早くに聖堂に行くと、その一日は気分が安らぐの。

성당：聖堂。

＊**대성당**（大聖堂）、**가톨릭**（カトリック）、**신부**（神父）、**수녀**（シスター）、**추기경**（枢機卿）、**수도원**（修道院）

마음이 편안하다：気分が安らぐ、気持ちが落ち着く。

＊**안정되다**（安定する、落ち着く）

❻ 내가 지옥에 떨어지는 한이 있더라도 너만은 용서 못 해.

[모 태]

私が地獄に落ちることがあっても、あなただけは許せない。

지옥에 떨어지다：地獄に落ちる。

＊**천벌을 받다**（天罰を受ける）、**천벌이 내리다**（天罰が下る）、**염라대왕**（閻魔大王）、**저승사자**（冥界の死者、閻魔大王の使い）

文 **-는 한이 있더라도**：～することがあるとしても。

❼ 수녀님이 마음 여려 보이지? 얄짤없어. 한번 눈 밖에 나면 그걸로 끝이야.
[끄치야]

シスターって気が弱そうに見えるでしょ？　とんでもない。一度信頼を失ったらもうアウトだよ。

마음이 여리다：気が弱い、心が弱い。**마음이 약하다**とも言う。
얄짤없다：容赦しない、手加減しない。＊**가차 없다**（手厳しい、容赦ない）
눈 밖에 나다：嫌われる、憎まれる、信頼を失う。直訳すると「目の外に出る」。

---

❽ 다른 건 몰라도 눈에는 눈, 이에는 이라는 교리는 마음에 든다.

他のことは分からなくても、目には目、歯には歯という教理はいいね。

다른 건 몰라도：他のことはどうでもいいけど、他はどうであれ。
마음에 들다：気に入る。＊**마음에 안 들다**（気に入らない）

---

❾ 야, 야, 신부는 결혼도 못 하잖아. 속 끓이지 말고 일찍 마음 접어.
[모 타자나] [일찡 마음]

おい、おい、神父は結婚もできないだろ。悩んでないで、早く諦めな。

속 끓이다：気をもむ、心を焦がす。
＊**속이 타다**（いらいらする、やきもきする、気がはやる）、**속이 시커멓다**（腹黒い）
마음 접다：諦める。＊**단념하다**（断念する）、**포기하다**（放棄する、諦める）

⑩ 어머니가 사이비종교에 빠지는 바람에 집안 다 말아먹었어.

母さんがカルト宗教にハマったせいで、家がめちゃくちゃになっちゃった。

말아먹다：ダメにする、食いつぶす。
＊**가산을 탕진하다**（財産を食いつぶす）、**회사를 말아먹다**（会社をつぶす）、**말아 먹다**（ご飯を汁やスープの中に入れて食べる）、**눈치를 밥 말아 먹다**（空気が読めない。直訳すると「センスをスープご飯に入れて食べる」）

⑪ 참선하는데 갑자기 다리에 쥐가 나지 뭐야.

座禅してる時、いきなり足がつったのよ。

쥐가 나다：手足がつる、しびれる。
文 **-지 뭐야**：～したんだよ、～なんだよ（とある状況を断念し受け入れ、これ以上何も言うことがないという意味を表す）。

⑫ 유교의 영향인지 예의를 너무 따지니까 솔직히 가끔 피곤해.

[솔찌키]

儒教の影響なのか礼儀にうるさいから、正直たまに疲れるよ。

예의를 따지다：礼儀にうるさい。
＊**꼼꼼히 따지다**（細かく問い詰める）、**잘잘못을 따지다**（是非を問う）、**이유를 따지다**（理由を問いただす）

⑬ 그 시대 사람들이 이 큰 불상을 어떻게 만들었을까?

[불쌍]

あの時代の人々が、この大きな仏像をどうやって作ったんだろう?

시대：時代。
＊**삼국 시대**（三国時代）、**고구려**（高句麗）、**신라**（新羅）、**백제**（百済）、**고려**（高麗）、**조선**（朝鮮）、**식민지 시대**（植民地時代）、**현대**（現代）

불상：仏像。＊**석탑**（石塔）

⑭ 그 사람은 도대체 무슨 생각으로 스님한테 양주를 선물한 거야?

あの人は一体何を考えてお坊さんに洋酒をプレゼントしたの?

스님：お坊さん。
＊**승려**（僧侶）、**주지 스님**（住職）、**큰스님**（大師）、**동자승**（雛僧（すうそう）、幼い僧）、**공양**（供養）、**시주**（布施）、**법회**（法会）、**설법**（説法）、**불경**（お経）

⑮ 이슬람교도라고 무조건 색안경 끼고 보는 것도 문제지 않아?

[무조껀]

イスラム教の信徒だからといって、もっぱら色眼鏡で見るのも問題ありじゃない?

색안경 끼고 보다：色眼鏡で見る。
＊**편견에 사로잡히다**（偏見にとらわれる）、**편견에 빠지다**（偏見に陥る）、**편견을 가지다**（偏見を持つ）、**편견에 맞서다**（偏見に立ち向かう）、**편견을 깨다**（偏見を破る）

会話フレーズ

♪ TR_437

---

1 A：**시어머니 되실 분이 묵주를 선물로 주셨는데 이게 무슨 의미지?**

[되실 뿌니] [주션는데]

しゅうとめになる人がプレゼントでロザリオを下さったんだけど、これはどういう意味なんだろう？

B：**무슨 의미기는. 같이 성당 가자는 얘기지.**

どういう意味かって？　一緒に聖堂に行こうってことでしょ。

묵주：ロザリオ。＊**염주**（数珠）

의미：意味。

＊**무의미**（無意味）、**의미를 가지다**（意味を持つ）、**의미심장하다**（意味深長だ）、**사전적인 의미**（辞書的な意味）

---

2 A：**모두들 정말 양심껏 십일조를 내는 걸까?**

[시빌쪼]

みんな、本当に良心に従って自分の収入を献納しているのかな？

B：**재벌 회장한테 물어 봐.**

財閥の会長に聞いてみて。

양심껏：良心に従って。

＊**비양심적**（非良心的）、**양심에 찔리다**（気がとがめる）、**양심의 가책을 느끼다**（良心の呵責（かしゃく）を感じる）、**일말의 양심도 없다**（一片の良心もない）

십일조를 내다：**십일조**は「10分の１の税」を表す言葉で、信徒が収入の一部を教会に献納することを言う。

TR_438

3 A : **어떻게 사이비종교에 빠질 수가 있지?**
[빠질 쑤]
どうしてカルト宗教にハマっちゃうんだろ？

B : **인생이 그만큼 절박했다는 말 아니겠어?**
[절바캗따는]
人生がそれほどまでに追い込まれていたってことじゃない？

인생：人生。
＊**시한부 인생**（余命宣告された人生。直訳すると「時限付き人生」）、**파란만장한 인생**（波瀾万丈な人生）

절박하다：切羽詰まる、差し迫る。＊**시간이 절박하다**（時間が切迫している）

4 A : **사랑을 위해서 종교를 바꾸는 사람이 있는 반면에 종교가 달라서 헤어지는 사람도 있고 참 가지가지다.**
[인는]
愛のために宗教を変える人がいる反面、宗教が違うからと別れる人もいるし、全くいろいろだね。

B : **그러니까 나처럼 무교인 사람이 제일 마음 편하다니까.**

だから私みたいに無宗教の人が一番気が楽なんだってば。

가지가지다：いろいろだ、さまざまだ。＊**가지가지 하다**（いろいろやらかしてくれる）
마음 편하다：気が楽だ。
＊**마음이 불편하다**（気まずい、落ち着かない、居心地悪い）、**뻘쭘하다**（きまり悪い、気まずい）

♪ TR_439

5 A：**일요일은 교회 가야 돼서 못 만난대.**
[몬 만난대]
日曜は教会に行かないといけないから、会えないんだって。

B：**보고 싶으면 그럼 너도 교회 가. 간단하네.**
会いたいんだったら、じゃあ君も教会へ行けよ。簡単だよね。

간단하다：簡単だ。
＊**간단명료하다**（簡単明瞭だ）、**간단히**（簡単に）、**간단히 말하면**（簡単に言うと）、**복잡하다**（複雑だ）

文 **-ㄴ/는대**：～するって、～するんだって。**-ㄴ/는다고 해**の縮約形。形容詞・存在詞には**-대**が、名詞には**～(이)래**が付く。

6 A：**힌두교에서 금지하는 게 쇠고기였나?**
[연나]
돼지고기였나?
ヒンズー教で禁止しているのって牛肉だったっけ？　豚肉だったっけ？

B：**그런 건 검색해 보면 바로 알 수 있잖아.**
[검새캐]　[알 쑤]
そういうのは検索すれば、すぐ分かるだろ。

금지하다：禁止する。＊**금기**（禁忌、タブー）
검색하다：検索する。
＊**검색어**（検索キーワード）、**검색 결과**（検索結果）、**연관검색어**（関連キーワード）、**실시간검색**（リアルタイム検索）

単語

TR_440

종교 宗教

- □ 불교 仏教
- □ 기독교 キリスト教
- □ 천주교 / 가톨릭교, 카톨릭교 天主教/カトリック教
- □ 개신교 プロテスタント
- □ 이슬람교 イスラム教
- □ 통일교 統一教
- □ 천리교 天理教
- □ 유대교 ユダヤ教
- □ 힌두교 ヒンズー教
- □ 유교 儒教
- □ 사이언톨로지 サイエントロジー
- □ 사이비종교 カルト宗教
- □ 이단 異端
- □ 박해 迫害
- □ 무교, 무종교 無宗教
- □ 신앙 信仰
- □ 신자 / 신도 信者/信徒
- □ 광신자 / 광신도 狂信者/狂信徒
- □ 무신론자 無神論者
- □ 성직자 聖職者
- □ 교리 教理

기독교 キリスト教

- □ 교회 教会
- □ 목사 牧師
- □ 권사 勧士
  ＊韓国教会で、聖職者ではない一般女性の信徒のなかで最も高い地位の職責。
- □ 기도 祈り、祈ること
- □ 예배 礼拝
- □ 예배당 礼拝堂
- □ 예수그리스도 イエス·キリスト
- □ 하나님 / 주님 神
- □ 성서 聖書
- □ 부활절 復活節
- □ 천당 天堂
- □ 지옥 地獄
- □ 전도사 伝道師
- □ 찬송가 賛美歌
- □ 십계명 十戒
- □ 십자가 十字架
- □ 아멘 アーメン
- □ 할렐루야 ハレルヤ

불교 仏教

□ **절, 사찰**	お寺
□ **스님 / 중**	お坊さん／僧
□ **승려**	僧侶
□ **부처**	仏
□ **석가모니**	釈迦牟尼(しゃかむに)
□ **불상**	仏像
□ **불경**	お経
□ **참선 / 좌선**	座禅
□ **염주**	数珠
□ **향**	お香
□ **목탁**	木魚
□ **입적**	入寂
□ **대웅전**	本堂
□ **범종**	鐘
□ **(불)탑**	塔
□ **사리**	舎利
□ **다비 / 화장**	荼毘(だび)／火葬
□ **전생**	前世
□ **현세**	現世
□ **내세**	来世
□ **윤회**	輪廻(りんね)
□ **백팔 번뇌**	百八煩悩
□ **업보**	業報、報い
□ **해탈**	解脱
□ **나무아미타불**	南無阿弥陀(あみだ)仏
□ **관세음보살**	観音菩薩(ぼさつ)、観世音菩薩

가톨릭교 カトリック

□ **성당**	聖堂
□ **신부**	神父
□ **수녀**	シスター
□ **사제**	司祭
□ **묵주**	ロザリオ
□ **고해성사**	告解
□ **세례**	洗礼
□ **교황**	教皇
□ **추기경**	枢機卿
□ **주교**	司教
□ **미사**	ミサ
□ **성지**	聖地
□ **성가대**	聖歌隊
□ **성자**	聖者
□ **성녀**	聖女
□ **성인**	聖人
□ **대부**	代父
□ **대모**	代母
□ **미사포**	ミサ用ベール

이슬람교 イスラム教

□ **사원**	寺院
□ **코란**	コーラン
□ **알라**	アラー、イスラム教の唯一神
□ **무슬림**	ムスリム
□ **히잡**	ヒジャブ

㊺ 犯罪

聞いてみよう！

♪ TR_441

「聞いてみよう！」全文

A：너 도대체 뭐라고 했는데, 그 사람이 너라면 질색하는 거야?

[핸는데] [질쌔카는]

一体彼に何て言ったからって、彼、あなたのことになるとうんざりするの？

B：결혼 안 해 주면 결혼 사기로 고소하겠다고 했어.

結婚してくれなければ結婚詐欺で告訴するって言ったの。

A：그 사람이 너랑 결혼하겠다고 했단 말이야? 언제?

彼があなたと結婚するって言ったわけ？　いつ？

B：꿈속에서 적어도 열 번 이상은 했어.

[꿈쏘게서] [열 뻔]

夢の中で少なくとも10回以上は言ったわ。

解説

질색하다：大嫌いだ、うんざりする、こりごりする。

＊**펄쩍 뛰다**（強く拒否する、猛反発する、飛び跳ねる）

ひとことフレーズ

TR_442

❶ 자꾸 헛소문을 퍼뜨리면 명예훼손으로 고소할 거야.

[고소할 꺼]
ずっとデマを流すようなら、名誉毀損(きそん)で訴えるよ。

헛소문을 퍼뜨리다：デマを流す。＊**유언비어**（デマ、流言飛語）
명예훼손：名誉毀損。＊**불명예스럽다**（不名誉だ）
고소하다：告訴する、訴える。

❷ 교도소 안에서도 사고를 쳐서 독방에 들어갔단 말이야?

刑務所の中でもトラブルを起こして独房に入ったってこと？

사고를 치다：問題を起こす、やらかす。
＊**사고뭉치**（問題児、トラブルメーカー）、**추돌사고**（追突事故）、**사고를 수습하다**（事故の収拾をする）

❸ 범인의 자백이 있어도 증거가 없으면 소용없는 거지?

[소용엄는]
犯人の自白があっても、証拠がなければ無駄だよね？

범인：犯人。
＊**진범**（真犯人）、**범인 체포**（犯人逮捕）、**범인이 잡히다**（犯人が捕まる）、**범인을 추적하다**（犯人を追跡する）、**범인을 쫓다**（犯人を追う）
증거：証拠。＊**상황증거**（状況証拠）、**증거를 은폐하다**（証拠を隠蔽(いんぺい)する）

❹ 무죄라고 아무리 주장해도 믿어 주는 사람 하나 없어. ♡

無罪っていくら主張しても信じてくれる人が一人もいない。

무죄：無罪。
＊**유죄**（有罪）、**유전무죄 무전유죄**（有銭無罪無銭有罪、お金のある人は無罪、お金のない人は有罪）

❺ 요즘은 취조 장면도 다 녹화되는 거 아니었어? ♡

［노콰되는］

最近は取り調べの場面も全部録画されるんじゃなかった？

취조：取り調べ。＊**취조실**（取調室）
녹화되다：録画される。＊**공개녹화**（公開録画）、**녹화방송**（録画放送）、**생방송**（生放送）

❻ 검사 권한으로 불기소처분할 수 있잖아. 친구 좋다는 게 뭐야. ♡

［불기소처부날 쑤］［조타는］

検事の権限で不起訴処分にできるじゃん。友達なんだろ。

권한：権限。＊**권한을 행사하다·남용하다**（権限を行使する·乱用する）、**월권행위**（越権行為）
친구 좋다는 게 뭐야：友達だろう､友達なら当然でしょ。直訳すると「"友達っていいな"っていうのはどういうことだと思う？」で、互いが友達であることを強調する表現。

❼ 무고죄가 제일 무서운 거야. 저번에도 니 감으로 잡아넣었다가 시말서 썼잖아.

[무고쬐] [시말써]

虚偽告訴罪が一番怖いのよ。前回もあなたの勘で捕まえて始末書を書いたじゃん。

무고죄：虚偽告訴罪（誣告罪）。他人に刑罰を受けさせる目的で、うその被害で告訴する行為。＊**누명**（ぬれぎぬ）

감：勘、感じ。

＊**감이 들다**（感じがする）、**감이 떨어지다**（勘が鈍る）、**감이 오다**（ピンとくる）、**예감이 들다**（予感がする）

❽ 탐문수사에서는 아무것도 못 건졌어.

聞き込み捜査では何にも収穫がなかったの。

건지다：ゲットする、収穫がある。

＊**득템하다**（もともとゲーム用語で「アイテムを獲得する」という意味で、日常生活で何かを「手に入れる」という意味で使われる）

❾ 유명인 마약사범은 청소년들에게 악영향을 끼치니까 문제야.

有名人の麻薬事犯は青少年に悪影響を与えるから問題だよ。

영향을 끼치다：影響を及ぼす、与える。

＊**손해를 끼치다**（損害を与える）、**민폐를 끼치다**（迷惑を掛ける。**폐를 끼치다**とも言う）、**걱정을 끼치다**（心配を掛ける）、**소름이 끼치다**（鳥肌が立つ、身の毛がよだつ、ぞっとする。**소름이 돋다**とも言う）

⑩ 그 동안 탈의실이 계속 도촬당하고 있었단 말이에요？

その間、脱衣室がずっと盗撮されてたってことですか？

탈의실：脱衣室。＊**피팅 룸**（フィッティングルーム、試着室）
도촬：盗撮。
＊**도청**（盗聴）、**몰래카메라**（隠しカメラ、ドッキリカメラ。略して**몰카**と言う）

⑪ 미우니 고우니 해도 남편인데 면회는 가야 하는 거 아냐？

なんだかんだ言っても夫なんだから、面会には行くべきじゃないの？

미우니 고우니 해도：なんだかんだ言っても、好きだ嫌いだ言っても。直訳すると「憎かったり大切だったりしても」。
면회：面会。＊**면회를 요청하다**（面会を求める）、**면회 사절**（面会謝絶）

⑫ 단속 나오기 전에 연락 달라고 부탁했는데 배신을 해？

[단송 나오기]　[열락]　[부타캔는데]

取り締まりに来る前に連絡してってお願いしたのに、裏切ったのか？

단속：取り締まり。＊**문단속**（戸締まり）、**입단속**（口止め）
배신하다：裏切る。
＊**배신을 때리다**（裏切る）、**배신당하다**（裏切られる）、**뒤통수를 때리다・맞다**（裏切る・裏切られる。直訳すると「後頭部を殴る・殴られる」）

⓭ 불심 검문 대상은 무슨 기준으로 정하는 거지? 보기에 수상해 보여서?

[불씸 검문]

職務質問は対象をどういう基準で決めるのかな？　見るからに怪しそうで？

불심 검문：職務質問。漢字で「不審検問」。

기준：基準。

＊**기준을 변경하다**（基準を変更する）、**기준이 모호하다・명확하다**（基準が曖昧だ・明確だ）、**기준 미달**（基準に満たないこと）

⓮ 묻지 마 살인이야말로 현대인이 얼마나 병들어 있는가를 상징하는 범죄라고 생각해.

[인는가를]　[생가캐]

通り魔殺人こそ現代人がどれほど病んでいるかを象徴する犯罪だと思う。

묻지 마 살인：通り魔殺人。直訳すると「聞かないで殺人」で、殺人の動機がなく聞かれても答えられない無差別殺人であることからこう言われる。

병들다：病む、ゆがむ。＊**마음이 병들다**（心が病む）

상징하다：象徴する。＊**상징물**（象徴物）、**심벌마크**（シンボルマーク）

⓯ 형사 일 중에서 잠복 수사가 제일 힘들 것 같아. 화장실은 언제 가?

[힘들 껄 까타]

刑事の仕事の中で張り込み捜査が一番大変そう。トイレにはいつ行くの？

잠복：潜伏、張り込み。＊**잠복기간**（潜伏期間）

힘들다：つらい、大変だ、しんどい。＊**힘들어 죽겠다**（大変で死にそうだ）

会話フレーズ

TR_447

1 A：**물적증거 없이 정황증거만으로는 기소를 못 해.** ♡
[물쩍쯩거] [모 태]
物的証拠なしで状況証拠だけでは起訴できない。

B：**야, 너 드라마 많이 본 보람이 있네.**
[인네]
いやあ、あなた、たくさんドラマを見たかいがあるね。

기소하다：起訴する。
＊**검찰이 기소하다**（検察が起訴する）、**폭행죄로 기소하다**（暴行罪で起訴する）、**불기소처분되다**（不起訴処分になる）

보람：かい、やりがい。＊**보람차다**（やりがいがある、張り合いがある）

2 A：**영장이 없으면 가택수색 못 하는 거 아니야?** ♡
[영짱] [가택쑤생 모 타는]
令状がないと、家宅捜索はできないんじゃないの？

B：**쉿, 그러니까 몰래 들어가는 거잖아.**
し一っ、だからこっそり入るんじゃん。

영장：令状。＊**구속 영장**（拘束令状）、**체포 영장**（逮捕状）

몰래：ひそかに、内緒で、こっそり。
＊**남몰래**（人知れず）、**몰래 엿듣다**（こっそり盗み聞きする）

TR_448

3 A : **이쪽이 피해자고 저쪽이 가해자 아니야?**

こちらが被害者で、あちらが加害者じゃないの？

B : **반대야. 진짜 벌레 한 마리 못 죽일 얼굴을 해 가지고.**

反対なの。本当に虫一匹殺せない顔をしてるくせに。

피해자：被害者。
＊**합의하다**（示談する）、**피해자의 신원이 판명되다**（被害者の身元が判明する）

벌레 한 마리 못 죽일 얼굴：虫一匹殺せない顔。
＊**선량한 얼굴**（善良な顔）、**벌레만도 못한 인간**（虫けらのような最低な人間）

---

4 A : **여자 때문에 소꿉친구에게 살인 누명을 씌우려고 했단 말이야? 그 놈 완전 도른자네.**

女が理由で幼なじみに殺人のぬれぎぬを着せようとしたってこと？　完全にいかれた奴だね。

B : **내가 처음부터 아니라고 했잖아. 창민이는 살인은 커녕 도둑질할 깜냥도 안 된다니까.**

私が最初から違うって言ったでしょ。チャンミンは殺人どころか盗みを働ける器でもないってば。

도른자：おかしな子、狂ってる人、いかれた奴。

깜냥：何かができる能力。＊**깜냥을 알다**（身の程を知る）

文 **~은/는커녕**：～どころか。

TR_449

5 A：**가족들 앞에서 수갑 채우는 건 좀 봐주세요.**

家族の前で手錠をかけるのは勘弁してください。

B：**부끄러운 걸 아는 사람이 전철 안에서 성추행을 해?**

恥ずかしいことを分かってる人が、電車の中でわいせつ行為をするのか？

봐주다：見逃す、大目に見る。
＊**뒤를 봐주다**（後ろ盾になる、面倒を見る、後押しする）、**편의를 봐주다**（便宜を図る。**사정을 봐주다**とも言う）

성추행：性的な嫌がらせ。
＊**추행**（醜い行い、恥ずべき行い）、**성희롱**（セクシャルハラスメント）

---

6 A：**영화 보면은 악질 교도관이 많던데.**
[만턴데]

映画を見ると、悪質な刑務官が多かったけど。

B：**넌 영화랑 현실을 혼동 좀 하지마.**

映画と現実を混同するなよ。

악질：悪質。
＊**악질적인 수법**（悪質な手口）、**악질적인 댓글**（悪質な書き込み）、**악질 사채업자**（悪質なサラ金業者）

혼동하다：混同する。＊**헷갈리다**（こんがらがる、紛らわしい）

単語

TR_450

범죄 종류 犯罪の種類

- □ 살인 殺人
- □ 강도 強盗
- □ 절도 窃盗
- □ 강간 強姦
- □ 성폭행 性的暴行
- □ 성추행 性的な嫌がらせ
- □ 강제 추행 強制わいせつ
- □ 사기 詐欺
- □ 마약 麻薬
- □ 폭력 暴力
- □ 방화 放火
- □ 도청 盗聴
- □ 도촬 盗撮
- □ 방조죄 ほう助罪
- □ 공모죄 共謀罪
- □ 무고죄 虚偽告訴罪、誣告罪
- □ 명예훼손 名誉毀損
- □ 공문서위조 公文書偽造
- □ 테러 テロ
- □ 흉악범 凶悪犯
- □ 경범죄 軽犯罪
- □ 강력범죄, 중범죄 重犯罪

형무소 刑務所

- □ 감옥 監獄
- □ 교도소 刑務所
- □ 독방 独房
- □ 감방 監房
- □ 면회 面会
- □ 수감자 / 재소자 受刑者
- □ 교도관 刑務官
- □ 탈옥 脱獄
- □ 구치소 拘置所

경찰 警察

- □ 유치장 留置場
- □ 범인 犯人
- □ 주범 / 종범 主犯／従犯
- □ 수사 捜査
- □ 추적 追跡
- □ 체포 逮捕
- □ 검거 検挙
- □ 단속 取り締まり
- □ 취조 取り調べ
- □ 수갑 手錠
- □ 자백 自白
- □ 증거 証拠
- □ 물적증거 物的証拠
- □ 정황증거 状況証拠

- □ 잠복근무 潜伏勤務
- □ 불심검문 職務質問
- □ 정보원 情報員
- □ 탐문수사 聞き込み調査
- □ 가택수색 家宅捜索、がさ入れ

형벌 刑罰

- □ 유죄 有罪
- □ 무죄 無罪
- □ 판결 判決
- □ 형집행 刑の執行
- □ 사형 死刑
- □ 무기징역 無期懲役
- □ 종신형 終身刑
- □ 금고 禁錮
- □ 구류 拘留
- □ 벌금 罰金
- □ 과태료 科料
- □ 몰수 没収
- □ 자격정지 資格停止
- □ 자격상실 資格喪失
- □ 실형 実刑
- □ 집행유예 執行猶予
- □ 집행정지 執行停止
- □ 석방 釈放
- □ 가석방 仮釈放
- □ 감형 減刑
- □ 사면 赦免

검찰 検察

- □ 공소기각 公訴棄却
- □ 기소 起訴
- □ 불기소 不起訴
- □ 재판 裁判
- □ 계류 係留
- □ 증인 証人
- □ 증언 証言
- □ 진술 陳述
- □ 위증 偽証
- □ 심문 尋問
- □ 참고인 参考人
- □ 피의자 被疑者
- □ 피해자 被害者
- □ 가해자 加害者
- □ 영장 令状
- □ 구속 拘束
- □ 입건 立件
- □ 송치 送致
- □ 공소 公訴
- □ 공소시효 公訴時効

㊻接頭辞・接尾辞

聞いてみよう！

♪ TR_451

「聞いてみよう！」全文

A : 아니 , 개업 첫날인데 왜 이렇게 손님이 없는 거야 ?

[천나린데] [엄는]

オープン初日なのに何でこんなにお客さんが入らないんだ？

B : 첫술에 배부를 수 있나 .

[배부를 쑤] [인나]

最初から大当たりは難しいでしょ。

A : 넌 왜 그렇게 느긋해 ? 계속 이렇게 파리 날리면 어떡해 ?

[느그태] [어떠캐]

君はどうしてそんなにゆったりできるんだよ。これからもずっと閑古鳥が鳴いたらどうするんだ？

B : 니 그 입 때문에 재수 없을까 겁난다 .

[검난다]

あなたのその口のせいで、運が悪くなりそうで怖いよ。

解説

첫술에 배부르랴 : 何事もたった一度だけで満足な結果を得ることはできない、何事にも時間がかかるという意味のことわざ。直訳すると「最初の一口で腹いっぱいになるか」。

느긋하다 : のんびりしている、ゆったりしている、のんきだ。

재수 없다 : 運が悪い、縁起が悪い、ムカつく、最悪だ。

＊**재수 좋다**（運がいい、縁起がいい、ついている）、**재수 옴 붙었다**（とても運が悪い）

ひとことフレーズ

TR_452

❶ 군말하지 말고 그냥 시키면 시키는 대로 해.

ガタガタ言わないで、言われた通りにしてよ。

군말하다：無駄口をたたく、ぶつぶつと言ったり不平をもらしたりする。**군**は「無駄、不要なもの」を表す接頭辞。

＊**군말 없이**（文句言わずに、黙って）、**군살**（ぜい肉）、**군것질**（買い食い）、**군식구**（居候）、**군침**（生唾、よだれ）

❷ 내가 왜 널 믿었을까? 헛고생만 하고 이게 뭐야?

私がなぜあなたのことを信じちゃったのかな？　無駄骨折ってばかりで何なのよ。

헛고생하다：無駄骨を折る。**헛**は「無駄な、偽りの、むなしい」を表す接頭辞。

＊**헛수고**（無駄な苦労）、**헛소리**（たわごと）、**헛기침**（せき払い）、**헛소문**（デマ、根拠のないうわさ）、**헛걸음**（無駄足）、**헛시간**（無駄な時間）

❸ 맨땅에 헤딩하기라고 들어 봤니?

[봔니]

地べたにヘディングって聞いたことないの？

맨땅에 헤딩하기：助けなしに自力で無謀な挑戦をすること。直訳すると「地べたにヘディングする」。**맨**は「素の、ありのままの」を表す接頭辞。

＊**맨발**（素足）、**맨손**（素手）、**맨살**（素肌）

❹ 풋내기 주제에 건방지게 누구한테 충고야?

[푼내기]

新米の分際で生意気にも誰に忠告してるんだ？

풋내기：素人、青二才。**풋**は「初物の、未熟な」を表す接頭辞。

주제：身分、身の程、分際。**~ 주제에**（~のくせに）の形でよく使う。

＊**주제넘다**（差し出がましい）、**주제를 모르다**（身の程知らずだ）

건방지다：生意気だ。＊**건방을 떨다**（うぬぼれた生意気な態度を取る）

❺ 첫인상만 좋았지, 그 다음부턴 실망의 연속이야.

[처딘상]

第一印象だけ良くて、その次からは失望の連続だわ。

첫인상：第一印象。**첫**は「初の、最初の」を表す接頭辞。

＊**첫걸음**（第一歩、始めの一歩）、**첫눈**（初雪）、**첫날**（初日）、**첫눈에 반하다**（一目ぼれする）

실망：失望。＊**실망스럽다**（失望する、がっかりする）

❻ 이 덧니만 어떻게 할 수 있으면 나도 어디 가서 빠지는 인물은 아닌데 말이야.

[던니] [할 쑤]

この八重歯さえ何とかなれば、私もどこへ行っても負ける顔ではないんだけどな。

덧니：八重歯。**덧**は「さらに重ねる、さらに加える」を表す接頭辞。

＊**덧셈**（足し算）、**덧붙이다**（付け加える）

인물이 빠지다：容貌や容姿がいまいちだ。

＊**인물이 좋다**（ルックスがいい。**인물이 훤하다**とも言う）

❼ 생긴 건 도시적인데 패션이 너무 구리다.

ルックスは都会的なのに、ファッションがダサすぎる。

도시적：都会的。**적**は「的」を表す接尾辞。＊**세계적**（世界的）
구리다：ダサい、怪しい、臭い、汚い。
＊**냄새가 구리다**（においが臭い）、**행동이 구리다**（行動が怪しい）、**뒤가 구리다**（後ろめたい）

❽ 멍하니 서 있지 말고 구경꾼들 좀 쫓아내.

ぼうっと突っ立てないで、野次馬たちをちょっと追い出してよ。

멍하니：ぼんやり、ぼうぜんと。
＊**멍하다**（ぼうぜんとする、ぼんやりする。**멍때리다**とも言う）
구경꾼：野次馬。**꾼**は「する人」を表す接尾辞。
＊**사기꾼**（詐欺師）、**술꾼**（酒飲み）、**장사꾼**（商売人）、**춤꾼**（踊り子）

❾ 저 심술쟁이, 하여튼지 남 잘되는 꼴을 못 봐요.

あの意地悪野郎、とにかく人がうまくいくざまが耐えられないんだから。

심술쟁이：意地悪な人。**쟁이**は、人がとある性格や属性などを多めに持っているときに、軽蔑したり、卑下したりする意味を表す接尾辞。
하여튼지：ともかく、何はともあれ。**여하튼지**とも言う。
꼴：格好、ざま、ありさま
＊**꼴좋다**（ざまあ見ろ）、**꼴값하다**（似合わないことをする、バカなことをする）

⑩ 소일거리로 시작한 부업이 대박났잖아.

[소일꺼리] [시자칸] [대방낟짜나]

暇つぶしで始めた副業が大当たりしたじゃん。

소일거리：暇つぶし。**거리**は「ネタ、種」を表す接尾辞。
＊**심심풀이**（暇つぶし）、**먹거리**（食べ物）、**걱정거리**（悩みの種）、**볼거리**（見どころ）、**줄거리**（粗筋）、**관심거리**（関心事）

부업：副業、内職。＊**본업**（本業。**주업**とも言う）、**부수입**（副収入）

⑪ 아, 이 군살들. 필요 없다는데 왜 이렇게 끈질기게 붙어 있는 거야?

[인는]

あーあ、このぜい肉。いらないって言ってるのに何でしつこく付きまとうのよ。

군살：ぜい肉。

끈질기다：しつこい、粘り強い。**끈덕지다**とも言う。
＊**완고하다**（頑固だ、しぶとい）、**집요하다**（執拗〔しつよう〕だ）

⑫ 너도 참 뻔뻔하다. 그런 일을 맨입으로 해 달라고 하는 거야?

[맨니브로]

あなたもずうずうしすぎる。そんなことをタダでやってくれっていうの？

뻔뻔하다：厚かましい、ずうずうしい、虫がいい。
＊**얼굴이 두껍다**（面の皮が厚い。**낯가죽이 두껍다**、**낯짝이 두껍다**、**염치가 없다**とも言う）、**넉살이 좋다**（ふてぶてしい）、**유들유들하다**（ずぶとい）、**철면피다**（恥知らずだ）

맨입：対価がないこと。直訳すると「素の口」。

⑬ 오랜만에 만나서는 첫마디가 "너 왜 이렇게 삭았니" 라니.

[천마디] [사간니]

久しぶりに会っての第一声が「あなた何でこんなに老けたの」だなんて。

첫마디：第一声、最初の一言。
삭다：古びて腐ったようになる、朽ちる。＊**얼굴이 삭다**（老けて見える）
文 **~(이)라니**：～だなんて。

⑭ 뭐 근심거리라도 있는 거야? 요즘 계속 얼굴이 어둡던데.

[근심꺼리] [인는]

何か心配事でもあるの？　近頃ずっと顔色が悪いみたいだけど。

근심거리：気掛かりなこと、心配事。＊**근심**（気掛かり、心配）
얼굴이 어둡다：顔色が悪い、表情が暗い。
＊**표정이 어둡다**（表情が暗い）、**길눈이 어둡다**（方向音痴だ）、**등잔 밑이 어둡다**（灯台下暗し）

⑮ 욕쟁이 할머니집 몰라? 할머니 욕 들으러 일부러 간다잖아.

毒を吐くおばあさんのお店知らないの？　おばあさんの悪口を聞くためにわざと行くっていうじゃん。

욕쟁이：悪口ばかり言う人、口が悪い人。**욕**は悪口で、**욕설**、**육두문자**とも言う。
＊**욕지거리**（〈俗語〉悪口）、**욕을 퍼붓다**（悪口を浴びせる）、**욕을 내뱉다**（悪態をつく）、**욕을 먹다**（悪口を言われる）
일부러：わざと、わざわざ、意図的に。＊**고의로**（わざと、意図的に）

会話フレーズ

TR_457

1 A：**우리 사이에 맨얼굴 좀 보이면 어때?**

私たちの仲なんだから、すっぴんくらい見せてもいいじゃん？

B：**우리 사이니까 보이기 싫은 거야.**

私たちの仲だから見せたくないのよ。

맨얼굴을 보이다：すっぴんを見せる。
＊**민낯이 적나라하게 드러나다**（素顔が赤裸々に暴かれる）

사이：仲、関係、間。
＊**사이사이에**（合間合間に）、**막역한 사이**（本音を素直に話せる親しい関係）

---

2 A：**그깟 푼돈 빌려주고 더럽게 생색이야.**

それっぽっちのはした金を貸したくらいで、えらく恩着せがましいな。

B：**그깟 푼돈도 없어서 빌리는 니가 할 말은 아니지 싶은데.**

それっぽっちのお金もないからと借りたあなたが言えるせりふじゃないと思うんだけど。

그깟：たかが、取るに足りない程度の。

푼돈：はした金。

생색：恩に着せること、恩着せがましいこと。
＊**생색을 내다**（恩に着せる、恩着せがましい）

文 **-지 싶다**：～みたいだ、～と思う（主観的な予測）。

TR_458

3 A：**어머니가 자식 교육에 엄청 애면글면이시네.**

お母さんが子どもの教育にものすごく熱心だね。

B：**극성쟁이 엄마도 많이 봤지만 그 중에서도 단연 톱이야.**

強烈なお母さんもたくさん見てきたけど、その中でも断然トップだわ。

애면글면：一心不乱に、一生懸命に、精いっぱい。
극성쟁이：性質・行動・態度が極めて強く、過度に積極的である人。
＊**극성스럽다**（非常に猛烈だ、過激だ、甚だしい）、**극성을 부리다**（猛威を振るう）
단연：断然。

---

4 A：**고민거리가 있으면 혼자 끙끙 앓지 말고 이 언니한테 털어놔 봐.**
[고민꺼리] [알치]

悩みがあるなら一人でくよくよしないで、このお姉さまに打ち明けてごらん。

B：**너한테 털어놓을 바에야 확성기 들고 동네방네 광고하는 게 낫지.**
[터러노을 빠]

あんたに打ち明けるくらいなら、拡声器を持ってあちこちに言いふらした方がましだわ。

털어놓다：打ち明ける、洗いざらい話す。
＊**속을・흉금을 털어놓다**（本音を・胸の内を打ち明ける）、**톡 까놓고 얘기하다**（ぶっちゃける）
동네방네：村じゅう、あちこち。＊**사방팔방**（四方八方）

TR_459

5 A：**저 욕심쟁이, 또 혼자 다 가지려고 하는 거 봐.** ♡

あの欲張り、また一人占めしようとしてるのを見て。

B：**하루 이틀이니? 그냥 그러려니 해.**

最近始まったことじゃないだろ。まあほっときなって。

욕심쟁이：欲張り。**욕심**は「欲、欲目」。

하루 이틀：1日か2日ほどの短い期間。**하루 이틀이니？**で「1日、2日じゃないでしょ？」で、「最近始まったことじゃない、いつものことだ」というニュアンスの表現。

그러려니 하다：そういうものかと思う。

---

6 A：**볼거리도 없는데 왜 이렇게 사람이 많은 거야?** ♡

[볼꺼리] [엄는데]

見どころもないのに、何でこんなに人が多いわけ？

B：**소문난 잔치에 먹을 거 없다더니 딱 그 꼴이네.**

[머글 꺼]

名物にうまいものなしと言うけど、まさにそのようだね。

볼거리：見もの、見どころ。＊**볼거리가 풍부하다**（見どころが豊富だ）

소문난 잔치에 먹을 것 없다：世間の評判と実際とは一致しない。直訳すると「うわさの立っている宴会においしいものがない」。

꼴：ありさま、かっこう、ざま。

単語

TR_460

헛- 無駄な、偽りの、むなしい

☐ 헛소문	デマ
☐ 헛수고	無駄骨
☐ 헛고생	無駄な苦労
☐ 헛일	無駄な努力
☐ 헛짓	無駄なこと
☐ 헛것	幻
☐ 헛걸음	無駄足
☐ 헛소리	うわ言、たわ言
☐ 헛기침	せき払い
☐ 헛소동	空騒ぎ

풋- 未熟の、初物の

☐ 풋과일	熟れてない果物
☐ 풋내	青くさい匂い
☐ 풋내기	新米、青二才、素人
☐ 풋사랑	淡い恋心
☐ 풋돈	はした金

덧- さらに重ねる、加える

☐ 덧칠	重ね塗り
☐ 덧문	二重扉の外側の扉
☐ 덧니	八重歯
☐ 덧셈	足し算

첫- 最初の、第一の、初めての

☐ 첫사랑	初恋
☐ 첫인상	第一印象　＊**첫눈**(一目)
☐ 첫날	初日
☐ 첫아이	第一子
☐ 첫손	筆頭、一番
☐ 첫걸음, 첫발	第一歩
☐ 첫마디	第一声
☐ 첫머리	冒頭
☐ 첫판	初戦、初めの局面
☐ 첫시합	初試合
☐ 첫경험	初めての経験
☐ 첫인사	初対面のあいさつ

맨- 素の

☐ 맨손	素手、手ぶら
☐ 맨발	はだし
☐ 맨몸	裸、裸一貫
☐ 맨얼굴	すっぴん ＊**민낯**、**생얼**、**쌩얼**とも言う。
☐ 맨주먹	素手、無一文
☐ 맨밥	おかずなしのご飯
☐ 맨정신	しらふ
☐ 맨땅	地べた
☐ 맨바닥	敷物を敷いていない床

군- 余計な

□ 군식구 居候
□ 군더더기 無駄なもの、余計なもの
□ 군말 無駄口
□ 군것질 おやつ、間食
□ 군살 ぜい肉

-거리 材料、ネタ

□ 먹(을)거리 食べ物
□ 국거리 汁の材料
□ 반찬거리 おかずの材料
□ 볼거리 見もの、目玉
□ 구경거리 見もの、見るに値するもの
□ 관심거리 関心事
□ 고민거리 悩み事
□ 근심거리 心配事、心配の種
□ (비)웃음거리 笑いもの、笑いの種
□ 놀림거리 からかいの対象、物笑いの種
□ 이야깃거리 話の種、話題
□ 일거리 仕事
□ 간식거리 簡単な食べ物、間食になるもの
□ 소일거리 暇つぶしの種

-쟁이 属性を持っている人

□ 개구쟁이 元気な子、ひょうきんな子
＊**장난꾸러기**とも言う。
□ 욕쟁이 悪口をよく言う人
□ 고자질쟁이 よく告げ口する人
□ 겁쟁이 臆病者
□ 소심쟁이 小心者
□ 고집쟁이 意地っ張り
□ 거짓말쟁이 うそつき
□ 수다쟁이 おしゃべり
□ 욕심쟁이 欲張り
□ 월급쟁이 月給取り
□ 떼쟁이 わがまま、駄々っ子
□ 멋쟁이 おしゃれ
□ 따라쟁이 まねする人
□ 트집쟁이 けちばかりつける人
□ 부끄럼쟁이 恥ずかしがり屋
□ 아부쟁이, 아첨쟁이 こびる人、ご機嫌を取る人
□ 의심쟁이 疑い深い人

-꾼 職業の人、習慣的に行う人

□ 사기꾼 詐欺師
□ 노름꾼 賭博師
□ 난봉꾼 遊び人
□ 싸움꾼 けんかをよくする人
□ 재주꾼 才能のある人
□ 일꾼 人手、人材、働き手
□ 술꾼 酒飲み
□ 살림꾼 家計のやりくりがうまい人
□ 말썽꾼 問題児、厄介者
□ 구경꾼 野次馬
□ 잔소리꾼 口うるさい人
□ 짐꾼 荷物を運ぶ人

＼マイ／

索引ノート

本を読みながら、気になる表現をメモ！
後で見返した時に、
元のフレーズをたどれるように
ページ数を記しておきましょう。

ㄱ

ㄱ
ㄴ
ㄷ
ㄹ
ㅁ
ㅂ
ㅅ
ㅇ
ㅈ
ㅊ
ㅋ
ㅌ
ㅍ
ㅎ

L

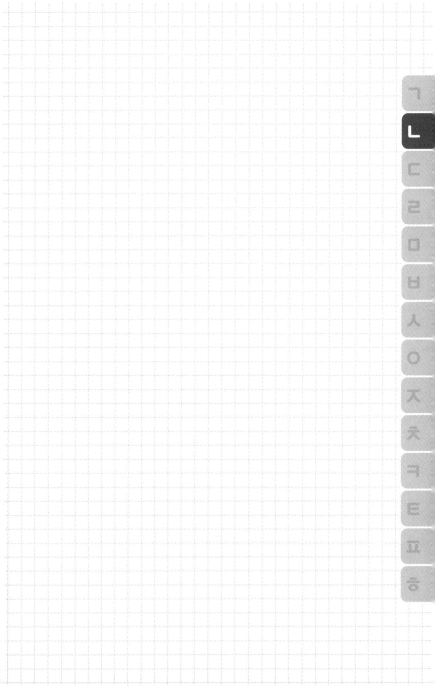

ㄱ
ㄴ
ㄷ
ㄹ
ㅁ
ㅂ
ㅅ
ㅇ
ㅈ
ㅊ
ㅋ
ㅌ
ㅍ
ㅎ

2

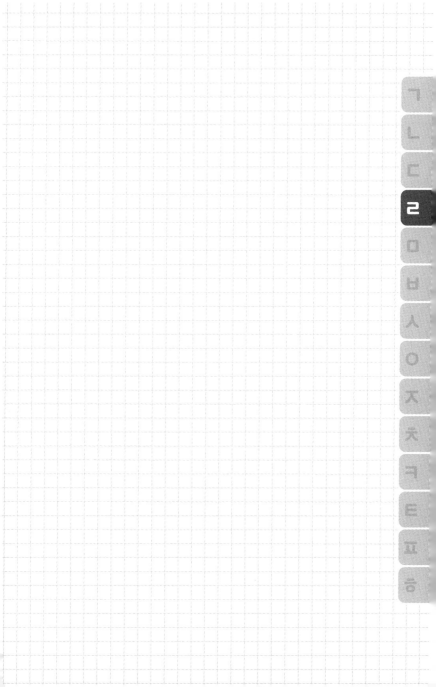

0

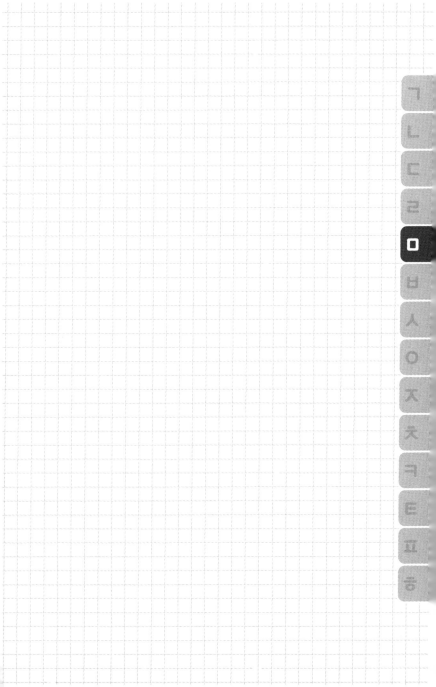

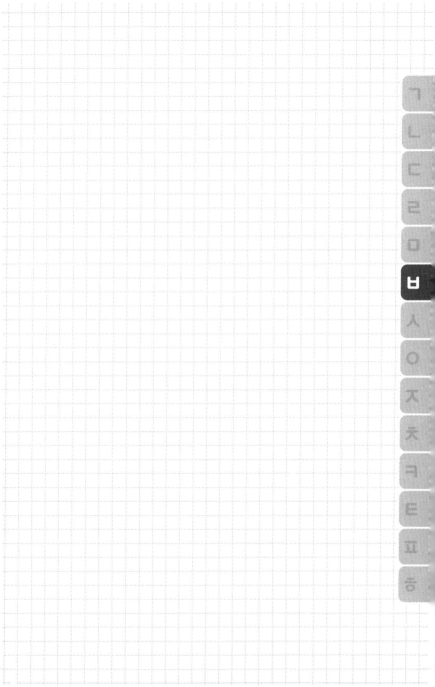

ㄱ ㄴ ㄷ ㄹ ㅁ ㅂ ㅅ ㅇ ㅈ ㅊ ㅋ ㅌ ㅍ ㅎ

ス

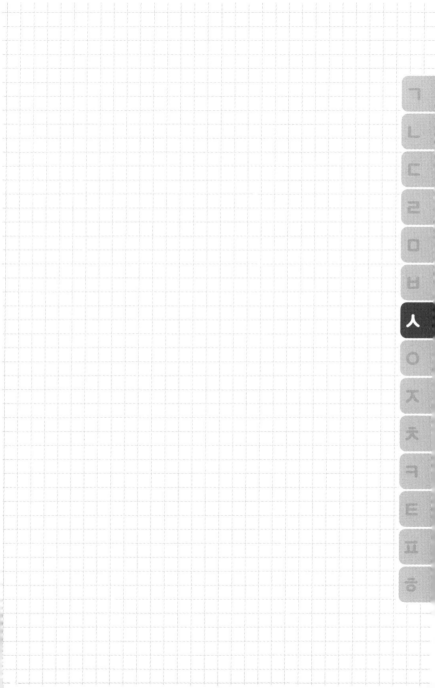

O

ㄱ
ㄴ
ㄷ
ㄹ
ㅁ
ㅂ
ㅅ
ㅇ
ㅈ
ㅊ
ㅋ
ㅌ
ㅍ
ㅎ

ㅈ

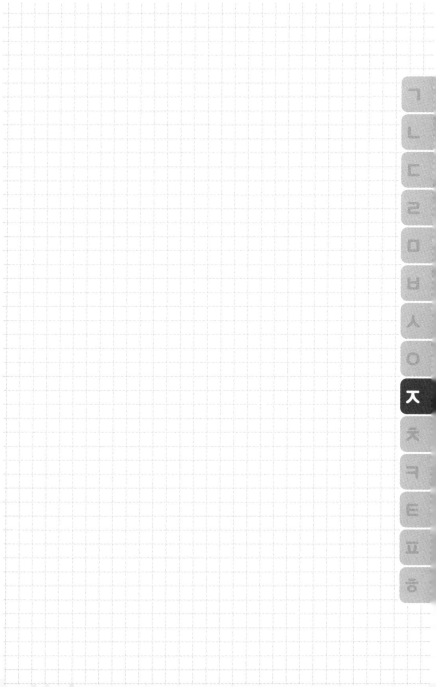

ㄱ
ㄴ
ㄷ
ㄹ
ㅁ
ㅂ
ㅅ
ㅇ
ㅈ
ㅊ
ㅋ
ㅌ
ㅍ
ㅎ

ㅊ

ㄱ
ㄴ
ㄷ
ㄹ
ㅁ
ㅂ
ㅅ
ㅇ
ㅈ
ㅊ
ㅋ
ㅌ
ㅍ
ㅎ

ㅋ

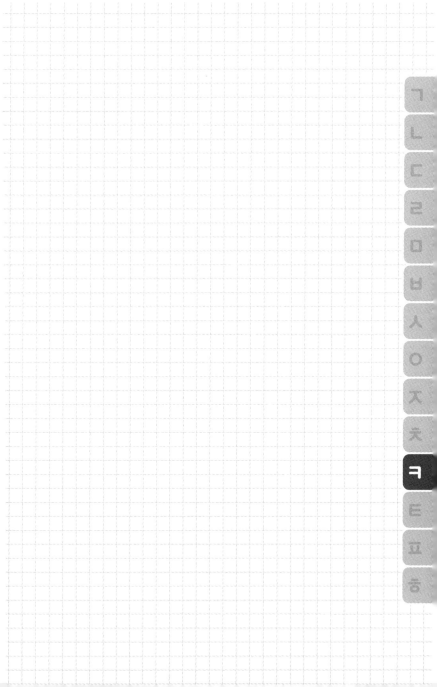

ㄱ
ㄴ
ㄷ
ㄹ
ㅁ
ㅂ
ㅅ
ㅇ
ㅈ
ㅊ
ㅋ
ㅌ
ㅍ
ㅎ

E

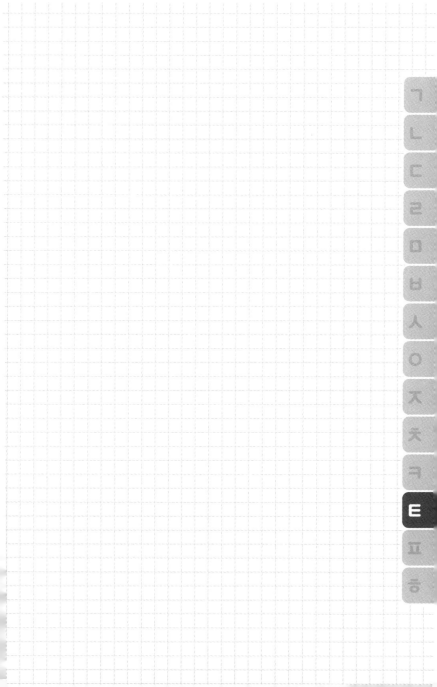

ㅍ

ㄱ
ㄴ
ㄷ
ㄹ
ㅁ
ㅂ
ㅅ
ㅇ
ㅈ
ㅊ
ㅋ
ㅌ
ㅍ
ㅎ

ㅎ

ネイティブ感覚で毎日話すための
韓国語日常フレーズ1420
＋生活密着単語4200

2023年 2月1日　初版発行
2023年 4月11日　2刷発行

著　者　辛昭静
編　集　松島彩
デザイン・DTP　洪永愛(Studio H2)
イラスト　やまだみう
印刷・製本　中央精版印刷株式会社

発行人　裵正烈

発　行　株式会社HANA
〒102-0072 東京都千代田区飯田橋4-9-1
TEL:03-6909-9380　FAX:03-6909-9388

発行・発売　株式会社インプレス
〒101-0051 東京都千代田区神田神保町一丁目105 番地

ISBN978-4-295-40750-8 C0087

●本の内容に関するお問い合わせ先
HANA 書籍編集部　TEL: 03-6909-9380　FAX: 03-6909-9388
E-mail:info@hanapress.com

● 乱丁本・落丁本の取り換えに関するお問い合わせ先
インプレス カスタマーセンター　FAX: 03-6837-5023
E-mail: service@impress.co.jp